The World We Have Won

われら勝ち得し世界

セクシュアリティの歴史と親密性の倫理

Jeffrey Weeks

ジェフリー・ウィークス【著】
赤川 学【監訳】

弘文堂

Authorised translation from English language edition published
by Routledge, a member of the Taylor & Francis Group.

Japanese translation published by arrangement with Taylor &
Francis Group through The English Agency (Japan) Ltd.

日本語版はしがき

本書の日本語版の序文を執筆できるのは、私にとってとても悦ばしいことです。本書が日本語に翻訳されることを嬉しく光栄に思いますし、本書の内容と議論が、新しい読者に共感していただけることを願っています。本書は一九四五年以降のイギリスという個別の歴史に基いていますが、私はこの地域の歴史を、セクシュアリティと親密生活に対する態度の大転換を示す事例だと考えています。その転換は過去二～三世代にわたってグローバルなインパクトを与えてきました。

それぞれの国には固有の歴史と伝統があり、変化のリズムはその地域の条件に依存します。変化は不均等で、多くの変化に対して激しい抵抗もありました。私が論じたいのは、私たちが長期的・永続的な革命のまっただ中にいるということです。そのことの意義は世界中の多数の地域において、現在進行形で問われています。もっともこの革命はグローバルな現象ですので、世界のあらゆる地域が最終的にはこうした性の変容から逃れることはできません。もしかしたら変化のペースはグローバル化とデジタル革命によって加速しているかもしれません。私が本書で探求したのは、日常生活におけるこの革命の主たる要素を解明することです。

本書は、一九五〇年代以降、親密生活に「大転換」が生じたというアイデアの下に展開していきます。その中心にあったのは伝統的な生活様式の崩壊でした。つまり家族、宗教、厳格な性のヒエラルキー、適切な性行動の要素となるのは主として一夫一婦制・異性愛・生殖に関連したセクシュアリティであるという偏狭な観念を基盤に作られていた生活様式が崩壊したのです。性的／親密な生活はますます一連の分離に基づくようになっています。それは第一に、産児制限が容易に利用できるようになった結果としての**セクシュアリティと生殖の分離**であり、第二に、婚前セックスや婚姻を伴わない同棲（同居）の増加、離婚の手軽さ、ひとり親の増加に伴う**セクシュアリティと結婚の分離**であり、第三に、同性間の関係に対する開放性が増大し、レズビアン、ゲイ、バイセクシュアルの市民権と平等を求める運動が発展した結果としての**セックスと異性愛の分離**であり、第四に、同性間のつながりと同性婚の承認を求める国際的運動に伴う**異性愛と結婚の分離**であり、第五に同性婚に伴う**異性愛と子育ての分離**であり、第六に、トランスジェンダーの国際的運動の出現や、ジェンダーは生物学的男性／女性という絶対的二分法ではなく潜在的に変化しうる流動的なものだという認識が深まった結果としての、**身体のセックスとジェンダー・アイデンティティの分離**です。視野を拡げてみると、性行動に対して厳格だったかつての社会統制が弛緩し、性表現情報、とりわけポルノグラフィについて議論したり展示するよりリベラルな法律と大きな自由が認められるようになったことがわかります。人類史の中で、セクシュアリティが現在ほど語られ、論じられ、議論の的になり、ディスプレイされ、商品化された時代は存在しませんでした。もちろんイギリスでも世界的にみても、これらの変化に反対がなかったわけではありません。一九八〇年代のＡＩＤＳ危機に際して、躊躇《とまど》いがちで恐怖に取り憑かれた反応がありましたし、それは八〇年代までに生じた変化が終わりのない性格をもつことを典型的に示していました。また世界規模での保守的な原理主義運動は現在でも、伝統的なジェンダーのパタンと性行動の中心性を主張しています。彼らは世界の多くの地域で権力をもち、偏狭な政治目的のために女性嫌悪・同性愛嫌悪・トランスジェンダー嫌悪を巧妙に利用しています。このように今日でも、セクシュアリティに対しては強烈な抵抗があるのです。しかし本書の中心的な論点を否定することはできないでしょう。つまり、史上はじめて何百万人もの人が、個人的かつ集合的に、自分たち自身の性生活と個人生活を作り、そして作り変えるアクティヴな主体になっているということです。私たちは、われわれ自身が勝ち得し性の世界に生きているのです。

本書が有する射程は幅広いもので、私たちが変化の最終地点にいると考える理由はどこにもありません。インターネットが性交渉や求愛、恋愛、商業や政治のあり方を刷新したことを観察するだけでも、未来が計算不能だということがわかるはずです。本書の最初の英語版を執筆し始めてからまだ一〇年にもなりませんが、それ以降の変化も劇的でした。最も明らかなこととして、同性婚のあり方が変わりました。ここ一〇年の間に、南アフリカ、アルゼンチン、アイスランド、デンマーク、スウェーデン、ベルギー、オランダ、フランス、イギリスという、それぞれ事情が異なる国々でも、同性婚の制度が採用されました。二〇一五年には、同性婚にもっとも抵抗を示した二ヶ国、つまりアメリカ合衆国とアイルランドでも、同性婚が合法化されました。アメリカでは最高裁判所の判決が出ましたし、アイルランドでは国民投票で可決されたのです。歴史的な観点からみれば、これらの変化は特筆に値するといえるでしょう。一〇年前でもこれはいささか想像し難かった事態です。イギリスに話を戻しますと、セクシュアリティの歴史に長い間興味を持ってきた社会学者かつ歴史学者として、私は、自分が生きているうちにこれほど多くの変化が生じたことに驚愕の念を禁じ得ません。なんといっても一九五〇年代のイギリスは、世界で最も保守的な国の一つとして有名だったわけですから。今日ではイギリスは、最もリベラルでリラックスできる国の一つです。セクシュアリティには歴史があり、性の歴史は政治史や社会史や経済史に勝るとも劣らぬほどドラマティックで意義深いものです。

日本の読者が本書の中に、日本と全くパラレルな性の歴史を見出すかどうかはわかりません。しかし私は心から信じています。他の文化や伝統や歴史を学ぶことを通して、私たちは自分たち自身についても多くを学ぶことができるということを。比較史は自分たちの歴史の個別性にも強い光を当てて、差異を超えた対話に貢献することができます。それはより複雑化しつつある世界にあっては本質的に重要なことです。私が本書の日本語版を通して歓迎したいのは、そのような精神です。

最後に、本書を日本語に翻訳するにあたり、赤川学氏と大学院生諸氏にはたいへんお世話になりました。改めて深く感謝申し上げます。彼らのおかげで、本書を日本の新しい読者のもとにお届けすることが出来て、嬉しく思っています。

ジェフリー・ウィークス

二〇一五年九月

謝辞

本書は、セクシュアリティと親密性に対する長年にわたる私の研究と考察の集大成ですが、それ以上に、私がセクシュアリティと親密性を生きてきた結果でもあります。そのため私の家族、友人、学生そして同僚に、これまで以上にお世話になりました。

最初の謝意を、ロンドン・サウスバンク大学副学長デイアン・ホプキン氏に捧げます。寛大な彼は、二〇〇五年から六年度にかけて私に研究時間を与えてくれました。そのおかげで本書の執筆は峠を越すことができました。彼は私にとって、かけがえのない「父」の一人です。当時、私はこの大学の学部長でしたので、彼が与えてくれた研究時間と支援がなければ、本書を完成するにはさらに苦悶の数年を要したに違いありません。また大学の同僚にも本当に感謝します。本書執筆の間、彼らは様々な面で私をサポートしてくれました。特にマイク・モランとスティナ・リオンの献身的な仕事がなければ、何ごとも達成できなかったでしょう。

ここ数年間、あまりに多くの人からご支持とご支援を頂いたので、ここにリストとして記すのはかえって失礼にあたるかもしれません。しかし研究、学内業務、社会的・実践的・道徳的・知的な側面に関して不可欠なサポートを与えてくださった以下の方には、特別な感謝を伝えたいです。リチャード・アレン、デニス・アルトマン、マクス・バネンズ、メグ・バーカー、ヘニング・ベック、シェトラン・バット、スー・ブルーリー、クレア・カレンダー、ボブ・カント、エリック・チャリン、アンドリュー・クーパー、エマニュエル・クーパー、キャサリン・ドノヴァン、ロス・ロドワーズ、リチャード・エキンズ、デビー・エプスタイン、クレア・ファクワー、ジェーン・フランクリン、ヴァアル・ギリーズ、ハリー・グールバーン、ベヴ・ゴーリング、レスリー・ホール、ジェイン・ハーマー、ゲルト・ヘクマ、ケイト・ハドソン、ブライアン・ヒーピー、ジャネット・ホランド、デイヴ・キング、ドン・キューリック、ジェイン・ルイス、カリン・ルッツェン、デレク・マギー、メアリ・マッキントッシュ、アナミカ・マジュムダール、ロメル・メンデス＝ライト、マーティン・ミッチェル、アノスア・ミトラ、ガレス・オーウェン、ケン・プラマー、ケヴィン・ポーター、ポーラ・リーヴィ、ロバート・レイノルズ、トレーシー・サイドマン、ベッキー・シップマン、キャロル・スマート、ドナ・トムソン、ランドルフ・トランバック、マシュー・ウェイツ、サイモン・ワトニー、ジェイン・ウィリアムス、そして愛しの故タムシン・ウィルトンの諸氏です。

私の学部生、修士・博士課程の大学院生諸君は、本書の大半のアイデアに対して何度もきわめて重要なコメントを与えてくれました。彼らの忍耐力、コメント力、さらに私が得ることができた大きな刺激に改めて感謝します。本書の大部分は、イギリスやバルト三国、オーストラリア等の国での学会、セミナー、ワークショップで最初の感想や反響を得ています。私を招待してくださった方々、またこれらの会合に参加してコメントし、私の考察につきあってくださったすべての方々に感謝します。私がこれらの旅から得たものを、彼らもまた得ることができたのならば、これに勝る喜びはありません。

ラウトリッジ社の副編集長ゲルハルト・ブームガーデン氏は、私を信頼してくださり、拙著の数冊を担当していただいたことに感謝します。また同社アン・カーター氏に、本書を迅速に編集・刊行していただいたことにも謝意を表します。

本書完成に費やした本年［訳注：二〇〇七年］は、私にとって様々な意味で特別な年でした。とりわけ嬉しかったのは、マクネスティ家とプライム家の皆さんから頂いたご厚情とご支援です。マクネスティ家のアン、ジョー、ティム、ポーリンとクリストファー、プライム家のマリーとリチャード夫妻とそのお子さんのハンナ、フランク、マニーには、深甚なる感謝を捧げます。何年も離れて暮らしていますが、彼らは私にとって分かちがたい存在であり続けています。またロバート・ボーラ、リズ、ジェレイント、キャー、デニス、カレン、ポール、ローレン、シアン、クロエ、マーガレット、ロバートとそのお子さまにも感謝申し上げます。さらにいま一度、私の母親に感謝と愛の気持ちを伝えたいです。母は紆余曲折あった私の一生をずっと強力に支えてくれた「塔」のような存在であり、愛すべきウェールズ地方の女性の生き証人というべき人でもありました。

ミッキー・バービッジは、私が執筆生活に入って四〇年以上も変わらぬ友人であり、いつも助けてくれました。私の個人的なコミュニティの中でもかけがえのない存在です。心からの感謝を捧げます。

マーク・マクネスティは私の人生のパートナーであり、私がよりよく生きられるよう常に応援してくれましたが、その言葉だけでは私の感謝を表すには全然足りません。これからも変わらぬ感謝の気持ちを示す小さな証として、本書をマークに捧げます。

われら勝ち得し世界——セクシュアリティの歴史と親密性の倫理◯もくじ

第二章 抑制の文化

本書は現在についての本であり、私たちが現在をどう生きているかを示す書でもある。が、本書は同時に、性愛（erotic）と親密性（intimate）に関する私たちの生き方の、一九四五年以降の大転換に関するストーリーでもある。現在を理解しなければ未来を捉えるにあたり障害になる。歴史感覚がなければ、そして、その頃私たちがどのように生きていたのかを理解することなしに、何がどう変わったのかを測る基準をもつことはできないし、われら勝ち得しこの世界で過去六〇年間に起きた劇的な変化の重要性を把握することもできない。

すでにお気づきだろうが、本書のタイトルはピーター・ラスレットの有名な一冊『われら失いし世界』（1965＝1986）をもじったものだ。ラスレットのこの本は、一九六〇年代以降、イギリスの個人主義と家族生活の歴史についての私たちの認識を革新するのに貢献した。一方で「われら失いし世界」というフレーズは、この言葉に特定の学門的な意味を込めた著者の意図を越えて、別の共鳴者を見出した。すなわちこのフレーズは、私たちが現在暮らしている文化より安定し、秩序だっていたとされる道徳文化に対する懐古を呼び起こしてしまったのだ。かつての伝統、権威、性に対する節度、家族内にあった規律、隣人との助け合い、紳士的なふるまい——そこでは若気の至りというべきふるまいは善良な地元警官によって簡単に差し止められた——は、明らかに非道徳的な不確実性や、さらには（人の好みや道徳に対する危機意識によって言い方は変わるが）現代の混沌と対置されるようになった。現代では家族は分裂し、結婚制度は致命的なまでに衰退し、若者は多かれ少なかれ手がつけられなくなり、性的には「何でもあり」となって倒錯行為が普通になり、「敬意」はほとんど消え失せた、というわけである。このような道徳保守主義的な批判は、今日では（少数の）マイノリティの声なのかもしれない。しかしこうしたニュアンスを含んだ発言は自称進歩派、特にコミュニタリアンの中でも社会関係資本の衰えを嘆く人々から聞こえてくる。このような批判を行う政治的保守主義から距離を置いているはずの急進派の指導的な学者、たとえばジグムント・バウマン（Bauman 2003）でさえ「リキッドな生」、「リキッドな愛」、「暗闇時代」の危険と脅威について論じている。このような言葉遣いは、たとえばメラニー・フィリップス（Phillips 1999）やクリスティ・デイヴィス（Davies 2006）のような保守論客の嘆きから理論的には遠く離れているとしても、似たような文化悲観論を生み出してしまうのである。

そうした根深い悲観論や絶望には抵抗したい。私たちの日常生活と急速にグローバル化するこの世界をすっかり変えてしまいつつある性愛と親密性の変化について、私は楽観的というわけではないが、現実的で前向きな評価を下したい。第一章で議論するように、私たちは長く、未完ながらも抜本的な革命の途上を生きているのだ。この革命はこれまで、多様な性を生きる可能性や、親密な生活が創造される可能性を大きく変化させてきた。本書は約三〇年間に及ぶ調査と著作に基づいて、性的、親密、家族である（familial）あり方がいかに変化したかのバランスシートを提供する。本書を執筆するにあたって私の立場はC・W・ミルズ（C. Wright Mills）と同じである。「私は、客観的であろうとつとめたが、自分が不偏であるというつもりはない」[1]。したがって私の問題関心についてははっきり述べておくべきだろう。この永続的な革命は、西側諸国の大多数の人々や、生活が劇的に変化した南半球の人々にとっても多大な利益をもたらしたと私は確信している。さらにこうも言おう。大きな問題が残っていることはたしかだ——恐怖、不安、偏見、権力の濫用、特権的で差別・搾取する権力、欲望の刺激、未だ満たされない希望など。概ね二歩進んで一歩戻るようなペースに感じられる。しかしその推進力はポジティヴなものであり、その勢いの源の大部分はこの新しい世界の本質的な特徴、つまり草の根的な行為主体（agency）が私たちの移行しつつある世界の中心になっているところにある。現代の世界はますます、私たちが私たちのために作る世界となりつつあり、それは日常生活の民主化という長期的なプロセスの一部でもある。現代の社会的、文化的、道徳的な革命は基本的に下からの革命であり、その革命が将来もたらす果実は、私たちの掌中で途方もなく大きく実っているのである。このことを理解しないかぎり、私たちは先に述べた問題点や不安を理解することができないだけでなく、私たちが作り変えている世界に待ち受けている課題やチャンスも理解できないのである。

本書は現代——それをどう呼ぶかは人によるが、「ポストモダン」、「後期近代（late modern）」、「再帰的（reflexive）」、「物語」や「リスク」に満ちた時代と見なされているもののことである——世界の親密性とエロティシズムに関する現時点の議論を、広汎な理論と私自身の長年の経験的調査とに基づきながら探究している。本書は一九四五年以降の複雑な経路のうち特に重要と思われる時期を分析する。一九四五年は象徴的な意味で本書のスタート地点としてふさわしい。というのもその年、セクシュアリティと個人の生に対する態度を変化させるのに多大な貢献を果たした福祉世界が色々な意味で誕生したからだ。この年、現代世界の屋台骨を担ったベビー・ブーマーが大量に産まれた。そして偶然にも私の産まれた年でもある。だから本書は一九七〇年代から私が行ってきた性愛と親密性に関する幅広い研究の成果というだけでなく、私自身の人生、そして私自身が経験してきたことを本書の物語にフィードバックさせる考古学という意味も持っている。

第一章の「異なる世界」は、つながりに関する章である。つながりのある《コネクティド》人生は思慮深く、そして再帰的な人生でもある。つまり私たちは自分が何者で、どこから来て、どこへ行くのかという自意識の高まりとともに人生を生きている。本章で私が議論するのは、私たちが生きるこの世界の際だった特徴は、この世界がますます人々の積極的な挑戦によって形作られるようになりつつあるということだ。現代の性愛革命の大半はこうした草の根

1　Mills, C. Wright, 1962, *The Marxists*, New York: Dell Publishing.（＝[1964] 1971 陸井四郎訳『マルクス主義者たち』青木書店）の冒頭一〇ページからの引用。同書の謝辞にも登場するマルクス主義研究者のラルフ・ミリバンド（Ralph Miliband）の助言もあり、ミルズの墓の碑文として記されている一節でもある。

的な変容の結果なのだ――文字通り、私たちがともに世界を作り上げたのだ。というのもつながりのある人生は同時に互恵的な人生でもあるからだ。共にそのように生きる「他者」との、単に拘束されているだけではない絆のあるつながりによって私たちは私たちになり、私たちは人間になるのである。つながりのある人生とはグローバルとローカルを接続し、隔たりをつなぐ架け橋となり、性愛に関する問いを権利と責任の問題、そして社会正義と結びつける。現在から一九四五年へと時を遡ることで、本書は過去と現在のつながりを示すだけでなく、この新世界で私たちがどう生きているかを理解することの重要性と歴史に正面から向き合う必要性を提示する。

第二章は「抑制（restraint）の文化」である。この章では一九四〇～五〇年代に着目する。この時代は性に対する抑制の文化が支配的であり、その文化によって形作られた時代であった。破滅的な戦争が終結し、抜本的な社会変動を希求しつつ、人々は新世界の訪れる兆しを実現しようともがいていた。本章の中心は、私の出生地でもある南ウェールズのロンダ峡谷で行った一つの事例研究である。この峡谷は外見の上では労働者階級文化一色の地であり、特定のジェンダー観に基づいた、極めて規制の厳しい性行動のパタンを有していたが、未来につながるプラグマティックな道徳が存在していた痕跡がある。次にこの章では、安心感と豊かさが増しているという感覚が強まったあと、イギリス全土の家族・性生活が広く平均化したことについて掘り下げる。戦間期の出生パタンの変化が原因で大家族の必要性が叫ばれた。その意見には政治的・道徳的な非難の声が上がっていたが、戦後ベビーブームが勢いを増すにつれ、（大家族の必要性が叫ばれることもなくなったため、それに対する非難の声も同時に）不必要なものになっていった。結婚における性的快楽の重要性が新たに強調されるようになり、限定された範囲ではあったが、女性はセクシュアル化（sexualize）された。しかしこれらを経て一九五〇年代に起きたパラドクスは、人々の態度が自由化したことではなく、逆に狭量な家族観と異性愛観が強化されたことであった。特に男性同性愛が社会的介入の標的にされた。そして一九世紀から受け継がれてきた古き「クィア・ワールド

（queer world）」が消失し始めたのである。「尊敬に値する（respectable）同性愛」という新しい公共的な主観的意識が、社会生活と政治的言説の場に現れた。さらに重要なことに、ベビー・ブーマーがこの時代——のちに保守派の人々が社会関係資本とコミュニティ、そして家族の安定の黄金時代と懐古することになるこの時代——の脆弱さを示す不安の種と思われはじめたのである。

第三章・四章は「大転換」に関わる章である。この二章にわたって私は、一九六〇年代から一九九〇年代までの期間を転換期の延長と捉えるのが最善だと論じる。一九六〇年代の「性革命」にはしかるべき注目をする。特にこの時代は「ピル」等の避妊方法全般が改善したことを受けて、女性が自分のセクシュアリティを表現し、セクシュアリティと生殖の関連を断ち切る新しいチャンスも生まれたのである。しかしそれは同時に保守派の強い嫌悪の対象となり、フクヤマ（Fukuyama 1999 = 2000）[2]が「大崩壊」と呼ぶ出来事の明白な原因にもなった。とはいえ一九六〇年代に生じた変化は、複雑で広範囲な変容の一側面と捉えることができる。この二章で、私は鍵となる四つの変化の重要性を議論する。第一に、個人が有する関係性の民主化とインフォーマル化である。そこではセックスと生殖、性関係と婚姻関係、結婚と子育ての間に生じた深い断絶が進行したのである。第二に、特に女性、より顕著にはレズビアン&ゲイの間で、性的主体性（sexual agency）に対する自覚が非常に強まったことである。女性解放運動とゲイ解放運動はその傾向を最も劇的に示すできごとだった。これら解放運動の影響は、ときに反撃に晒されたが、二〇〇〇年代まで残り続けている。第三に、公私の境界に重要な変化があった。この現象は、一九六〇年代のいくつかの「寛容な」法改正のうちに観察することができる。他にもフェミニストによる暴力とポルノグラフィへの介入や、子どもについての新たな不安や、サッチャー政権時代の道徳

2　フランシス・フクヤマの著書名にも用いられた用語。本書で「大崩壊」したとされているのは「二〇世紀半ばの工業化時代において当たり前とされていた社会的価値観」（Fukuyama 1999 = 2000a : 15）のことである。

保守主義の中にも見出すことができる（一貫していたわけではなかったが）。最後に、一九八〇年代初頭に起きたＨＩＶ／ＡＩＤＳ危機によって高まった「リスク」感覚が誇張されるようになったことである。この出来事によって、当時変化しつつあった不確実な規範に鋭いスポットライトが当てられた。いくつかの劇的な事件が起き、性の価値観に対する不透明感が高まってきたことで、文化革命は一世代ほど逆行したかのように見える時代もあった。しかし経済の再編成と新しい猛烈な消費（至上）主義の誕生のさなかにあって、底流を流れる傾向は一貫したストーリーであったと私は主張する。そのストーリーとは自由化、世俗化、そして主体性の拡大である。

第五・六章は、現代に立ち戻ってくる。現代の世界は性の多様性という亡霊に怯えすぎだと私は主張したい。この背景には劇的な社会変化と、何がセクシュアリティを構成するかに関する認識の変化という二つの変化に促されて、性生活の意味が変化しつつあるという自覚がある。そこでは性的なことに関する意味づけや、性的アイデンティティ、性的実践のあり方は文化的構成物であり、文化によって異なることが強調される。セクシュアリティそれ自体には正解も不正解もないのである。「エロティックなもの」を理解したいのであれば、私たちはそれを形成している複雑な社会の力を紐解いていかなければならない。第五章では、多様性の三つの側面について掘り下げる。ライフスタイルの多様性、民族・人種・信仰の多様性、そしてライフコースの多様性である。そしてこれらの多様性が私たちの性愛生活にどのような影響を与えているのかをみる。ここでの分析を、新しい個人主義に対する様々な批評の分析へとつなげ、そこからさらに新自由主義の危険と接続しようと試みる。第六章では、現代のセクシュアリティに潜むいくつかの「矛盾」について掘り下げる。この矛盾によって、不確かで不安な感覚が生み出されているのだ。ここで取り上げる矛盾とは、①「選択に基づく関係（the choice relationship）」、②男らしさと女らしさという言葉の意味変化、③トランスジェンダー運動が公に登場したことに代表される、ジェンダー秩序に対する複雑な異議申し立て、④新しい主体性と異性愛が規範であるという前提（heteronormativity、異性愛規範性）[3]の制度化、⑤世代間のコンフリクト、⑥いわゆる「テクノロジーによる解決」、⑦そして、①〜⑥のすべてが、性にまつわる価値と権威に対して突きつける課題のことである。伝統的な価値体系が弱体化したことで、権威が並立するようになり、性に関する人々の声と物語が激増するようになった。多様性を様々な意味で、それだけで素晴らしいものとして賞賛してみたい気持ちも確かにある。しかし互いに寛容な社会が発展する以前の段階として同性愛嫌悪、レイシズム、信仰やそれに似たものをめぐるコンフリクト、さらにジェンダーにまつわるコンフリクトの扱いにくさという課題が立ちふさがっている。他方、性に関する世界を作り変えた大変化によって、新しい形の親密市民権（intimate citizenship）が生み出される必要性と可能性が切り開かれたのである。

これに続いて第七章では結婚、家族生活、友人関係およびこの三つを支える規範、価値、コミットメント［訳注：commitment、責任ある関与や愛着、その決意］の最新の議論と実際の変化について取り扱う。ここで議論するのは個人の自律の尊重、道徳的選択権の個人化が現代社会に特有の特徴であると同時に、それは日常生活の中で実現している互恵と相互ケアの価値と密接に結びついているということだ。私は「社会関係資本」が不足していると主張する当世風の理論に異論を唱える。逆に、日常生活には顕著で（潜在的に）破壊的な変化が起きた

3　異性愛規範性はWarner（1993）の用語。異性愛を人間関係の自然の形であり、ジェンダー観の唯一のモデルであり、すべてのコミュニティにとって不可分な基盤であり、それ抜きでは社会を維持することのできない再生産の手段として理解すること。ヘテロセクシズム（Heterosexism）批判が自ら「異性愛／同性愛」の二項対立に陥ったことへの批判的検討から生み出された。このとき「規範」あるいは自然とされる異性愛の形はコミュニティによって多様であるため、異性愛規範性を有するコミュニティでは同性愛をはじめとするセクシュアル・マイノリティだけではなく、「不自然な異性愛」も規範から外れた存在として周縁化されることもある。
参考：http://digitalcommons.law.msu.edu/cgi/viewcontent.cgi?article=1211&context=facpubs.
http://queeringme.g.hatena.ne.jp/Ry0TA/20090429/p1.
http://www.innovateus.net/innopedia/what-heteronormative

が、価値と行動には強い継続性がみられるし、生の実験を支える新しい社会関係資本のソースも生み出されていると私は主張したい。このことに関する重要な側面の一つとして、特にＬＧＢＴ〔訳注：レズビアン、ゲイ、バイセクシュアル、トランスジェンダー〕にみられる「友情倫理」の誕生を挙げることができる。この規範は様々な「家族する（doing family）」方法を支えると同時に、異性愛を規範とする価値観に本質的な疑問を投げかける。その結果、性的／関係的価値観の幅広い変化を要約した存在として、同性婚に関する細かな議論へとつながっていく。私がここで提示したいのは、異性愛を規範とする価値観にも新自由主義にも順応できない存在として、同性愛団体が次々と立ち上がっていることは伝統制度に「疑問を呈し／反故にする（querying/queering）」ことを示唆しているのと同時に、権利、コミットメント、認識についての議論に新しい光を当てているということである。

最後に第八章では、西洋社会で起きた変化をより広い視野から分析する。セクシュアリティと親密性が一変しつつある日常生活に生じたミクロな変化に集中すると、より幅広い文脈をいったん脇に置く誘惑にかられるのだが、本書が記述・分析してきた変化はもちろん、特定の個人や集団の主体性がどれだけ決定的で、中心的な役割を果たしていたとしても、単純にもたらされたものではなく、新しい形の主体性そのものを可能にした広範な変化の結果でもある。本書で記してきた変化は、グローバリゼーションの名で知られる、長く複雑で、しかしそれ以上還元不可能なプロセスに支えられているのだ。これが最終章の焦点である。グローバル化した世界では、セクシュアリティに関する西洋のカテゴリーが他の性文化で作動しているカテゴリーと相互作用し、互いに影響を与え合う。さらに全世界的に新しいカテゴリーが生まれ——あるカテゴリーが普遍化したり、他のカテゴリーに対抗する形で現れたりするわけだが、どちらにせよ——文化をこえて接続するようになる。今日的なグローバリゼーションとは、リスクの性質と経験とがすっかり変わってしまった世界のことだ。一九八〇年代に始まったＨＩＶ／ＡＩＤＳの流行が拡大し、世界的なパンデミックになってしまったことは、そのことを明確に悲劇的な形で示す例だといえる。リスクは形を変え、新たなコンフリクトを生み出した。たとえば非産業化社会の女性の生殖に関する権利をめぐるコンフリクトや、抑圧的で暴力的な家庭や共同体の関係から女性が逃亡する権利をめぐるコンフリクト等である。グローバルな規模では、これらは政治的な立場の違いを示す、中心的な事例になりうる。たとえばそのようなコンフリクトは西洋とイスラムの価値観の間に起こることが想像できるだろう。セクシュアリティをめぐるコンフリクトは、西洋社会でも他の社会でも否応なく、原理主義的な政策を誕生させてしまう。それでも文化や社会運動が国境を越えてかかわりあう過程で、逆に世界規模での人権に関する新しい言説が生み出されている。それらの言説はイギリスに限らず、いくつかの国ではすでに性の政策に大きな影響を与えているのである。本章ではこうした言説が性にまつわるグローバルな正義と根源的《ラディカル》ヒューマニズム――後者は私が現在、私たちが作っている世界にとって至急必要なものであり、その必要性はどんどん高まってきていると主張しているものだ――という二つの概念を実現する際に与える影響を探る。

一九七〇年代に私がこの分野での研究を始めたころ、セクシュアリティと個人の生活についての本を書くことは邪道という烙印を押されたものだが、もはやそのようなことはない。それどころか、かつては理論面でも調査面でも少人数でやってきたこの過疎の村は、いまや性を掘り下げることに専念する何千もの書籍や記事、膨大なネット空間が登場することで、研究成果が山のように現れる巨大都市になっている。これは大きな変化だ。すなわち政治的関心の対象としては亜流の存在だったセクシュアリティという分野が、ほとんどその中心にまで移動してきたという変化を反映している。第二次世界大戦以降、世界を一変させたこの大きな変化について掘り下げることで、性に関する生がどう作り変えられたのかを理解することができるはずだ。そしてセクシュアリティがどう作り変えられたのかを理解することで、その他の輪郭の定かならぬ社会的プロセスに光を当てることができる。本書は以上の二つのことに貢献するはずである。

第一章

異なる世界

言葉はみかけによらず安定しているが（「キスはキスでしょ」）、
経験の意味と意味の経験は変化する。
（*Simon 2003 : 27*）

◎

私たちの現在の歴史が
想像以上に偶然に左右されているなら、
私たちの現在の未来も想像以上に開放的である。
（*Rose 1999 : x*）

つながり

少し前のことだが、『エコノミスト』にイギリス政府中枢の幹部職への公募が出ていることに気がついた。内閣府戦略局の局長職である。それはかなりの要職であるが、今はそのことが問題ではない。私の目を惹きつけたのは、最後の数行であった。

内閣府は誰に対しても平等な機会を提供します。年齢、障害、エスニテシィ、ジェンダー、婚姻上の地位、宗教、セクシュアリティ、トランスジェンダーや働き方を問いません。(The Economist 二〇〇四年三月二〇日、二二頁)

ジェンダー、婚姻上の地位、セクシュアリティ、トランスジェンダー、……彼らの殊勝な意志、すなわち平等に対する現在の基準や、多様性という規範や、法への忠誠心に感激したわけではない。目を惹いたのは、そのリストがカジュアルで、包括的であったことだ。二〇世紀前半には「当時世界で最も厳しい性に対するルール」を護持し、性的かつ道徳的監視と規律化の、長期にわたるしばしば流血含みの苦闘の歴史に関わってきた国家機構を継ぐ者が、いまや文化的啓蒙と進歩的法改革の最前線に立ち、同性カップルに結婚と同じような地位を与えるシヴィル・パートナーシップ法と、トランスジェンダーの人々に新たな法的地位を付与する性別承認法［訳注：イギリスで二〇〇四年制定、翌年施行］にまで行き着いたのである。

世界をこのように進めてきたのは啓蒙のトレンドだと考えてよいだろう。しかし他国の習慣ではどうか。同じ時期、ある国の法廷では全く異なる文化的混乱が生じていた。二期目を迎えたG・W・ブッシュ大統領は異なる道徳的アジェンダを彼の中心的支持層である保守派に決然と語りかけていた。その中心にあったのは、まさに同性婚という考えに対する断固とした反対の意志表明であり、同性婚を非合法化する憲法改正を支持することだった。同じころイギリスでは性のリベラリズムが崩壊しつつあり、それを擁護する者は日夜、道徳的退行との戦いに苦しんでいた。これは世界のいろいろな地域で生じた絶対主義政治の一コマだったのかもしれない。そこではセクシュアリティは保守勢力により政治的動員の焦点となっていたのだ。グローバルな言説では性的な事柄はもはや周縁的なものではなく、原理主義からＡＩＤＳ、男女関係から性の多様性、なかんずく同性愛に対する態度に至るまで関心の的になっている。性に関する意味と価値は高度な論争の対象となるのだ。しかし保守派が性の変化を道徳的退廃の兆候とみなすのと時を同じくして、世界の多数の地域では性と親密性の変容が実質的な成果を得つつあった。ほぼ一〇年前には周縁的であった事柄――同性婚――を例にしてみよう。アメリカの道徳保守派にとってこの問題は、あらゆる保守のリーダーが重視すべき試金石となっており、ブッシュは福音主義者の支持基盤から支持を得るために、性懲りもなくこの問題を利用することを選択したのだ。しかし少なくともこの中で、ブッシュは「時代精神《ザイトガイスト》」を、社会的に保守的とされる形で強調した。別の場所では同性ユニオン《結びつき》は、法的に婚姻と同じかどうかはさておくとしても、ノーマルなものになりつつあった。シヴィル・パートナーシップを婚姻と呼ばずに正当化しようとしたイギリスの法制は不幸な運命にあった（名称のことはさておくと、両者の唯一の違いは婚姻は性交による結婚完了《セクシュアル・コンサメーション》を必要とするが、シヴィル・パートナーシップはそうでないということだ。ゲイとレズビアンの人生はセクシュアリティによって定義されてきたのに、現在はそうではないというのは皮肉なものだ）。イギリスの新法制を保守派のリーダー、マイケル・ホワードも支持している。ホワードは一五年前、同性愛を「偽装家族の関係」として禁止する悪名高い第二八条[4]を導入した人物なのだ。家族関係でないとすれば、同性カップルには何が付与されたのというのか。シヴィル・パートナーシップが年金、税、子育て支援に加え、相互的ケアと財政的サポートの責任への権利と同様のものを与えたというのか。

二〇〇五年一二月、シヴィル・パートナーシップ法が成立してから半年以内に六〇〇〇組のカップルが契約を交わした。派手なウェブサイトをもっている会社もあり、カップルにふさわしい服装、結婚の引き出物、住居、飲食、結婚式、新婚旅行の目的地、さらに伝統的な結婚式のように、個人的な関係を社会的に神聖化する社会的イベントにつきもののエチケットブック、個人的なアドバイザー、一連の儀式の手続き等を提供している。三〇年前には想像もできなかったし、二〇年前には不可能だったし、一〇年前には（少なくとも歩みの遅いことで有名なイギリスでは）実行不可能だったもの。これがいまや行われているのである。福音主義者はときおり不平を述べる。しかし同性カップルの「どちらが料理をし、どちらがズボンを履くの？」といった、その場限りの冗談がわずかに残るのみだ。それらは異性愛者の結婚が性とリスペクタビリティを公認する唯一の手段だった時代、つまり同性愛が「イギリス最悪の悪徳」とされた時代をわずかに想起させるのみである。

人々の態度は確実かつ根本的に変わった。私たちはいまや明らかに異なる世界に生きている。しかしどういう意味で異なる世界なのか。

私が本書を通して述べたいのは、私たちが変化の時代、つまり長期にわたる、複雑怪奇で、終わりのない革命のただ中を生きているということだ。それは私たちが性の多様性を生き、親密生活を創造する可能性を変えてい

4　一九八八年、英国地方行政法に追加された条文（Section 28, Clause 28とも）。「教育ならびに出版による同性愛推進の禁止」という項名で、地方自治体に「意図ある同性愛の推進、あるいは同性愛を推進する意図の出版行為」（同条1－a）および「国庫補助学校（maintained school：同条(4)で定義されている）において同性愛を家族関係の一つとして受容可能なものとして教育すること」（同条－b）を「しないように努める」と規定した。違反による罰則はなし。適用範囲はイングランド、ウェールズ、スコットランド。二〇〇〇年にはスコットランドで、二〇〇三年には英国全土で撤廃された。同条による告発は一件もなかったものの、自主規制によって学校・大学内のバイセクシュアル・同性愛者に対するサポート団体が活動を停止する等の影響を及ぼした。
（参考）https://en.wikipedia.org/wiki/David_Wilshire,
http://www.legislation.gov.uk/ukpga/1988/9/section/28

く。多くの場合、私たちは眼前の変化、日常生活の中で自分たちが起こしつつある変化に気づかない。もちろん例外はあり、いろんな問題が私たちの意識に現れることはある。たとえば一九六〇年代の避妊用ピルの普及、一九七〇年代の女性解放とゲイ解放、一九八〇年代のＨＩＶ／ＡＩＤＳの流行、一九九〇年代の性的虐待と暴力の風土病的拡大、そして二〇〇〇年代初頭における同性婚の導入等である。私たちはそれぞれの問題を切り離して捉え、つながりや事態の推移を見失い、歴史を忘れがちになる。しかし私たちの現在における過去と現在のつながり、トレンドと相互連関を掴んではじめて、得たものと失ったもの、成功と失敗、可能性と不可能性、快楽と危険を計測することができるのだ。現在形の歴史について、私はこれから語ろうと思う。それは私たちの現在の確実性と不確実性について問うことを可能にする。私たちは誰であり、何を知るべきなのか、どのように生きるべきかについて問うことにより、私たちの多様で、複雑で、絡みあった過去と直面することができる。過去についての感覚は現在を再び捉え直す契機となる。現在を脱自然化し、相対化する。現在は歴史的な創造物であり、偶有的であることを示唆できるのだ。

私が私の歴史観、社会学的前提、政治に対する理解、そして否応なく私自身の個人的な感覚や価値観を使ってでも提供したいのは、私たちが性的、親密、家族的という言葉のあり方をかえた変化のバランスシートである。この長期にわたる革命は西洋の大多数の人々や、グローバル化し劇的に変化しつつある南半球の人々に圧倒的な利益をもたらしたと私は考えている。と同時に、世界中で私たちの生活機会を制限し続けてきた大きな諸問題——権力や資源の不均等、偏見、差別、人種差別、暴力と無視についても知らねばならない。しかしこの長期にわたる革命は、性に関しての誤謬を判断するための新しい基準、すなわち個人の自律、権利、そして性の正義に関する言説を生み出し、新たな主体性をエンパワーしてきた。私たちの現在の生き方は、自分たちのために作り上げた世界の一部であり、何百万人という人々の創造や発見や関与のもとで築かれた世界なのだ。

ＨＩＶ／ＡＩＤＳの多大な犠牲によって生み出され、多くの人命に脅威を与えた一九八〇年代という危機の時代にあって、スーザン・ソンタグ（Sontag and Hodgkin 1991）は「今の私たちの生き方」という題の小説を書いた。それはトロロープ［訳注：Anthony Trollope 1815–1882 イギリスの小説家］の小説の題名から影響を受けていた。ソンタグの物語はつながり《コネクション》、すなわちＡＩＤＳウィルスを拡大することになったとはいえ、当時「死のダンス」といわれたものに閉じ込められ、しかし希望をもって「生のダンス」を踊った人々の間のつながりについて語ったものだ。この複雑なつながりを通して、私たちは自分たちに共通する人間らしさを確認し、そのことで私たちは人間になる。私たちの世代、すなわちベビーブーマーは、私がこのあと述べる個人生活に生じた変化から、最大の利益を享受した世代であろう。無論、痛みもある。後続する世代の人にすれば、その変化はすべて簡単で、予め存在していた、自明なものに思えるかもしれない。しかし私たちは自律の尊厳について学んだだけでなく、道徳的選択がもたらす痛みについても、互恵性の必要性についても学んだし、私たちが様々な人々の間で、種々の差異やグローバルなつながりや地域への愛着をこえて、権利と義務、欲求と欲望、リスクと可能性、正義と不正のはざまで編み上げてきたつながりの重要さについても、ときにつらい思いをしながら学んできたのである。「つながりのある人生《コネクティド・ライフ》」、これこそ現在生きている世界の中で、私が本当に語りたいことなのである。「つながりのある人生」、それは反省的《リフレキシヴ》な人生でもある。すなわち自分は何者で、どこから来て、何になれるのか、という自意識を涵養する人生なのである。現在の性／親密革命の大部分は、草の根的な変容の帰結である。すなわち文字通り、私たちが世界を作ってきたのだ。なぜならつながりのある人生は現在の私たちを作り上げ、拘束《バインド》だけでなく結束《ボンド》をもたらし、私たちを人間らしくする他者とともに互恵的に生きられた人生であるからだ。つながりのある人生はグローバルとローカルをつなぎ、隔たりに橋を掛け、性と親密性の問題を権利と責任、すなわち社会正義の問題へとつなげる人生なのである。

このつながりの中で、物事がいかに、そしてなぜ大部分は良い方向に進んだのかを私は示したい。他の作家がこれらの問題について書くとき陥りがちな罠にはまることなく、そうしたいのだ。

第一の罠は、この変化を自動的で不可避のものと信じてしまうことだ。性的抑圧の暗黒時代から性的自由への移行として描くこと、それは性の歴史に関する、ある意味ホイッグ党的な解釈である。私が以前書いた著作に対してもこのような批判はあった（Waters 1999, Houlbrook 2005をみよ）。彼らの批判が、快楽や欲望や多様性や選択の問題を論じるときに進歩が存在したというものなら、認めてもよいだろう。言葉の正しい意味で、五〇年前より現在に生きることを望まない者がいるだろうか。地域紛争から民族浄化（そしてしばしばそれは性的堕落とレイプと結びつく）、貧困、疾病、国際的人身売買に至るまで、世界の多数の地域に脅威をもたらす恐怖が存在した。とはいえ差異や人間の異なるあり方に対する寛容、さらにいえば一般的には人権の、限定的には性の権利承認に大きな進歩があったことは間違いない。しかしそう述べたからといって、私が変化を自動的で不可避と考えていることにはならない。人間の大義、すなわち性的かつ親密なものも含めた自由に人生を捧げた人はあまりに多く、この道が容易でコストのかからない戦いだったとはとてもいえない。

さらに私は性解放に何の問題もないと考えているわけでもない。今より一世代以上前にミシェル・フーコー（Foucault 1979 = 1986）が指摘したように、鍋の蓋をとるかのように性を解放させることはできない。セクシュアリティは抑圧されたり、解放されたりするモノではなく、歴史的に形成された一連の可能性、行為、行動、欲望、リスク、アイデンティティ、規範、価値であって、それは配置関係を変えたり、つなぎ直したりはできるが、簡単に解放されるものではない（Weeks 2003の議論を参照）。生じた変化は性的なものを形成するすべての要素を含んでいる。エロティックな実践から性空間の再組織化に至るまで、日常生活の相互行為から宗教・倫理・法律に至るまで、あらゆる要素を含んでいる。しかしこれは人間関係の質的な変化であって、セックスが量的に増えたというわけではない。

最後に私は「進歩」という観念に何の問題もないと言いたいわけではない。たとえば国家が同性愛規制から撤退したり、産児制限促進を承認したり、婚姻内レイプを非合法化したり、児童虐待の蔓延を認識すること（これらすべてはこの本が対象とする時期に生じたことである）。逆に、子どもと女性の身体の商品化による搾取や、地球上のほとんどの大都市での低俗文化、インターネット上のポルノの氾濫。さらにはバウマン（Bauman 2003, 2005 = 2008）がエロティックなものの商品化と人間身体のいっそうの断片化と呼んだもの。これらをどう評価したらよいのか。私自身の評価は、このあと本書で明らかになることを願う。いま私にいえるのは私自身の見解を、これら現代の自称進歩主義者や過去のうさんくさい利用者と結びつける必要はないということだ。私たちは利害得失をバランスよく評価する必要がある。また私が「利害得失」という言葉で何を意味しているかを理解する必要もある。結局のところそれは価値評価を含んでおり、価値評価を避けることはできない。

しかし進歩主義者がどのような罠に陥っていたとしても、それは次の密やかな罠とは比べものにならない。第二の罠は、すべてを優雅な状態からの堕落とみなすことだ。その特徴は現在のひどい状況を嘆くこと――家族崩壊、高い離婚率、若者の暴力、愚かな性的好色者が引き起こす事件、愛の商品化、同性愛関連の事件、露骨な性教育やメディア、価値の衰退、社会関係資本の崩壊、性病の蔓延等々――、そしてそれを誠実で安定していた家族の価値をもつ黄金時代と比較することだ（たとえばHimmelfarb 1995, Phillips 1999, Davies 2006を参照）。しかしどんな過去であれ、過去がそんなに薔薇色だったことはないし、現在がそれほど悲惨ではないことは確実だ。おそらくこれは愚かな進歩主義の合わせ鏡なのだ。進歩主義者はセックスとはそれ自体永続的なポジティブな力だと想定している。これに対して社会保守主義者や衰退論者は、セックス、そのヴァリエーションとしての同性愛のことを、それらが異性愛者の結婚という特殊なコンテクストに位置づけられなければ、悪徳ではなく、危険と想定しているのである。

必ずというわけではないが、衰退論者の見解の特徴は、キリスト教かユダヤ教かイスラムか、何にせよ宗教的な世界観に基づいて形成されている。それはアメリカ合衆国からイランに至る世界の主要地域に大きな政治的影響を与える見解であり、他の文化に対しても強い影響を与える。一般に西洋では（とあえていってみるが）、宗教的世界観はマイナーだ。しかしグローバルには勃興しつつあるのだ。別のところで論じたように、私たちが強大な道徳的・文化的不確実性の時代に生きているのだとすれば（Weeks 1995）、ジェンダー化された身体や異性愛こそ真理だとする原理主義的確信や、倒錯に対する恐怖、信仰の神聖さが魅力的な解毒剤にみえてしまう。それは正しくないし、妥当でもない。

第三の罠は、これら憤慨や興奮を知悉《ちしつ》しつつも、何も変わっていないと信じてしまうことだ。この立場の背景には、異なる出発点からくる驚嘆すべきエネルギーがある。たとえばこの立場をとる一部のフェミニズムは表面的な変化を認め、女性の性の自律や効果的な産児制限が広く利用できるようになったことに言及してはいる。しかし特に権力関係の連続性を強調する。同一賃金を定めた法があるのに、現在でも女性の平均収入は男性の三分の二しかない、とか。女性は自分の性的欲望を誇示できるかもしれないが、それを男性の視線に供している、とか。男性は今や幼児のナプキンやおむつを替えたいのかもしれないが、母親はいまだに子育てに第一義的責任を負わねばならない、とか。レイプは女性に対する暴力だと認識されるようになったが、性暴力は蔓延している、とか（Holland他2003の議論を参照）。議論の仕方は同じだ。ある者はこれらの現象を長期にわたる革命の終わりなき達成だとみなす。他の者はこれらを男女間にある根本的な不平等を反映していると考える。

第三の罠にかかった「クィア」の一部は、同性愛や性の多様性に対する態度に大きな変化があったと認識している。確かに西洋社会は文化革命を経験して、あらゆる場所でのＬＧＢＴＱ（レズビアン、ゲイ、バイセクシュアル、トランスジェンダー、クィア）のアイデンティティを肯定し、文化的に尊重し、ゲイを新しい創造階級の最先端とみなす。しかしどれだけのことが本当に変わったのか、と。ゲイのアイデンティティは後期資本主義社会に安易に適合し、ピンクドル（ポンド、ユーロ）に軽く屈する偽のエスニック・アイデンティティにすぎないのではないか。同性婚は異性愛を規範とする構造への同化にすぎないのではないか、と（Warner 1993, 1999を参照）。

一部の政治経済学者も第三の罠にかかっている。彼らは先のフェミニズムやクィアと同じ特徴をもつ。彼らはグローバルな規模での女性の性的・経済的搾取が続いていると認識している。世界銀行の構造調整は何百万もの人を貧困に陥れる。貧困は性的自由と親密生活の発展を抑制する。政治経済学者は個人化傾向が有する権力を認識しているが、それを資本主義拡大の最終局面における要請に対する適応とみなしている。私たちが寛容の拡大（と苦難の結果）として歓迎してきたＬＧＢＴＱに関する法的改革と制度的達成を、彼らは権力の新たな陰謀にすぎないと考え、新自由主義の戦略的要請と共謀しているという（Richardson 2004の議論や第5章・第8章の議論を参照）。

私はこれらの立場にもっともな面があることを否定しないし、私自身の分析に取り入れたものもある。しかし完全に納得できるものではなかった。進歩主義者が保持する神話は歴史の偶有性、すなわち私たちを現在に導いた紆余曲折を忘れてしまっている。衰退論者が保持する神話では、ありえない歴史が賞賛され、「失われた」というかノスタルジックに再想像された世界を、現在を批判する基準点として利用している。連続論者は隠された構造の抗いがたさを強調するが、それゆえに主体の力や、現代の永続革命を作り出し、個人生活の微細な変化がもたらす巨大なインパクトを忘却してしまうのだ。

結局彼らは、私には不可避の現実と見えるものから目を閉ざしている。つまりわれら勝ち得し世界は、人間関係の衰退ではなく発展を意味する生き方を可能にし、輻輳する権力を破壊して、個人の自律、選択の自由、より平等主義的な関係のパタンを促進する。

終わりなき革命

話を進める前にセクシュアリティと親密性の世界を大きく変えた変化を簡単に紹介したい。本書でより詳細に論じるつもりだが、ランダムな形ながら、以下のことを論じたい。

「ジェンダー革命」

この男女関係の変容は最も強力な物語だ。男性が女性を支配した時代は根っこから不可逆的に崩壊した。ただしグローバルなレベルではそのインパクトは均等ではない。この物語は男女がいまや平等だ、とか平等に処遇されるという意味ではない。世界の多数の地域で、これは明らかに事実ではない。本当の達成は、不平等を道徳的に正当化する根拠が完全に失われ、そのことが議論を根本から変化させたことだ。いまや不平等を昔ながらのやり方で正当化することはできない。出発点となるのは男女の完全な平等であり、そこから他の形式の平等が派生するのだ。平等を構成する要素に関してはのっぴきならない差異があるかもしれない。たとえば種々のフェミニストや進化心理学者が論じてきたように、女性は平等だが異なる、とか。平等の中身は議論の対象となる。たとえばイスラム女性が頭に載せるヴェールは家父長制権力や宗教的周縁化の象徴なのか、男性視線の支配から自由になった女性のエンパワーメントなのか。しかし伝統的差異が平等の観点から更新されなければならないという事実そのものが、物事が遠く進んだ（そしてどこまで遠く進むべきなのか）を示す指標となるのだ。

しかしさらに凄いことがある。トランスジェンダーがジェンダーの絶対性をクィア化するという運動の出現に伴って、ジェンダーというカテゴリーそのものが根本的に批判されているのだ（Ekins and King 2006）。しかし本物のジェンダーの探求がジェンダーのカテゴリーとしての固定性を根底から崩壊させるという、いろんな人が経験してきたパラドクスは、現代世界で男女に関する伝統的な真理を問題化する際の強力なメタファーになる。

「親密性の変容」

この議論は、ジェンダー革命が男性と女性、男性と男性、女性と女性が互いを関係づける方法が大きく変化したことの背景にあり、同時にその変化を促進してもいるということだ（こういう議論の古典的な議論としてGiddens 1992＝1995を参照）。この変容のもとで同性関係は、関係の平等主義な形式と創造的な生活機会と同様に肝要であり、デザインと同じくらい周囲環境の力によっても形作られる（Weeks他2001を参照のこと）。この変容は平等主義的で、開かれた関係をめざし、「純粋な関係」によって特徴付けられる。この立場に対しても多くの批判があるので（Jamieson 1998, 1999を参照）、後の章でこの論争について深く論じてみたい。しかしことの本質は「民主化」という言葉に要約される。ここでは親密生活の民主化、日常生活の革命について語るつもりだが、それらはまだ実現されていない。しかし私的感情と公的生活の関係に対して大きな意義をもっている。

家族の複数化

家族の複数化は性関係や子育ての変化、婚姻の衰退等の兆候・原因・結果とみなされることが多い。この衰退は、社会に対する信頼と安定を維持する社会関係資本や規範や価値やネットワークを弱体化させたと非難される（Fukuyama 1999）。しかし筆者にはもっとましな物語がある。それは、女性や子どもに対する家父長制的権威の弱体化がもたらした家族形態の多様化であり、大量の移住者が生み出した複雑で多様な文化であり、世帯パタンと家庭内調整の多様化、つまり同棲、異性愛結婚の衰退、ひとり親、一人暮らしの増大（イギリスでは四〇％に達する）、性のパートナーを作る中心形態としての連続的な一夫一婦制、非異性愛的（あるいは異性愛的）「選択の家族」の登場、「友情倫理」の発達等である（Lewis 2001, Weeks 他 2001）。これらが正当化したのは、私たちはザ・家族ではなく、様々な家族について語るべきであり、家族のようなものを遂行する種々の方法を認識・評価すべきであり、家族の衰退を嘆くより、互恵性、すなわち社会関係資本の新しく多様なあり方を賞賛すべきだという言説である。

生殖の権利拡大

日常生活の変化には多数の背景要因があるが、重要なのは産児制限への関わりが劇的に変化したことだ。ピル以前にも産児制限は行われていたし、一九七〇年代以前、出生率は劇的に低下していた。一九五〇年代には、女性が自分の身体や出産に関係する仕方に重大な変化があったといえる。しかしピルという、女性が管理し相対的に安全な避妊方法はこの大変化、世界史的な変化を象徴しているし、その変化の助けにもなっている。それは性と生殖の分離である（Maclaren 1999 の第四章、Cook 2005a）。しかしやがて生殖の権利の問題がより大きな問題とつながっていることが明らかになる。子どもを産む／産まない権利、特定の条件下で中絶をする／しない権利、出産を抑制／促進する権利、グローバルな規模での権力と機会の資源へのアクセス権という根本的な問題である（Petchesky 2003）。

同性愛のカミングアウト

ジェンダー秩序と家族と性再生産をつなぎとめてきた異性愛が崩壊したとき、同性愛が暗闇から現れ出た《カミングアウト》。同性愛はつねに（異性愛と）共生の関係にあったたし、ときに異性愛を脅威に晒す「他者」でもあった。同性愛と異性愛の二項対立による分割は何百年も私たちの性制度を構造化・定義・歪曲してきたし、一九五〇年代に「異性愛の専制」と言われたものが最終的・決定的に強化されたときピークに達した。しかし今は崩壊しつつある。なぜなら何百万ものゲイやレズビアンやバイセクシュアルやトランスセクシュアルが既存秩序を倒壊した、というか、性的差異が究極的に重要でないかのように生きたからだ（Adams他 1999a, 1999b, Altman 2001）。普通に生きることの重要性を過小評価してはならない。無論、非異性愛的な人生を生きる可能性が、特に都市の高度に発達した世界の至るところで増大しているのを認識することも重要だ。しかし異性愛を規範とする価値や構造が存続していることを認識することも必要だ。私がかつて論じたように、同性婚やシヴィル・パートナーシップのような変革が最終的にどういう意味をもつのかについて、誰もが納得しているわけではない。私たちが観察しているのは同性愛の家畜化が最終段階を迎えたところなのか。あるいは潜在的に侵犯的で変化に満ちたエロスが異性愛を規範とする退屈な日常に結局組み込まれてしまったということなのか（Brandzel 2005）。もしクローゼットが二項対立的な思考の産物であるならば、二項対立の崩壊はセクシュアリティの意味を変容させ、幅広いセクシュアリティズ（sexualities）の存在を示す巨大な変化の兆候なのか（Seidman 2002）。

性的多様性の承認

ゲイル・ルービン（Rubin 1984）は、倒錯したセクシュアリティがクラフト＝エビングの著作から抜け出て歴史の舞台に浮上したと論じていた。今日、倒錯というカテゴリーは消滅しつつある。人々は誇らしげに自分のゲイ、両性愛、サド・マゾヒズム、トランス、フェティシズム、その他無限に多様な幻想を公然と語る。さらにインターネットの無限の可能性を通してその欲望を充足させる。もしあなたの欲望が生の人間を食べることだとしたら、ウェブ上で同好の士をみつけることができるはずだ。同性愛的でなく、より配慮しあう相互行為の可能性についても発見できるだろう。それはもはや『失業中の愛』や『寒天中の愛』といった映画や小説の中だけでなく、ヴァーチャル空間における愛でもある。私たちは無形的な非-倒錯の世界に生きているのだ。しかしそれは現代の生活を特徴付ける根本的多様性の一部にすぎない。「人種」やエスニシティ、階級や地理、年齢や障害等によって形どられた様々な生き方がある。ギルロイ（Gilroy 2004）が論じたような新しい共生（conviviality）が生じつつあり、それは短絡的なカテゴリー化を否定し、区別の消失ではなく差異の摩耗を示している。

性言説の爆発的増加と性の物語の複数化

この言葉が示すように、今日私たちは種々の方法で自分の性に関する物語を語ることができる。ミシェル・フーコー（Foucault 1979 = 1986）は性のモダニティを生み出した一八世紀以降の言説の爆発について論じている。しかしそれは誰が、どのような状況下で、どんな権威の下に語ることができるのかに関するルールによって限定されていた。今日とのちがいは、性《セクシュアル》の物語《ナラティヴ》の民主化である。今日私たちは誰の語りでも拝聴することができるし、語る手段にアクセスし、自らの真実を語ることができる。トークショー、家族映画、議会、メディア、街頭、ウェブ上の個人的なブログにいたるまで。欲望と愛の物語、希望と日常現実の物語、興奮と失望の物語が、意味を共有する自発的な聞き手の前で語られ、人々は自分が誰であり何者であるか、自分が何になりたいのかを想像し、再想像できる（Plummer 1995, 2003）。もちろんなんでもあり、というわけではない。語ることへのバリアが移動・再定義され、新しい語りが組み立てられたのだと指摘しておきたい。小児性愛は一九七〇年代にその名を与えられたが、二〇〇〇年代には児童虐待として嫌悪されている。ポルノグラフィは一九六〇年代には解放の象徴であったが、一九八〇年代には女性抑圧が問題となり、一九九〇年代にはかなりメジャーになったが、二〇〇〇年代には不安の源となっている。異なる声がいまや複数化する出口をもとめて自らの真理を語っているのだが、何を語るべきか、いつ語るべきか、何を信じるべきか、どうあるべきかについて普遍的に認められた権威はもはや存在しないのだ。その代わり、多数の権威になりたがる人々が不協和音を奏でながら、特にサイバースペースの無政府的な民主主義のもとで競合しているのだ。これらはすべて、言葉のいかなる意味においても進歩ではない。福音主義のキリスト教徒やラディカルなイスラム教徒の声も、リベラルあるいはリバタリアンの声と同じくらい大きいのだ。言論のハイパー市場ではピンチもあれば、チャンスもある。しかしもはや物語の力を疑うことはできない。複声的な物語を通して私たちは自らを作り変え、親密性の意味を再発見するのだ（Plummer 2003）。

性暴力と虐待の認識

プライベートな生活の曖昧な品位の下に長年秘匿されていたことを語る自由の増大は、セクシュアリティと親密生活にありがちなリスクを広く認識させるに至った。親密領域における語られない虐待、暴力的関係、搾取、妻の殴打、子どもの性的・身体的虐待（O'connell Davidson 2005）、レイプ、セクハラ、脅迫、局所恐怖（endemic fear）といった公的な虐待（Bamforth 2005）は監視矯正され、公共言説に向けて開かれた新基準が探求されている。いうまでもまくこの試みは十分ではないし、病を根治したわけでもない。逆に、可視化される危険もあるのだ。クィアに対するバッシングはカミングアウトする社会の産物である。デートレイプは知識社会、つまりドラッグがもたらす悲劇に通暁している社会の産物だ。レイプについて公に語ることはレイプの報告を促すことになるが、それがレイプの減少につながるわけではない。暴力はエロスに影のようにつきまとう。

性的／親密市民権の拡大

市民権とは帰属、承認されること、互恵的な関わりと責任に関する事柄である。歴史的には人種や国籍、ジェンダーやセクシュアリティによって制限されてきたし、女性に対する完全な市民権がいかに近年のことであるか、私たちが誇る福祉国家が正しい生き方、すなわち完全な市民の権利と義務を少数者や逸脱者からどれだけ排除してきたかを私たちは忘れている。性的かつ親密市民権とはこれらの排除と包摂の動きを認識することである（Weeks 1998, Bell and Binnie 2000, Richardson 2000a, 2000b, Plummer 2003）。その最初のステップは突発的なものであった。家族計画や性の多様性を認めない刑法の撤廃、同性愛者の法の下での平等、オルタナティブな生き方の承認と法制化、健康・暴力・名誉毀損といったリスクから平等に保護されること等、様々な事柄へのリソースを手にすることである。市民権という概念は多くの法廷において最強ではあったが、完全に実現しているわけでもない。しかし市民権という概念なしに私たちがいまどこにいるかを測ることはできない。平等な市民権という概念なしには、さらにどれだけ前進しなければならないかを評価することもできない。

これらは、眼を見張るような未曾有の達成である。それは私たちのコントロールや私たちの背後で作用する歴史をこえた、不可避の力がもたらす帰結ではない。それは複雑な歴史に対する無数の闘争、それは個人的であったり集合的であったり、意図したものだったり無計画だったり、多くの決断や非決断によるものだったり様々だが、いずれにせよ闘争の結果であるのだ。しかし歴史とは二歩進んで二歩下がるようなものだ。変化を測定するときには、負の側面にも注目しなければならない。以下に述べるのはそのリストである。

性的差異のかわらなさ

女性の地位は大きく変化した。しかしそれに伴い、内外からの抵抗についても知らねばならない。コーネルがジェンダー秩序と呼ぶもの（Connel 1987, 1995, 2002）は揺らぎ、不安定になっているが、まだ崩れ去ったわけではない。教育、雇用機会、家族役割、生殖や性に関する選択のあらゆる指標に関して大きな変化はあったが、その影響は均一ではない。ケアは女性的な概念であり続けている。もちろん親としての活動に平等に関わろうとする歩みを実質的にはじめた男性もいないわけではないが、最も自信に満ちた女性でさえ「自分の中にいる男性」の声に耳を傾け（Holland他1998）、性的従属へと逆戻りしてしまう。最も啓蒙的な男性でさえ自分たちの特権を捨てることは難しいと感じている。私たちはいろんなレベルでの優越と従属の関係に閉じ込められている。暴力と虐待が両者の境界をコントロールしている。権力が愛情を罠にはめ続けている。

制度化され続ける異性愛

異性愛が唯一の選択でないことは既知のことだ。異性愛とは制度、私たちの思考に深く埋め込まれ、殆ど目にみえない行為である。私たちがそれを逃れようとしないかぎりは。同性愛はオープンになっており、制度化された異性愛に風穴をあけている。しかし先進的な西洋文化においてさえ最初から同性愛を排除し、マイナー化する力に服している。同性愛は他者であり続けている。もっともその他者性は、多数の人々に対して温和で友好的な装いをしているけれども（Altman 2001, Weeks 他 2001）。他の地域では性的侮辱、長期投獄、あるいは死罪（投石や斬首による）が多数の同性愛者にとって運命となっている（Bamforth 2005）。多数の人々にとって他者性の装いは神話と恐怖に覆われており、その結果、同性愛という生き方を不可能にするテロが生じている。

差異に対する恐怖と人種・エスニシティ・年齢に基づく権力の循環

制度化された異性愛の継続的な再生産と、異性愛を規範とする価値は性／親密性の変化に対する強力な抵抗装置となっており、これらの抵抗が多数の性文化と関連しながら、他の階層的な関係を固定化する。性文化は多数の差異形式の帰結であり、構築物であり、抑制装置である。その形式は中立ではなく、後期近代を構成する権力関係の形式によって形成されている。性行動のパタンは人種、エスニシティ、富、貧困、若者と高齢者、心理的・物理的空間が交錯しながら形成される（Weeks 他 2003）。これらは分断と排除のしるしであり、セクシュアリティと親密性はその不平等によって傷ついている。

エロティックなものの商品化

セクシュアリティが近代世界の意味とアイデンティティの主要な係争点となるにつれ、文化のハイパー商品化に余儀なく絡み取られていった。その商品はどこにでもある。エロティックなものの下劣な利用にはじまり、性産業に依拠する主要都市のモノとサービスの広告と販売から、性貿易のグローバルな流れにいたるまで。一九六〇年代の理想主義者は、リベラル化したセクシュアリティがグローバル市場に対する抵抗形態となることを期待していた。先進資本主義はセクシュアリティを脱昇華して商品として売り出すことを必要とするという悲観的な予想をする者もいた。一九八〇年代からグローバル資本主義が驚くべき新段階に入ると、セクシュアリティの新しい可視的世界に手をのばし、嬉々としてセクシュアリティを植民地化し、性商品を世界中に輸出した。エロティックなものはあらゆる形態をとって市場資本主義に絡め取られた（Hennesy 2000, Binnie 2004）。その極みというべきは、インターネットのクレジットカード文化に支えられた何百万ドルものポルノグラフィの拡散である。世界資本主義の席巻がセックス・愛・親密性に基づくあらゆる行為を必然的に商品化するわけではない。しかしセクシュアルなもの／親密なものは大きなチャンスに開かれたが、脅威から解放されたわけではない。

性病の脅威

セクシュアリティのグローバル化をリスクの再秩序化とみなすなら、今日世界が直面するリスクの中心的存在はＨＩＶ／ＡＩＤＳの苛烈な出現と蔓延である（Altman 2001）。二〇年前ならばＨＩＶ／ＡＩＤＳを概ね北米、欧州、豪州のゲイに対する悲惨な脅威とみなすことも可能だった。ＨＩＶ／ＡＩＤＳに対する取り組みは遅々としており、（特にイギリスやアメリカでは）公共政策やメディアや大多数の世論の根底にあったのは、典型的な頑迷と偏見だった。現在では裕福な国家はＨＩＶ／ＡＩＤＳの蔓延と侵入に対処する方法を知っている。しかしグローバルには統計上も、統計の背後にある日常生活の現実も、ひどいものである。ここではセクシュアリティは貧困、無知、恐怖、偏見と密接に関連している。この疾病が明らかにしたのは、他の社会的権力や、ますますグローバル化し国家から国家、大陸から大陸へと流浪する性経験にまつわる悲劇を、性と親密性から分離するのは不可能だということだ。ＡＩＤＳは、価値も応答も不確実な世界に生じた性の急激な変化に伴うリスクの、唯一とはいえないにしても象徴的な事例となった。

原理主義の勃興と文化戦争の現実

原理主義は不確実性への応答と考えられている。その不確実性は、真理と歴史と伝統の絶対的な確実性に満ちた世界を曖昧で両義的なものにする（Ruthven 2004）。多数の人々が指摘しているように原理主義の様々な形態は、イスラムであれキリスト教であれヒンドゥーであれユダヤであれ、文化的退歩ではない。それは後期近代の産物であり、後期近代のテクノロジーやグローバルなつながりを見事に利用している（Bhatt 1997）。原理主義者は、後期近代文化がもたらしたと彼らが考える歪みを非難する。その核心にあるのがセクシュアリティであり、ジェンダーであり、身体なのだ。現代の原理主義者は男女の区別を復活し、異性愛関係を強固にし、倒錯を根絶しようと試みる。最も極端な形としては弾丸、ナイフ、絞首刑等がある。しかし主張のトーンは異なるとはいえ、アメリカの宗教・社会保守運動は伝統価値を標榜し、妊娠中絶、同性愛、同性婚、性教育、進化論等に反対し、極端な原理主義と同じ思想を共有している。つまりセクシュアリティには真実があり、自分たちこそその真理につながる鍵を知っているという信念である。ならば文化戦争が生じることも避けがたい。

時がすぎて

複雑で可変的な現在を構成する利害得失、成功と失敗について語ること、それは深く根づいた歴史的趨勢の産物である。私たちが必要としているのは、伝統の崩壊・世俗化・個人化・グローバル化・国家役割の変化といった観点からの説明を編み出すことだ。しかし現在は大規模な変化の帰結であるだけでなく、歴史や事件やローカルな状況の産物でもある。予想もしなかった出来事により、過去がつくりだした布置関係が調整される。この六〇年間を一〇年ごとに回顧してみなければ、現在の混沌とした出来事を理解するために構築すべきパタンや形式やストーリーラインを見つけることは難しい。それぞれの時代でモチーフが異なっているように思われる。これらも複雑な歴史における一ページとはいえるだろう。しかし私の出発点、すなわち一九四五年から順に論じる前に、私自身の七〇年間の物語を通して、私たちの歩みを振り返りたい。そのために各時代の真ん中の年に注目する。

二〇〇五

この年の一二月、シヴィル・パートナーシップ法が施行された。すでにこのことについては何度か触れたが、第七章でより詳しくその意味について論じたい。しかしここでは、この変化を他の変化の象徴とみなしたいのだ。シヴィル・パートナーシップ法は確かに同性愛の受容を示す新しい基準となっていた。それは公式の結婚ではなかったし、これを批判する者は同性愛についてすべきことという古典的な問題に対するアパルトヘイト的な解決――分離すれども平等――だとみなす人もいるが、同性愛外部の文化も、同性婚を通常の結婚と同じものとみなすことに躊躇はなかった。そのこと自体が結婚の意味変化を示している。二〇〇五年の結婚は一九四五年の結婚、すなわち尊敬に値する大人の性と親であるという地位への唯一の関門であることはもはやない。一九六〇年代から二〇〇〇年代の間に、性行為と生殖の、セックスと結婚の、結婚と親業の自動的なつながりは切断された。大多数の人々にとって結婚は選択の問題となった。確かに権利や責任はついてまわるが、個人が自発的に愛情の証として決定したとき、そしてその理由に基いてしか成立しないものなのだ。しかし二〇〇五年まで結婚は両性の関係に限られていた。二〇〇五年以降、シヴィル・パートナー法に何らかの限界があり、シヴィル・パートナーシップを伝統結婚に統合するにはさらに時間がかかるとしても、結婚と異性愛の自動的なつながりもまた切断されたのだ。これはかなり深い象徴的な亀裂であるし、おそらく私たちが作り上げてきた新世界を最も劇的に示す事柄だった。

結婚の「脱異性愛化」は世界的にみれば部分的だし限定的だが（特にアメリカでは大いに議論となっている）、西洋社会の価値システムの変化を示している。それは「新階級」の勝利というより、特定の世代すなわち一九四五年世代の勝利なのだ。

一九九五

一九九五年、アメリカの保守系作家で活動家のジョージ・ギルダーは、同性婚に明確に反対しつつ、こう記している。

ボヘミアン的価値観がブルジョワ的美徳を凌駕しつつある分野とは、性道徳、家族役割、芸術、文学、官僚制、大学、大衆文化、公共生活等である。その結果、文化と家族生活は混乱し、都市には性病が蔓延し、学校や大学は反啓蒙主義とプロパガンダだらけとなり、法廷ではごまかしが横行している（Brooks 2000：196からの引用）

ここにみられるのは道徳保守主義者の正真正銘の叫びであり、ギルダーは、自分が調べたものすべてにリベラリズムの勝利を見出さざるを得なかった。もちろん彼はそれを快く思っていない。一九九〇年代の半ばには、来るべき新世紀への不安があり、保守勢力はますます増え、彼らの確信が最後の砦になってはいけないと考えていた（アメリカでは性のリベラリズムに対する「文化戦争」の中で新たな保守の潮流が見え隠れしていた）。

デビット・ブルークスという、一九九〇年代の終わりに『天国のマリファナ：彼らが新上流階級になるまで』を書いた作家は、彼が「ブルジョワ的ボヘミアン」と呼んだもの、すなわち大部分を一九四五年世代が創出し、リベラルからリバタリアンに変わりゆく彼らの生活様式が、新しいヘゲモニーを創りだしたと述べている。もっとも彼はそこに新しい統合を見出し、文化戦争が終焉を迎えると予想しているのだが、現在の視点でみればそれはあまりに楽天的な見通しだった。しかし私が強調したいのはリベラリズムの勝利ではなく、一九九〇年代半ばに明らかになった脆弱さである。この時期のアメリカでは婚姻保護法によって同性婚の可能性を排除する試みが盛んだった。クリントン大統領は、ミズ・ルジンスキーとの、好ましくはないが明らかに合意に基づく私的な性的関係のかどで糾弾された。数年後、宗教右派から熱烈に支持されて政権についた新大統領［訳注：G・W・ブッシュ］は社会保守主義の熱心な信奉者であることが明らかとなり、文化戦争が再び勃発することとなった。イギリスはボヘミアン的価値観が勝利を収めたとはいいがたく、道徳的不安の時代を過ごすこととなった。

ジョン・メイジャー首相の「原点回帰」キャンペーンの推進は道徳保守主義的傾向の予兆であった（Holden 2004：264－309）。事実それは首相にとっては災難だった。道徳保守主義への流れにはいくつかの最前線があった。同性愛の性交同意年齢を異性愛と同じにする試みは一九九四年、議会保守党によって阻止された。一九九七年総選挙の決選投票では何人もの大臣が、ひとり親家庭や、社会住宅や給付金を得るために子どもを産んだ女性に新たにレトリカルな攻撃を加えた。ただ実際のところ保守党政権の生真面目さは、大臣や下院議員の小さなセックス・スキャンダルや、チャールズとダイアナの王室結婚の破綻に伴う悲喜劇によって破滅的なまでに破壊された。道徳的態度と変わりゆく現実の間にあるギャップの増大をこれほどまでに象徴するものはない。

一九八五

一九九〇年代後半、HIV／AIDSを抱えながら生きる人々向けの治療が広範に行き渡り、この病気から生き残る可能性が革命的に高まった。ほんの一〇年前まで私たちは苦境のただ中にいた。HIV／AIDS危機は一九八〇年代を席巻し、その世界的なインパクトは破滅的であると悲観的な予想をした者もいた。もっとも回顧的にみれば、それは豊かな世界に限られた事態ではあったのだが。二〇〇五年末までに世界中で四〇〇万人のAIDS感染者がおり、二五〇万人がすでに死亡した。一九八〇年代、このウィルスに最初に晒されたコミュニティはゲイ・コミュニティであった。AIDSは貧者、周縁化された人、被害を受けやすい人の病になっていた。しかしAIDSが最初に登場した一九八〇年代初頭、AIDSはすでに病気持ちの人の病であり、過剰なセックスの結果、もしくは行き過ぎた性革命の象徴と考える人が多かった。一九七〇年代、ゲイ&レズビアンが可視化されたことで獲得された自信と場所と権利は、強烈な反動に遭遇した。というのもHIVに最も感染しやすいようにみえた人々は、その見かけによって非難されたからだ（Weeks 2000：142－62を参照）。AIDSは明らかにゲイの疾病と考えられたがゆえに、権力者による善意に基づく黙殺に苦しめられることはなかった。アメリカは当時ＡＩＤＳの発生地であり、レーガン大統領率いる政府が掌握していた。ただしそれもロック・ハドソンのような偉大なスターがこの病の犠牲になり、外科団体（Surgeon General）がＡＩＤＳのもたらす脅威に重大な警告を発するまでのことである。イギリスのサッチャー政権はＡＩＤＳに対して何もしなかった。

イギリス政府は一九八四年になるまで何も対応しなかった。その年になって政府は血液供給に介入したのだ。一九八四年から八五年にかけてＡＩＤＳに関する国会質疑が五九回あった。そのうち半分は血液供給に関するもので、次に多かったのはドラッグに関する質問である。ゲイ・コミュニティへの脅威に関連するマイノリティがこれらの事例の大多数を占めた。明らかに健康へのニーズが理由となって同性愛は嫌われるようになり、そのことが政策に影響を与えた。ＡＩＤＳに関するメディアパニックのほとんどが同性愛嫌悪に基づいており、政府を活性化するにはほど遠く、むしろ政府テロに近かった。一九八六年末になってようやく政府のまともな対応が始まった。これは「戦時緊急事態」と呼ばれる時代の到来を意味しており、翌年には公衆衛生の介入が大規模にはじまり、ＡＩＤＳをほぼコントロールした（Berridge 1996）。しかしゲイ・コミュニティはＡＩＤＳの中心であるとともに、より効率的な介入を求める中心的な団体でもあったはずなのに、一九九〇年代初頭まではほぼ周縁化されていた。世論調査によればレズビアン＆ゲイはこの一〇年間にけむたがられるようになっていた。一九八三年には六二％が同性愛関係を非難した。その数字は一九八五年には六九％、一九八七年には七四％に達した（Weeks 2000 : 171）。一九八七～八八年はレズビアン＆ゲイ共同体に対する非難がここ一〇〇年で最高潮に達した年であり、「第二八条」という名で知られる法が成立して、地方自治体が同性愛の広報を禁じ、「家族関係を偽装する」ネオロジズム（話法）を推奨した。それは次の一〇年間、ゲイ・コミュニティへの警告、つまり「ここまで来てしまった、これ以上はだめだ」という警告として作用した。聖アルバンスの司教の示唆によれば、イングランド国教会は同性愛に「厳しい態度をとる」ことで人気を獲得していた。ラビのチーフは振り子が伝統的価値観のほうに触れ始めたことを感じとり、「この傾向を私たちは歓迎し、促進しなければならない」と述べた（Weeks 1989：300）。

しかし様々な出来事の背景に決定的な変化の兆しもあったのだ。というのも健康危機の最も劇的な結果は、ゲイが自己動員するに至ったことだからだ。一九八〇年代を通して、大規模かつ草の根的な「安全なセックス」技術が効率的な予防キャンペーンを後押しした。「治療アクティヴィズム」の発展により、疾病に最も影響される人間こそがその問題を定義し、解決策をみつけるにあたり最も大規模な介入を行う準備があると強調された。医療、研究、運動、資金集め、政策形成、ケアの現場において、デニス・アルトマン（Altman 1989）がいう、災害を通した正当化が未来への希望となった。それは一九七〇年代のゲイ解放がもたらした最大の遺産であろう。さらに重要なことは人々が徐々に寛容になったことだ。一九八八年のギャロップ社の世論調査では投票者の六〇％がゲイのライフスタイルを認めていなかったが、二五歳以下の人間では五〇％が容認していた（Weeks 2000：171）。これは将来の動向にとって極めて意義深いことだった。

一九七五

一九七〇年代は、対立の拡大時代と呼ぶのが最もふさわしい。この時代は第二波フェミニズムとゲイ解放運動の出現がもたらしたエネルギーの爆発で始まった。両者はその歴史や究極目標や経緯を異にしていたが、性問題に関する新しい形のアクティヴィズムであり、法や構造よりも価値観・態度・アイデンティティを変えたのだ（もっとも最終的には法や構造も変化したが）。二つの運動の起源は一九五〇〜六〇年代よりも早い時期にあるが、それらに固有の政治・ことば・形式は、一九六〇年代後半の経験、すなわち市民権運動、学生運動、反戦運動、対抗文化、ベビーブーマー世代の不定形なリバタリアン的性の政治によって形作られていた。一九七〇年代初頭、両者のインパクトは劇的なものであり、議論における言葉遣いが不可逆的な変化を起こしたのだ（Weeks 1989：273－88）。従属を強いられてきた知が言論世界に登場し、個の自律と性の自由に関する新しい主張がなされた。身体と快楽が政治的言説の世界に入り込んできた。新しい政治形態が疲弊した戦後社会民主主義を粉砕した。とりわけ多数の証言が強調するように何千、何百万もの個人生活を変容させたのだ。フェミニズムの言語は数年後には消えてしまったが、現代の全女性は一九七〇年代初頭の女性解放運動の魔法のもとで生きている。また今日の非異性愛的な生存の技法に関して、一九六九年以後のゲイ解放に起源を有しないものを想像することはできない。

しかし一九七〇年代中盤までには明らかに、性に関する新社会運動が取って代わり、道徳保守主義の様相が変化した。アメリカでもイギリスでも「ニューライト」といわれる新しい保守主義が、よりダイナミックな経済的個人主義と種々の社会保守主義を結びつけた（Weeks 1985：33-44）。しかしフェミニストに支えられた多くの変化、たとえば中絶手段の利用等が対抗的動員の主題となり、特にアメリカでは中絶が試金石となった。とはいえ道徳的右傾化という一般的動向を過度に強調しない方がよいだろう。イギリスの宗教的右派は主流の政治的言説の中では周縁的で、サッチャー政権は道徳改革より経済のリストラクチャリングに関心を有していた（第四章参照）。サッチャーはヴィクトリア的価値観を呼び起こそうとしたが、彼女の後継者ジョン・メイジャーの「原点回帰」政策と同様、効果がなかった。多くの問題に関して進歩的改革が継続した。産児制限の利用は国民保健サービス［訳注：イギリスの国営医療サービス。ＮＨＳ］では無料となり、その後一五年間、社会変動の指標は伝統的価値観に反するものであり続けた。しかし一九七〇年代に本当に明らかになったのはセクシュアリティがかつてないほど政治的・道徳的論議の対象となったということである。この時代には文化戦争が加速した。何よりも対話が行われる道徳的枠組みがもはや共有されえないことが明らかになった。

一九六五

ではすべてが一九六〇年代に始まったのだろうか。ここ四〇年、一九六〇年代は性革命の源泉として、その過剰さゆえに賞賛もされたが、非難もされた。道徳保守派にとってこの時代は、文化革命が家族、結婚、性に関する生真面目さ等の価値を決定的に破壊した時代であった。一九六〇年代初頭にはカーステアー教授が六二年のレイス（Reith）講義［訳注：BBC Radio4の連続番組］で「大衆道徳はすでにごみの島である。性道徳における混乱はすさまじい」と述べていた（Weeks 1989：261）。しかし慈善が貞操より大切だとする彼の見解は大きな騒ぎを巻き起こした。それは伝統的価値観が依然教義を放棄しないことを意味していた。興味深いのは進歩派も伝統派もセクシュアリティを主要な戦場とみなしており、当代至高の道徳家メアリ・ホワイトハウスの夫、アーネスト・ホワイトハウスは「道徳崩壊が限度に達している領域」と呼んでいた（Weeks 1989：279に引用あり）。確かに一九六〇年代に劇的な変化があった。何より性的な大衆音楽と大衆文化の勃興がこの時代を象徴している。ピルという新技術が人々に知られ、女性を解放する力をもった。近年の歴史家ヘラ・クック（Cook 2005a, 2005b）は、ピルが後の性革命の主要因だったことは間違いないと現在の観点から評している。この時代には一〇〇年に及ぶ大きな法改革もあり、中絶と男性同性愛が部分的に非犯罪化し、離婚法は緩和され、劇場検閲は廃止、猥褻法も緩やかになった。

しかしこれらの変革は一九六〇年代後半、あるいは七〇年代になるまで真の意味で効果があったとはいえない。この時期は、大半の人にとってこの革命は他人ごとであった。一九六五年、ようやく独身女性は効果のある避妊薬を合法的に入手できるようになった。男性同性愛は一九六七年まで非合法であったし、起訴数は改革以後に三倍になった。一九六七年に出版された多くの年齢層に関する調査では、青年とその親の年齢層では社会的態度は異なっていた（Weeks 1989：253。第三章も参照）。後の時代の特徴となる道徳行動の弛緩、すなわち性交相手や性病、不倫、婚姻関係破綻の実数は、それが道徳的パニックを引き起こした割には驚くほど小さかった。それは劇的な変化の予兆にすぎなかった。一九六〇年代後半以降になってようやく性革命は燃え上がったのだ。大半の人にとって革命はいまだ現実のものではなかった。

一九五五

一〇年前は一九五〇年代中盤である。それ以来一九五〇年代といえば婚姻が安定し、家庭が静穏であった時代の代名詞であった。しかし多くの点で品格ある静寂さは痛々しい騒擾により弱体化していた。家族生活は調和的にみえたが、その背後に緊張が走っていた。その年公開された二つのアメリカ映画が示しているのは、アメリカのみならずイギリスでも、調和のとれた家族生活という理想と同時に、恐怖が進行しつつあることだ。『マーティ』という「縁の下の力持ちのラブ・ストーリー」では、アーネスト・ボーグナインが母と同居する未婚の食肉店員という市井の男性役を務めた。彼は夕方になると親友アンジーとともに未婚者向けバーを渡り歩く。しかし彼はベッツィ・ブレア演じるクララに出会い求愛する。アンジーはひどく嫉妬し、彼の母は自分が捨てられるという悪夢にとりつかれる。マーティの孤独、欲求、クララへの求愛は、かろうじて隠されていた時代的ノイローゼと幸福を求める個人的戦いのメタファーとなっている。二つ目の映画はニコラス・レイ監督、ジェームス・ディーンが主役を演じた『理由なき反抗』であり、こちらはさらに象徴的である。ディーン演じるジム・スタークは両親と口論中に「僕をバラバラにしたいのか！」と叫ぶ。その言葉は自分たちと同じ、混乱し、不幸でもある年長者からの教導を求めつつも得られなかった世代の声を代弁していた。ジムと、（ソル・ミネロが演じた）孤独な友人プラトーと、（ナタリー・ウッドが演じた）ジュディが象徴するのは当時の家庭生活の理想の挫折、そして孤独と孤立から逃れる別の選択肢を求める動きの活発化であった（Schneider 2005：316, 320）。

まもなくイギリスは疎外された「怒り」の勃発を経験することになった。もっともそれを表現した劇作家や小説家は明らかに女性嫌悪にして同性愛嫌悪の傾向があった（Sinfield 1989：60－85；Sandbrook 2005）。同性愛、あるいは同性愛への恐れはこの時代を貫く傾向であり、婚姻を理想化する傾向がある。一九五三年に行われた（斜陽）帝国の栄華のクライマックスというべき［訳注：女王エリザベスⅡ世の］即位式の準備期間中、首都ロンドンの街頭における売買春と同性愛への不安は性的スキャンダルの雰囲気を作りだした。モンタギューvsワイルドブラッド裁判がその象徴として注目され、短期的にはイギリス特有の性・階級・偽善を復活させたが、中期的には売買春と同性愛を調査するウルフェンデン報告（第三章参照）の公表につながった。それは一九五五年に設立され、はじめて同性愛を公表する少人数の集団から証言を得た。しかし男性同性愛を違法としていた法改革にはさらに一〇年を要し、［訳注：オスカー・］ワイルドの「怪物的殉死」の状態がなおしばらく続いた。

アメリカとイギリスでは家族生活が安定する一方、恐怖が潜在的に進行していた。ベビーブーム世代の恐れが最初に暴発するのは鍵っ子、ロックンロール、ホラー漫画、アイデンティティの危機に対するパニック的反応だった。性的倒錯に対する新たな偏見と反対運動は、品格に満ちた正常さの背後にある恐怖を強調した。

一九四五

その前の一〇年間、すなわち一九四五年は近代の最初の年だったといってよい。新しい福祉の世界が夜明けを迎え、権利と帰属に関する新原理、すなわち異性愛者であるかぎり市民的・社会的・経済的市民権が付与されるという原理が設定され、五〇年以上続いた（Weeks 1998を参照）。

第二次世界大戦後の環境は、多くの点で部分的で限定的ではあったが、私たちが現在生きる世界を大きく規定した。その社会的環境が福祉国家を生み出し（もちろん福祉国家の起源はそれ以前の社会改革に遡るが）、リベラルからも社会主義的な理想からも賞賛された。福祉国家はジェンダー、セクシュアリティ、家族について根底では保守的観念を有しており、その後の二〇年以上にわたり法と道徳的雰囲気を支配する枠組みを作り出した。しかし歴史の皮肉というべきか、福祉主義は本書の主題となるセクシュアリティと親密性の変容に与える重要なコンテクストを作り出した。一九四五年は戦争が終わり、改革主義的な労働党政権が選挙で誕生した年であり、決定的な出発点であるに違いない。何よりもそれはベビーブームが始まった年であり、予想も期待もしていない形で世界を作り上げた世代を生み出したのだ。

「衰退神話」の分析として重要なジョージ・バーンスタイン（Bernstein 2004）は、一九四五年に実際に起きたことは崩壊ではなく「イギリスの勃興」だと強調する。第一に、確かにイギリスは衰退が始まった地域ではあるが、それは誇張されていると彼はいう。第二に、二〇世紀がもたらした過激な変化にイギリスは「かなりうまく」適応した。最後に衰退を強調するあまり、「一九四五年以降イギリスで起こった根本的な変化を無視する人がいる。それは公平にいって良いものであり、衰退というより進歩だ」と彼はいう（Bernstein 2004：xv）。バーンスタインはここで主として経済的・社会的変化に焦点を充てているが、私見では彼の言葉は私が本書で示す道徳的変化の問題にこそあてはまる。イギリスの道徳的態度に衰退等はないと私は思う。確かに根本的変化が生じた時に、道徳に対する考え方は転換することにはなったし、日常生活が否応もなく崩壊したこともある。しかし概して人々は私たちが作り変えた世界に例外的なほど上手に適応したのである。

本書が目指すのは、この複雑な現在を作り上げた過程を追跡することである。そこでまず私が生まれた場所、私が生まれた年、すなわち一九四五年からはじめてみよう。

第二章

抑制の文化

あなたがセックスについて（夫に）全く話をしないことはよく知ってるわ。
セックスはたまたまするものだし、
気持よいと感じた時だけがセックスといえるのよ。
（*Mille, Fisher 2006 : 10* でインタビューを受けた労働者階級の女性）

◎

自然のきまりが不可侵なものになっているこの時代に、
「自然に発生するもの」がこれほど苦難の原因になっているとは皮肉なものだ。
（*Hawkes 2004 : 144*）

◎

戦間期の数年を覚えている人にとって、
景気の緩やかな回復は長くつらい道のりでしたよ。
戦時期の子どもには違っていました。
私たちの眼前に開けた世界は、私たちが失くした世界のイミテーションではなく、
かつて経験したこともないような異常な幸運だったのです。
（*Susan Cooper, Hennessy 2006a : 309* からの引用）

別の国にて

南ウェールズのロンダ峡谷は、一九四五年にはまだ世界最大の鉱山地域だった。岩盤上の丘陵に危うくしがみついているテラスハウスの連なりと小さな村落が、恐ろしく同質的で地理的に孤立した文化を作り上げていた。もっともこの村は戦後、急速に凋落した石炭に頼りきっていた。この土地に住む多数の男性は世界中で第二次世界大戦に出征し、残りの者は採掘場で働いたが、戦後一〇年かそこらでその時最大限に利用された動力源はすっかり使われなくなっていた。この土地の女性は家庭から出て戦時労働に従事し、ブリジェンドの有名な軍需工場で働いた。イギリスの他の労働者階級にも共通する面はあるが、ロンダには他にない雰囲気があった。それは南ウェールズの鉱業史に特有のものであり、この峡谷では労働と闘争の歴史が共有されていた。しかしそこにかなり異質な存在が産み出されたのだ。

私は、父が一九四四年春休暇の最後の週末、Dーディ〔訳注：一九四四年六月六日〕直前を利用して行われた戦時結婚によって産まれた。父は掃海艇の下士官で、母はブリジェンドの弾薬工場で働いていた。二人とも鉱夫の子どもだった。私は約一九ヶ月後、戦争直後に安産で産まれたので、その後六〇年間を作り上げたベビーブーム世代の一人ということになる。本書は「われら勝ち得し世界」における単なる個人史ではないにせよ、一九四五年生まれの子ども、特に私のように南ウェールズ峡谷で産まれた子どもが抱えこんだものを、しばし足を止めて考えてみることも悪くないはずだ。というのもその谷には、社会・経済・文化・政治史だけでなく、性と家族に関する特徴的な歴史があり、それが私と同世代の人間に消せない刻印を与えてきたからだ。たとえ私たちがさらに広い歴史的変化や大きな世界に流されていったとしても、である。

歴史学者や人口学者はイギリスの家族と出生率のパタンを、北西ヨーロッパで長く続いたモデルに属するとみなしている。晩婚、結婚した世帯の別居、安定して低い婚外子率、性的抑制、そして二〇世紀前半からの急速な出生率低下等がその特徴である（Szreter 2002を参照）。それはラスレット（Laslett 1965）が、いささかの警告を込めて活写した『われら失いし世界』の大きな見取り図である。一九四五年以降の六〇年間の歴史は、イギリスのモデルが全体的に徐々に衰退し、急速に他のモデルに変わっていったというものであった。しかし本書の題名でもあるこの歴史こそが、種々の歴史、異なる伝統、多様な性的／家族文化を隠蔽してきたのである。ロンダのパタンは、イングランドの大部分やスコットランド低地で支配的であったパタンとは異なっていた。この土地は物理的に隔離され、労働者文化に圧倒的に支配されていたが、多くの点で全く違うパタンに属していたのだ。スレーター（Szreter 1999：163）によれば、ウェールズ人は「イギリス人モデルの対極というべきフランス人に近い振る舞いをしたのである」。夫婦は早婚多子であり、一九二〇年代から出生率が低下し始めると、熱烈に結婚を支持し始めた。性別分業が顕著かつ高度に発達しており、女性が家庭外で雇用される可能性は女中や店員を除けばほとんどなかった。女性のアイデンティティは家庭内役割と強固に結びついており、男性文化は家父長制的であり、分離していた。数十年後、性／家族のパタンは劇的に変化していたにもかかわらず、南ウェールズは全体としてイングランドと他のウェールズ地方とは異なっていた。一九九〇年代になっても人々は早婚で、一〇代から出産し、性別隔離は他のどの地方よりも極端であった。それが長い歴史の遺産であるかのように（Betts 1994, Rees 1994）。

一九四〇年代のロンダは一九世紀末に生じた経験の産物であり続け、二つの谷（Rhondda Fach とRhondda Fawr、すなわち小さな谷と大きな谷）は世界最大、最重要の炭鉱地域であった。E・D・ルイスの有名な言葉によれば（Lewis 1980）、巨大な「黒いクロンダイク」［訳注：カナダの金産地］であった。一九一三年までにロンダ地方を構成する二つの曲がりくねった川の上に五三艘の巨大な石炭船ができており、ロンダ地方とタフ渓谷からとれた石炭がカーディフとバリー港に搬出された。しかし第一次世界大戦後に少し好景気が続いたが、大儲けできる時期は終了していた。その後、長期にわたり、最終的には不可逆的な衰退が始まった。ロンダ地方は他の生産地域と同じく、戦間期の不況にひどく悩まされた。一九三九年以降、戦時需要が新しく生じ、その後多少再生したものの、一九四七年までに鉱山の数は一二まで減少し、その後五〇年間のロンダ物語は、石炭に依存せずに存続可能な地域社会として生き残るための苦闘であった。一九八四年から八五年にかけての大規模な鉱夫ストライキのあと、ロンダ地方の石炭産業の歴史は終焉した。

しかし良かれ悪しかれ、石炭こそがロンダのコミュニティを作り上げ、人々の日常生活を形作ったのだ。石炭こそがこの土地のアイデンティティであり、様々な苦難があるにせよ、住むに値する場所だというコミュニティ感覚を与えてくれるものだった。親族、近隣、友人、地域組織の濃厚なネットワークとしての「コミュニティ」はロンダに長期間影響力を保ち続け、この土地の政治的・道徳的想像力の本質であり続けた（Charles and Aull Davies 2005：672－90）。それは根本的には家族と土地、埃っぽい谷の土に根ざしていたが、ディアスポラ［訳注：離散した民の街］のようでもあった。「いつ家にかえるつもりだ」という問いが、この谷への多数の居住者（追放者？）の耳に長い間、残った。しかしロンダは一九世紀後半に発展し二〇世紀に有名になったが、鉱業の拡大と短期間にこの地方に大量に移住してきた者によって出来上がった土地でもある。一九一三年、戦争の前年にこの急速な拡大は終わりを迎え、地域社会は安定し、価値観と家族パタンも安定した。ロンダの本当の物語はE・D・ルイスによって書かれたのだが（Lewis 1980：110）、それは「いかにして大量の人々がウェールズとイングランドから冒険的にやってきて、あらゆる困難にも負けず、当時の庶民に勝るとも劣らぬ個人生活の質を高めようとしたか」である。経済は上下動を繰り返し、産業は劇的に発展し、そして悲痛な衰退の道を辿ったが、ロンダは温かく、活気があり、粗野ながらも強い結びつきがある場所だった。コミュニティは重労働と石炭窟、組合、クラブ、教会、隣人、そして家庭の相互依存によって育まれた。K・S・ホプキンス（高名な教育家であり、たまたま私の先生でもあった）がいうように、多くの点で「私たちは村社会を生きており、学校もクラブも教会もすぐ近くにあった」（Hopkins 1980：xi）。ダイ・スミスが書いているように、そこは多くの点で悲劇的なほど恵まれない地域であったが、「比類なく充実した密な地域生活がそれを補って余りあり、羨望や不満以外には競争から得るものが何もない人々によって、競争や貪欲な精神は岩盤の下に埋められてしまうのだ」（Smith 1980：53）。

ここは力強い家族生活にもとづくコミュニティであり、強い隣人感覚にもつながっているので、家族と地域はしばしば重なりあう。多数の労働者階級や他の場所のマイノリティと同じく、血縁と地縁は重なりあう。隣人と友人は肩書の上では親族となり、年上の人は雑然とおじさんとかおばさんと呼ばれるので、若者はときに誰が血縁者で、誰がそうでないか混乱する。しかし血縁や婚姻、友人とのつながりが何であれ、家族は厳格な労働分業に基いており、それは自然法則であるかのようにみえた。男性は稼ぎ手であり、女性は家庭と子どもの世話をした。このパタンの所以は、女性が完全に男性の仕事とみなされた鉱山労働に依存し、家庭外労働が不足していることによる。家族を適切に養っていけることが男性にとっての誇りであった。それができないことは恥であり、男でなくなることであった。一九三五年、ロンダの議員W・H・メインワリングは解雇と忌まわしい資産テストに対する反対という文脈のもとで、この立場を明確に示している。「男は家族の安定を求めるし、妻には生計をたてる手段が必要だ。男がこれらをきちんと準備できないなら、そいつは男と呼ばれるべきじゃない」（O'Leary 1984：265からの引用）。

一九三〇年代前後、ウェールズ地方の女性の雇用労働参加率はイギリス最低であり、未就労女性の大半は家内労働に従事していた（Beddoe 1991）。家内労働は若い女性が相対的に自立したり、冒険の旅に出る手段を提供しなかった。若い女性はこの谷で得られる金銭や魅力以上のものを求めて、ロンドンや南西地方に定期的に移住した。「地元を離れて得られるチャンスは、特に性的搾取の脅威でもあったが、若い女性は地元の友だちとできる仕事を求めて南に向かい、家族の生計を支えるために賃金のかなりの部分を真面目に仕送りした（Beddoe 1991：197－8, 2000：80－1）。彼女たちは「身を固める」ために故郷に帰ってきた。

女性も男性も早婚で、しばしば一〇代後半で結婚し、両親が住む場所の近くで最初は貸間、それから小さなテラスハウスの一室に居を構えた。出生率は全国平均と比べて高く、他の労働者階級、たとえば織物業従事者の平均と比べても高かった。生活領域の多くは厳しく分離されており、パブとクラブは男性の領域であった。一九六〇年代になっても女性が一人でパブにいるのを見かけるのはいささか衝撃的であり、女性は夫が代わりにサインしてくれるという特殊な状況以外は、労働者男性のクラブから排除されていた。しかし家庭では違っていた。家庭を管理する母、すなわち娘の純潔を守り、息子の感受性と欲求を管理し、自己犠牲的に家庭を守り、いついかなるときでも家族を守る母が、ウェールズでは伝説的存在となっていた。ピルチャー（Pilcher 1994）が一九九〇年代初頭、南ウェールズの三世代にわたる女性とのインタビューの中で示すように、七〇代の女性は依然、伝統的な観念の中に自分のアイデンティティを見出している。男性は家族を外から助け、緊急時には割り込んでよいにしても、家庭は女性が実力を発揮する本質的な場所であり続けると。ベビーブーム世代に属し、外で働く四〇代の娘たちでさえ、新しい伝統主義が主流である。確かに男性は役割を果たすべきだけど、普通は補助的にのみにね、と。その娘世代にあたる二〇代の若年女性だけが平等主義的パタンに期待している。しかし平等が達成されているという自信は全く持てていない。

このような隔離パタンがイギリスの鉱山社会では普通だった。一九五〇年代、イングランドで行われた著名な研究「鉱山こそ我が人生」では截然とジェンダーが分離された、つらいコミュニティを描いている。そこでは男性とその妻は本質的に互いに「秘密をもつ生活」をしている（Dennis他：1956/1969）。スレーター（Szreter 2002：575）が示唆する通り、これは単に一九五〇年代という困難な状況にあって、ジェンダー分業がより激しくなった結果であるかもしれない。男性が頻繁に暴力をふるっていたことは疑いないし、家父長的価値観は、鉱山社会の特徴とみなされていた「お互いさま」のコミュニティ精神とも矛盾するのだが、これは他の場所と同様、南ウェールズでも同じだった。ウェールズ地方の一九七〇年代の女性運動がなした最大の成果は、女性や子どもが男性の暴力から逃れて避難場所とサポートを提供した女性エイドの設立だった（Charles 1994：48－60）。しかしデニスらによる鉱山社会の記述が、当時の南ウェールズに関しては不公平・不適切と激しく批判されたことを私ははっきり覚えている。そして「鉱山こそ我が人生」で描かれた当時のヨークシャー地方で育ったフィリップ・ドッドは、当時の「変わりゆく生活様式」がその集団にとってさえ例外になりつつあったと論じた（Dodd 2006：36）。そこは複雑な社会で、男女関係はジェンダー化されてはいるが、常に直接的な権力闘争であったわけではない（ウェールズ地方の男性性の複雑さについてはO'Leary 2004を参照）。フィッシャー（Fisher 2006）がいうように、男女は互いを慈しみ、ともに働き、愛と寛容は喧嘩と同じくらい普通のことになっていた。

しかし二〇世紀、女性の地位向上に困難が伴ったことは間違いない。「おしとやかで強い女性が家族のために無私の精神で働き、財布の紐をもち、家族を一つにまとめ、家を几帳面に清潔にしていた。このようなウェールズ地方女性の表象は、女性の現実生活には何の関係もない」とチャールズ（Charles 1994：48）は論じている。神話はしばしば、大人数の家をケアする絶え間ない重労働や、人が多く、つねにシミや炭鉱の粉塵と戦わねばならない酷い家屋環境を曖昧にしてしまう。ピカピカに磨かれた玄関や黒鉛製暖炉等というのは、日常ではほぼありえないことだった。二〇世紀前半、ロンダ地方の女性死亡率は男性よりも高く（Jones 1991：109）、幼児死亡率は全国平均よりも高かった。その神話の背後にあったのは過酷な労働の歴史、性抑制を含む抑圧の歴史である

（John 1991, Charles 1994）。

フェミニスト歴史家は女性の性的抑圧を、一九世紀イギリス中産階級の道徳的植民地化の産物とみている。一八四七年の教育報告書「青本」はウェールズ地方の女性の不道徳さや、バンドリング（結婚前の、着衣状態での寝室での求愛）のような伝統的求愛の方法を非難し、それが非同調主義的指導者や女性自身による永続的なバックラッシュを産みだした。誘いかけを断る義務はすべて女性に課せられた（John 1991：7）。しかし経済条件が行動を厳密に統制した。女性の純潔は母親によって少女に強制され、それは教会のメッセージによって強化された（Fisher 1999：221）。二〇世紀の大半、婚外子率は低く、一九九〇年代でさえその率はイギリスの平均よりも低かった。婚姻しない人々も多数の子どもを妊娠したが、コミュニティからの圧力により若いカップルは子どもの出生前に結婚した。婚姻外出生が生じたのは、産まれた子どもが非公式にその母の親や姉妹の養子になったときだけだ。私の祖母の葬式で判明したことなのだが、葬儀を取り仕切った司教は祖母には四人の姉妹がいたと述べた（私が知っていたのは三人だけだった）。つまり祖母の「妹」は実のところ祖母の娘であり、私の母の姉妹（＝おば）だったのだ。祖母の時代から、この種の家族の秘密は恥ずべきこととされてきたのだ。

尊敬に値する《リスペクタブル》貞淑な妻にとっては、性の抑制がその本質であった。リスペクタビリティは女性の地位にとって本質的な支えとなるものであった。ベヴ・スケゲスが論じている通り、「リスペクタビリティは階級の象徴であると同時に負担でもあり、男女両性にとって願望の宛先となる基準であり続けた」（Skegges 1997：3）。その価値観は男性が自分の家族を品位ある状態にしておくために必要な家族賃金を要求する戦いを支えた（Lewis 2001：45）。しかしそれは女性にとっても価値あるもので、リスペクタビリティのもとで性的にふしだらな振る舞いは、ただちに公的な恥辱と私的な災難につながった。リスペクタビリティは女性が家庭の守護者であることを強調し、エドワード時代に生まれ、二〇世紀の間残存したパタンを作り出した。

特別な日、特別の人のために用意された男声聖歌隊のドレススーツ、日曜向けの晴れ着、火に炙られた黒鉛暖炉の上の中国犬、居間や紅茶のサービス。リスペクタビリティ、すなわち「貞淑な」会話とモノへの欲望は、個人の行動や家族の願いに対して、特に女性にとって圧倒的な影響力をもった（Smith 1980：40）。

しかし水面下では別の傾向もあった。婚前性交が行われた証拠はあり、リィス・デイヴィスやグウィン・トーマスのような人が書いたロンダを舞台にした小説にある通り、非国教徒の牧師による非難やウェールズ地方の女性による厳格なしつけでさえ、若者たちが裏通りや山中でいちゃつくのを防止することはできなかった。しかしそれらの行動を共同体が拘束しており、彼らに発する警告の裏付けとなるような経済的困難が存在することは強く意識されていた。さらにセックス、とりわけ産児制限に対する羞恥心があり、そのことがセックスや産児制限に対する無知につながっていた。一九二〇年代のうち、一九二〇年に鉱夫は敗北し、一九二六年には大きなストライキと工場閉鎖があり、一九二四年以降は石炭市場が崩壊して、鉱夫が産児制限を器具によってではなく抑制によって行うようになると、家族人数は長期的に縮小した証拠がある。産児制限は完全に男性責任とみなされており、女性が産児制限を受け容れたというリスペクタビリティ感覚にとって重要だった。しかし産児制限を男性任せにすることには問題があった。ポンティプリッド〔訳注：ロンダ地方の町〕の鉱夫レスリーはコンドームを絶対に使わなかった。なぜなら薬局に入ることを禁じられていたからだ。「ほとんどいつもカウンターの裏側には女性がいて、（私は）恥ずかしすぎて、それを買い求めることができなかった」。女性に対するプレッシャーはさらに強く、一九三〇年代にロンダの産児制限クリニックに行ったイダはこう証言している。「外にいると自意識過剰になってきます。なぜなら赤ん坊がいないのにそこに入るということは、何を買いにきたか明らかになってしまうからです」。このことが示唆するように、産児制限を行うクリニックがロンダ地方では一九三〇年代、マリー・ストープスによって設立され、一九三六年には一八三人の女性がほぼ無料で参加した。しかしつねに満足できる結果が得られたわけではなかった。キャップを与えられたロンダ地方のある女性は、それを使うのを「面倒くさい」と捉えていた（Fisher 2006：147, 124, 166）。驚く必要はないのかもしれないが、フィッシャーと共同研究者が調査した南ウェールズ地方の男性の四分の三は、産児制限の手段として性交中断を用いていた（Fisher 2006：129）。

中絶は、女性の産児制限の中でも主要な方法であった。人々の態度は現実的であり、産児制限クリニックに飛び込むことを躊躇する傾向があった。ロンダ地方の薬局は通常、堕胎薬として広く使われていた「スリッパー・エルム・バーク（slipper elm bark）」を売っていた。中絶に関するバーケット報告によると、その他に合法的な利用法はなかった（Fisher 1999：215）。教会の権力は絶大ではあったが、中絶に対する強い宗教的抵抗感や道徳が存在していたようにはみえない（イギリスの他の地方でも事情は似たようなものだったことを示す証拠もある）。ともあれ厳密な意味での「中絶（bringing on a period）」がみられたわけではない。女性も中絶が非合法であることには薄々、気づいていた。しかし女性の健康に関わる場合、現実的な観点から中絶の必要性は認められていた。フィッシャー（Fisher 1999：214）によると、一九三〇年代には中絶が増えていると一般にも認識されていたようだ。

一九四〇年代以降は依然として非公式の方法が一般的とはいえ、器具をもちいた産児制限が広く利用されるようになった。一九四〇年代に結婚した夫婦、すなわちベビーブーマーの親は彼らの親ほど非同調主義者の価値観に縛られておらず、映画、ラジオ、一九五〇年代からはテレビ、そして裕福な時代の自由旅行が切り開いた新しい価値に対してオープンだった。峡谷は開放的になり、古い価値観は衰退しつつあった。一九五〇年代までにロンダのすべての村で教会は閉鎖された。しかし中心的な価値と道徳は社会的に保守的なままだった。特に異性愛的なモデルの外側で思考することは困難だった。

同性愛は存在したが、特色ある生き方というわけではなかった。それは念入りに異性愛的な活動の中に組み込まれていた。レオ・アブセという南ウェールズ代表の労働党議員であり、一九六七年に男性同性愛を部分的に非犯罪化した性犯罪法の立案者はジェンダー秩序の中にその地方の同性愛の「原因」の一つをみており、彼は同性愛を風土病とみていた。彼はかつてフロイトのモデルを使いながら私に言った。家庭における「母」の支配はその谷に「お母さん子」すなわち多数の同性愛者を生み出したと。彼は別のところでも「母親への過剰な愛着は、母親自身の過剰な優しさが原因の一部であり、少年時代に父親が果たす役割が有意に少ないことでさらに強められる」と（Abse 1973 : 155）。

彼の説明は理論的には疑わしいし、今となっては南ウェールズの谷に潜在的な同性愛男性が本当にたくさんいたという彼の説を検証することもできないが（むろん個人的な経験だけでは私が子どもの頃、ロンダ地方に大勢の同性愛男性がいたという説を確証したことにはならない）、同性愛者が公共の場所に姿を現す機会は限られていたし、彼らが自己アイデンティティを育む場所も少なかったことは間違いない。明らかに同性愛者と思われる人々は、高度にジェンダーで隔離された社会に通常みられる、柔弱な男性と頑強な女性というパタンに同調していた。なよなよした男性は常におばさん（proper bopa）と呼ばれ、その人がジェンダー秩序を尊重する限り、単に普通でない人として寛容に扱われていた。街中に二人で住む女性は、ちょっとしたウィンクをするだけで、親友の関係と認められた。しかし学校やスポーツ等華々しい雰囲気の中であまりになよなよしている少年は、ホモ野郎（sissyhood）と罵られるのが宿命だった。ただ少女の男まさりの行動は温かく容認されていたが。同性愛者は秘密の裏通りで生きるか（二人のウェールズ人フレッドとトレバーの物語についてはWeeks and Porter 1998 : 15–27, 70–90）、故郷を追われるしかなかった。

ロンダ生まれの小説家リィス・デイヴィスの物語は示唆的である。彼はロンダのクリィディッチ渓谷で一九〇一年、鉱山夫ではない下層中産階級（商店主の息子）として生まれた。それゆえ彼は地域社会から多少浮いていたが、明らかに同性愛的傾向が現れることで、彼は生涯にわたる、主にロンドンでの流浪生活をすることになった。彼は最初の小説を一九二七年に出版し、のちにD・H・ロレンスとフレッダ・ロレンスの世話になった。彼の作品にはロレンスのピューリタン的に抑圧されたセクシュアリティに関する偏見が反映していた。［訳注：ロレンス夫妻が示す］激しい拒絶とうざったいほどの優しさは矛盾していたが、そのプレッシャーにより、デイヴィスの中に生じた違和感は押さえつけられていた。彼は彼であるためにロレンス夫妻から離れなければならなかった。しかし多数の流浪者と同じく、デイヴィスは完全にロンダを避けたわけではなく、一生涯、ロンダについて書き続けた。とはいえ流浪の身であるがゆえに自身の同性愛をオープンにできたわけでもなかった。彼は明示的に同性愛について書いたことはないし、彼の自叙伝『うさぎの足跡』（一九七二）の中に同性愛への言及をみつけるには、微細なコードを読み解かなければならない。彼は一九七二年に亡くなったが、その頃にはロンダ地方の若者も、他地方の若者と変わりなく自分がゲイであることを自由に語れるようになったと感じ始めていた。デイヴィスや彼と同じ世代の大多数の人々にとっては、沈黙こそが自身のセクシュアリティに与えられた必要条件であったのだ（Davies 1969, Stephens 2001）。

リスペクタビリティのイデオロギーが主流になることとは、それがいかに実用的に使われたとしても、差異への恐怖を意味していた。ロンダ地方で一九四〇年代から五〇年代に育った人なら、圧倒的に肉体労働階級的な文化においてさえ、人々の間に些細な区別が設けられていたことに思い当たるはずだ。みすぼらしい地域に住む粗暴な家族に投げかけられる言葉（よく考えて。彼らは……出身なんだよ）。パブにいったり、クリスマスに地域の工場で大騒ぎするふしだらな女性、過剰に「うぬぼれて」妻を裏切る既婚の若年男性等。これは、この地方における規範の押し付けなのだ。よそ者に対してはさらにひどい。その街に来て三〇年以上になる人でさえ、部外者という扱いを受けた。T・アルバン・デイヴィスというロンダ地方の長年にわたる非同調主義者がコメントしたように、そこは他人と違ったり、「違った考えをもつことが異端であるような共同体」（Davies 1980：11）だった。

ロンダの人々はその地方の経済的基盤の衰退に伴い、保守的で防衛的な文化を作り出していった。ジェンダー、家族、性の価値観に関して保守的であり、批判を受けつけなかった。皮肉なことにロンダの人々は自分のことを労働組合主義と社会主義に強くコミットする政治的ラディカルの社会として世間にアピールしていた。しかしこのコミットメントが日常生活のパタンを変革することは稀だったし、この共同体が批判を歓迎することもなかった。グウィン・トーマスのようにロンダに生まれ、ロンダを愛した作家でさえ非難された。彼の機知に富み、鋭く、ときにはブラックユーモアを含んだ小説やメディアでの論評は賞賛されたが、ロンダを卑下しているようにみえた。特に一九六〇年代、トーマスが陰鬱だが悪戯好きなユーモアでテレビ有名人になると、トーマスの論評は裏切りと解釈されるようになっていった。

一九四五年以降の労働党文化ではありがちなことだが、ロンダは文化的変化を求めなかった。ウェールズの労働者階級に連帯モデルを読み込もうとした労働者階級運動の理論家たちでさえ、多くはそうだったといわねばならない。ウェールズ出身の偉大な学者であり、批評家・作家でもあったレイモンド・ウィリアムズの小説、特に『国境の町』『第二世代』『マノドのための戦い』はロンダ地方について触れてはいないが、レイモンドはロンダの歴史や戦いに我が身を重ねあわせており、ウェールズ地方の労働者階級のことを感動的に思い出させてくれた。私が最初に『国境の町』（Williams 2006）を読んだ時、共感の涙が溢れてきた。ダイ・スミス（2006：ix）も同じ感想をもったようで、その本が「自分がずっと感じていたことを改めて発見させてくれたことに死ぬほど興奮した」という。レイモンドの個人や共同体の描写、追放された者の痛みと望郷の思いに対する描写は深く、説得的である。それは労働者と社会主義の政治的連帯が共有していたものであり、女性（と、いうまでもなく性的異端者と）を排除していた。ギネス・ロバーツは激烈だが明敏に論じている。「ウィリアムスは共同生活をすべての人に役立つ存在と定義しているが、彼の小説に登場する女性についてはあてはまらない」（Roberts 1994 : 214）。

密接で強烈な共同体感覚は、多くの点で強い社会関係資本が存在したことの証である。それは経済的・肉体的苦境につねに見舞われてきた地域を存続させてきたものだ。社会関係資本は、広義には以下のように定義できる。

> 人が有する価値観、アクセス可能な資源であり、集合的かつ社会的に作られる絆や関係を生み出すと同時に、そこから生じるものでもある。その焦点は人々の間のネットワーク、規範、信頼、関係にある。
>
> （Edwards 2004 : 2）

炭鉱や小屋、労働党や共産党の地方支部、生協活動、教会、ブラスバンド、ラグビー倶楽部、男声合唱団、隣人、友人、拡大親族のネットワーク、さらにはストライキや工場封鎖や炊き出し等、偶発的に形成された連帯の中にさえ、いきいきと協力して過ごす生活を支える資源やつながりを見出すことができる。しかし強いつながりを支え、人々を強く包摂するが、狭い連帯になりがちであったのは、社会関係資本の理論家の言葉を借りれば、結合型《ボンディング》社会関係資本であった。それは地域への強い信頼を醸成するが、外の世界への不信をも生み出す。峡谷を超えた、弱くても文化的に広いつながり、さらには新しい可能性と（ウィリアムスの言葉を使えば）新しい希望の種を生み出す橋渡し型《ブリッジング》社会関係資本が存在した証拠はほとんどない。それは特に女性にあてはまる。男性には仕事や労働組合、戦地への旅や職探しの中に広範な連帯が存在した。女性には女中奉公に行く旅程があり、より広い世界での経験を得られたかもしれないが、彼女たちの運命は結婚と家族の中にあり、帰宅すれば、そこが彼女たちにとって圧倒的なまでにリアルな世界となったのだ。カレンダーは、一九七〇年代に職を求めた谷の女性たちに関する貴重な研究を行い、大抵の女性が家庭外での仕事を求めたにもかかわらず、彼女たちの生活とネットワークの狭さに束縛されたと述べている。「彼女たちのネットワークは閉鎖的で制限されており、家庭中心・女性中心であった」(Callender 1987 : 47)。その結果、彼女たちの雇用機会と得られる仕事は、典型的に女性の仕事と考えられていたものに限定されていた。

圧倒的に集団主義的なロンダの政治社会文化が存在したにもかかわらず、というより、それゆえに、というべきか、脱出の試みは個人的なものだった。特にリィス=デイヴィスらのように性的な亡命だと感じていた場合には。一九四〇年代以降に特徴的なのは普遍的な中等教育が確立し、この脱出は教育を通してなされたということだ。特に教師が大量に転出した。K・S・ホプキンスが観察したのは「学業の面でロンダのトップになることは家族、街、村にとっての誉であった。ポース・カンウティ校の緑のブレザーを着ることは選ばれた人間になることだった」(Hopkins 1980 : xiii)。

ポース・カンウティ校にはリィス=デイヴィス、グウィン・トーマスらが通い、私自身も自らの運命、事実に即していえば、より広い世界における自分のアイデンティティを求めてこの学校に通った一人である。しかし一九五〇~六〇年代でさえ、それは高度な選択を伴う制度であり、生徒を家族や友人と有していた絆を破壊し、地域社会の価値観を失い、別の世界に向かわせるリスクがあった。「社会主義的だった地域社会が経済的必要から、このようなエリート主義的な制度を強制されたのはなんとも皮肉なものだが、仕方なかったのだ。生き残ることは平等よりも優先順位が高かった」(ibid.)。

ロンダの教育制度は、私を含めて多くの者にこの地を離れ、異なるやり方、異なる場所、異なる世界で欲求と欲望を追求する道を与えてくれたが、それは一九四四年のバトラー教育法が生み出したものだ。それはイギリスとロンダを変え、次世代に受け継がれる社会改革の初期の兆候だった。一九四五年から五一年にかけての労働党政権が行った社会工学は偉業であり、価値あるものだが、ロンダ労働党はいうに及ばず、ほとんどの選挙区で労働党を支持したのは社会的に保守的な人々だった（Weeks 2004b）。しかし表面的な出来事の裏側で、個人と家族はプライベートと思われがちなそれぞれの決定を行ったわけだが、根本的な変化が生じていた。ではロンダの経験をこのより広いコンテクストの中に置き直してみよう。そこでは性の世界が再創造されていたのだ。

再生産（生殖）と抑制

一九四九年、イギリスの世論調査会社マス・オブザベーション社（以降、マス社）がイギリス最初の大規模なセックス調査を実施した。それは全国規模の無作為抽出調査と質的インタビューを組み合わせたものだ。アルフレッド・キンゼイが一九四八年に刊行したことで有名な、アメリカ人男性の性行動調査の出版に伴い、この調査は「リトル・キンゼイ」と呼ばれることになった。もっとも部分的には多くの研究で使われてはいたが（Weeks 1989 : 238）、ここでの知見は一九九〇年代、リズ・スタンレーが当時の背景を補足した新版として世に出すまでは完全には公刊されなかった。しかしこの本の評価は「見失われ」ていたが、スタンレーの言葉を借りれば、「イギリス人の性規範に比類なき洞察」を加えていた。この調査は過去を振り返りつつも未来をまなざし、変化を一般化すると同時にその変化の実現可能性や複雑性にも言及していた。この調査は「道徳的基準は集団ごとに異なるだけでなく、同じ集団内においてさえ、異なる場面では異なりうる」と述べていたのである（Stanley 1995 : 186）。

私自身が生まれた文化の小史が示している通り、性文化が分化しつつも重なり合っているという感覚は重要だ。

同様に全体的な傾向、より広く支配的な構造、進行しつつある変化に敏感になることも重要だ。イギリス人の性行動や性規範は当時も変化しつつあり、その中心に家族人数と産児制限に対する態度の巨大な変容が存在していた。それはロンダでは一九三〇年代には明らかになりつつあったが、イギリスの他の地方ではもっと早い時期から生じていたものだ。環境や地域史を問わず、二〇世紀を通して少子化傾向はずっと続いており、第二次世界大戦の終了時までに、それは根本的な変化とみなされるにいたっていた。その変化はあまりに根本的で、それゆえ進歩主義者も保守主義者も少子化をイギリスの未来に対する脅威とみなした。マス社は、自らをラディカルな社会調査会社だと考えていたが、それでも一九四五年の出生率調査ではイギリスの人口学的未来に悲観的であり、少子化をイギリス人口の維持を不可能にするリアルな脅威として捉えていた。同社は「イギリス人の消滅を望まない人々」をリスト化し、出生率を「西洋文明にとって次なる大問題」とみなしていた（Weeks 1989 : 232）。数年後、王立人口調査会はこの人口動向に強い警告を発し、将来的に英連邦とイギリス国民が消えてなくなる恐怖を語った。連合王国には、外国人集団と宗教が移民として流入してくるのを防ぐ力は限られていると同会は考えており、マス社と同様、西洋における将来的な影響について懸念を示した（Thane 1999 : 12）。しかし公的な団体は悲観的ではあったが、マス社のリトル・キンゼイ調査は違ったことを考えていた。男女ともに国家や帝国主義的政策に従属するより望ましい方法で、家族生活・性生活の再秩序化を試みている証拠があると確信していたのだ。その試みは一九四〇～五〇年代、女性よりも男性、異性愛者よりも同性愛者に大きな影響を与えたのであった。しかしそれは性の不安と抑制に深く根ざした文化に存在する潜在的な亀裂を意味してもいたのだ。その根幹にはイギリスの出生率をめぐる政治変化とヒトの生殖条件の変化があった。

「生殖」は一九四五年、福祉国家が誕生した年の最大の関心事であった（Weeks 1989 : 12章）。最広義にいえば、社会的に健全な国民の再生産は平等な市民権への決定的な一歩だという考え方が、福祉哲学の根幹にあると考えられていた。悲痛な戦争と劇的な戦後復興のさなか、出生率の長期的低下を示す証拠が挙がってきており、文字通り人口再生産という特定の意味においても、その課題は喫緊と考えられていた。二〇世紀初頭（1901－05）、人口一〇〇〇人あたりの平均粗出生率は二八・二。一九三一年には一五・一まで低下していた。既婚女性一〇〇〇人あたりの婚内子数は一九〇一年から〇五年にかけての二三〇・五から一九三一年には一一五・二、第二次世界大戦時には一〇五・四まで下がった。出生率は六〇年もたたないうちに半分以下に減少した（Weeks 1989：202）。一九三三年の出生率は一九七六年、すなわちカップルの八〇％が有効な産児制限法を利用する、全く異質な性世界が出現する以前では最低のレベルに達した（Cook 2005a：108）。

その結果、家族のサイズが劇的に小さくなった。一九〇〇年から〇九年にかけて既婚女性の出生数は三・三七だったが一九二〇年から二四年にかけて二・三八に減少し、二五年から二九年にかけて結婚した女性では二・一九であった。このコーホートの家族人数は中期ヴィクトリア朝時代の平均より六〇％も低い。一九三〇年、全世帯の八一％は三人以下の子どもしかいなかった。ロンダはやや遅れながらも、生殖にかかる意志決定の国民的変化を経験した。一九一一年、国民のうち出生率が最も低い職業は医者と弁護士であり、一九世紀後半から家族人数が縮小していた。一九三一年の出生率が最も小さかったのは事務職であり、世界最小でもあった。その前の一〇年間では半熟練労働者と農業従事者の出生率減少がめざましかった。肉体労働者の家族人数はまだ頭脳労働者よりも平均的には高かったが、その差は小さくなっていた。小家族傾向はイギリス北部やウェールズ地方より相対的に豊かな南部でめざましかった。しかしその傾向は、明らかに全国民に影響を与えていた。

これらの統計の背後には、多数の異なる複雑な歴史があった。スレーター（Szreter 2002：537, 540）がいうように「出生率の変化は特定のコミュニティにおける地域政治や社会的分業と関連して」おり、「文化・社会・人口学的多様性」を示している。南ウェールズ峡谷はそのようなパタンの一つを示している。ランカシャーやヨークシャーの織物街とは違うパタンがある。こども数の制限は比較的早くから始まっていたが、その考え方や技術が上流階級から下層階級へと下方に伝播することはなく、コミュニティ・地域・産業セクターとしての複雑な地域パタンが個人と集団の決定に影響を与えており、それは経済的チャンスとリスクのバランスのうえに成り立っていた。地方の性文化こそ重要だったのだ。しかし驚くべきことに、根本的な変化は誰かの意図や方向づけなしに生じた。リベラルも保守も恨み節を述べたのだが、政治的エリートの支持があったわけでもない。これは家族生活と個人の性行動を再形成する草の根運動だったのだ。

長期的にはこの変化は、個人の自己実現と親密生活の根本的変化を可能にしたが、それは性的快楽への欲望によってもたらされたものではなく、社会経済的状況や性抑制が生み出したものだ。イングランドとスコットランドの一部にはすでにみたように、地理的には北西ヨーロッパに限定され、過去から連綿とつながるユニークな婚姻制度が存在した。その要諦は地域の強い価値観に基づく「慎重な」結婚にある。大抵の人は比較的晩婚であり、男性の場合二六歳から二七歳、女性の場合二三歳から二四歳で、自分の世帯がもてると感じたとき結婚した。人口のかなりの部分、一〇%から二〇%は生涯非婚だった。離婚は困難で費用がかかり、結婚生活が破綻しても公式には離婚しない人が多数いた。個人の慎重さは地域の強い懲罰に基いており、特に婚前セックスを規制した。婚外子に対するスティグマは、その地方では個人的にも家族全体にとっても不名誉であり、より強いサンクションを受けやすかった。一八三〇年代から貧困法による婚外子の統制と、罰則による制限が試みられた。悪名高い一九一三年の精神遅滞法は未婚の母を作業所や精神病院に幽閉することを可能にした（Humphries 1988 : 63－4, Rose 1999 : 139 ; Cook 2005a : 179, 脚注37）。性的恥辱を受けた女性ですら、周囲の懲罰的な態度に耐えねばならなかった。同様に経済的罰則も厳しかった。シングルマザーにとって貧困は、死別であれ離別であれ、運命というべき状態であった。それゆえ女性はパートナーとなるべき男性が自分を見捨てないという確信なしには性交渉を嫌がる傾向があった。婚外子率は相対的に低く、一九三〇年代には年平均三~四%であったが、一八九〇年代までほとんど変化がなかった(Hall 2000 : 122)。婚外子率は第一次世界大戦中に劇的に増加した。その主たる理由は戦時の破壊、徴兵、死亡等により結婚予定がキャンセルされたからだ(Lewis 2001 : 31)。配偶者選択に女性が自分の意志を通せる可能性は相対的に低く、夫婦はおおむね年齢も社会的経歴も似ていた。この文脈の婚前セックスは確かに求愛行動の一環として行われていたが、一般的には、妊娠すると結婚が待っていた。戸籍本署長官(The Register-General)の報告によると一九三八年から三九年頃、約三〇%の母親は結婚するとすぐに妊娠した(Weeks 1989 : 208)。つまり婚前性交の抑制はおよそ完全とはいいがたいが、それでもたいていの性行動は婚約している男女の間でなされており、男女を結婚に導く地域圧力は強かった。

結婚は成人、すなわち大人の性関係への入り口として制度化されており、社会における結婚の役割は一九世紀以来、強化されてきた。労働者階級の結婚式が中流、上流階級同様、公的で祝福に満ちたものとなったのだ。一九九〇年代には根本的な変化が生じて数十年経過していたが、クラークとハルデイン(Clark and Haldane 1990)がいうように、イギリス人は依然「結婚に閉じ込められていた(wedlocked)」し、結婚制度が本当に崩壊するさまを観察するには二〇世紀の後半を待たねばならなかった。南ウェールズ地方の例が示すように、婚姻年齢は宗派ごとにかなり多様だったし、階級的なパタンやジェンダー関係の構造化にも際立った違いがあった。確かに上流階級的で自由奔放な態度や行動は、労働者階級の人々とは大きく異なっていた。乱れた性関係や感情の複雑なもつれが、イギリス王室を含む貴族ロイド・ジョージ等、有名な非同調主義者を含む政治的エリートや知識人の間に広まっていたことは大量の伝記に記録されている。しかし誰もが結婚を強要する文化変数のもとに暮らしており、婚外子を認めず、離婚に難色を示し、性倒錯を激しく非難し、性知識や経験は限られたものだった。特に女性に対する影響は強かった。なぜなら家父長制が深く根付いた社会だったからだ。女性がどんなに不幸な結婚生活を送り、潜在的に危険な妊娠を頻繁に行わねばならなかったとしても、結婚は公的承認を意味しており、女性と婚内子の生存を確実にする分業を伴っていた。文化と価値と規制パタンの根幹にあったのは、究極的には女性のセクシュアリティだったのだ。

この文化のいたるところにセクシュアリティに対する偏見があった。しかしその管理は選択的であり、性に関する沈黙、あるいは公的／私的な場で何を言ってよいかいけないかに関する厳しい禁止項目が存在した。公的な場面での性管理は、現代的な視点からみると馬鹿げたものである。一九四〇年、性病予防協会の事務長は、ある銀行の支店長が「店員の純潔」のために、その支店に送付される為替に性病という言葉が入らないよう望んだと印象的に書き記している（Hall 2000：34）。むろんそのような協会が存在したという事実そのものが、厳しい規範が示す以上に、性行動の複雑さを示唆している。本章冒頭で引用したようにミリーは、性に関する沈黙や秘密や嘘が個人の生活にどれだけ入り込んでいたかを鮮烈に記している。性行動、産児制限等に関する多数の書物がしばしば秘密裏に流通していたが、知識と実践の間には開きがあった（Porter & Teich 1994；Porter and Hall 1995）。マリー・ストープスへの手紙が示すように（Weeks 1989：210-11, Hall 1991）女性のみならず男性も恥じらい、禁止、意図的な無知状態が普通だった。特に女性にとって、知らないでいるかのように振る舞うことが戦略的に必要だった。無知こそ知識に不可欠なものであり、社会から認められるジェンダー・アイデンティティの本質的要素だった。なぜなら「無知は道徳的純潔、無垢、そしてリスペクタビリティを意味していたから」だ（Fisher 2006：27）。

特定の状況で語りうることが制限されていたにもかかわらず、というよりそれゆえに、抑圧されたものが大衆的エンターテイメントや海辺のはがきや日常のユーモアの中に、特に労働者階級の共同体では猥談の形で回帰する。マス社の観察によれば、一九三〇年代後半のブラックプールで休日に演劇を見にきた女性は、野卑で性的なからかいをよく行い、性に寛容で陽気な女性文化が存在していた。中産階級的規範を遵守する者にとって彼らは嫌悪と欲望をごちゃまぜに示し、そのような行動に伴うアイロニーや楽しみに気づいていないようにみえ、労働者階級の女性は社会的に高い地位にある女性に比べて、子どものように性的であり、自然に近いと確信したのであった。この性的な環境の真実は「竜頭蛇尾」というにふさわしい（Stanley 1995：31）。公的な場でエロティックな様態を活き活きと示すことがあったかもしれないが、「行き着くところまで行く」ことはほとんどなかった。ガーニーがいうように（Gurney 1997：272-3）、「若年労働者で女性の場合、飲酒、いちゃつき、猥談はあったかもしれないが、一般的には何よりも経済的理由から、ステディな関係がないところで完全な性交渉に至ることを嫌った」。

　無論、性的快楽がなかったとか、不満足な結婚ばかりだったということではない。夫婦間の性的調和という理念には性愛の精神性を示す中核的要素として長い歴史があり、一九二〇年代以降には熱烈な支持者もいた。産児制限の主導者マリー・ストープスは、婚姻内の愛の「栄えある展開」に期待感を示し、ハヴェロック・エリス、バートランド・ラッセル、ヴァン・デ・ヴェルデも、性的快楽こそ「友愛結婚」を進める上で不可欠と強調した（Weeks 1989：199ff）。日常生活のレベルでは多数の夫婦は感情的にも性的にも満足した生活を送っていたが、より自由な性規範を擁護したいという情熱の存在自体が、文化全体への意識的抵抗の特徴を示している。性規範はあくまで保守的であり、拘束と禁欲に基づいていた。クックの示唆によると、一九〇〇年代から四〇年代にかけて全人口の一五％は一般的な文化規範の逸脱者とみなされていた。芸術家、ボヘミアン、裕福なビジネスマン、性的なラディカル、水夫、労働者階級の尊敬に値しない人々等である。「一九五〇年代以前には性的経験の拡大が普通の、尊敬に値する《リスペクタブル》人々にとって普通の事柄であったことを示す証拠はひとつもない」（Cook 2005a：179）。逆に男女間の性的苦難を示す証拠は山ほどある。

それゆえこの年代までの出生率低下は抑制の文化の産物であって、その文化に対する抵抗の産物とはいえない。イギリスの産児制限は器具を使うよりも通常は禁欲、警告、性交中断によってなされていた。一九三〇年代までに産児制限運動は着実に進展しており、避妊具も広く使われるようになっていた。しかしこれらの進展も普通の人々の暮らしにはほとんど影響を与えなかった。一九四〇年代でも避妊具を使うようになったのはイギリスの都市部に限られていた（Fisher 2006）。マリー・ストープスは朗らかに避妊具の装着法を女性に伝授したが、労働者階級女性のリアルな生活や身体的に抑圧された現状に何の関心も払っていなかった。避妊具を「嫌らしい」と思ったのは、さきほど引用したウェールズの女性だけではなかった。伝統的な避妊法に対する警告や禁止がどれだけなされても、新しい手の込んだやり方よりも「自然」だし、伝統的な避妊のほうが自発的になれるという感覚を彼女たちはもっていた。おそらく重要なのは、労働者家族は自分のためにできることがあるという感覚を育てていたことだ。もちろん、ある程度の自己犠牲や潜在的葛藤があったにしてもだ。産児制限への需要は男性よりも女性のほうが大きかったが、物理的にも器具の面でも、最も効果的な産児制限手段は男性が使うべきものだった、とクックは指摘している。労働者階級いわゆる「愚鈍な階級」の女性からの一八〇通の手紙を掲載したマリー・ストープスの『母なるイギリス』（1929：Geppert 1998を参照）の出版は、この問題の深刻さを示している。ほとんどの手紙は産児制限に関するものだった。産児非制限が女性にもたらした不幸はこの時代のどんな事柄にも影を落としており、一九世紀後半、女性には家族人数を積極的に制限する理由があった。しかし自らの出生力を制限するのは性交渉を拒絶して間隔を空ける以外の方法はほとんどないがゆえに困難で、夫の協力が得られなければ家族関係を壊しかねないものであった。クック（Cook 2005a：26）がみるところ重大な変化が起こる以前は、男女の利害が一致することが不可欠だった。出生率は「家庭経済が男性利害を女性利害と一致させるまでは」下がらなかった。少子化は地域によっても性文化のありかたによっても、その低下の度合いも異なるが、これまでみたように一九三〇年代前半までに家族人数の根本的な制限が始まっていたことは明らかだ。しかし女性が家族人数を制限することにどんな利害があったにせよ、主導権を握らざるを得なかったのは主として男性だ。この見解に反対する学者もいる。たとえばクック（Cook 1995a：108）は女性の性的慎みを男性の要求に対する抵抗やエンパワーメントの手段をみなしている。クックによれば、共同の間接的な産児制限から効率的で直接的な女性の産児調節に向かう長期間の根底的な変化が一九四〇年代までに生じていた（Cook 2005a：41）。しかしこのことを示す直接的な証拠は限られている。フィッシャー（Fisher 2006）は、口述史の証言からは、戦間期以降も男女間で家族人数を少なくするために議論した形跡はほとんどみられないという。人類学者のジェフリー・ゴアは、一九七〇年代になっても労働者階級では産児制限をするかどうかは男性が決めることだという考えが、明確にではないにせよ一般的だったと結論している（Gorer 1971：Fisher 2006：100）。性に関する沈黙が一般的だったことを考えると、産児制限をするかどうかは男性の手に委ねられていた。どんな階級の男性にとっても産児制限を賢く行うことは、自分のアイデンティティに関わる基礎として義務となっていた。

産児制限はたいてい性抑制と禁欲という、長期にわたり確立されてきたやり方で行われた。歴史家スレーター（Szreter 2002）は近年、完全禁欲は産児制限を効率的に行うために不可欠とはいえないと論じている。性交を行う間隔を空ければ妊娠の可能性は低くなる。しかしどんな方法を使ったにせよ一九三〇年代までには、すでにみたように労働者階級を含めた全階級で家族人数の縮小が普通になっており、労働者階級でさえ大家族を病的と考えるようになっていた。しかし大多数の人々、特に労働者階級にとって家族人数の縮小は相対的に保守的な性の価値観のもとで行われ、人工的な産児制限法の恩恵に浴した人は少なかった。それはおおむね性道徳的抑制という文脈での、労働者階級の自助努力の結果だった。

変わる性道徳

一九四〇年代後半までに何かが変わり始めたという感覚が広がっていたことをリトル・キンゼイが記録している。もっとも調査母集団の約半数はこの変化があまりに急速で、間違った方向に進んでおり、道徳は堕落しつつあると感じていた。一九五〇年代でもこうした嘆きの声が残っている。この調査では道徳の衰退を嘆くのは高年齢の被調査者であり、若年で中産階級に属する人はやや楽観的だった（Stanley 1995 : 166－7）。一九四〇年代前半でも、戦時中にもかかわらず、マス社の調査で性病について尋ねられた被調査者は、伝統的で道徳主義的な態度から距離を取り、より開かれた知識を得ることを望んでいた。大多数の伝統主義的な回答者でさえ相対的にはリベラルになっており、長期的解決策として性教育を望んでいた（Stanley 1995 : 31）。性病は他の病気と同じものとみられるようになった。これは、戦争という異常な状況下で生存戦争を行っていた国での調査結果だとしても、驚くべきことではない。軍事動員によって混乱させられた多数の人々は伝統的な道徳言語に見向きもしなくなっていた。戦争状態にあることで性的な自由や離婚、ゆきずりのセックスが容認され、同性愛を行う空間が用意されていった。実質賃金が上昇し、女性は自立感を得ることができた。イギリス人は性的な事柄に関してはつねに道徳主義よりプラグマティズムを好み、戦時下にあることでかつてないプラグマティズムが登場し、それが戦後も残存した。マス社の性行動、特に性病と出生率の調査やリトル・キンゼイは一九六〇〜七〇年代になって実現する性教育、性格の不一致を理由にした離婚、産児制限による異性愛と生殖の分離、さらなる家族人数の縮小等のさきがけとなっていた。家族の理想人数も明らかに変化した。それは主として出生数の減少によるが、親密生活に対する民主主義的価値観の普及も一役買っていた。公式には道徳保守主義が続いていたにせよ、公私を問わず多くのセックスが行われるようになった。ただし若者のセックスに関しては、より広汎な道徳的枠組みが継続するかぎり懲罰を受けたり、正当化された。リトル・キンゼイは絶対主義的な性道徳の崩壊を指摘しており、個人は自分自身の基準をもつように促されたのだ。リトル・キンゼイは個人の行き当たりばったりの思考法を「簡便な意思決定ではなく、対立する主張が無自覚なままに蓄積されて」おり、聖職者、医者、産児制限クリニック、小説、告解、街頭、映画、精神科医のソファ等から折衷的に選択された価値が、理性だけでなく感情によって支配されていることを嘆いている（Stanley 1995：166）。

しかしこの変化をより精緻に観察するには、国民の大多数が有していたプラグマティズムをみればよい。彼らは元来、性行動は場面に応じて変わるし、ある状況で適切と思われていたことが別の場所ではそうでなくなるという認識をもっていた。このプラグマティズムは結婚に対する態度に大きく反映した。リトル・キンゼイ報告ではたいていの人は「多少なりとも現実的で世俗的な結婚観をもっており」（Stanley 1995：120）、それは精神性もロマンティックさも皮肉心さえ欠いていた。結婚は尊敬に値する性関係を保証するがゆえ大抵の人々に不可欠ではあったが、そこに幻想があったわけでもない。八二％の男性は配偶者とのセックスに満足と答えているが、同じように感じていた女性は六一％にすぎないし、結婚の幸福がそこにあったとはとてもいえない。リトル・キンゼイやマス社の初期調査では、女性が強い不満をもっていることを指摘しており、その不満はときに異性愛そのものが不幸だとの考えに達していた（Stanley 1995：6）。男女ともに結婚をうまくいかせるための能力があり、実際に必死に努力していたにもかかわらず、女性にとって結婚は歓びよりも苦難と望まぬセックスをもたらすものであった。現在では別の生き方が目にみえるようになり、新しい未来を勝ち取れるという感覚を持つことができるようになった。

戦争は女性に新しい自由をもたらし、一九四五年以降の福祉事業は女性役割の変化を認識しはじめていた。その結果、母性を発揮する環境を改善し、夫が妻と子どもをそれなりの環境で養うに足る家族賃金の理想を実現したいという欲求が拡大した。男性稼ぎ手／女性専業主婦というモデルは、全体のほんの一部にしか実現しなかったにもかかわらず、ありうべき理想とみなされたが（Lewis 2001：45）、それは日常生活の変革ではなく、改善を目指すものだった。一九四三年から四八年にかけて出生率は実質的に増大したが、このベビーブームは根本的変化というより、戦中戦後のキャッチアップの結果にすぎなかった。平和な環境が整ったとき女性は雇用労働の現場を離れた。多くの専門家は人口減少を脅威と捉え、優生学の社会民主主義バージョンに影響されており、政府に少子化対策をとるよう要望したが、この点に関して政府の施策は矛盾だらけだった。戦時中に導入された家族手当は母親への贈り物とみなされることもあったが、わずか週五シリングでは贈り物というには程遠く、母親への給付金というより、貧困を緩和する景気対策として用いられた。また戦後の保育所閉鎖は女性を家庭に回帰させ、「家族の再構築」政策と考えられたが、現実はもっと複雑で、各々の省庁が矛盾する立場を取っていた（Weeks 1989：232－3）。

女性を工場から排除し人口政策を進めようとする試みは協調的に行われなかった。王立人口調査会は人口動向に対する広範な警告に基いて設立されたが、その報告書は女性の地位変化を渋々ながらも認めざるをえなかった。人口減少や労働者階級と「高収入集団」の出生率の違いから生じる人口の知的水準低下に対する恐れは存在していたが、この報告書は時計の針を元に戻すことはできないと述べていた（Weeks 1989：234, Thane 1999：128）。この報告書は「人口動向はいまや個々の男女が何人子どもを産むかの決定により決まる」と警句を発していた（Thane 1999：120）。特に人口減少は女性の多産拒否から生じており、調査会はこれを女性解放の一貫とみていたし、女性が働きに出たいという要求も認識していた。子どもは依然として女性の結婚生活の中心を占めていたが、夫婦は口にするにせよしないにせよ、お金、健康、子どもに十分な生活機会を与えたい等諸々の理由から、産むべき子どもの数を慎重に決めていた。それは一九四〇年代後半までに明らかになっていた。しかし女性は自分たちに開かれたチャンスを再定義したいと望んだ。パット・セイン（Thane 1999：133）がいうように、一九四〇年代の社会計画への熱狂、よりよい生活をさせる専門家の役割、女性が男性と同じく個人として自立したいという欲求、また右派的な人々が人口の理想水準と家族の適正規模を求める提案の間には、対立がなかったわけではない。セインはいう、「労働者階級の女性は新しい社会的自己という観念を発達させていたが、それは自分のためではなく自分の子どものためだった」（1999：131）。もちろんその娘たちの一部がベビーブーム世代のフェミニストになり、女性の状況を根本的に変革しようと戦ったのだ。

新しい可能性が開けてはいたが、それは保守的な枠組みのもとであった。一九五〇年代から六〇年代の男性稼ぎ手・近代家族は多数の女性の状況を改善したが、その枠組から外れる人々、たとえば「罪を生きる」人々、未婚の母、同性愛者、旧植民地から移住し、気楽にセックスする黒人やその他の移民たちを周縁化し、時には病気扱いした（Williams 2004：34）。結婚と離婚に関する王立調査会が再び一九五一年から五五年にかけて設立され、結婚の地位変化について懸念を示したが、効果はなかった（Holden 2004：44－50の議論を参照）。離婚に至る婚姻比率は一九三七年の一・六％から一九五〇年には七・一％へと急増しており、一九五四年には一旦六・七％まで下がるが、ラウントリーとラバースが『イギリス人の生活と娯楽』（一九五一）の中で述べるように（Finch & Summerfield 1991：13からの引用）、評論家らはメディアにおけるセックスの強調や避妊の一般化が伝統的な関係を否定して「不当な性関係」を煽っていると懸念を示した。しかし現実は違っていた。離婚は依然として社会的タブーであった。外務大臣アンソニー・イーデン卿は一九五〇年代初頭に離再婚したとき否定的な反応に出会ったし、マーガレット王女が離婚経験のある男と恋に落ちたとき、彼女の王室としての地位や権利には「税金」がかけられた。「離婚経験者」は一九七〇年代になっても侮蔑の言葉だった。実際、一九五〇年代には結婚は衰退などしておらず、かつてないほど一般的になったのだ。福祉制度改革と完全雇用達成の結果として死亡率が減少し、一九五〇年代の結婚はかつてないほど長続きした。マイケル・アンダーソンがいうように、有史以来最も結婚制度が安定した時代であったのだ（Cook 2005a：321, Szreter 2002：576－7も参照のこと）。

それは二〇世紀前半を席巻した家父長制の家庭イデオロギーが公に葬り去られていくのと同時に起こった。その残骸が消え去るにはまだしばらく時間を要したのだが。婚姻におけるパートナーシップが一九四〇年代から五〇年代にかけて新理想となり、「友愛結婚」がエドワード・カーペンター、ハヴェロック・エリス、マリー・ストープス、バートランド・ラッセル、ヴァン・デ・ヴェルデらによって様々に理論化され、達成されるべき理想となっていった。コリンズ（Collins 2003）がいう「互恵主義」にはいろんな源流があり、そのすべてがラディカルというわけではなかった。「自由恋愛」、お試し結婚、早期離婚、非同居婚等の支持者は、男女が実際には異なる存在であっても平等に処遇すべきと考える近代結婚を擁護する者からは妨害を受けた。専門家は互恵主義を広く推奨したが、それは当時の他の理想、たとえば家族賃金とか母性重視といった考え方とは矛盾していた。人口調査会は、女性が家庭外労働と家庭内ケア、ならびに母性を結びつけうる政策を探求した。改革主義者エヴァ・ハバックは、家庭内の仕事は女性のエネルギーを吸い取ってしまうと考えていたし、教育学者ジョン・ニューサムは母性の欠如を異常と結びつけて考えた。彼はいう、「母性は社会における女性の本質的な役割」であり、この考えに賛同しない者は「女らしさと女性に必要な心身状態が不足しているのだ」と。一九五〇年代には、愛着理論のジョン・ボウルビーらによって母性に対する医学的診断がかえって強化された（Weeks 1989：236, 237）。友愛結婚は結局のところ、真に平等な結婚とはいえなかった。フィンチとサマーフィールド（Finch & Summerfield 1991）の指摘通り、そこでのパートナーシップは女性を明確に区別し、明らかに補助的役割としての母性を前面に押し出したものだった。

しかしこの関係に関する新たなモデルは性的側面を強調するものであり、結婚における性的調和を重視した。一九四八年までに結婚指導運動の主要人物ディヴィド・メイスは「男女の適切な性調節はどちらもがオーガズムに達することであり、同時にオーガズムに到達するのが理想である」と（Weeks 1989：237）。結婚指導協会は戦後の夫婦間に広がった欲求に応じる形で『若妻を扱う方法』という最初のパンフレットを刊行した。それは女性の性的ポテンシャルを開発するのは男性の義務であると論じていた。それは『結婚における性』と改訂され、一九六〇年代には五〇万部以上が売れた。性の快楽は徐々に認識されてはいたが、結婚の枠内に厳しく制限されていた。性的快楽は結婚の安定と調和を強めるものとして利用されたのだ。

結婚のすすめとともに性交渉の重要性を強調することは、多くの矛盾を特に婚姻外の性に関してもたらした。当時の文献における「ペッティング」の強調は、愛撫の黄金時代を産みだしたが、一方ではその種の性的はけ口をきちんと評価する必要があるのに、他方で未婚者が「行き過ぎる」ことをタブー視し続けねばならないという葛藤があった。多くの人はこの葛藤に対する解決策として早婚を提唱したが、婚前セックスは一九五〇年代になってベビーブーム世代が成人しかけた頃にホットな話題となった。しかし全体的にはイギリス人の性的習慣は制限されたままだった。一九五〇年代の、ジェフリー・ゴアによるイギリス人気質の人類学的研究によると、イギリス人は他の国民と比べて例外的に貞操と純潔を保っているとされた（Weeks 1989：238）。彼の調査対象者の半数は結婚前も結婚後も配偶者以外の相手と性的関係を結んだことがなかった。ただしその数字は労働者階級のほうが中産階級よりも高かったことは事実である。結婚に対するリスペクトは文字通りのプラグマティックな理由で、あらゆる階級に浸透していた。

のちに保守派の論客が一九五〇年代を結婚調和の黄金期と考えたとしても不思議ではない。しかしこの調和はあきらかにある犠牲の下に生まれたのだ。一九五六年に保守派新聞デイリー・テレグラフで一人のジャーナリストが述べているように「福祉国家は女性の苦難に基づいて」おり、女性は「男性がよじ登ってくる巣を逃れたいと望んでいた」（Wilson 1980：30, 69）。ハラ・クックはこの時代を異性愛男性による性行動支配が再強化された時期とみている。「一九五〇年代と六〇年代がもたらしたのは、ジェンダーの問題に関して保守的で厳格な割に、性に抑制的とはいえない性文化であった」（Cook 2005a : 185）。このイデオロギーの枠組みは当時、小説や映画の分野で過激な暴発とみなされていたものにも反映されていた。シンフィールド（Sinfield 1989）はジョン・オズボーンやジョン・ウェインやジョン・ブレインら「怒れる若者」運動の作品に現れる女嫌いの感覚に不快感を表明している。この世代の作家には、彼らに退廃的と映じたリベラルな制度への反抗心に満ち溢れており、のちに同性愛嫌悪とか「男らしい」価値の称揚として知られることになる側面が存在していた。批評家のレスリー・フィールダーがいう通り、若いイギリスの作家は「自分たちが取って代わる階級に抵抗する存在と自己定義していた」（Sinfield 1990からの引用）が、実際のところそれはジェンダー秩序への根本的抵抗ではなく、その洗練にすぎなかった（Sandbrook 2005 : 138 - 66を参照）。

男女の性的抑圧を少なくすることは、多くの人にとって望ましいことがあったが、女性には違法な中絶、婚外子、痛ましい養子縁組等のコストのかかることであった。ドット・クランシーは一九三二年、ニューカッスル・オン・タインに生まれ、一九五〇年代前半にロンドンで見習い看護婦になった。一九五一年のクリスマス、ロンドンで一人のときに、あるコンサルタントの目に留まり、その人の車の後部座席で「ずっと迷ったまま」「すべてを捧げ」た。彼女は妊娠し、禁欲的な雰囲気の母子施設で出産した。「その施設はつねに満員だった。そこにはお嬢様がたくさんいた」。彼女が出産した時、その施設職員は彼女に子どもを養子に出すよう説得を試みたが、彼女はそれを断り、自分で育てた。「残りの人生はつらく、厳しく、バラ色のノスタルジーと人が思い描く五〇年代ではなかった」。子どもは五歳の時白血病で死んだ（Beddoe 2003 : 195 - 200からの引用）。一〇年後、似たような話が明らかになった。一九六一年、アーリス・オグウェン・エリス（一九三二年北ウェールズ生まれ）は混血児のデビッドを再び母子施設で出産した。彼女は子どもを育てようとしたが、その子どもはエリスの姉が養子として育てた。彼女は体が弱くなるまでキャリア的には成功した人生を歩んだが、未婚の母であることを口外しないよう忠告された。もし口外したなら彼女のキャリアは破綻するというのだ（Beddoe 2003：200－5）。一九三八年に生まれたマーガレット・スミスの人生はさらに痛ましい結末を迎えた。彼女の婚外子は母親を拒絶し、自分の［法的］地位について母親を許さなかった（同：206－15）。しかし子どもの養育や婚外子出産にスティグマがあったとしも、マイク・リーが鮮やかにドラマ化した映画『秘密と嘘』（Schneider 2005：864）をみればわかるが、子どもを養子に出すには別の苦悩があった。その苦痛と屈辱は永遠に何かを喪失したという感覚につながっているのだ。

伝統的秩序という仮面が一九五〇年代を包み込み、このとらえどころのない安定と礼節の時代を懐かしく思う人にとって、五〇年代は記念碑的なものにさえなっているが、その表層の少し下にはリアルな葛藤や矛盾や多くの苦悩が潜んでいたのだ。現在の観点からは一九五〇年代は「考えなしで、ひとりよがりの慣習ではなく不安定な時代のようにみえる」とホール（2000：166）はいう。若者の婚前性交、働く女性、鍵っ子、ホラー漫画、ロックンロール、テディボーイ、街娼（ロンドンの街頭における私娼の数は戦争初期には年間二〇〇〇人から一九五二年には一万人に増加したと推定されている）、同性愛等に対する道徳的不安、これらすべては変化や性的異端と反抗にみえるものに対する、心の深淵から生じる恐怖を示している。一九五〇年代末には文化的エリートは新しい「豊かな時代」をだらしない商品化の時代と考えて、厳粛な伝統的価値観が消費主義と商品化によって崩壊していくという感覚へとつながっていった。

家族生活・性生活のパタンの変化がさらに深く進行していた。一九五〇年代のイギリスは多人種・多民族国家への道をひた走りつつあり、西アフリカやカリブ諸島からの移民が増えていた。一九五一年の国勢調査では約一万五〇〇〇人のカリブ人がイギリスに居住していた。一〇年後には一七万二〇〇〇人に達した。ここ一〇〇年間、大した数ではないにせよ、ノルウェー人、ユダヤ人、ユグノー、アイルランド人、黒人、アジア人の移入を見届けてきた社会がはじめて大量の移民流入を経験することになったのだ。一九五八年、ノッティングヒルで大規模な暴動が発生したが、民族の構成にきわめて大きな変化をもたらしかねない出来事に対する反応にはアンビバレントなところがあった。たとえば一九五〇年代に家族や親密生活の専門家でこの変化に着目した人はほとんどいなかった。だが（大半は男性であった）初期移民は非常に好色だとするステレオタイプは普通に存在したし、新聞には新集団が連れてくる売春婦（や薬物）に対する強迫観念もあった（Finch & Summerfield 1991：23）。またキャリル・フィリップスは当時、（白人）ラディカルの著作には黒人に対する関心が驚くほど欠如していると指摘している。「人種問題」は議会やテレビや新聞雑誌やラジオで議論された、五〇年代を賑わした大問題だった。しかし文学のどこにそれが表象されているのか（Phillips 2004：4）。フィリップスによると、ジョン・ブレイン、キングスレー・アミス、ジョン・オズボーン、アーノルド・ウェスカー、キース・ウォーターハウスら、「時代精神」を象徴する人々の著作は新しい黒人の存在に注意を払っていない。黒人はこれら作家の文化的地平に姿を表すことはなかったのだ。しかし異人種関係を研究した二人の白人作家が明らかにしたように、黒人には性的想像を変える力があった。

一九五〇年代に書かれた三つの小説、『スペードの街』（一九五七）、『絶対的初心者』（一九五九）、『ミスター愛と正義』（一九六〇）のなかでコリン・マキネスは草の根レベルで生じている社会的文化的性の変動について記している。それは新しい世界を作りだす。特に彼はその国の住人であるともないともいえる「ダークな異邦人」の世界に入り込み、そのセクシュアリティに魅了されたのだ（Phillips 2004：5）。特に『スペードの街』でマキネスは、これらニューカマーが権威ある人にもたらした性的不安のことを扱っている。フィリップスの指摘によれば、「イギリスのあらゆるアウトサイダーに対する敵意は純潔／不純という言葉でフレーム化されており」、多数の若年男性移民は妻も恋人ももたずに自国に入り込み、性的脅威になる存在として描かれている。マキネス自身は新しい移民に共感・同一化しており、自然で旺盛なセクシュアリティをもつ人間という古典的なステレオタイプと黒人を結びつけることをなんとか免れている。彼にとって黒人のセクシュアリティはイギリス人の形式主義に比べれば望ましいものであり、決まりきった冷たい人生に対抗するためのものでもあるのだ（Sinfield 1989 : 126ffを参照）。一九五六年のエッセイでマキネスは新しいイギリス人の「喜びを求める素晴らしい本能」には「ある弱さ」があり、「彼らは多くのイギリス人ほど責任感が強くない」というのだ（Collins 2005 : 184）。このように羨望と、相手を幼児の如くみなす態度が曖昧に交じり合っている。これは当時の人気作品、たとえば若き作家シェラフ・デラニーが書いた演劇『蜜の味』（一九五八、のちに映画化された）にもいえる。この演劇は、一〇代の若い女性ジョーが黒人水夫「ボーイ」とステージ上で性交渉する場面から始まる。ボーイを演じているのはジミー自身である。しかしジミーは移民ではなくカーディフ出身である。黒人にはルーツがある。ボーイはジョーを妊娠させ、そのことを知らずに船旅に出る。混血の子どもが産まれた時、ジョーは若い同性愛の友人の助けを借りて、一人で子どもを育てることを決意する。ある意味でこれは人種間関係や一〇代の妊娠、非異性愛的な人生に関する新しい文化的現実を探索した勇猛果敢な試みだったのかもしれない。しかし再びフィリップス（Phillips 2004 : 6）の言葉を借りるなら、「デラニーですら、この黒人キャラを、無責任ながらも魅力的な性的逸脱者として描く以上のことはできなかった」。セクシュアリティに関する自文化中心主義は根深いものであり、これほど複数的で多様な文化を生きる魅力に取り憑かれた人ですら、自文化中心主義から逃れ出ることは容易でない。民族的・性的な他者性がイギリス人の想像力につきまとうようになるのだ。一九五〇年代にこの問題に向かい合った白人の殆どが、恐怖の感情やバターナリズム感情に支配されたり、これを無視してやりすごすしかなかったのだ。

倒錯者を追いかけて

ここまで私たちがみてきた一九五〇年代の大変化は、主流文化の異性愛化につながっていった。家族は正常な性の特権的な場所として強化された。結婚は尊敬に値する大人への入り口として強化された。性に基づく労働分業は近代化されたが、それは伝統的役割が批判されたのとは違う仕方でであった。男女のパートナーシップの理想が表現された互恵主義はより公然とセクシュアル化され、（異）性愛的な親密性はいまや良好な関係と安定した婚姻を結びつけるものとして推奨された。これに伴い一九五〇年代には異性愛と同性愛は公的な場面では明確に分離して論じられた。同性愛は明らかに「他者」となり、その恥ずべき存在によって人々が容認している規範が強化され、異性愛が強化された。

一九五二年、サンデーピクトリアル紙は「邪悪な男性」というタイトルの同性愛に関する連続記事を掲載したが、それは「菌の拡大」の源泉に到達しようとする真摯な試みという体であった（Weeks 1990：162－3）。担当編集者はその記事を同性愛に関する「謀略的な沈黙を打ち破る」ものと考えていたと述懐している。しかしスキャンダルや華麗な宮廷事件を除いて、公的場面で同性愛について語ることが何十年もタブーだったとしたら、同性愛が脅威となるという疑念は存在しなかっただろうし、特に法律が同性愛に関心を向けることもなかったろう。男性同性愛として起訴された数は一九三〇年後半から増えていた。一九三八年のイングランドとウェールズでは一三四例のソドミーと獣姦罪が警察に認知されていた。一九五二年にはその数は六七〇となり、一九五四年には一〇四三まで増加した。他の数字も同様の傾向を示している。強制猥褻罪の数は一九三八年の八二二から一九五三年の三三〇五へと増加しており、「品位に欠けるみだらな行為」（オスカー・ワイルドが一八九五年に投獄された罪名）は一九三八年の三一六件から一九五五年には二三二二件へと増加した（Weeks 1989：239－40）。戦中戦後の社会的発展がある程度の開放性を生み出していたが、不法行為の数が実際に増加した証拠は何もない。ウルフェンデン委員会もこれについては懐疑的だった。立件数が増えた本当の理由は警察が「悪党」を捕まえてやろうとして、ロンドンのような主要都市で懸命に仕事をしたからだ。公私を問わず不法とされたのは男性同性愛であったから、この現象は男性についてのみいえることである。現実に迷惑行為や危険行為を行うとされたのは男性だった。この背景には公共的関心と一般大衆の不安の増大があり、それは婚姻内セックスの重要性を強調する一般的な潮流とも確実に関連していた。そのような雰囲気のもとでは同性愛はより逸脱的な事象とみなされた。マス社のリトル・キンゼイも「他の問題と比べたら同性愛に対しては真性の嫌悪感」を示していた（Stanley 1995 : 241）。

政府が大衆の偏見を公に是正する声明を出すことはなかった。内務大臣マックスウェル・ファイフェ卿は「同性愛者は通常、露出狂で変質者であり、他人、特に若者にとっては危険である」と述べた（Weeks 1990 : 241 ; David 1997）。一連のスキャンダルやパニックで不安が醸成された。現代史家はこれを同性愛に反対する粛清の一環ではなく、戦前の偏見や戦時中の緊急事態への回帰であり、地域ごとの対応や政策ではなく、一貫した国家的アプローチを強化する試みと捉えていた（Houlbrook 2005 : 33 - 6）。また現代の研究者もこれを（同性愛ないし両性愛者であった）バージェスとマクリーンというスパイの一九五一年の暗躍や、マッカーシズム的な雰囲気によって説明することには懐疑的である（Weeks 1990 : 159-60 ; Higgins 1996 : Houlbrook 2005）。もっともポビネリとショーンシー（Povinelli & Chauncey 1999 : 443）がいう通り、戦後の国際的な反同性愛言説によって説明する必要があるかもしれない。

政治的な同性愛者の粛清が一体的に行われたという証拠はないが、一九五〇年代中盤に同性愛者の世界で不安感が高まっていたことはたしかで、いくつかの有名な犯罪事件、特にピーター・ワイルドブラッドとロード・モンタギューが強制猥褻罪で起訴された事件が不安を昂じさせた（Weeks 1990 : 162 – 3）。ジョン・アルコックという当時の若者が述べている。

五〇年代にピーター・ワイルドブラッドが起訴されたときには個人的には本当にびっくりした。街で私に近づいてくる警察はみな自分を逮捕しようとしているように思えた……当時の雰囲気は実に不愉快だった。私たちはみな逮捕され、襲われるように感じた（Hall Carpenter Archives 1989a : 52）。

その事件は階級的・性的な偏見が危機に瀕していることを示す証拠だったのだが、それは大衆出版ではかえって強化された。内務大臣が汚職に関与していたことを示す証拠はないし、その「罪」は私的な場所で同意の下になされていた。しかもその二人の大臣が起訴された唯一の証拠は、その行為に参加していた者の証言だけだったのだ。しかしこれらの事件が明らかにしたのは、国全体が同性愛にアンフェアな対応をしたということだ。レズビアンが起訴されることはほぼなかった。もっともレズビアンが起訴される可能性は技術的には存在した。というのも一九三〇年代の判例では強制猥褻罪が女性同士の関係でも適応されることが確認されていたからだ。女性間のセックスが離婚訴訟や名誉毀損の裁判で報告される機会が増えていたが、実際に起訴されることは稀だった（Waites 2005a : 96. より一般的にはHamer 1996を参照のこと）。また男性の行為に対する警官の対応もでたらめだった。警察が犯罪とみなす行為に共感的な態度を示したジョン・ギルガッド代理卿のような人が、警察の犠牲になった（Higgins 1996）。実際には大半のケースは「被害者なき犯罪」であり、同性愛の法的規制は道徳的であると同時に矛盾しているという問題があった。特にリベラルな見解でさえ矛盾していた。一九五〇年代の若年同性愛者ダドリー・ケイヴは「むしろモンタギュー裁判が自分たちに有利になる」と思った。なぜなら起訴された人に対する扱いはひどいものだったからだ（Hall Carpenter Archives 1989a：36）。法律は混乱しており、一九五四年、省庁越境型の委員会がジョン・ウルフェンデンを委員長として成立され、「悪徳」への複雑な経路に対して慎重な対応をとろうとした（Weeks 1990：164－7）。それまでの一〇〇年と同様、同性愛は売買春と並列に論じられ、捜査の対象であった。

近年の研究者の多くが、ウルフェンデンが「悪徳」の都市的経験に注目していると述べている（Mort 1999やHoulbrook 2005を参照）。ヘニング・ベックの鮮やかな言葉遣いによるなら「都市はいつでもどこでも、元来、否応なく根っこから徹底的に性的なのである」（Bech 1998：215）わけで、驚くには値しない。近接性と匿名性が魅惑的に混ざり合うのが都市であり、性的な多様性と倒錯が輝きに満ちた空間を用意するが、同時に性規制を促す圧力もあるのだ。ここには田舎や小さな町、企業城下町や鉱業地域の親しさや絆の強さを逃れてきた性の移民がいる。性の市場と違う生き方の実験を求める人がいる。男性同性愛と売買春は近い位置にあり、しばしば共生的な関係を結んでいる。レズビアンの小集団には都会的な雰囲気があった。「戦間期のレズビアンはウェストエンドの娯楽文化の中で売春婦、犯罪者、同性愛者との境界線上にあった」（Jennings 2006：225）。戦後はレズビアン文化はより組織化され、西ロンドンのゲートウェイ・クラブに代表されるサブカルチャーとなった（Gardiner 2003；Jennings 2004, 2006）。しかし大衆の意識に上ったのは男性サブカルチャーだった。

街娼と男性同性愛は長い間、公的ならびに大衆的なイメージの中で結びついていた。一九世紀から両者は同じ（もしくは関連する）客引きや浮浪罪に関する法律によって統制されていた。すなわち一八八五年の修正刑法である。この法で改正されたのは売買春と女性の性交同意年齢を一六歳にすること（ラボルシェ修正）であったが、「品位にかける淫らな行為」という罪を作り出し、公的私的を問わずあらゆる男性同性愛行為を効率的に犯罪化した。むろんそのような法律により同性愛が根絶されたわけではない。逆にこの懲罰的法制が、明確な性的アイデンティティの発展にプラスの誘因を与えていたという議論も強力だ（Weeks 1990）。ロンドンにはきらびやかで、侵犯的で、デカダンスな出会いの場所に濃厚なネットワークがあり、異端の性的接触やアイデンティティが繁茂したのだ。

同性愛、特に男性同性愛はロンドン文化の中で複雑に絡み合っている（Cook 2003 : 39）。同性愛は特定の区画に限定されていなかった。同性愛は街頭、公園、地下鉄、公衆トイレ、劇場、音楽ホール、リオン喫茶店、広場、ソープランド、紳士クラブ、ホテル、お店、バラック、教会、堤防、下宿等至るところにある。同性愛は少なくとも一八世紀以降、活気があり、破滅的で匿名的な都会生活の中に存在し続けた（Trumbach 1999, 2003）。他方ロンドンはパリ、ローマ、ベルリン、ニューヨーク等コスモポリタンな都市の国際的な私的ネットワークの一部であり、同性間の愛情と相互行為が栄えていた（Chauncey 1994を参照のこと）。同性愛は特定の人物類型に限定されない。（男性）同性愛の姿は都市では馴染み深いタイプ、ダンディ、独身男性、ボヘミアン、演劇愛好家、役者、近衛兵、電報配達人、クラブ会員等と重なりあっていた。一九世紀後半に登場してきた性科学のテクストはこの風変わりな多様性を認識しており、それに意味を与えようとしていた。複雑なカテゴリーが発明され、変質者と倒錯者、生まれつきの者と素人、普通の人とクィアな人が区別された（Weeks 1990 : 23 - 33 ; 1985）。しかしこの多様性の中で同性愛者は独自の欲望、独自のアイデンティティをもった特殊な人間とみなされた。それは一九六〇年頃には一般的に認められた考え方となった。

「同性愛者《ホモセクシュアル》」は、他人から定義され、自己を定義する長く複雑な歴史の中で発明された（Weeks 1990）。しかし異なる人間類型としての同性愛者という観念が与えた衝撃は部分的で不均等だったし、知識人や新興中流階級の同性愛者の間ではこの観念は普通だったが、他の人には理解できなかっただろう。二〇世紀前半に自分を同性愛者と定義した人の口述史では性的アイデンティティや絆の重要性は明らかである（Weeks & Porter 1998）。

しかし同時に正常者と異端者の境界は問題があり、不安定でしばしば侵犯された。マット・ハウルブルーク（二〇〇五）は一九二〇年代から五〇年代にかけてのロンドンのクィアを印象的に記述し、複雑なクィアな人生を鮮やかに描き出した。ハウルブルックは三つの異なるタイプに焦点を当てている。なよなよした「あばずれ」、男性とも女性ともセックスをする労働者階級、尊敬に値する同性愛になりたい中産階級である。現代人の目からみて最も奇異に映るのは労働者階級の男性だとブルックは考えた。同性間エロスの歴史ではワイルドの「ピューマとの祝宴」からE・M・フォスターやウィリアム・プロマーのような著名な知識人のパートナーだった警察官ジョン・アッカリーのように、男性から快楽を得た守衛さんに至るまで、いろんな人がいる。彼らは多くの幻想、特に「本当の」男性との関係を夢見るリスペクタブル《尊敬に値する》な中流階級にとって「ラフ・トレード（荒々しい同性愛）」であった（Weeks 1990）。

一九五〇年代まで同性愛の世界はジェンダー化されたカテゴリーと堅く結びついていた。男性同性愛は弱々しさと、レズビアンは男らしさと結び付けられ、気取った女王と男役のレズは大衆的な観念の中で最も典型的なステレオタイプだった。ダイアナ・チャップマンは一九二八年生まれだが、一九四〇年代後半にはラドクリフ・ホールの『孤独の井戸』を読んだことを覚えていた。

> 私は動転した。「これが私だ。これが私のすべてだ」と思った。しかしもちろんレズビアンはみな男らしく、背が高く、ハンサムで、ステファンのようだという考えに囚われていた。私は自分自身をよくみて、自分が全くそんな存在でないことに気づくべきだった。私はレズビアンが普通の女性であるとは思ってもいなかった（Hall Carpenter Archive 1989b : 49）。

一九一〇年生まれのサムは「本物の男」は同性愛で、異性愛者と関係をもつと考えていた。

私はゲイの人間がどこにもいない場所に辿り着いた。私の恋人はみな両性愛か既婚か女性とつきあい性交渉を行っていた。私は同性愛者とは一度もセックスしたことがなかった。同性愛者とそうなるのは特異なことだった（Weeks and Porter 1998：133）。

ワイルドブラッド事件に関するメディア報道では、被告人のなよなよした態度や退廃性を強調する写真が目立ったことは指摘しておきたい（Weeks 1990：162）。皮肉なことにワイルドブラッド自身は相手となったクィアと自分自身を明確に区別することを望んでいたのだ。ウルフェンデン委員会の前でスピーチしたとき、ワイルドブラッドは「善良な」同性愛者として自己呈示した。「法に反して」という影響力ある本の中で彼はいわゆる男色家やおかま（パンジー）と自分を区別した。「やつらは自分のような男とは違う集団をつくっているのだ」と。ワイルドブラッドは尊敬に値する同性愛者というイメージをつくろうとした。彼らの多くは人々の間に隠れており、「他の人とおなじにみえるように最大限の努力を払い、多くの場合うまくいっている」と。しかしそれをすべてのクィアにあてはめたわけではなく、自分たちは「堕落した若者でもなければ、自分をみせびらかしたがる軟弱な生き物でもない」というのだ。他者に寛容を求める彼の姿勢は尊敬に値する同性愛者の利益を目指すものだった（Wildeblood 1957：Higgins 1996：247−8）。このワイルドブラッドの立ち居振る舞いは、同性愛をノーマルだが同性愛的「傾向」として分類する新しいやり方とみなされた（Waters 1999：134−5）。ワイルドブラッドは一九五〇〜六〇年代のリベラルな英雄であり、不寛容な社会の犠牲者でもあったのだが、彼は最近、自分自身のリベラリズムを批判するようになっており、尊敬に値する同性愛者とそうでない同性愛者を区別することを批判している。ポストゲイ解放の意識や、不定形だった生き方を懐かしがる現代クィアの意識に照らしてみれば、さもありなんである。彼の現在の経験をみれば、私たちはもっと寛容にならねばならないのだ。確信に満ちたチャレンジのせいで、彼はデイリー・メールの外交部門編集者としての職もプライバシーも失い、同性愛の罪で収監されたのだ。ワイルドブラッドは自分のような「怪物的殉教者」が再び生まれることを懸念していた。そのような議論は決して目新しいものではない。初期のセックス改革者以降、尊敬に値する同性愛者と逸脱者を区別する試みはいくらでもある。しかしウォーターズやハクブルックのような評論家は重要な指摘をしている。ワイルドブラッドは同性愛アイデンティティを肯定する議論を行う覚悟をもった新世代の同性愛者の典型であり、一九七〇年代以降のラディカルな変化を先取りしていたのだ。皮肉なことだが、彼の世代の人は後続する世代の華やかなゲイ意識を認めることができなかった。ワイルドブラッドは同性愛／異性愛の激しい分離と一九五〇年代の重要な変化を生きた人だった。クィアな人々が異性愛の世界に溶け込んでいた時代から、同性愛が異性愛と明確に分離される時代へと変わったのだ。それにくわえて、差異に基づく正義の追求が始まった。もっともそれは痛々しい自己嫌悪の言語でなされるしかなかったのだが。ワイルドブラッドが人々に求めた寛容は「哀れな障害者」に対する寛容と同種だった（Higgins 1996 : 248）。これが本当の自己嫌悪なのか、時代道徳に対する戦略的適応なのかを見極めるのは難しい。（マイケル・スクフィールドのペンネームで知られる）ゴードン・ウェストウッドのような慎重な同性愛研究のパイオニアを含め、同じような言葉遣いが当時のリベラルたちの著作に見受けられるからだ（Westwood 1952 ; West 1955）。

このような言葉遣いの中に見出しうる最良のものは、語られぬモダニティだ。ハヴェロック・エリスのような性革命の初期パイオニアは一九五〇年代にはある程度の尊敬を得ていた。もっとも性発達に関する、現実的だが殆どは生物学的なエリスの理論は少し古臭いとは思われていた。近代的な論者はフロイト理論の一部を使って、同性愛を発達遅滞として説明することを好んだ。公共道徳評議会の法改革はその議論に基いていたが、国家自警協会は一九五一年には「犯罪行為であり精神疾患だと思われていた」問題に新たに着手する機が熟したと考えていた（Weeks 1989：242）。同性愛は「現在利用可能な新知識に照らして」専門家による精査が求められた。また専門家の言説がこれら法的言説に採り上げられることもあった。ウォーターの言を用いるなら、それは「新しい自己様式の定義とその擁護を求める人」に影響を与えた（Weeks 1999：51）。

専門家の知識に対する期待は当時大きかったが、タブロイド化した大衆紙による攻撃に堪えねばならなかった。しかし最も大きな影響力をもったのはイギリス人の専門家ではなく、アメリカ人アルフレッド・キンゼイが刊行した二冊の本『人間に於ける男性の性行為』（一九四八年初版）と『人間に於ける女性の性行為』（一九四九年初版）であり、大きな反響があった。正統を破壊するキンゼイ報告のインパクトは長期にわたり絶大だった（Weeks 1985）。キンゼイの統計学的基礎は確実なものではなく、そのことに対する批判は当初からあったが、一八〇〇〇人の面接調査に基づいて、同性愛の一般化（三七％の男性がオーガズムに達する同性愛的接触の経験があった）を、キンゼイが自信満々に述べたという事実はショッキングで刺激的だった。同性愛が問題だとすると、それは些細な問題とはいえなくなってしまうからだ。キンゼイは同性愛症例について長期にわたり発言を続けたが、それを単純な生物学的事実、つまり哺乳類性行動の連続体とみており、科学的に中立な言葉を使った。皮肉なことにキンゼイの7－0等級（0は完全な異性愛、6は完全な同性愛）は自己カテゴリー化の基盤を提供したが（「彼は5等級それとも6等級？」）、一九五〇年代には彼の科学者としての名声よりも、同性愛に対する新しい見方が重要になっていった。ウルフェンデン委員会がキンゼイの発言から大きな影響を受けたことも驚くにはあたらない（Mort 1999）。

ウルフェンデン委員会の設立は、同性愛を統制して、街角から売買婦の露骨なサインを排除するために行動したい保守派と、監獄や法律よりも近代的な統制方法を確立したい一部のリベラルとの妥協の産物だった。委員会の仕事は両者の間をとって、容認可能な枠組みを作り出すことだった。そのためには専門家のアドバイスが必要であり、モートはキンゼイの証拠が委員会にとって決定的な要素だったと確信していた（Mort 1999）。キンゼイの同性愛に対する事実重視の態度と、目立たないけれども道徳的に中立な態度が懲罰的でない枠組みを生み出していった。また、はじめて同性愛をオープンにした市民（二人の完璧な職業的地位をもつパトリック・トレバー・ローパーとカール・ウィンター。三人目は一時的に名誉を失ったが卓越した存在であるピーター・ワイルドブラッド）の存在が委員会や専門家やその他利害関係集団に重要な事実となった。そして保守的な道徳派と進歩派の妥協以上の結果をもたらし、戦後の新道徳経済の全体像がみえるようになった。

ウルフェンデンの提言は「衝撃的なほど現実的」なものと受け止められた（Conekin 他 1999 : 16）。確かにウルフェンデンは現実に社会問題とされているものに対処する具体的な提案を出し、結局それが認められていったからだ。しかし一九五七年に出版された報告書には一貫した枠組みがあり、二〇世紀全体にイギリスだけでなく大きな影響を与えた（HMSO 1957）。その提言には二つの軸があった。公と私、法的道徳主義と功利主義である。功利主義の哲学者ジュレミー・ベンサムは、同性愛を趣味と道徳の観念変化に応じて変わる「想像上の犯罪」に分類した。ベンサムの後継者ジョン・ステュワート・ミルは、『自由論』の中で私生活への法的介入を可能とする唯一の論理は他者への害毒を防止することにあると論じた。ウルフェンデンはこの論を採用し、刑法の目的は公共秩序と品位を維持し、弱者を搾取から守ることにあると論じた。個人に特定の道徳的見解を押し付けることはできない。したがってウルフェンデンの論理に従うなら、法は少なくとも個人的な行動を、それが委員会（や国民）大多数にとって認めがたいものと感じられたとしても、その規制を部分的には撤廃すべきだということになる。しかし同時に法律は公共的規範を維持するために必要ならば、より強力に介入し続けるべきだということにもなる。売買春そのものは私的行為である場合は不法でないわけで、私的に行われた同性愛を不法と論じる論理は実際にはなかった。しかがってこの二つの主要な提言には矛盾もあった。報告は公然売春を公害と捉え、これを撲滅するために路上犯罪を処罰する法律を厳しくしなければならないと提言していた。しかし同時に私的に、成人の同意の下に行われた同性愛は部分的に非犯罪化すべきだと提案していた。一方で公的な犯罪は増えていた（Weeks 1990：165－7；1989：242－4；Moran 1995：3－28）。

報告は出版や広告に対して劇的な影響があり、売買春の広告は一九五九年の路上犯罪法の基礎となり、街娼を根絶しようとした。男性同性愛に対する提案が修正されて一九六七年の性犯罪法改正につながるまでにはさらに一〇年を要した。これが意味するところは後に詳しく論じよう。この段階では暫定的な結論を三つ挙げたい。

第一に、新しい法的道徳的枠組みの提案は非常に影響力があった。この報告書によって有名なハートーデヴリン論争が生まれた。デヴリン卿は一九五九年マカビンでの講義で「社会は道徳なしには存続できない」し、法が道徳や少なくとも「理性的な人間なら容認可能な行為の基準」に基づくことが社会の根幹をなすという絶対主義的な見解を表明した。しかしよりプラグマティックな見解がウルフェンデンやH・L・A・ハートによって主張され、法が私的行動を変化させる能力には限りがあるという観念が普及していた（Weeks 1989：243－4）。これはすべてのバリアを破壊することを意味しているのではない。どうみてもリバタリアン的な条項ではない。後続する論者たちにとってウルフェンデンの立場は時代遅れで信頼できない道徳主義的な法の枠組みではなく、より効率的な社会規制を推進した。その提言によって減少した囚人数はわずかだったかもしれないが、一九六七年の性犯罪法により、あからさまな同性愛に対する刑罰が増加し、一九六七年以降は起訴される数も増えた。同性愛のプライベート化は同性愛を統制する効率的な方法とみなされた。同じような議論が一九六〇年代以降のウルフェンデンの戦略の他の帰結にもいえる。

第二に言及しておくべきことは、この新しい規制枠組みは男女で、あるいは異性愛／同性愛的傾向をもつ人間のあいだで異なる影響があったということだ。一九五九年の路上犯罪法はウルフェンデン報告の直接的な成果であったが、罰金と収監日数が増えることで女性を街頭から追い払った。しかし同時に売買春は再び組織化され、マッサージ・パーラーや男性が統制するコール・ガール場が拡大した。いつの時代も法制化には意図せざる結果があるのだ。

第三に、ウルフェンデンは報告書の中で直接対象とならなかった女性、男性と同様主題化された女性の双方にとって、同性愛に関する観念に大きな影響を与えた。なぜなら同性愛アイデンティティと生き方が明確に存在するという考えが法にはじめて書き込まれたからだ。一九五七年以前は同性愛のようなものが法の中に存在したことはなかった。これまでそれは「不自然な罪」、品位なき行為、都合のわるいことといったカテゴリーに関連する法のもとで処置されてきた。より近代的な枠組みを発達させるためウルフェンデンは同性愛者を存在させねばならなかった。モラン（Moran 1965）がいうように委員会は性的アイデンティティ、性的実践、知の形態としての同性愛という意味付けを「発見」し、創造したのだ。性的悪徳の新しい形態はそれを非犯罪化するために創造されたのだ。ウルフェンデンは同性愛を擁護することは殆どなかったが、多くの人にとって同性愛は抹消しえない運命だと認識していた。ピーター・ワイルドブラッドが同性愛の承認を求めたとき、ウルフェンデンは、世界における一つの生き方を認識したのである。ウェイツ（Waites 2005a : 105）がいうように、ウルフェンデンの問題フレーム化には、倫理的集団主義を離脱し、意思決定の個人化、すなわち個人の自律と自己決定が尊重されるべきとする傾向が背後に存在した。マス社が一九四〇年代末に観察したことは、伝統的価値観と制度の衰退を反映していたが、いまや公的な報告書の論理に表明されたのである。ウルフェンデンは一九五〇年代の法的リベラリズムの古典的な再表明とさえいえるが、自己アイデンティティの表現に枠組みを与え、一九六〇年代以降の新たな機会を用意した。ダムは崩壊していなかったかもしれない（Hennessy 2006b, 11章）。しかしその基盤は揺らぎ始めていた。

第三章

大転換 1
——民主化と自律

この文化革命に対する最善のアプローチは家族と世帯、
すなわち性別と世代の関係構造を見ることだ。
その構造はほとんど変化しないわけではなく、
多くの社会は突然の変化に見事に耐えてきた。しかし二〇世紀後半、
この基本的で永続的な構造が猛烈な速さで変化し始めたのである。

（*Hobsbawm 1994 : 320-1 ＝ 1996* 下巻 *: 53-4*）

◎

完全雇用、給与上昇、平等の高まりという時代にあって、
都市的な「西洋」世界の多くで生じた一九六〇年代の文化的・法的変化は、
性の風景を本当に転換させた。
世界が人間の性生活に影響を与える方法が変わったのである。

（*Segal 2004 : 68*）

◎

今日、世界中に広まるあらゆる革命、
すなわち政治的・経済的・社会的・科学的・道徳的革命の中でも、
道徳革命が最も広範囲におよび、深く進行するものといえる。
……それは性経済全体の中で、徹底的に進行する革命である。
それは正確には性愛革命と呼ぶことができる。

（*Lawrence Lipton*『性愛革命』(1965) の著者、*Escoffier 2003 : 20* で引用されている）

自由への手招き

一九六〇年代から九〇年代にかけてイギリスは、他の多くの西洋諸国と同様、性観念や親密行動の歴史的転換を経験した。単一の原因というものは存在しなかった（ピルはしばしば「機械仕掛けの神」〔訳注：混乱を最終的に解決する神。ギリシャ劇〕とみられたが、これが唯一の推進力ではない）。また国や地域に共通する規則的なパタンはなく、主なアクターであるベビーブーム世代の人々が共有する議題もなかった。そのプロセスは混乱し、矛盾する偶発的なものであった。しかし最終的にそれは多数の人々を巻き込み、様々な方法で人々の生を再想像・再構成させた。その影響は、今日ではほとんど不可視の世界を経由しつつ、今もなお続いている。

しかしその始まりは曖昧で不確かであった。第二派フェミニズムの創始者一人であるシーラ・ローバサムは一九六〇年代のことを回想している（Rowbotham 2001）。彼女は、六〇年代初頭に存在した、二つの世界で釣り合いをとる感覚について、力強く印象的に述べている。一つは、小さな偽善と制限、抑制と抑圧、随分前に死滅した伝統とヒエラルキーからなる世界であった。もう一つは、生まれることを望む世界、特に特権的な教育を受け、世界を変えようとする意志を持って成人期を迎えつつあった典型的なベビーブーム世代にとって輝かしい世界であった。しかし後者は、その輪郭も可能性も楽しさも危険も霧のベールに包まれた世界、いわば「約束された夢」の世界であった。

私たちの世代は無知が無垢と等しく扱われる世界で育った。したがって反抗するマイノリティは、自分たちが無知という混乱をこえて、一つの極端から別の極端へと渡り歩いていると感じていた。……それはある種の性的な態度の移行期であった。禁止と許可は変化しつつあったが、まだ再調整されていなかった。私たちがとるべき進路は明確ではなかった。他方、若いインテリだけでなく大衆文化においても、性的自由への入口は開かれており、手招きされていた。(Rowbotham 2001 : 23)

ピル、第二波フェミニズム、持続的な性改革以前の「無知という混乱」は、数十年たった現在でも多くの人の記憶に残っている。この時代に生きた個人は自身の生きる道行きを協議(交渉)し、ライフ・ストーリーを(再)形成し、集合的変化のプロセスに対処する個別の方法を見つけていた。しかしよく言われたように、未完成こそが中心的なモチーフだった。それが一九六〇年代以来、社会と文化の記憶を彩った性的自由への「手招き」だった。それは「性革命」の一〇年として、人々の記憶に消えることなく残っている。歴史的だが、究極的には政治的な論争がこの一〇年間の重要性をめぐって巻き起こった。十分にこの時代を生きた人々にとって、「もし六〇年代を思い出すことができるなら、あなたはそこにいなかったんだろうね」と言われるほど、その時代は決して喜ばしい自信に満ちた朝ではなかった。ほかの多数の人にとってそれは前兆にすぎず、手に届きかけた掴まえどころのない未来を改善したいという希望をもってはいたが、それは困難であった。婚外子を産んだが養子に出さざるを得なかった若年女性にとって、より大きな自由を求める気持ちと、リスペクタビリティや貧困に対する経済的・文化的要請の間には、悲しいほどの矛盾があった。ゆきずりの性経験をした女性は、欲望のあとに社会的なタブーと実用的な手段［訳注：中絶のこと］がすかさずついてくることがわかった。避妊があらゆるところで容易に利用可能になったが、それでも六〇年代中盤までは、独身女性が公式に利用することはできなかった。一九六四年、ブルック・アドバイザリー・センター［訳注：英国の二五歳以下の若者に対して性に関するカウンセリングや教育を行なっているイギリスの慈善団体。一九六四年設立］は未婚女性に対して避妊のアドバイスを与えはじめた。しかし国民保健サービスでは一九六九年まで、避妊についての助言は利用できなかったのである。無計画な性行動がもたらす結末への畏れは長い間、人々から消え去らなかった。シーラ・ローバサムは回想する。「もちろん私は処女性をめぐる喧騒は全部ばかげていると思っていた。でも何かが起こったらどうします？　私たちは避妊について無知だっただけでなく、誰にアドバイスを求めてよいかもわからなかった」（Rowbotham 2001：48）。

性的指向をクローゼットに閉じ込めたままのクィアにとっても、一九六〇年代初頭のウルフェンデン報告とセックスについて積極的なムードが切り開いたはずの約束は、依然として実現されない夢に過ぎなかった。法改正の予兆はいまだ遠かったが、少数のお洒落な芸術家とその追随者は、より開かれた同性愛の生活様式についてオルタナティブなイメージをはじめて提示した。しかし人目に晒されること、嫌悪療法［訳注：「不愉快な感情を連想させてアルコール依存症等の悪癖を治す治療法」（研究社新英和中辞典）］の拡大、さらにやがて生まれるゲイ解放運動が「内部化された自己抑圧」としてラベリングされる恐怖は日常的につきまとった。ゲイをカミングアウトしたロックンロール・スターも興行主もいなかった（Savage 2006：66－74を参照）。詩人のトム・ガン[5]や芸術家のデイヴィッド・ホックニー[6]等開かれた同性愛生活を追求していた人々が、古きイギリスの湿潤な気候ではなく、カリフォルニアの陽光のもとで夢を追い求めたことに注目すべきであろう。一九六四〜五年にかけて、リベラルなジャーナリスト、ブライアン・マギーはあるテレビ番組で「二〇人のうち一人」は同性愛者であると述べた（一九六六年に単行本化された）。このときインタビューを受けた同性愛者は肩をすくめて、顔をみせないようにしていた。一九五二年に「邪悪な男」たちを発見した『サンデー・ピクトリアル』誌は

5　Thom Gunn（1929－2004）。アメリカの詩人。同性愛者であり、代表作“The Man With Night Sweats”（1992）等をはじめとする同性愛をテーマにした作品を数多く発表した。

6　David Hockney（1937－）。イギリス出身の現代芸術家。現在はアメリカを拠点に活動。アンディ・ウォーホルらとともに一九六〇年代のポップ・アート運動を主導した。同性愛者であり、自身の恋人をモデルにした作品として“Peter Getting Out of Nick's Pool”（1966）がある。

一九六三年、「どのようにしてホモを見つけるか」というアドバイスを読者に提供し、スポーツウェアを着ること、スエードの靴を履くこと、パイプ喫煙がその手がかりになると示唆していた（Weeks 1990：263）。そのような描写はつまらない。しかしそのつまらなさにこそ真相がある。一九七〇年代まで「日陰生活」は男女を問わず、同性愛を語る中心的メタファーであった。

多くの人にとって一九六〇年代は、希望が実現されることのない一〇年間であった。しかしわずか一世代のうちに、古くからの影は飛散し、新しい影と形に取って代わられた。一〇年以上のきわめて保守的な政権が続いたあと、一九九〇年代初頭には、ひとり親家庭の親がふたたび政治的な論争と文化的不安の焦点となった。しかし現在ひとり親家庭の数は二〇〇万に迫り、簡単に否定されることはなくなった。婚外子のスティグマは日常生活だけでなく、法律上も消えた。同様にエイズが蔓延し、一九九〇年代を迎える頃にはこのリスク行動に関する報道番組やメディア報道が膨大に作られ、俳優や作家から政治家までにいたる有名人がエイズを公表していた。この頃には誰がゲイ男性か、彼らが何をしたかを疑問に思う人はいなかったはずだ［訳注：それくらいゲイに関する知識が広く行き渡ったということ］。それから三〇年もたたないうちに、つまりベビーブーム世代が中年に達する前に、性の世界は後戻り不可能なほどに変わった。結婚や非婚、出産・子育てをしないこと、女性のセクシュアリティ、家族、異端のセクシュアリティ。これらすべてに対する態度が根本的に変わったのである。中絶や同性愛は少なくとも部分的には非犯罪化され、そののち行動と態度が劇的に変化した。離婚法は少しずつ改正されてきたが、その結果は劇的で、およそ「少しずつ」とは言い難い。猥褻取締法も再度改定されたが、この一〇年間、人々はポルノグラフィの氾濫について驚くほど語りあってきた。宮内長官の古風な事務所が行っていた演劇の検閲は廃止された。国民保健サービス（ＮＨＳ）を使った避妊は一般的になり、ひとり親家庭のメリットが紹介され、既婚カップルの税制上の特典が大幅に減じられた。選択に基づく非異性愛家族はありふれたものとなった。同性（カップル）による子育てと養子縁組と結婚が、議論の俎上に載った。一九六〇年代というのは任意に決めた時間区分にすぎないし、左右を問わず道徳家や道徳政治家が最大限の努力を続けたが、上述の事例すべてをもってしても、称賛も非難もできないのである。多くの変化は長期間に及ぶものであり、そのうちいくつかは実現に数十年を要した。その他の重要な変化は一九七〇年代まで、もしくはＨＩＶ／ＡＩＤＳやインターネットのような他のベクトルを有した変化が生じる一九八〇年代以降まで現れなかった。しかし一九六〇年代は「大転換」の決定的な時代だった。

しかしこのことについて合意を求めれば、実際の変化の意味と影響については大きな反論もあるにちがいない。フランシス・フクヤマ（Fukuyama 1999）によれば一九六〇年代の混乱は、西洋民主主義を支える信頼と社会関係資本の土台を破壊する「大崩壊」の震源地であり、この後数十年を特徴づける道徳的混乱と文化的分断を説明するものである。一般に保守思想家は、西洋文明を支える伝統価値を根本的に弱体化させる「文化革命」の問題を中心に論じてきた。それはアメリカの保守論客ガートルード・ヒメルファーブ[7]（Gertrude Himmelfarb 1995）の言葉を使うなら、社会を「脱道徳化」に導くものであった。アメリカの社会学者ダニエル・ベルによれば、一九六〇年代にピューリタンの倫理は、快楽主義、超個人主義、消費主義を前面に出すイデオロギー的転換によって致命的に弱体化した。にわかにイギリスの論者たちもこの方針をとった。クリスティ・ディヴィス（Davies 2006）は、一九六〇年代以降、かつての立派で敬虔なイギリス社会が、人や資産にリスクがあり、家庭崩壊が一般化し、薬物乱用やアルコール依存症がはびこる、粗暴で誠実さに欠けた社会へと凋落したことを嘆いている。また別の嘆き節としては、右派ジャーナリストのピーター・ヒッチェンズが「イギリスの消滅」を、

7　Gertrude Himmelfarb（1922－）。アメリカの歴史学者。ニューヨーク市立大学大学院名誉教授。保守派の論客として知られる。

一九六〇年代に起こった腐敗の結果として非難している。

しかしそれとは異なるが、比較的反論が少ない見解もある。サンドブルック（Sandbrook 2006）はあらゆる騒動の本質は何であるのかを考えた。この異常な変化を認識すると、社会が未来への楽観と衰退への恐怖に引き裂かれていることがみえてくる。それはしばしばことなかれ主義、つまり高所恐怖症や落下恐怖症のせいで壁を降りられない態度につながる。他方、イギリス社会は決して引き返せない地点に達していたのだ。歴史家アーサー・マーウィック（Marwick 1998）は、いくつかの西洋諸国でこの一〇年間に関して行った厳密な調査結果をもとに、西洋社会の態度や行動に決定的な変化は生じたが、その影響は穏やかだったとしている。マーウィックは、「一九六〇年代の文化革命は実際、その後二〇世紀中続く価値観と社会的行動を確立した……。それと比肩しうるものは何も存在しなかったし、同じようなことは二度と起こらないだろう」と述べている（Marwick 1998：806）。彼は当時の保守論客のように、この時代を意気消沈した同時代人が最も危惧した革命の失敗とは見ずに、本当の変換と見なしている。そして物質条件、ライフスタイル、家族関係、「大多数の普通人の個人の自由」といった日常生活における真の革命を見て取っている（1998：15）。

「個人の自由」というキータームの利用は、これらの議論が問いかけたことを象徴する。根本から議論するまでもなく、多くのレベルで真の変化が生じたという事実はない。むしろこれら変化の道徳的、文化的、政治的な反響があったというべきなのである。「個人の自由」は、新しい個人の自由と本当の自己選択の余地を広げ、権威主義で「伝統的」価値からの人間解放を意味しているのであろうか。それとも、安定した社会における道徳条件の決定的な弱体化や、幻の「解放」への個人の幽閉を意味しているのだろうか。いずれの見方も、その中間には複雑な色合いがあるが、これ以降ことあるごとに提示されてきた。しかしシーラ・ローバサム（Rowbotham 2001：xi）が述べるように、「この二項対立は、経験の側面を当時の文脈から切り離し歪曲することによって、必然的に事実を歪める」のである。
　そうした二項対立と歪曲は、セクシュアリティに関してはつねにより深刻であった。セクシュアリティの領域は、幅広い社会の趨勢変化に敏感であったが、闘争と、最終的に和解不能な立場をめぐる重要な戦場となってきた。しかし、彼らはしばしば相互に参照しているように見えた。一方に、「性革命」の重要な側面として道徳崩壊の予兆を見る人々がいる。哲学者のロジャー・スクルートン（ローバサムと同じくベビーブーム世代であり、誕生日は同じだが、スクルートンが一歳若く、多くの価値を別にしている）は、彼が一九六〇年代後半における価値観の理不尽な崩壊と見なしたものによって、自己の世界観を決定的に変化させられた。彼は自伝で、「性解放の惨事と私たちの周囲に形成されつつあった退屈な世界を反省することで」伝統的保守主義、とくにエドマンド・バークの真理にたどり着いたと述べている。彼によれば一九六〇年代の革命は、「偏見」すなわち社会的存在に直観的に生まれる信念と思考の一連のセットを、「理性」すなわち快楽追求を優先し、「両性間の信頼を崩壊させ、生殖のプロセスを躊躇させる」ものに置き換える試みにみえた（Scruton 2005：42－4）。彼にすればその結果は、イギリス人らしさを維持させる性のピューリタニズムを致命的に弱体化させるものであった。

　　性のピューリタニズムは快楽より所有を価値として守護する試みである。実際にそれは悪にまさる善であることを、イギリス国民は知っていた。イギリス人は深刻に抑圧された。その主たる理由は、抑圧は人々が貞操、結婚、家族等を不用意に捨て去ることを防いでくれるからだ。それらのものを人は簡単に手放してしまう。人間の天性はお互いの距離を保とうとするものなのだ。（Scruton 2006：51）

それゆえ「これらの美徳を貶める言葉を教える人々を黙らせ」なければならないとスクルートンは述べてい

る（Weeks 1985：225において引用）。まったく別の政治的立場にいる他の哲学者も同様に悲観的であったし、一九六〇年代のセクシュアリティに関する言説の止めどない増殖は、安売りされた自由の非現実な性質を隠蔽すると考えていた。一九六〇年代、一時的にラディカルの象徴となったヘルベルト・マルクーゼは、性愛を通して個人を現状に縛りつける技術的合理性の危険を予見していた。快楽は服従を生み出したのだ。先進消費社会が提供する部分的または「抑圧的脱昇華」[8]は、抑圧と搾取が残っていることを示していた。人々を抑圧に結びつけるのは、性的抑制や否認ではなく、安売りされた性的自由のあり方なのである（1958＝1969, 1972＝1974）。ドイツのラディカルであるライムート・ライヒェが述べているように、「セクシュアリティは少しばかりの手綱を与えられており、それゆえにシステム維持に役立つものとなっていた。」（Reiche 1979, Weeks 1985：167－8に引用あり）

これらいくつかの立場には問題があった。表面的にはこれみよがしの政治的対立があるようにみえるが、彼らはすべて特定のセクシュアリティのモデルに依拠しているのだ。つまりセクシュアリティを、抑圧されたり解放されたりする熱風のようなものとみている。スクルートンには常識の崩壊は、性愛の本質である「無垢なるルーツ」を脅かす、多様なセクシュアリティという妖怪を開放するものにみえたのだ。マルクーゼのようなフロイト＝マルクス主義者にとって、人間の可能性を歪曲するのは、無分別な消費主義を伴う先進資本主義であった。しかし極左にとっても極右にとっても、エロスを堕落させたのは合理主義と近代文化の技術的合理性であった。ガニョンとサイモン（Gagnon and Simon 1974）らキンゼイ以後のセクシュアリティの理論研究者がセクシュアリティの「衝動還元」モデルと呼んだのは、セックスは統制不能という考え方であり、これは大衆にもエリートにも人気を博した書物の中に影を落としている。一九二三年のテキストでも、「もし拘束具を取り外せばセクシュアリティは奔馬のごとく駆け出すだろう」と書かれている（Wouters 2004：154で引用されている）。しかし一九六〇～七〇年代の大変動の産物というべき現代のセクシュアリティ理論が明確に主張しているように、セクシュアリティは社会の産物として、つまり複雑な社会関係の中で形成・組織化・規制されるものと考えるのが適切である（Foucault 1979 = 1986 : Weeks 1985, 1990, 2000）。一九六〇年代から一九九〇年代に起こったことを「解放」とか「脱昇華」、あるいは抑圧や解放のメタファーの変種として理解するのではなく、性活動が生じる関係の変化に注意する必要がある。私たちは一九六〇～九〇年代のあいだにセクシュアリティと親密性の社会関係に生じた明確な変化をたどることができる。それは次のようなものである。

・世代間力関係の変化
・男女間力関係の変化
・セックスと生殖の分離
・セックスと結婚の分離
・結婚と子育ての分離
・「正常」と「異常」の関係再定義

一九六〇年代から一九九〇年代への大転換期を通して、これらの変化は性的抑圧という伝統的なモデルを終焉させることに成功し、新しい道徳経済への道を開いた。その一つはより快楽的、実際には個人主義的で、おそらく

8　Repressive desublimation。ドイツ出身のアメリカの哲学者ヘルベルト・マルクーゼが『一次元的人間』において提示した概念。技術的合理性が進展する高度産業社会においては、反抗や対抗といった要素を内包する高度文化（二次元的文化）が清算され、社会的現実と一体化する。この状況をマルクーゼは「抑圧的脱昇華」という概念を用いて説明した。

は利己的なものだった。しかしもう一つの道徳経済はきわめて寛大かつ実験的なものであって、少し前の世代では想像もできなかった形で選択と多様性に開かれていた。

本章の後半と次章では、いくつかの主要な変化のベクトルを通じて、これらの変化を解き明かしていきたい。セクシュアリティについての社会関係のインフォーマル化と民主化。性の選択に関連する個人化のプロセス。公私関係の再バランス化。性関連疾病に関連するリスクの再検証。これらの事柄を通じて、一九六〇年代以来、われら勝ち得し世界の土台の発掘を始めることができるのである。

性関係のインフォーマル化と民主化

民主革命

ガートルード・ヒメルファーブ（Himmelfarb 1995：217－18）は一九世紀末の「性のアナキズム」とされるものと、二〇世紀後半の「性革命」に関して示唆的な比較を行った。ヒメルファーブは指摘している。「一世紀前には『進歩精神』が文化の先頭に立っていた。他方、現在ではそれが文化全体に広がっている。これこそ『性革命』の重要な論点である。すなわち民主化され、正当化された革命なのである」と。

ヒメルファーブはこのめざましい達成（およびそれが米国ネオコンの間だけでなく、転換を批判するイギリスの論者間にも多大な影響を持ってきたこと）を賞賛せず、むしろ非難するようになったが、彼女の中心的な主張の妥当性については疑問の余地がない。一九六〇年代前半から私たちは、伝統的エリートの信用喪失と、新たな経験と可能性を明確に表現するポピュラー音楽、芸術、文学、メディア、カウンター・カルチャーと新しい社会運動といった分野における新しい声の出現を観察することができる。伝統的エリートが公的な信用を喪失したのは、一九六〇年代初頭の保守政権末期を破綻させる多数のセックス・スキャンダル、特にプロヒューモ事件とヴァサル・スパイ事件によってであった。今から考えてみると、プロヒューモ事件は比較的些細なことであるように見える。しかし一九六三年、性に乱れた政治家や貴族から、若いコールガール、ソ連の大使館付き武官、友人に非公式に売春を斡旋業した整骨医に及ぶ疑惑人物のリストを含んだ、高い地位にある人々の性的狂騒が暴露されたことは、国民のエロに対する関心をひきつけた。おそらくさらに重要なのは、エリートの性関係はもはや彼らの私的関心にはとどまらないという点である。この狂騒は政治的に炎上しやすく、また衰退中の秩序が利用しやすい残滓であったように思われる（Sandbrook 2005：602‒33）。英国海軍の同性愛者にしてスパイであったジョン・ヴァサルの逮捕直前に明らかになった事実は、性的異端を国家への裏切り、すなわちバージェスとマクリーンの一九五〇年代前半のソビエト連邦への亡命とを再び結びつけることになった。この事件を取り巻くうわさやゴシップは、同性愛が社会の周縁に限定されないことを確認させるものだった。そのうわさは社会全体や全階層に浸透したが、それはある意味では全く偽善的なものであった（Weeks 1990：161‒3；Sandbrook 2005：596‒8）。これに対してビートルズが示した生身のセクシュアリティ、若い男性の長髪、一般の若者間での新しいファッションの出現、テレビでの露出、社会一般の「近代化」を支持する気運は、庶民文化、すなわち形式ばらない民主的な一連の価値の出現を示すものであった。その結果は重大なものだった。

良かれ悪しかれ数世代の間に日常生活の民主化が、特に一九六〇年代からはペースを上げて比類ない形で進行した。それはアメリカ合衆国、オーストラリアその他諸外国といった「新世界」だけでなく、旧来のヒエラルキーと直結した欧州諸国全体にみられた。もちろん旧来のヒエラルキーはつねに新しいものに取って代わられる危険がある。また莫大な富をもつが、国家へのよりどころを持たない「万物の支配者」たるグローバル・エリートの誕生は、平等主義が進展する可能性に対して新たな危険をもたらしかねない。私たちは、なにげない日常生活とプライバシーに隠された、より大きな個人的な自由の静かな恩恵よりも、一九六〇年代の流れ星をも含む、輝かしい星の数々を思い出すのである。たしかに多くの人には無数の新しい可能性が出現したが、このプロセスの重要な局面は、性の権威と知識の伝統的な起源が弱体化し、新たな声と語りが増殖したことにある。

ヒエラルキーはしぶといものであるが、それでも民主化された知識がもたらす解体効果の影響を受けないわけではない。たとえば故ダイアナ妃が、感覚的、感情教養的な関係様式という名の下に行われている英国王室のダブル・スタンダードに示した抵抗を想起するべきである（Burchill 1998 ; Campbell 1998 ; Steinberg and Kear 1999）。または女性が一般的に監禁や虐待関係から逃避しやすくなったことを思い出してみてもよい――たいていの離婚は女性が申告するのである。すべての人、つまり男女ともに求愛と性的出会いがお手軽になったのである。男性も女性もストレートもゲイもトランスジェンダーも黒人も白人も入り混じった「ビッグ・ブラザー」のようなリアリティTV番組を想起してみよう。二一世紀の社会関係は、一般的にはヒエラルキー構造が弱まっている。とりわけ親密な関係は以前よりもインフォーマルで民主的になっている。これらの変化は、ケン・プラマー（1995＝1998, 2003）が性／親密性の物語として描き出すものの急増に反映されている。とりわけ告白リアリティ番組の司会者を前に、普通の人々が自分の最も内なる願望・欲望・性行為・あやまちを、家族の最も親しい人にはできないような仕方で、何の禁忌もなく告白しているようにみえる。

ノルベルト・エリアスとその知的後継者たちは、これらの変化を、ここ数十年、全面的に展開している社会関係の幅広い「インフォーマル化」という観点から説明しようとした（Wouters 1986, 1998, 2004）。エリアスが代表作『文明化の過程』で理論化した「フォーマル化」とは、行為のコード（決まり）と行動様式が、より秩序立ったルールに基づく生の様式を維持発展させる「文明化の過程」の一側面である。それは、自己統御の文化を発展させ、衝動を統制する局面が増加し、権威主義的な善悪観と価値観の内面化に大きく依拠した抑制のかたちなのである。それは本質的には、社会発展の規律的な局面であり、野蛮さを、他者や外国人、あるいは労働者や人種上の他者に投影する。異端的な行動は、侵犯ないし非道徳的行為とみなされるのである。私たちが二〇世紀前半の抑制文化と呼んでいるものは、そのような社会的配置の一側面といえるかもしれない。この抑制文化は一九二〇年代、もしくはある程度は戦時中にいったん緩和されたり、インフォーマル化が生じて中断された。しかしインフォーマル化の爆発的衝撃は、階級や他の要因によって制約され、相対的に短期間にとどまった。

ウーターズ（Wouters 1998, 2004）によればインフォーマル化の過程、すなわち「感情管理の統御された脱統御」（2004 : 9）は、一九四〇年代から徐々に、一九六〇年代からは爆発的に西洋社会で支配的になった。とくにマナー本に反映されているような社会的な品行が権威主義的でなくなり、より幅広い大衆向けに多様化し、ますます多様な行動・感情のパタンが社会的に受容された。この核心にあるのは行動に対する自己統御が増大する傾向であり、責任意識と自己規制のプロセスであると論じられている。さらにその議論によれば、自己規制は、高度な相互依存性と社会統合を備えた社会においてのみ支配的となる。このような社会においてのみ、行動に対する厳しい束縛の緩和を許容する十全な信頼が存在しうる。

やや皮肉なことだが、ウーターズは信頼の増大によって自分の議論を組み立てている。しかしフクヤマ（Fukuyama 1995, 1999）のような保守論客は、一九六〇年代以降の時期を、伝統価値や抑制が完全に崩壊した結果として信頼が衰退した時期とみなしている。エリアスやウーターズらのような、歴史的な説明を支える心理・社会的要因に基づくある種の説明には、少なくとも議論の余地があると述べておくことも重要である。多くの点であきらかにエリアスの手法に影響を受け、心理学上の変化にも確実に関心を持っているギデンズ（Giddens 1991 = 2005, 1992 = 1995）は、日常生活の変容における他の要素、特に巨大な経済・社会変化とグローバリゼーションのインパクトのもとで生じた「脱伝統化」と「個人化」を強調する。しかしどんな検証を経たとしても、インフォーマル化の命題は生じている出来事を説明するにあたって重要である。この命題は、一連の社会関係の再バランス化を示唆しており、特に世代間、性別間の再バランス化という二つの要素が重要である。

世代間の異議申立て

ベビーブーム世代の若者は、一九五〇年代における多くの嘆き節の中心的対象であった。一九六〇年代に若者たちが成人になると、彼らの異議申立てはますます大きくなり、一連の不安とパニック、特に長髪、ロック音楽、ドラッグ、中でもセックスに対する不安が、時代のイメージを形づくり始めた。若者は本当に文化の新たな重要な意味を担っていた。一九六〇年代初頭には、一五歳～二四歳の未婚若者が一〇年前より一〇〇万人以上多く存在した。それはますますセクシュアル化する文化において、感情的・性的エネルギーに溢れた人々の一群を意味していたのである。若者たちは社会的にも新たな重要な存在であった。福祉国家によって十分に育てられた最初の世代でもある彼らは、より包括的な教育機会や、程度の差はあれど完全雇用の恩恵も受けていた。彼らは新たな豊かさ、新たな安心とチャンスの感覚を有する子どもたちであったのだ。実質賃金は一九三八年から一九五八年の間に二五％上昇したが、若者賃金の上昇割合はその二倍以上であった。労働者階級出身でグラマースクールで教育を受け、一九六〇年代初頭に大学進学した子どもたちは、全体的にはまだまだ少数派だったが、大学進学という新しい展望が開放されたことに違いはない。これら若者の可処分所得は総消費者支出のわずか約五％にすぎなかったが、ある特定の重要な領域では不釣合いなほど強大だった。それはレコード、レコード・プレーヤー、服、化粧品類等である（Weeks 1989：252－3）。

これらすべてが性行動にもたらした衝撃は複雑だった。全体的な結婚年齢は、むろん地域差はあるにせよ低下し続けた。一九四〇年代後半には男性二七歳、女性二四・五歳だったのが、一九六〇年代後半には男性二六歳、女性二三・五歳に低下した（一九七〇年代にはわずかに再上昇している）。しかしこれは、最初の性行動年齢が低下したことによる。主として豊かさのゆえに（性的）成熟に達する時期は低下し続け、婚前セックスに対するタブーが失われた。一九六〇年代初頭までに初潮の平均年齢は、一世紀前の一六～一七歳と比較して、一三・五歳にまで低下した。他方、男子の成長と性的能力のピークは一七歳であり、二〇世紀初頭の二三歳と比較すると低い（ibid）。しかし同時に、若者の社会的・経済的・文化的潜在力が増すにつれて、両親に対するある種の感情依存は多くの点で強まった。これはその後も継続し、二〇世紀をまたいでさらに強まった。

第一に、これらの変化は結婚の土台を壊すどころか、結婚する人の比率、特に女性の婚姻率が高まった。一九一一年には二一歳～三九歳の既婚女性は一〇〇〇人中わずか五五二人だったが、一九三一年には五七二人になっていた。一九六一年には八〇〇人を超えるにいたった。一九六〇年代中盤には、男性の九五％、女性の九六％が四五歳までに結婚していた。またさらに多くの人々はもっと若くして結婚していた。一九二一年には二一歳以下で結婚していたのは男性五％、女性一五％だったのが、一九六八年にはこの数は三倍になった（Weeks 1989：257；Cook 2005a：263も参照）。大雑把にいえば、人々とくに女性は、おそらく以前よりも結婚してセックスする機会を持つようになった。また母親になる女性の率は高くなり、子どもを持たないカップルの比率も低下した。性的抑制の少ない文化における早婚効果は、十分に効果的な産児制限が存在しないことと相まって、出生率の大きな上昇をもたらした。戦後の出生率上昇は一九五〇年代初頭には頭打ちとなり、一九三〇年代中盤の水準、一〇〇〇人あたり約一五人で安定していた。その後一九五六年に再上昇し、一九六四年に一八・七％のピークに到達する。その後は安定的に低下した。しかし一九六〇年代には人口増加が新しい不安となった。このときは移民集団の高い出生率に対する懸念が追い打ちをかけた。だが大家族への回帰を示す兆候は明確ではなかった。大家族（家族人数）の増加の大部分は、一人っ子や子どものいない状態から、（子ども二人以上の）状態への移行が原因であり、それは若年夫婦に顕著であった。また多くの場合、おそらく避妊に失敗した結果であった。さらに一〇年以内にまともな産児制限が国民保健サービスで自由に行えるようになり、出生率が過去最低水準となった。

この長期間の中でおそらく最も重要な変化は婚前交渉の件であろう。性態度と生活スタイルについての国民調査（NATSAL）は一九五〇年代と一九六〇年代初頭において、最初のセックスの年齢（中央値）の顕著な低下を示している。つまりピル使用の広がりに先立って、さらに性革命よりも早くこの事態は進行していたのである（Wellings et al. 1994 : 37－9 ; Szreter 2002 : 573）。この知見に対してクック（Cook 2005b）は反論しており、行動変化を促したのはあくまでピルであると強く主張する。もっともジェフリー・ゴア（Gorer 1955）は一九五〇年代中盤には既に、態度は実際の行動よりも遅れて変化することを示唆していたわけで、確かに表面上は人々の考えは伝統的枠組みに殆どとどまるものだった。一九六七年の成人年齢に関するラティー委員会の知見によれば、たいていの青少年は親の社会的態度に関してはほとんど変わらない。マイケル・スコーフィールドの一九六〇年代の若者の性行動にかんする研究でも、（青少年の）態度はとても保守的であることがわかっている。多くの若者は結婚を望み貞操を期待していた。約半数の男子と四分の一の女子は婚前セックスに賛成していたが、多くの男子は、もしガール・フレンドが妊娠すれば結婚しなければならないと感じていたし、処女と結婚したいとも感じていた。婚外子の割合は相対的に低いままだった。一九五〇年代中盤には出生児の五％だったが、一九六七年には八％に増加した。ただしこれはおそらく主にタイミングの変化であろう。非嫡出や婚前セックスがより若年集団に移行したのであり、それ自体が成熟が早まった結果である。性病に対する不安も強かったが、その割合も相対的には低いままであった（Schofield 1973 : Weeks 1989 : 253－4）。

この段階で変化が生じたのは、結婚や婚約に関する伝統的枠組みの内側であって、結婚自体の崩壊ではなかった。NATSAL（Wellings et al. 1994）が示すように、婚前交渉の割合は一九五〇年代から増えている。しかしとくに労働者階級の女性には、男性と結婚したがる傾向があった。戦前には既婚の若年女性は高い割合で妊娠していた。クックが主張しているように（Cook 2005a：339）、変化の先駆けとなったのは主として比較的少数の中産階級女性であり、彼女たちは性行為をし、産児制限をし、その後に必ず結婚がついてくるという考えから完全に距離をとっていた。これがセックスと結婚の分離のはじまりであり、次の数十年間の本当の変化というべき自動生殖《オートマチックリプロダクション》の端緒なのだった。

女性のセクシュアル化

女性は一九六〇年代にセクシュアル化されることが多くなったが、それはおおむね従来の慣習の範囲にとどまるものだった。女性は新しい消費産業からますます必要とされたが、最初の女性の役割は、自律した性的存在ではなく、主に主婦としてのものだった。女性たちのセクシュアリティは広告の枠組みに持ち込まれるとともに、化粧品、衣服等男性との関係という文脈のうちにあった。女性のセクシュアリティ、とくに若い女性のそれは、快楽や喜びを求める可能性という観点から再構築され、強制的な重労働と果てのない育児から解放されたのだった。性の研究者は人口全体としては女性のセクシュアリティへの態度に関してほとんど変化がないことを発見したが、戦後生まれの人々に重要な変化があったのは驚くべきことである（Weeks 1989：258）。

このなかで中心的なのは、あきらかに効果的な産児制限だった。産児制限を行なう病院の数は、一九四八年の六五から一九六一年の四〇〇へと、一五年で六倍に増加した。しかし効果的な指導を得られた女性はきわめて少数にすぎず、すでにみたように未婚女性を排除していた。一九五〇年代には既婚女性のうち、公式の産児制限を用いなかったのは約四分の一と思われる。その数字は肉体労働の労働者階級では三分の一に上昇する。妊娠中絶の数字からも同様のストーリーが描ける。一九六一年までにＮＨＳによる非常に制約された条件下で、およそ二三〇〇件の合法的な妊娠中絶がなされた。さらに妊娠中絶の法改正がなされる直前の一九六七年には、約一万件の妊娠中絶がなされた。このストーリーを完全なものにするのは、また別の数字であった。民間病院では一年におよそ一万件の妊娠中絶が実行され、また非合法、あるいは「闇」の妊娠中絶も推定一〇万件もなされていた（Weeks 1989 : 259）。二〇〇〇年代初頭、映画『ヴェラ・ドレイク』が一九五〇年代の闇の妊娠中絶の特徴というべき、ありきたり感と苦悩と偽善の交じったものを描いたとき、そういう慣習が必要だったり、それで安心できるような失われた過去の世界のことは、よく理解できないという反応があった。しかしピルが出現するまで、妊娠中絶は女性が自分で実行できる唯一の方法であった。

効果的な産児制限の需要は、あきらかに存在していた。一九六〇年代に一般的な世論はようやく産児制限をより受け入れる方向に向かっていた。一九五八年、英国国教会ランベス会議は産児制限を支持した。そして産児制限は「キリスト教徒の家庭生活における正常で重要な要素」であると宣言した（Weeks 1989 : 258）。ローマカトリック教会はそのような自由化からは距離を取り続けた。もっともローマ教皇パウロ六世が一九六八年の回勅「フマーネ・ヴィテ」［脚注：*HUMANAE VITAE* 一九六八年に当時のローマ教皇パウロ六世によって出されたカトリック教会の公的文書。産児制限に対する教会の指針を明確に示した］を出すまでは、教会は産児制限に対してどこまで柔軟であるべきかについて曖昧な態度を取り続けていた。態度はとても曖昧なものだった。しかし一九六八年以降でさえも、カトリックのカップルがその他の人々の傾向に追従している証拠が至るところにある（Fisher 2006 : 151）。態度を変化させる鍵となった要因は、とくにピルに代表される効果的で使いやすい避妊法が一般に紹介されたことであった。

ピルは女性解放の先駆けとして神話的な地位を獲得した。社会における女性の地位向上に対する態度調査についての新聞記事（二〇〇五年刊）では、「ウーマン・リブはすべてをピルに負っている」という見出しがつけられた（D. Smith 2005,『エコノミック・ジャーナル』のシルヴィア・ベツィーニの研究で報告されている）。合法的な妊娠中絶を含むまともな産児制限は、女性の機会向上と、福祉増進における公式の法的権利や雇用権よりあきらかに重視されていたのだった。ベテランのフェミニスト作家ベアトリクス・キャンベルは、「その結果は、私や他のフェミニストがいつも主張していたことを確認したにすぎないわ」と語ったと伝えられている。彼女たちは、女性が子育て期間中にいついかに妊娠するかをコントロールすることを目指して戦ってきた。それゆえ女性の産児調節の改善が、きわめて重要だったのだ。ヘラ・クックの見解によれば（Cook 2005a, 2005b）、一九六一年に最初に入手可能となったピルの使用は出生率低下の決定的要因であったが、女性が生殖プロセスを統御することが可能となり、女性の性活動と社会行動の関係を変えるのに決定的に重要だった。

女性がピルを使用したいという情熱に疑問の余地はなかった。ピルの紹介からわずか一年あまりで一五万人の女性が使用した。三年後の一九六四年、その数字はほぼ五〇万人に達した。一九六九年には二三歳の全女性のうち四八％がピルを使用していたのだった。同様に一九五〇年～五九年に生まれた女性の八〇％以上が、一九八九年にはピルを使用していた。もちろんピルにはリスクが全くないわけではない。一九七〇年代には女性への健康リスクについて幅広い議論が行われた。一九七七年には健康リスクへの不安が生じ、五〇万人がこの薬の使用をやめた（Weeks 1989：260）。しかしピルが人々に広く認知され、効果的な産児制限が全国で議論されるにつれて、他の方法の使用も増えた。一九六〇年代末には既婚の若年夫婦の圧倒的多数は効果的な産児制限を行っていた。

だが（私自身を含めて）多数の論者はピルが有する革命的意義については懐疑的である。ピルは疑いなく広範に使われているが、その使用は下層階級では減少し、イングランドの南東から北西にかけて減少するという事実にも関心が払われるようになった（Weeks 1989：260）。これまでのように社会階級と相対的貧困の度合によって、この技術革新が与える衝撃は異なる。さらにいえばピルは、若くて（経済的に）不安定な未婚女性よりも、安定している既婚女性のほうが頻用しているようだった。ピルの有効性を認めた一九八六年のギリック判決は、医者が一六歳未満の妊娠少女に避妊薬を処方することを許可したが、イギリスの一〇代の妊娠は、オランダのようなヨーロッパ諸国に比べても高率のままであり、性教育が貧困で、それが一〇代の妊娠と強く相関しているアメリカのような国の値に近くなっている。ピルや他の避妊法は相変わらずの不適切な性教育、医者の保守主義、さらに何よりも多くの男性の伝統主義を補って余りあるというわけにはいかないのだ。女性が自分の出産をさらに統制できるようになると、多くの男性とくに労働者階級の男性は、それまでの男性による産児調整ができなくなるという抵抗感が生まれて不安になる（Fisher 2006：242）。とりわけ人口が明瞭に成長する時期に、国民健康サービスがピルを広範に頒布したことを、女性の社会的統制がいまだに継続している証左とみなす誘惑に抗することはかなり難しい（Weeks 1989：259－60）。

しかし距離を取ることはバランスのとれた展望を生み出す。四〇年間を通史的に眺めてみると、より効果的で女性が主に利用する避妊法が幅広く使われるようになったことが、幅広い社会変化という背景のもとで決定的な影響を及ぼしたことはあきらかである。クックにとって（Cook 2005a：339）、一九六〇年代後半以降の変化は主として文化的なものではなく、「妊娠出産が統御不可能なリスクから、自由選択の結果へと転換」したことを意味しており、この点でピルは物質的に重要だったのである。ピルがそれほどに魅力的なのは、それが女性の産児制限の手段であるだけでなく（他にも様々な方法がある）、それ以前の手段を使う際の羞恥心を持たずに使用することが容易だったからであり、またジェンダー秩序に根本的に異議申立てるものではないからであった。ピルは複雑な話し合いを必要としないし、男性の羞恥心や抵抗を引き起こす可能性も低かった。また男女の実際の性実践に異議を呈するものでもなかった。同時に、女性自身が性的に自由な選択を行う感覚は性文化の幅広い変化を示しており、性問題に関する女性側の積極的主張を含んでいたが、そのような転換なしには、女性自身が使うもっとましな避妊手段がどれほど効果的であったかを理解するのは難しい（Fisher 2006：239－40）。一九六〇～九〇年代、男女関係が再度バランスを保つようになった背景には、女性が性に関する新たな自信を獲得していたことがある。それまではより効果的な避妊は万全とはいえないにせよ、不可欠なものだったのである。

つながりの破壊：生殖なきセックス、結婚なきセックス

ピルはセクシュアリティと社会の関係の最も重要な変化を象徴していた。クックが議論するように、「イギリスにおける支配的な性文化は異性愛であった。ピルが使用されることで、この文化に大きな変化が起こったのである」。それは女性の地位については顕著であった（Cook 2005a：281）。すべての女性が異性間セックスをするわけではないが、異性間セックスでは女性が一〇〇％関係しているのである。第一に、女性の効果的な産児制限は性行動と生殖の関係を切り離し、それゆえ純粋に快楽の観点からセックスをみた性関係と結婚とを引き離し、経済・文化的関係からセックスを切り離した。このことがもたらした長期的影響は、結婚と性行動の関係を弱くしたことであった。時間が経つにつれ徐々に結婚は、承認された尊敬に値するセクシュアリティの特権的な入口ではなくなった。そして結婚は社会を防衛する鍵となる社会装置ではなく、コミットメントの象徴的な承認を意味するようになった。

既婚女性と未婚女性の境界はますます不明瞭になった。独身女性は、いまや長期的なコミットメントがなくても性に活発だし、既婚女性は、自発的に子どもを持たないままだ（Cook 2005b：123）。結婚、関係性、子育ても潜在的には分離できるものであった。

しかし、たいていの異性愛者はそれでも結婚する。また大多数は子もちである。もっともここにも重要な変化があった。一九六〇年代後半からの家族規模の縮小、ならびに出産期間の相対的短縮化のプロセスは、伝統的な

婚姻関係が、もはや妊娠の恐怖に支配されることなく、以前よりも子育てに集中できるということを意味していた。これは家族関係に広く認められる変化にも適合していた。ヤングとウィルモット（Young & Willmott 1970）によれば、一九五〇年代に支持されていた友愛結婚のモデルが、「対称な関係性」とヤングとウィルモットが述べるものへと洗練されたのだった。それは「異性だが相似な」パートナーから出来ており、この新しいモデルは、特権的な階級に起源を持ちつつも今では下層にも広まっている（Young and Willmott 1973：32－3）。この「対称家族」には主として三つの特徴がある。①夫婦と子どもたちは家族をより重視していること、②核家族的性質が、かつてよりも目立っていること、③「性別役割が、分離されなくなった」ことである（ibid：27－30）。もっともこれは理念型であり、現実はもっと複雑だった。まずフェミニストが批判するように、家族が平等からは程遠い状態であることがすぐに指摘された。しかし今から考えてみると重要なのは、夫婦関係が規範的な（normative）ものになったことであった。一九七〇年代以降、カップルは結婚した夫婦の関係である必要はなく、子どもを持つ必要さえも必ずしも感じていなかった。同棲はますます結婚の前段階、あるいは一九九〇年代にはオルタナティブな選択肢となったのだ。

これらの変化が文化全体に浸透するには多年を費やした。それらの衝撃は画一的なものではなく、多様化する文化発展、また大規模な移民のイギリス移入の結果として、他のパタンでも確認しうる。たとえば大家族、お見合い結婚、性の異端に対するタブー等がそうだ。この転換期にすべてが変化したわけではないが、変化の一般的な方向性は間違いなく存在していたし、個人の生活にも衝撃を与えていたであろう。ウーターズが主張するように（Wouters 1998：189）、「試行錯誤」のプロセスが多くの人々の間で進行していた。すなわち世代、男女、生殖と性の快楽、セックスと関係性、セックスと子育てといったものの適切なバランスを見つける「集合的な学習プロセス」である。ノルベルト・エリアスが「快楽経済」と呼んだ日常活動、またはウーターズがややロマンを欠いた表現で言い換えた言葉では「欲望のバランス」を再形成するにあたって、男女は新しい問題を自問自答しなければならなくなった。すなわち「いつ、どのような種類の関係（性）が、（ある種の）エロティシズムとセクシュアリティとして許容され、欲望されるのか」という問いである（Wouters 1998：198：強調は原著）。これらの問いへの回答をみつけるためには、何百万通りもの異なる方法があり、人々は古色蒼然たる確実さを融解させつつも、伝統的ライフコースを非制度化し、再構築し、親密生活の民主化に向かって動いているのである。

自律、主体性、アイデンティティ：個人化のプロセス

自律

民主化は永続的なプロセスであり、男と女、国家と個人、異性愛秩序と同性愛の関係における戦略的変化だけでなく、局地的な戦いを含んでいる。そのプロセスの核心には伝統的権威という資源の衰退が存在しており、自身の生についてのコントロール、自己決定感がますます強まっており、これを達成しようとするのである。同様に、民主化は個人の自律と主体性と個人的・集合的なアイデンティティとの複雑な関係を解決することを含んでいる。

これらの問題は新しいものではない。一九四〇年代にすでにマス社が、規範変化が個人の自己決定に与える影響に関心を有していた。もし伝統的な権威や宗教を基盤とする道徳における信仰が徐々に溶融していくとしたら、どこで善悪や正邪を判別すべきなのかという中核的なジレンマが存在していた。実際にウルフェンデン報告が提起した論争は、唯一の回答を見出しうる場所はどこなのかを体系的に論じていた。それは自分自身を発見するという文脈の下で同意を見出す個人であり、何が許容できて何が許容できないかをプラグマティックに決定す

る個人である。換言すれば論争と実践の成りゆきは、倫理的個人主義の十分な受容へと向かっている。これは、一九六〇年代に始まり一九八〇年代以降にきわめて明確になった幅広い転換と一致していた。つまり経済から福祉まで、社会生活におけるあらゆる側面で加速する個人主義である。個人主義という形態は、長らくイギリスの日常生活を構成する際の中心であり続けた。すなわち『われら失いし世界』におけるラスレット（Laslett 1965 = 1986）や、家族の相互作用に関する多くの社会学的説明（Finch and Mason 1993 : Lewis 2001を参照）によって確認された点であり、それらの研究は、個人主義が他者への責任と両立しうることを強調している――実際にある意味では、個人主義は必要条件ですらある。次章では、この点について詳細に議論したい。しかしこの転換の間に明確になったのは、セクシュアリティと私生活に関連するあらゆる物事との関係において、個人の自律の重要性が新たに強調されるようになったことである。

これらのことを、「個人化」として知られるようになった背景から観察してみることも重要である。個人化に関する理論家として著名なベック夫妻にとって個人化は、個人主義が社会構造の中心的側面として制度化されている社会的なプロセスである。ゆえに市民の政治的・社会的基本権から労働と教育のパタンに至る近代社会の諸制度は、集団ではなく個人向けに調整されており、家族生活にも大きな影響を与えている（たとえばBeck and Beck-Gernsheim 1995を参照）。個人化は単純にいって、後期近代社会が組織化される方法である。そしてそれは一九七〇年代以降の先進工業社会が大きくリストラクチャリング（構造調整）された結果である。制度化された個人主義は、アメリカとイギリスにおいて一九八〇年代のイデオロギー的な接着剤となった自由市場の下での個人主義という新自由主義（ネオ・リベラル）の概念とは区別されなければならない。制度化された個人主義は、個人が古い社会構造から脱埋め込み（離脱）するのを望ましいとは考えないし、また他人よりも自己を優先して追求することを美化もしない。逆に制度化された個人主義は、現代社会の新しい形が実際にどのようなものであるのかを認識しようと試みている。制度化された個人主義はベック夫妻（Beck and Beck-Gernsheim 2002：xxiii）が「協調的個人主義（cooperative individualism）」と呼ぶものと両立しないわけではない。たしかに協調的個人主義が達成される可能性は広がっている。しかし現在作動している大きなプロセスを十分理解していることが必要条件である。

一九六〇年代と一九七〇年代には、幅広い転換がまだ己の姿を明確に現したわけではなかった。しかし性的自由に関する言説の重要性が増したことで、発展する文化要素の中心となった。この核心には再び女性の地位があった。女性の性的自律についての問いは長い間議論され続けてきたが、二〇世紀初頭までは殆どリスクと保護という図式の中で考えられてきた。第一次世界大戦に至る数年間のうちに、ステラ・ブラウンのような性的ラディカル・フェミニストと『フリー・ウーマン』誌が奮闘したにもかかわらず、女性の性的自律と快楽についての肯定的な言説が初めて出現したのは戦間期であり、一九四〇年代後半と一九五〇年代になるまで、その言説は限定的にしか流通しなかった（Lewis 1982：Weeks 1989：160－7：Bland 2001：Szreter 2002：567－73）。前章で見たように、たいていの女性の個人的願望は圧倒的に家族のニーズから形作られ、またそれと一致するものであった。家族と個人の生存は互いに身を寄せ合う家族に依拠していた。福祉国家が提供したセーフティ・ネットの導入は相対的なリスクを減少させ、仮に女性がさらに望むならば他の可能性も拡がった。一九四〇年代以降、女性の再生産労働は実質的に大きく減少し、特に一九六〇年代後半からの劇的な減少は新しい可能性を切り開いた。パット・セインによれば一九五〇年代後半から一九六〇年代に成長した娘たちは、「自分自身の人生をコントロールできることについて、彼女たちの母親よりも自信に満ちた希望」を持っていた（Thane 1999：131：また Heron 1985 も参照）。キャロライン・スティードマン（Steedman 1986：122）は、一九五〇年代に彼女が育った時期の福祉国家の衝撃について回顧しながら、次のように書いている。

もしオレンジジュースとミルクと夕食が、密かに私は生きる権利を持っていて、生きるに価するということを伝えてくれなければ、現在の私はまったく異なる人間であったと思う。この時期に私が得たのは、私には（常になにがしか困難はあるにしても）生きる権利を持っているという信念である。

女性は家族に対するコミットメントの中、とりわけ階級の文脈の中で定義され続けてきた。しかし何かが変わったのである。女性の性的服従は確実に弱まっており、生殖の権利だけでなく女性が性的自由を目指す権利主張が生まれてきたのである。この一部は、関係性を転換した幅広い構造変化と関連している。たとえば家族の弱体化、家父長制権威の衰退、女性の労働市場への包摂の増大、子育ての条件転換、女性に社会における大きな購買力を付与した消費革命等である。もちろんその中には選択肢の少ないパタンが含まれてはいる。しかしこれらすべてが重要なのである。もっともこのような構造要因を強調するにあたり、個人と集合の主体性をあまりに安易に軽くみてしまいかねない。スティードマンと同じく多くの人は、その時「生きる権利を持っている」と考えていた。たとえ経済・文化的要因によってあきらかに束縛されていたとしても、選択の余地が開かれつつあった。社会移動は増えつつあったが、たいていの女性は愛とセックス（の対象）を自分の社会環境の中で見つけた。しかし同時に女性の自由を制限する法的枠組みが変化しつつあった。一九六〇年代半ばから一九七〇年代後半にかけて、女性に対する国家と共同体の支配はかつてないほど後退していた。避妊の自由、中絶に甘い法律、離婚のしやすさ、平等賃金、性差別の規制等。女性はこれまで以上に個性を主張し、自分の人生語りを再形成する自由を得つつあったのである。

女性の主体性は増大し、他の変化にとっても鍵となった。第一に、女性の主体性は男女の関係性を変化させ、すでに議論した再バランス化にとって重要であった。しかし異性愛の関係性を再形成するにあたり、女性の主体性は非異性愛的関係性も含めて、新しい可能性をも開いたのであった。もっとも一九六〇年代には、同性愛はせいぜい不幸な条件にすぎないという前提のもとで抑制され続けていた。エリザベス・ウィルソンが、主にリベラルなインテリについて話すときに思い出したのは、次のことであった。「そのときは、これこそが寛容な社会における私たちの居場所でした。つまり自分の性的アイデンティティが他者から批判されると感じる必要もなく、私たちを『受け入れる』ことによって、友人たちに解放感と進歩感を感じさせてくれた居場所なのです。」(Wilson 1974 : 114)。しかし寛容化する文化のすき間では、ロンドンやブライトンのような場所での明白なレズビアン・サブカルチャーが、アイデンティティとコミュニティを話し合い、協議する空間を作り出していた(Brighton Ourstory Project 1992 ; Gardiner 2003 ; Jennings 2004, 2006)。しかしさらに有望だったのは、ヴィルヘルム・ライヒや直接的にはアメリカのフェミニスト、ケイト・ミレット以後、「性の政治」として知られるようになったものを再生させることだった(Weeks 1985を参照)。ここでは従来の政治が無視していた主体性の領域が存在した。そしてジェンダー/セクシュアリティの結びつきに関連し、主体性の意味を変容させる二つの運動が出現し、新しい可能性が劇的に展開していった。すなわち女性解放運動とゲイ解放運動である。

主体性と社会変動

二一世紀の視点からすれば、重要なのは「(社会)運動」ではなく、個人のエンパワーメントという不定形な感覚である。新世紀のライフスタイルの中で、ポスト・フェミニストやポスト・ゲイを自称する人にとって改善(improvements)は、解放を求める主張(emancipatory claims)よりも自分たちに関わりが深いと思えるのだろう(Waiter 1999における議論を参照)。

しかしシーガルが印象的に主張しているように、「全盛期の女性解放は、社会変容の理論と実践であった」のであり、「あらゆる場所における女性の影響力と自己決定力を増やす」ことを、（同じように）目標にしていたのである（Segal 1999：15, 27）。また初期のゲイ解放運動は、少なくともイギリスでは急進的左派と幅広く連携した他の解放運動と密接に関連しており、性的自由を達成するには根本的な変化が必要だと主張していた（Weeks 1990：185－206；Power 1995）。新しい性の（社会）運動は、個人の自律を妨げる構造要因と、どのような権力、すなわち支配／従属関係と他者化が蔓延しているかに関心を払っていた。第二波フェミニズムとゲイ解放運動のいずれにとっても、「家族」は本質的・象徴的不平等を促成栽培する場所とされたのである（Barrett and McIntosh 1982 を参照）。新しい運動は、この不平等に挑みかかる集合的な主体性の一形態であった。それは女性にとって男性的／家父長的／異性愛（差別）主義的（その語は多様であるが）な権力構造に対する根本的な異議申立てを意味していた。異性愛者と同性愛者という二分法の終焉もまた大きな異議申立てであった。明確なマイノリティとして「同性愛の終焉」を待望することは、「異性愛の終焉」を規範的な理想として要請することになった（Altman 1993）。

それら二つの運動はまずアメリカで発生し、女性運動の場合は一九六九年までに、ゲイ解放運動の場合は一九七〇年までにイギリスでも起こるようになった。それぞれの場合において第一波フェミニズムではもっと有名な先駆者がいたが、一九世紀後半以来、性的なものを改革する組織は小規模で、しばしば秘密の形態をとっていた。二つの潮流はときに複雑に、また不安定に絡まりあっていた。当時の言説においてはハヴロック・エリスのような先導的なセクシュアリティの理論家や、エドワード・カーペンターのようなセクシュアリティのラディカルな運動家は、同性愛者の権利、古風な離婚法の改革、産児制限を求めただけでなく、女性解放の強固な提唱者であった。他のフェミニストは参政権改革のような、より喫緊の変化を遅らせるという懸念をもち、ラディカルな性革命に密接に関係しすぎるのを警戒した。しかし他のフェミニストは男性のダブル・スタンダードを攻撃することに集中していた。というのもそれは、法制化という意図せざる結果を伴うことが多いからである（Weeks 1989：160–75；Bland 2001）。最も有名なものは一八八五年の修正刑法であるが、そこでは（男女の）ダブル・スタンダードを攻撃する運動が頂点に達した。しかしだからといって道徳フェミニストや娘の性的搾取に反対する労働者階級の運動家や大衆紙が容易に団結したわけではない。この刑法は少女の性交同意年齢を一三歳から一六歳に上げ、売春宿を摘発することで少女を保護しようとしたが、それだけにとどまらず、場の公私を問わず、男性のあらゆる同性愛的行動活動を犯罪化することにつながったのだった（Weeks 1990：102；Waites 2005a）。

他方、産児制限の運動家はフェミニズムを軽視していた。マリー・ストープスは、女性を望まぬ妊娠という苦難から解放し、フェミニズムを回避して性の快楽を保守的な家族道徳の中に求めることを心から支持していた。しかしその気持ちを慎重に隠していた（Weeks 1989：188–9）。皮肉なことだが、これは女性運動の全体的な動向と合致していた。初期の女性運動は一八六〇年代以降、女性参政権と権利平等を推し進めてきた。女性運動は、それほど顕在的なものではなかったが、それでも戦間期の女性組織にまで影響を与え、とくにより良い出産・保育施設、家族手当の支援を強く求めた人々に与えた影響は大きかった（Lewis 1980）。全体的にそこでの性の政治は道徳的には保守的であり、性的快楽に対する女性の権利を主張するより、ダブル・スタンダードと性的搾取から女性を保護することに関心をもっていた（Bland 2001）。それは性別分業に根本的に異議を申し立てるものではなかった。しかしこの形態の中から、男性の野蛮さに対する女性の抵抗を継続する流れが生まれ、効果的な産児制限が存在しない中、性抑制の文化を構築する重要な要素となったのである。レズビアニズムはフェミニストのサークル内で、秘かな底流となっていたかもしれない。しかし女性のアクティビズムにおける主流の役割を担うことはなかった。しかし一九六〇年代初頭に、ラディカルな新世代の女性が刺激的な左派と草の根的な政治を比較したとき、フェミニズムが不当にも保守勢力のように見えたとしても不思議ではない（Rowbotham 2001）。同性愛の政治の場合、大衆を巻き込んだ政治の歴史はなかったが、その代わり慎重かつプラグマティックな圧力団体、同性愛法改正協会（Homosexual Law Reform Society）が特にウルフェンデン報告を支持する運動として一九五八年に創立された（Weeks 1990：128－43, 168－72）。

主体性：女性運動

しかしベック（Beck 1994）が「サブ政治」の世界と呼んだものの水面下には大きな動乱の予兆があり、それは一九六〇年代後半以降の新しいラディカリズムの中で爆発したのだった。そのエネルギーの一部、またレトリックの大部分は、「異性愛社会」に抵抗し、そして快楽主義の新しい時代と（社会の）慣習への反抗を宣言したカウンター・カルチャーに由来していた。新しい活動家の政治的履歴は、CND〔訳注：核武装反対運動（Campaign for Nuclear Disarmament）〕、学生政治、市民権、反アパルトヘイト運動の中に存在していた。若い女性たちが明瞭で新しい哲学と政治の断片を徐々にまとめていった。シーラ・ローバサムは、シモーヌ・ド・ボーヴォワールの『第二の性』、あるいはジュリエット・グレコ「わたしはわたしよ」、エディット・ピアフ「わたしは決して悔やまない（水に流して）」、ベッシー・スミスの素朴なブルースといった音楽からアド・ホックに刺激を受けた、ヘレン・ガーリー・ブラウンのベストセラー『セックスと独身女性』の軽薄なシニシズムにだまされるほどロマンティックではなかった（Rowbotham 2001：10）。新しい女性の主張の本質はまだ定まっていなかったが、これらを統合する要因は、一九六〇年代がもたらした約束と多くの女性の現実生活が矛盾するという意識であった。たとえば労働者階級の女性は低賃金と労働市場における男性の保守主義に直面していた。志ある中産階級女性、とりわけ進歩的組織を志望していた人々は、男性の無関心や明らかな敵意に失望していた。

リン・シーガルが、以下のように鋭く指摘している。

私は一九六〇年代の多くの学生活動家のうちの一人で、次のようなことを発見したのであった。つまり突然、ベトナム戦争の悪に反対する「兄弟」とともに活動したあと、一九六八年に学生を支援するためにそこにいたあと、労働組合が戦っていた時代に闘争する労働者を支持したあと、そして結局は自分たちが六〇年代の性解放の中でトレンディーな女の子（hip chicks）であるとわかったあと……これらのすべての出来事のあとに、地下出版での粗暴なセクシストのピンナップとポルノを読んでいる「同志」のセクシズムに直面して、多くの女性は自身をさらに解放する必要があるとわかったのだ。それこそが女性解放の誕生だった。私たちは、踊るように自己解放に入っていった。振り返る者は、誰もいないのである。（Segal 2006 : 18）

これは名称を発見する、すなわち新しく認知したものを分節化することを通じて、異なる言語を発見するという問題系の一部であった。ローバサムはこの事情を何度も活写している。彼女は次のように述べる。

私たちのような若い女性の多くが世界中で直面していた、混乱につぐ混乱と、（若い女性と男性の間の）前提の不一致。女性という状態において、私たちの母親たちが敷いたパタンに従わないと決定したならば、私たちは異なる方法で男性に関わりたかった。しかし、これがどのようなことであるかについての前提は、受け入れられなかったのである。（Rowbotham 2001 : 10）

結果的に一緒くたになる異質な要素は、初期の刊行物に象徴されているかもしれない。一方には、ジャーメイン・グリアの『去勢された女性』（一九七〇）のラディカルな個人主義があった。つまり、母性をはじめは女性の罠と捉えていたが、やがて母性の必要性を説く強烈な支持者となったり、性快楽を熱烈に擁護したあと独身主義の支持者になったりと、さまざまに変転するこの作家の異常な旅の始まりであった。他方では、フェミニズムと新しい政治との関係（Rowbotham 1973）、またはマルクス主義とフェミニズムとの関係（Mitchell 1973）のつながりの模索、個人経験の大量の噴出のはじまり、あるいは新しいフェミニズムの物語があった（e.g. Wandor 1972 ; Feminist Anthology Collective 1981 ; Wilson 1982 ; Rowbotham 2001）。

しかしこの新しい意識は目眩《めくるめ》く希望を与え、多くの人生を真の意味で再形成したが、同時に混乱と軋轢も引き起こしたのだった。エリザベス・ウィルソンの初めての小説である『ガラスの刑務所』（一九八六）はこの事情をよく捉えている。彼女は、若い女性のグループに対する女性解放運動の影響を探っている。中心人物であるクリスタルは、一九六〇年代の熱気の中で解放されたと感じているが、女性運動に出会ってはじめて、それまでに体験した自由主義の限界を認識する。彼女は新しい運動のあかるい見通しを最大限経験するが、やがて「ガラスの刑務所」を壊すのが難しいことを知る。一九七〇年代から一九八〇年代にかけてクリスタルと友人たちは、いかに変化が難しいのかを知るのである。選択の自由を渇望しても逆に罪悪感、自己批判、疎外感に苛まれ、多くの希望や夢が壊れてしまう。新しいタイプの性経験は、快楽だけでなく苦痛をも与える。時間が経つにつれ、より厳しい社会的・政治的風潮のもとで、当初はあった解決への望みが消えてしまうのである。

彼女たちが言葉と行動に表そうとしたのは、中心的なジレンマだった。教育、職場、性的自由等の点では新しい場所やチャンスがかつてないほど女性に開かれていた。しかしそれは、根本的にはジェンダー／性秩序に異議を申し立てるものではなく、むしろ多くの場合それを追認した。たとえば自律が称賛されていても、女性のセクシュアリティは商業化・矮小化されることが多かった。最も共感的な男性でも、必要があれば女性を欲求の罠にはめたが、他方、女性のケア責任は変化に対して柔軟であった。異性愛者のヘゲモニーが異議を受けることはなく、レズビアニズムは過小評価されたままであった。結局、女性についての言祝ぐべきあらゆる進歩がみられたにもかかわらず、女性たちは従属し続けたのであった。それは主として頑迷な男性社会の構造が原因であったが、ときには女性自身の内側に深く埋め込まれた変化に対する抵抗によるものもあった。すなわち後にロザリンド・カワード（Coward 1992）が女性の「裏切りの心」と呼んだ、意識的にせよ無意識にせよ、男性の権威・権力と女性を結びつける無数の束縛である。新しい運動の初期の要求は、革命のレトリックに依拠していたが、表向きは控えめなリストの中ですべての女性に共通する課題をまとめようとするものだった。すなわち同一賃金、完全な法的自由、無償の二四時間託児所の供給、産児制限と中絶への必要に応じた自由な利用、さらに性的自律とレズビアン抑圧の終焉等である（Wandor 1972：2；最後の要求はのちに追加された）。のちに異性愛主義や家父長制度のような概念を紹介する分析やレトリックは不足していたが、これらの基本的な要求は原則的に女性の自律と主体性（agency）を制限する構造的不平等に対する重要な異議申立てであった。四〇年以上たった今でも要求の多くは未解決である。つまり多くの側面で本当に進歩がみられたが、完全には果たされていないということなのである。結局のところその要求は控えめなものではなかったのである。

当初から基本的な要求が明確に示されていたように、セクシュアリティの問題提起は新しいフェミニズムの核心にあった。女性のセクシュアリティ従属は、女性の不平等における中心的な問題と見られていた。ベアトリックス・キャンベルが一九七二年に次のように書いている。「私たちは仰向けになって、イングランドについて考えていたものだ。今では、仰向けになって天国のことを考えている……『それが、きみが経験する最も美しいことなのだ』と、私の先生の一人は、そう言った。確かにそれを経験した。経験したというより、経験させられたのである」(Campbell in Allen et al. 1974 : 101)。したがって「私たちがセクシュアリティを取り戻すとき、私たちが女性として持つ信念を取り戻すことになるのである」(Hamblin 1974 : 96)。産児制限、中絶、レズビアニズム、性的抑圧、男性との関係、性暴力への抵抗、毎年のミス・ワールドのイベントに見られるあからさまなセクシズムへの異議申立て。これらすべてが、誰が女性の身体をコントロールすべきかという、自律についての問いを提起した。よく知られているスローガンはいう。「教会でもなく、国家でもない、まさに女性こそが自分の運命をコントロールしなければならない」のである。

しかし、言うは易し行うは難し、とはよくいったものだ。セクシュアリティは女性解放闘争を統一させる要素ではなく、むしろ分断させる論点なのだ。その一部は、女性の自由と安全、選択と安全、そして快楽と危険の間に存在するジレンマであり、これが第一波フェミニズムの中心的課題だった(Vance 1984とSnitow et al 1984所収の論文を参照)。快楽さえも危険とリスクを伴っていたのである。つまり望まない妊娠、潜在的な病気、感情的なつながりを通じた男性への従属といった危険とリスクである。しかし多くの人にとって女性の状況を定義づけるのは危険であった。女性に対する局所的暴力の危険、とりわけポルノグラフィの暴力、より拡げていえば異性愛が抱える危険である。こうした快楽と危険の緊張関係は一九八〇年代初頭のアメリカの運動ではとくに破壊的な意味をもったし、イギリスの運動に対しても劇的な影響を与えた。さらに最終的には運動としての女性解放の影響を破壊するような決定的分裂をもたらしたのである。一九七〇年代末には女性解放の主な路線は、女性共通のニーズを強調し、ジェンダー不平等と社会・文化的従属を終わらせる戦いから、男女の差異の発見、さらには人種、エスニシティ、セクシュアリティに基づく女性内部の差異の発見に向かっていたのである(Segal 1999 : 5)。ある意味でこれは歓迎すべき展開であった。なぜなら女性の経験の異質性やエスニシティと人種に基づく多様性を強調していたからである。フェミニスト言説における家族の理論的批判は一九八〇年代までは広く見られたが、人種差別に抵抗する黒人家族の役割を無視している点に光があてられた（Mirza 1997を参照）。さらに黒人フェミニストは、欧米フェミニズムに大きな限界を見出していた。それは「黒人と労働者階級という『シスター』をしばしば犠牲にして、白人中産階級女性の物質的な状況改善に貢献した」のである（Amos et al. 1984 : Amos and Parma 1984 : Knowles and Mercer 1992 : Segal 1999 : 23）。この人種的・階級的差異の召還（喚起）は、フェミニズム統一の困難を示唆していた。女性は自然に共通の利益を持つわけではなく、異なった歴史、権力・権威との関係の違い、エロスへの異なった関係の中に位置づけられていた。フェミニズムはもはやすべての女性のための思想とは容易にはいえなくなったのである。むしろフェミニズムは差異と多様性から構築されるプロジェクト（投企）となった。しかしシーガル（Segal 1999）が「差異の誘惑」と呼んだものは、存在の複数性を安易に認めることではなく、セクシュアリティを主戦場とする絶対主義的な立ち位置につながっていった。

その分裂の核心には、ジェンダーとセクシュアリティの関係についての根本的な対立と、エロス（the erotic）をめぐる権力関係の可変性という問題があった。ますます強力で原理主義的な傾向をもつ文化的ラディカルや革命的フェミニストにとって、セックスは女性抑圧の究極的な中心であった。アメリカで文化的に影響力のあるフェミニスト、キャサリン・マッキノン（Segal 1999 : 46に引用あり）によれば、ジェンダーは感情的な支配／服従を通じて自己を強化する。「両性間の社会関係は、男性が支配的で、女性が服従しなければならないように組織化されている。こうした関係がセクシュアルであり、事実上のセックスなのである」。こういう哲学は反ポルノキャンペーンの活動家アンドレア・ドウォーキン（Dworkin 1981, 1989）のきわめて感情的な文章に支えられたものだった。彼女の情熱的な文章は、ポルノグラフィ的出会いのもつ凶悪なリズムと交響しあっており、それはまずイギリスに驚異的なインパクトを与えた。その後、感情的な脅迫を拒絶する、ニュアンスに富んだ繊細かつ強力な分析を生み出したのであった（たとえばRodgerson and Wilson 1991；Segal and McIntosh 1992所収の論文を参照）。同様に、きわめて感情的なレトリックの政治学は、政治的レズビアンの流行を生み出した。革命的なフェミニストにとってレズビアニズムは、もはや単に歴史的に否定されてきた性的選好とアイデンティティではなかったのだ。レズビアニズムは、女性の本質とでもいうべきものとされ、ヘゲモニーを握っていた異性愛家父長制度に抵抗するのに不可欠な形態だった。そのうちにレズビアニズムは脱セクシュアル化（desexualize）し、異性愛者（と、その他の）フェミニズムは、諸悪の根源とされたのであった（以前の言及としてはJeffreys 1993を参照）。セクシュアリティと権力が相互に密接に結びついているという認識は、あらゆるフェミニズムに共通していた。しかし多くのフェミニストにとって、これらのますます白熱した論争で問題になっていたのは、女性抑圧についての一次元的な分析を拒絶することであり、その一次元的分析は、女性が男性の性の犠牲になるという、あらゆる服従を減らすことを目指した。その代替案となったのは女性のセクシュアリティの多様性を認めることであり、そこには異性愛を選択したうえでの独身主義からレズビアニズム、さらには男っぽい女の関係、サド・マゾヒズム（s／m）までが含まれる。女性のセクシュアリティは、選択とアイデンティティの領域たりえたのである。

しかしこの論争には、おそらく二つの重要な利得があった。第一に、女性を絡めとる複雑な権力の絡まり合いに対する意識が高まったことであった。権力はジェンダー化していた。この主たる側面が、女性に対する暴力であった。その暴力は、セックスが原因となるだけでなく、男性らしさ／女性らしさを形成する多数の複雑な権力の一部として理解する必要がある。この議論に疑問を呈するフェミニストはほとんどいなかったが、暴力の意味に対しては異議が唱えられた（Wilson 1983）。同時に、異性愛制度についての洗練された分析が登場しはじめた。「強制的異性愛」という考えが、アドリエンヌ・リッチ（Rich 1984）によって一九八〇年代初頭に提唱された。そしてあらゆる女性を結びつけるレズビアン連続体を強調することは、政治的レズビアニズムに対しても大きな影響を与えたのである。しかしそれはさらに大きな構造的問題を示唆していた。異性愛は、多元的世界における多くの選択肢の中で、単にありうる選択肢のひとつというわけではなかったのだ。それはヘゲモニー（覇権）を有する形態であって、すべての主要な文化・社会的組織に制度化されていたのである。のちに多様に描写された「ヘテロセクシュアル・マトリックス」、「ヘテロセクシュアル・パノラマ」、「ヘテロセクシュアル・アサンプション」、「ヘテロノーマティヴィティ」等の分析概念は、若干その詳細を異にするが、これらの分析すべてが、異性愛／同性愛という二分法の意味を、非異性愛の存在を周縁化・従属させる西洋文化の根本的な構造的分割と捉えていたのである（Weeks et al 2001：39－43の議論を参照）。

アイデンティティ：レズビアン＆ゲイのアジェンダ

このように同性関係は、第二波フェミニズムの中で重要な問題となった。しかし非異性愛それ自体が複雑で重要な歴史を持っていた。レズビアン＆ゲイ運動は、フェミニズム内部の論争に影響されていたが、独自の中核思想を有してもいた（Weeks 1990；Adam et al. 1999a）。一九世紀以来のあらゆる同性愛の政治に関する最初の衝撃は、同性間の欲望と愛が妥当であるという主張であり、実現可能な自己とアイデンティティの形成を主張した。これは、同性愛という存在の意味を画定する最初期の試みにも観察できる定番のプロセスであり、セクソロジー（性科学）の創始者の仕事にも反映されている。同性愛を説明する理論的な試みは、単に性的異端者の生に押し付けられたものではなく、クライアントや患者、事例との歴史との対話の中で発展した。それらの多くは、同性愛を邪悪とか病気とか、そのどちらでもあると見なす文化の中で、（それに抗して）同性愛の普通さと正常性を確認しようとするものだった。クラフト・エビング、ハヴロック・エリス、マグヌス・ヒルシュフェルトらのような医者・性科学者は、文学や面接や裁判前の事例をもとに「倒錯」という考えを概念化していた。しかし基本的には自己を語る素材（対象）を用いていた（Oosterhuis 2000 が鮮明に描写しているプロセスである：Weeks 1985：61－95 も参照）。逆に性的倒錯者はこれら偉大な人物との対話の中で、自己の感覚を発展させた。一九四〇年代末のキンゼイの衝撃は、さらにドラマティックでさえあった。それは発見・再発見ではなく、法則化であり創造であり発明であった。それは経験や欲望の発明ではなく、日常生活や病院や法廷やテクストで形成されてきた意味・言説・カテゴリー・アイデンティティの発明なのである。おそらくこれは自己の意味と自己の価値を分節化するプロセスのほんの一部にすぎない。しかしそれは、一九七〇年代初頭にゲイ政治の爆発につながる長いプロセスの象徴となっている。

　ゲイ解放運動の特徴は、自己構築の個人的プロセスが現在では意識的に集合的プロセスとなり、目的がラディカルな社会運動を通じた新しい主体の様式となっているということだ。この中心にあるのは同性愛の解放という考え方である。つまりすべての人に潜在する同性愛は、同性愛抑圧というルーツを超克・異議申立てすることによってのみ達成されるというのである。（同性愛を抑圧するのは）資本主義の進展の中に深く組み込まれた標準家族と異性愛の制度的性格である（London Gay Liberation Front 1971：Altman 1993）。最も大きなスケールでいうとその目的は、同性愛と異性愛の区別を無関連化することであり、社会的カテゴリーの専制からすべての人を解放することであった。この背景にあるのは同性愛の「社会的構築」、そしてその論理的帰結として異性愛の「社会的構築」を論じる理論が現われたことであった（同性愛についてはPlummer 1975；McIntosh 1981；Weeks 1990を、異性愛についてはKatz 1995；Johnson 2004, 2005を参照）。この理論は性的アイデンティティを、あらかじめ定められた運命ではなく、歴史的枠組みの中に持ち込むのである。

「同性愛者」は「状態」や病理ではなく、社会的役割であるというマッキントッシュの優れた洞察は一九六八年に初めて提示されたが、最初はマッキントッシュ自身もそれほど重要視していなかった。なぜならそれは、法改正という重大目標から注意をそらすものであったからである（McIntosh 1981：44；Weeks 2000：69－70）。一九六〇年代には「同性愛は治療が必要な疾患である」という考えは、「異性愛／同性愛という区分は自然というより文化の産物である」という議論より、リベラルな主張に影響を与える可能性が高かった。しかし一九七〇～八〇年代の新しい社会－性的（social-sexual）運動のラディカルな文脈の中で、その考え方（同性愛の社会構築主義）は活動家・理論家が耕すに足る肥沃な土壌であることがわかった。なぜなら自明視されているセクシュアリティのカテゴリーが、実際には人間の発明であるならば、それは再発明しうるからである（Weeks 1990）。

実際、たいていの人にとってこの考えは、罪悪感のない同性間活動を祝福し、有意義なアイデンティティとコミュニティ感覚を発展させた。その二つの関係は、必ずしも単純なものではなかった。とりわけ男性にとって性的自由はとても重要であり、エイズのトラウマを経由してなお重要であった。これはある意味ではお手軽なセックスの可能性を高めるものであり、多くのレズビアンから痛烈に批判されたが、一九七〇年代のゲイ男性の中心思想でもあった（Escoffier 2003）。しかしさらに原理的にいえば、性的自由はセクシュアリティの社会関係をも問題としたのだった。たとえば強制的なカップル生活、一夫一婦制、結婚、伝統家族――これらゲイの男性と同様、レズビアンにとっても関わりの深いものだった（Weeks 1985：195－208）。若手のゲイ男性として一九七〇年代初頭のゲイ解放運動に参加したキース・バーチは、次のように回想している。「女性運動と同様にＧＬＦ（ゲイ解放フロント）は、性的な関係性や男女間の権力について疑問を提示していた。私たちは個人的関係と日常生活のふるまいを吟味し始めたのだった」（Birch 1988：53）。性的自由と異性愛を規範化する制度として知られているものへの批判は、アイデンティティの新しいかたちへと変化した（Cant and Hemmings 1988を参照）。正当なアイデンティティの承認という問題はセクシュアリティをめぐって構築されたが、セクシュアリティに還元されるものではない。その問題系は一九八〇年代に入って、より大きな帰属感によって支えられるようになり、運動の中心的な要素となった（Weeks 2000：181－93）。

コミュニティ感覚、あるいはより大きな帰属感は敬虔な願い以上のものであり、本当の意味で新しいアイデンティティ形成を可能にする前提条件であった（Weeks 1995：82－123）。しかし女性解放運動と同じく、運動の統一性とはエプスタイン（Epstein 1999：30）の幸福なフレーズを使うなら、せいぜい「便利なフィクション」にすぎなかった。最初からイギリスでもアメリカでも他の場所でも、しばしば競合し、明確に対立することもある政治的信念や実践や組織が数多く存在した。アイデンティティと差異に関する議論は、欲望の組織化に関する議論や、公共政策と私的実践に対する関心とも重なりあっていた。各国文化のもとでゲイ解放運動はローカルな特徴を持っていた。カナダではケベックの分離独立問題と重なっていた。フランスでは普遍主義という共和制の理念の問題と重なっていた。オランダでは「柱状化（pillarization）」の遺産、すなわちパラレルだが異なる生活パタンの共存によって形成されていた。アメリカのゲイ解放運動は擬似的なエスニック・アイデンティティに基づいたパタンを採用した（Epstein 1990）。南アフリカでは最終的に、差別されないという基本権に関する政治の一部となった（Adam et al.1999b 所収の論文を参照）。

イギリスのゲイ解放運動は当初、政治的左派と強い連携関係にあり、労働組合と労働運動と強く同一化していた。しかしプラマーが指摘するように、結局は政治的立場の観点からみるより、それを「変化する社会世界に埋め込まれた集合活動の領域で、人々の集合が広く重なり合っている」とみることが有意義なのである（Plummer 1999：137）。フェミニズムと同様、ゲイ解放運動は当初よりおおむね、ベビーブーム世代の大学で教育を受けたラディカルな若者から生まれたものであった。その運動は一九七〇年代全般を通して、一般の世界だけでなくレズビアン&ゲイ世界からも消え去っていった。しかしゲイ解放運動が行ったことは、大規模な同性愛のカミングアウトに文化的なコンテクストを付与することであり、新たな集合的世界における自己形成に新しく積極的な意味を与えることであった。それは同時に、最初のラディカルがもたらした意図せざる効果だった。エプスタインが、特にアメリカのことを論じながら、イギリスの反響についても触れている。「ラディカルなゲイ解放運動のアイロニーは、その最も明白な効果が、解放運動家のビジョンと正反対のアイデンティティ・コミュニティ・政治の形を発展させたこと」であると（Epstein 1999：42）。アルトマン（Altman 1993）が提示したような「同性愛の終焉」とか異性愛の終焉があったわけではない。むしろ強いレズビアン&ゲイのアイデンティティが（人々や社会に）埋め込まれたことを確認すべきであろう。さらに、他の性的アイデンティティが増殖し、そのうちのあるものは社会に受け容れられ、あるものは毛嫌いされる。たとえばジェンダーに基づくもの（レズビアン、ゲイ男性）、性欲に基づくもの（サディスト、マゾヒスト、小児性愛）、エスニシティと人種に基づくもの（黒人レズビアン&ゲイ・アイデンティティ、南アジア系、ラテン系）、信仰に基づくもの（ゲイのクリスチャン、ムスリム、ユダヤ教徒）、対象の選択に基づくもの（両性愛）、生物学的な越境に基づくもの（トランスジェンダー）等があり、その他の可能性もある。過去数世代のカミングアウトの語りは、最終的に「本当の」自分を見つけたという語りであり、それを誇らしげに示す語りであった。私は私であり、自分自身を創造しているのだと（Plummer 1995）。

しかしここには、あらゆるパラドクスが存在している。ドミナント（最も有力）な語りは、（同性愛／異性愛という）二分法のうちに自分の位置を見出すものであり、他者だけでなく自己にも秘密であった過去の真実を理解し、レズビアンやゲイとしてカミングアウトするという語りであった。ギデンズが示しているように、アイデンティティは「時間を越えた、不変のものとして作られた」のである（Giddens 1994：80＝1997：151）。カミングアウトの物語はレズビアン&ゲイ運動の最も大きな特徴であるが、他者に対して個人的に行われる場合もあれば、意識高揚《コンシャスネスレイジング》グループの中で語られる場合もあり、デモやカーニバルで行われこともある。また本、テレビ、インターネットでのカミングアウトも増えている。カミングアウトの語りは共通の物語、共通の歴史、コミュニケーションに基づくコミュニティ、帰属感を創り出し、それらは人々を時間と場所につなぎとめる。ただもちろんカミングアウトの語りは、単に個人の真実を再び説明する以上のことを示している。私たちが実際に目にしているのは、自己発明（self-invention）の物語である。セクシュアル・アイデンティティはジェンダー・アイデンティティと同じく、バトラーの用語でいえば「定型的な行為の反復」（Butler 1990：140）なのかもしれない。そうした自己の創造行為は、恣意的でも自由でもなく、構造化されたものである。それらは、ますます研ぎ澄まされた文法と言葉遣いを用いて、特定の形を取るようになる。しかし自己発明の語りはきわめて強力であった。アイデンティティは単に（一度）形成されるだけでなく、コンスタントに再形成できるという感覚や、アイデンティティは多くの人が望む以上に流動的かつ柔軟になっているという感覚が一九九〇年代に生まれ、これは明らかに、固定的で反響的なアイデンティティに根底から異議を申し立てるための拠点となった。これぞ「クィア」という場所なのであった。もしアイデンティティが恣意的なものなら、それらすべてにクエリー（疑問）を挟み、クィア化してしまえばよいではないか、というわけだ（Warner 1993, 1999）。この新しく、よりラディカルで侵犯的な立場は、アイデンティティの固定性に異議を申し立てる、主としてポスト構造主義者の広範な理論的努力とうまくかみ合うという利点があった。デニス・ライリーが一九八〇年代後半に問うていたのだが、恐怖の感情なしにジェンダーを生きることは可能なのか（Riley 1988）。またアイデンティティ・カテゴリーがもたらす拘束は、個人のニーズ・欲望の複雑さ・曖昧さについて、私たちが本当に知りたいと思うことを、本当にあまねく伝えているのだろうか、と（Butler 1990を参照）。しかし現実には「言うは易し」なのである。アイデンティティに疑問を差し挟むクィアの試みも、最終的にはアイデンティティをふたたび主張することになる。というのも、アイデンティティをもたないというアイデンティティ（non-identity identity）以外に、「クィア」というラベルにどんな意味があるのか。別の機会に私が議論したように、アイデンティティとはきわめて逆説的なものなのだ。アイデンティティは、私たちが他者と共通するもの、ならびに私たちが他者と自分を分けるもの、このどちらをも私たちに伝える。アイデンティティは、私たちにのみ関係があるようにみえるが、多くの人々と伝統も、その「私たち」を生きている。アイデンティティは、私たちが誰であり、また何であるのかに関して絶対的な基礎になるように見える。しかし歴史が明らかに示すように、アイデンティティは歴史的に変化する、偶有的なものである。アイデンティティは、「フィクション」なのである。すなわち複雑だが変化していく歴史の中で、私たちに対して語りかけ、あるいは私たち自身が語る物語なのである。それは、アイデンティティなしに私たちは生きられないという意味で、「必要なフィクション」なのである。

ギデンズ（Giddens 1994 : 80 = 1997 : 151）が主張するように、あらゆる社会において、個人的アイデンティティを維持し、それをより幅広い社会的アイデンティティと関係させることは存在論的安定（ontological security）にとって中心的な必要条件であり、とても強い感情的なアタッチメント（愛着）を産み出す。これは初期のゲイ解放の政治でも重要な要素であった。そして政治的・文化的エネルギーに火をつけ、新聞、雑誌、セックス・クラブ、信仰集団、ディスコ、専門的なセックス・ショップ、ゲイ・レストラン&ホテル、マッサージ師、ゲイの弁護士・歯医者・不動産業者等、ありとあらゆるゲイ・コミュニティ団体の巨大な成長を促した。この巨大な社会的かつ企業的空間は、一九八〇年代には西洋のあらゆる都市部で顕著なものとなり、反体制のセクシュアリティが市場経済へとますます統合されたことを意味している。しかしこの空間は、個人が生きられるアイデンティティの複数空間を育み、形成していったのだ。

振り返ると私たちは、女性解放運動とゲイ解放運動を、ギデンズ（Giddens 1991 = 2005）が「自己の再帰的プロジェクト」と呼んだものを形成する主要な力と考えることができる。そこで私たちは、いっけん自由に見えるが、複雑に交差する歴史から受け継いできた環境のもとで、人生の語りを何度も書き直しているのである。しかし（社会）運動というものは、歴史や伝統や家父長制や同性愛嫌悪や異性愛規範性といった歴史の重荷から個人を解放することに関心を持つものであったが、しかしその核心には個人の自律があるのだ。一九八〇年代に中心的だった道徳的雰囲気は、リバタリアンというより権威主義的なものであった。しかし私たちが受け継いだ遺産の一部は、一九八〇年代に一世を風靡するハイパー個人主義の中に間違いなく看取することができる。長い目で見たときにこの遺産は、セクシュアリティの本質に関するかつての確実性と、セクシュアル・アイデンティティの固定性を掘り崩したのだった。

第四章

大転換２
——規制、リスク、そして抵抗

私たちはいま、六〇年代に撒いた種を収穫しているところだ。
はやりの理論と場当たり的な寛大さが、
規律と慎みという古来よりの価値を損ねた社会の下地を作った。
（マーガレット・サッチャー、1982年。*Marwick 1998 : 4* より引用）

◎

非伝統的文化は、究極の権威を必要としていない。
私たちはますます、
多種多様な権威がいる世界に生きるようになっている。
（*Giddens 1994: 87 = 1997 : 164*）

私的な情熱と公的な政策

新しい社会運動では、公私のバランスをどう取るかという問いが切り離せない。なかでも女性解放とゲイ解放運動はおそらく、その最大の成功例だろう。新しい社会運動の論者が主張するように、新しい社会運動は市民社会の中に、そして私たちの日常生活世界の中に確固たる位置を占めている（Castells 1983＝1997, 1997；Melucci 1989＝1997）。それらの運動は、象徴的な意味で国家から、そして伝統的な労働者運動の特徴だった国家政策への関与から距離を置く。それらの運動は、少なくとも最初期は伝統的な政治活動から撤退するか、あるいはそれを拒否していた。とはいえ、それらの運動はもちろん、政治的実践とされる領域を拡張するという点でも、権力関係に関与するという基本的な点でも、高度に政治的であった。新しい社会運動が示したのは、従来の制度にその限界を突きつけるような、「サブ政治」のあり方であった（Beck 1994：20＝1997：30）[9]。しかし同時に、その運動には草の根レベルの新しい創造力も存在していた。ある意味では、この運動はニッチ（すきま）にある活動やアイデンティティに、ある種の「内なる移住」を試みたといえる。シーラ・ローバサムら（Rowbotham 2001）はこのプロセスを「予兆」、すなわちより大きな変化の訪れの暗示と見ていた。しかし振り返ってみると、それらこそがまさに変化だった。この新しい政治によって、ユートピア的な未来においてではなく、いまここで、従来とは異なる人のあり方、関係のしかたが創られていったのだ。これらはアイデンティティ、およびベック（Bech 1997）が言うところの「世界における人のあり方」を再構成する、正真正銘の「生の実験」であった。

9　現代社会は、これまでの代議制的な意思決定の制度を通り越し、市民運動や社会運動等によって個人が直接政治的意思決定に関わることができるようになる。また、科学・経済・技術も、これまでのように非政治の領域のものではありえない。現代では、科学や経済、また日常や私的なことがらも政治的な議論の対象になっている。このように政治の境界が曖昧になることで生まれる、これまでのような政治でもなく、しかし非政治でもない領域のことをベックは「サブ政治」と呼んでいる。参考：長谷川公一・浜日出夫・藤村正之・町村敬志、二〇〇七、『社会学』有斐閣：二六八－七〇。

公私の境界を越境し、曖昧にする営みが、その実験の中核を占めている。フェミニストたちの政治戦略の関心は最初から、個人を政治化し、私的な営みの重要性を公な議論の俎上に載せるところにあった。一九七〇年代前半に起きた小規模の「ブラ・バーニング運動（bra-burning）」[10]に対して、メディアはその運動が反映している現実にではなく、その運動が象徴しているものに注目していた。より重要かつ強烈なのは、意識高揚運動《コンシャスネスレイジング》を通じて、痛みを伴ったかもしれないが、自由に情報交換された女性の経験が、育児や性欲等社会問題の重要な議題になるに至ったことである。その後、私的な領域（女性にとっての願望であり、義務でもある領域）と公的な領域（男性の領域）が区別されたがゆえに女性の抑圧が歴史的に構造化されたと主張するフェミニストの理論が現れた。この区別が歴史的かつ政治的に把握されるようになったことで、公私の境界を変化させる機会が開かれた。このことはいくつかの重要な影響をもたらした。第一に政治の土台が広がった。例えば中絶は、かつて周縁的なテーマだったが、この結果として政治の中心的議題に食い込んだ初期の例である。一九七〇年以降のアメリカで中絶は進歩派と保守派の試金石となり、キリスト教右派と共和党の支持基盤を強固にもした。これとは異なりイギリスでは、この問題は常に政党を超えたものであって、政権に影響する問題ではなかった（Weeks 1985：33－9）。しかし二〇〇〇年代を迎える頃には、かつて「ソフト」とか「女性のもの」と呼ばれていた領域の問題が、政治秩序の再編成に決定的な影響を与えるようになっていた。第二の重要な影響は、パラドクスの政治を産み出したことである。そこではある問題を「公」に訴えることが、「私」的な利益獲得にとって必須となる。とりわけゲイのポリティクスにはこのことが当てはまった。「カミングアウト」という考え方は、自分のセクシュアリティの公的な正当性を訴えることで当人の私的な選択を擁護しようとするものだ。

ラディカルな運動が起きる前から、一九六〇年代後半にはすでに、性の変化に対処するため首尾一貫した法的・道徳的枠組みが用意されていた。国によって進捗のペースが異なっていたとはいえ、ほとんどの西洋諸国では一九六〇年代から一九七〇年代に、同性愛、妊娠中絶、ポルノグラフィを最低でも部分的には非犯罪化し、産児制限を推奨する等の重要な法改正が多く見られた。イギリスでは時の労働党政権（一九六四－七〇）によって制定され、改革派のロイ・ジェンキンス内務大臣が音頭をとったいわゆる「寛容な法制」[11]は、ジョン・ウルフェンデン卿の報告書（HMSO 1957）で概説されている「ウルフェンデン戦略」を汲み上げた内容であった。第二章でもみたように、ウルフェンデン報告書は公私の峻別を前提としたものであった。それまで受け継がれてきた道徳的な枠組みは、それが実際に効力を発揮していたかどうかはまちまちだったにせよ、長らく厳然と存在しており、法には道徳的な目的があると想定していた。一九六〇年代の一連の改革は、徐々にこの枠組みを解体し、よりリベラルで功利主義的な枠組みに置きかえることを模索するものであった。この新しい枠組みは、公的秩序のために国家が法的に行いうること、つまり人々の行動について誰もが基本的に合意する品位の水準を維持することと、国家が私的な生活にいかに介入すべきかを区別することを目的としていた。この変化の先駆けとなったのは一九六一年の自殺法である（Holden 2004：4）。かつて自殺は犯罪行為であった。自殺に失敗した「犯人」が過剰服用から目を覚ますと、実刑つきの刑事告発が待っている可能性があったのだ（なお筆者がこのことを学生に話したところ、信じてもらえずに笑われたことがある）。ハートが言うように、「この法律は、キリスト教的な道徳によって非難され、法によって裁くことが可能とされていた行為を、イギリス議会が刑法犯罪から除去した、

10　ブラジャーを女性の抑圧のシンボルとし、それを捨てる・燃やすことで女性解放を訴える運動。最も有名なものに、一九六八年九月七日に起きたミス・アメリカ・コンテストに対する抗議運動が挙げられる。この運動ではハイヒールやガードル等がブラジャーとともに「自由のためのごみ箱」に捨てられ、のちの女性解放運動にアイコンとして大きな影響をもたらした。

11　寛容な社会（permissive society）を実現するために一九六〇年代のイギリスで行われた一連の法改革。特に性の自由化を特徴とする。イギリスでは、避妊、離婚、同性愛、猥褻基準が徐々に非犯罪化・合法化されていったほか、映画・テレビの自主規制等が緩められていった。
参考：https://en.wikipedia.org/wiki/Permissive_society
https://www.york.ac.uk/history/undergraduate/courses/special-subject/his-00036-h/

少なくともここ一〇〇年間では初めての法であった。」(Weeks 1989 : 251)

これは明らかに公共道徳における伝統的基準から、私的行為における個人の合意中心主義への変化であった。ウルフェンデン戦略によって育まれ、その後続いた一連の改革に反映された、検閲、中絶、同性愛、離婚、避妊における法と道徳の分離(という原則)は、意志決定のバランスを「公的なもの」から「私的なもの」へと決定的に移行させた。とはいえそれで、かつて法網にかけられたすべての活動が積極的に是認されたわけではない。猥褻や中絶、同性愛や離婚は法律上も完全に認められたわけではなかった。主流の人道主義者たちが推進したのは古くさい法を撤廃し、苦痛を最小化することであり、他の新しい生き方を是認するという意識は比較的低かった。一九五九年に制定され、六四年に改正された猥褻出版法は「リテラリー・メリット」[12]を試験的に導入することで、この変化に対応しようとした。このことにより、一九六〇年代初頭の性に関する変化をおそらく最も象徴する瞬間が訪れた。ペンギン・ブックスから出版されていた『チャタレイ夫人の恋人』裁判で、版元に無罪が言い渡されたのである。とはいえ、これをきっかけにポルノグラフィが氾濫したわけではなかった。一九六七年の性犯罪法は、プライベートな男性の同性愛を違法でなくそうとするにとどまり、合法化には至らなかった。同年の中絶法は、確かに中絶のための社会的な土壌を形成したが、望めばいつでも中絶できたわけではなかった。一九六九年に改正された離婚法は、結婚に失敗した人々が離婚しやすい環境を整えたが、合意の上での離婚を全面的に合法化したわけではなかった。さらにいえば、一九六七年の国民保健サービス家族計画法でさえ、産児制限の普及を促進したというより、とめどなく広まった家族計画クリニックを整理し、地方自治体に社会的、かつ多少なりとも医学的な施設の提供を奨励しただけであった(Weeks 1989 : 249-68)。

同時に、リバタリアニズムや「何でもあり」への抵抗は根強かった。どの法も、統制の要素を維持していたのである。『ウルフェンデン報告書』公刊直後の一九五九年、売春を路上から一掃し、私的領域に押し込めることを企図した路上犯罪法が緊急に制定された。改革は進歩的であるだけでなく、規制的でもあることがわかる。また私的な領域での男性同性愛が非犯罪化された一方で、スコットランドと北アイルランドと同様、それは軍隊と商船から締め出された。私的領域の定義が狭められると同時に、公共の場でのみだらな行為に対する規制が強化されることでバランスが取られたわけである。この規制強化によって数年後には犯罪件数が三倍になったのである。中絶法の改正では、妊娠二八週目までに二名の医療資格者から許可を得られなければ、合法的に中絶ができないという規定が設けられた。離婚法は改正されたが、離婚を認めるには夫婦間での深刻な問題が必要だという規定の考え方を含んだ条項は残った。避妊の自由化は、人口増加に対する不安に駆り立てられた政策という側面もあると見なされている。ここまで論じてきたように、避妊の自由化は女性にとって大いなる自由への飛翔であるだけでなく、女性のセクシュアリティ統制という負の面も有していたのだ。そして、すべての法改正が道徳的プラグマティズムの下になされたわけではない。一九六〇年代から一九七〇年代初頭には再び、『チャタレイ夫人の恋人』以外の本、たとえば悪名高きヒューバート・セルビーの『ブルックリン最終出口』等に対する猥褻訴訟の嵐が起きた。ゲイに関する小さな広告を掲載したことで雑誌『インターナショナル・タイムス』や

12　文学的価値。この場合は特定の創作物をめぐって争われる裁判において、当該作品を擁護するために用いられる基準の一つ。リテラリー・メリットをめぐる最も有名な判例のひとつに、アメリカにおいてポルノ販売業者のマーヴィン・ミラーが被告人として争ったMiller v. California, 413 U.S. 15 (1973)がある。この裁判を通じて、連邦最高裁はある作品が法的に猥褻物に該当し、表現の自由を定めた修正第一条の保護から外れるかを判断するための三要素からなる「ミラー・テスト」の基準を提示した。このミラー・テストには、「(c)その表現物が、全体として見た場合、まじめな文学的、芸術的、政治的または科学的価値を欠いている」(Cohen 2008：1) 場合にのみ、それは猥褻物とされるとしている。イギリスで一九五九年に成立した猥褻出版法はこれに先駆けて「科学的、文学的、学習的価値のあるものおよび一般的関心の対象」を公共財として猥褻物から除外している（第三条）。
参考：https://en.wikipedia.org/wiki/Miller_v._California
https://en.wikipedia.org/wiki/Obscene_Publications_Act_1959
Cohen, Henry. 2008.『「猥褻」、「児童ポルノ」、および「下品な表現」をめぐる論議——最近の展開と懸案事項』CRS Report for Congress. (http://aboutusa.japan.usembassy.gov/pdfs/wwwf-crsreport-childpornography.pdf)

『小学生版オズ』が訴えられ、不幸なことに「猥褻出版法は張り子の虎である」という主張の誤りを示してしまった。「法的道徳主義」が死んだわけではなかったのだ。しかし、これらの事件に対して激しい抗議がなされたことで、検察は徐々に猥褻事案を立件するリスクを冒さなくなっていった（Weeks 1989：273－8）。

こうした法の変化が示しているのは、合意と統制、私的な意思決定と公的な規制のバランスを取る努力がなされていたということだ。ジェンキンスはより「民主化された社会」という考えを有していたが、彼の、多かれ少なかれリベラルな支持者のほとんどは、当時のレトリックに基づいて法を近代化することに関心があった。これは実際には、明らかに性的・社会的変動から突きつけられた種々の問題に対して、実効力のある解決策を見出すことを意味していた。さらに改革の手を入れるのは困難だが、「公」と「私」の再調整が絶対に必要な領域が存在していた。典型的には夫婦の夜の営みに関係する領域である。特に婚姻関係にある夫婦間に発生するレイプについては、あまりにデリケートな問題であることから、何十年も放置されていた。当時の法では夫を強姦罪に問うことができなかった。なぜなら婚姻契約下において、妻は合意を夫に差し出したものだとされていたからである。仮に女性に合意する権利そのものがないとしたら、その女性はレイプされることはないのである。イギリス上院議会がこの解釈を撤廃したのはようやく一九九一年になってから、結婚の意味合いと女性の社会的地位が大きく変化したことを受けてのことだった。この撤廃は一九九四年の「犯罪正義と公共秩序法」の改正によって、議会の承認を得たのであった（Cook 2005b：127－8, n.73）。

リベラルの時代は限定的であり、あっという間に終わった。一九六〇年代終盤には、労働党の社会保守主義を体現するジェームズ・キャラガンがジェンキンスの後任として内務大臣となったことで、寛容な革命に終焉が告げられた（Weeks 1989：276）。だが二〇世紀の終わりまで「ウルフェンデン戦略」は、道徳改革者たちにとって基本的な枠組みであり続けた。猥褻と映画検閲に対するウィリアムズ委員会報告は失敗し、人体発生学に対するウォーノック委員会の提言は成功したといえるが、これらは明らかに「ウルフェンデン戦略」の遺産の上になされたものだった（Holden 2004：216－19, 258－63）。そして一九七〇～一九八〇年代に訪れた新しい道徳保守主義に反して、一九六〇年代に作り上られた「開拓地」は、様々な形で残り続けることになる。たとえば中絶法は、多くの者が試みたような規制強化の方向に改正されることはなかった。そして同性愛者の権利は一世紀にもわたって最も継続的な攻撃を受けてきたが、一九八八年に成立した地方行政法で、教育機関での同性愛の「広報」を禁止した悪名高い第二八条でさえ、ウルフェンデンに影響された一九六七年の改革を捨てさることはなかった。同性愛を再び違法化する試みはなされなかったのである。むしろ第二八条の目的は明らかに、レズビアン＆ゲイの権利擁護を押しとどめるところにあった。実際、第二八条はいう。「いきすぎだ。これ以上はだめだ」（Weeks 1991：134－56）と。

この状態に道徳保守主義者たちは頭を抱えていたが、一九七〇年代の新しい急進派たちにとっても、この改革は極端に臆病なものに映った。その改革は、（人々の生き方の）選択を積極的に是認するわけでも、道徳多元主義を積極的に擁護するわけでも、オルタナティヴなセクシュアリティを全面的に受け入れたわけでもなかった。多くの同性愛者が「ゲイ解放運動」を支持したのは一九六七年の法律が不十分であったからだ。また多くのフェミニストが中絶の自由を支持したのは、「女性が選択する権利」を擁護したいからであった。新しい性的主体、特に乱交という陥穽にははまらない、普通の尊敬に足る同性愛者とか、適切な避妊を行う責任感のある女性が生み出されていく中で、その改革はラディカルな運動の波をせき止めるためにデザインされたように映ったのだ。上院で同性愛法の改革を主導した変わり者の貴族であるアラン卿は、独特の言葉遣いでいった。「これまで実際に囚われの身にされて、今その牢獄の扉が開かれた人々にお願いがある。厳かに、静粛に感謝の意を示してほしい」と（Weeks 1989：274）。レズビアン＆ゲイ・コミュニティは彼のアドバイスを完全に無視した。ただ、一九八〇年にスコットランド、一九八二年に北アイルランドが一九六七年の同性愛法改正と歩調を合わせたのを除くと、ゲイの性的同意年齢が二一歳から、一九六〇年代以降多数派となった一八歳に引き下げられるまでに二五年かかり、異性愛の性的同意年齢と同じ一六歳に統一されるまでにはさらに五年の年月を必要とした。その頃までには次なる変化がとうに起きていた。一九六〇年代の改革が思いつきもしなかった言説、すなわち異性愛者と同性愛者の平等を求める新しい言説が登場していたのである。

そんな状態ではあったが、リベラルな改革派は彼らが考えていた以上のもの、おそらく彼らが求めていたもの以上のものを手に入れた。というのも人々は次第に、その改革によって自由への道がより開かれたかのようにふるまいはじめたからである。やがてレズビアン&ゲイは、擁護・進歩させなければならない自分たちの新しい権利があたかも以前から認められていたかのようにふるまった。一九七〇年代初頭から、公共の場におけるレズビアン&ゲイと彼らのコミュニティの存在感は一気に拡大した。この流れは一九八〇年代のＡＩＤＳ危機を経ても止まることはなかったのである。同時に女性たちは自由に中絶ができる権利を得たかのように行動した。一九六八年、出生児数の四%しかなかった妊娠中絶は、一九七五年には一七・六%に上昇した。一九八〇年には、一〇〇万件以上の中絶が合法的に執り行われた。さらに離婚件数も劇的に増加した。一九七〇年から一九七九年の間に二五歳未満の離婚率は三倍、二五歳以上の離婚率は二倍に跳ね上がった。一九七〇年代終盤には、三組のカップルのうち一組が離婚していたのだ。このとき離婚を主導していたのは女性であった（Weeks 1989：274－5；Lewis 2001をみよ）。六〇年代の改革は、市民社会規制のあり方が大きく変化したことを示しており、算定不能なインパクトを持った。事実、その改革が目指したのは、道徳的な意志決定に際して自律的で同意年齢にある大人を中心に置くことであり、法律による規制は大枠の範囲にとどめ、法を公序良俗の容認可能な基準として扱うことにあった。この運動は個人の責任を重視する社会、「市民社会」を創造する方向へと向けられていた。ローズが論じたように、個人は「自分に利用可能な生の様式のなかから、自分がなした選択によって人生を形作っていく、いわば自分自身の起業家となるのである」（Rose 1999：230）。自律化は、新しい規範の内面化へとつながる場合には、統制の一形態にもなりえる。しかし、これらの法改革が持つ象徴的な重要性はあまりに大きかった。この改革により、抑制の文化を維持していた権威主義的な構造を解体する、これ以上なく具体的な論拠がもたらされた。一九六七年の法改正後、保守的な道徳事業家のメアリ・ホワイトハウス夫人[13]はそれを気に病んでこう記した。「イギリス議会の最終日、進歩的な『法によって』国家道徳が解体されてしまった。状況はさらに悪くなるだろう（Weeks 1989：274）」。短期的には彼女は間違っていた。経済的、社会的危機の到来によって、改革への熱意は一時的に下火になった。しかし長期的にみれば、そのような悲観論は紛れもなく正しかった。事態がもとに戻ることは二度となかったのである。

境界線の移動

おそらく、「古き良きイギリス」が見る影もなく変わりつつあるというのが最も重大な感覚だったはずだ。学生紛争、ベトナム戦争への反戦デモ、産業争議、経済危機が起こっているという肌感覚――一九六〇年代後半から一九七〇年代前半にかけて生じた種々の劇的な出来事はすべて、全般的な危機感に繋がっていった。しかしそれ以上に、黒人およびアジア人のイギリスへの移住により、イギリスの構造が目に見えて変化したことで、性

13　コンスタンス・メアリ・ホワイトハウス（一九一〇–二〇〇一）。職業は教師。寛容な社会を推進した社会自由主義やＢＢＣを中心としたイギリスの大手メディアの放送内容を「家族の危機」とし、社会保守主義およびキリスト教道徳の立場から反対運動を続けた。代表的な運動の一つに、一九六三年にノラ・バックランドとともに始めた「テレビ浄化運動（Clean-Up TV Campaign）」がある。一九八〇年に大英帝国勲章ＣＢＥを授与された。
参考：https://en.wikipedia.org/wiki/Mary_Whitehouse,
http://www.mediawatchuk.com/our-history/

に対する新しい不安、犯罪と暴力への誇張された恐怖が生まれた。右派系国会議員の異端児ジェラルド・ナバーロ卿は一九六三年、あるラジオ番組でこのように問いかけた。「仮にあなたの娘さんが背の高くて男性の『ニガー』と結婚したいと言い出したとします。あなたの孫はコーヒーのような肌の色になることでしょう。さて、どう思いますか?」（Sandbrook 2006：628に引用されている）。

このような態度をとっていたのはガチガチの保守層だけではなかった。新しく誕生したロックの体現者であり、表向きは領域侵犯的な性行為への挑戦を繰り返していたミック・ジャガーは一九六八年、アングラ誌の『インターナショナル・タイムス』誌上で、移民が「イギリス社会を解体しつつある」という恐怖を語っている。「だって彼らはただ純粋に俺たちとは違うんだ。彼らは俺たちとは違う行動をして、俺たちと同じ生き方はしない。彼らがここイギリスの地で生まれても、そうしないんだ」（International Times, 1968. 5. 17, Sandbrook 2006に引用されている）。こうした根本的な差異への恐怖にうまくつけ込んだのが、悪名高き「血の河」演説で有名な、保守党のイーノック・パウエルである。一九六八年になされたその演説では、黒人とアジア人移民の人口が制御できないほど増加していること、イギリスという国のアイデンティティが崩壊しつつあることへの恐怖が語られた（Smith 1994：129－82をみよ）。

一九五〇年代終盤と一九六〇年代初頭、つまり移民規制を強める連邦移民法（一九六二）が成立することが予想され、イギリス国内への移民が急増した時期を除けば、二〇世紀のほとんどの間、イギリスは実際には人間の輸出国であり続けた。しかし国内の人口構造ははっきり変化してきていた。特にロンドンや、それ以上に北部の古き産業都市には、新しい移民が工場での仕事を求めて移動してきた。一九七一年にはカリブとインド亜大陸からやってきた新しいイギリス人は六五万人となった。これは二〇年前と比べて一〇倍の数字である。そして性比も顕著に変化しつつあった。それゆえ前述の性に対する脅威感がいや増した。一九七一年の国勢調査によると、ロンドンのカリブ出身女性——若く、独身で、多産——の数はロンドンの男性数よりも多くなっていた。カリブ出身の移民は全体的に野性的なパーティー、薬物使用、やかましい音楽、変わった食事、性的な放蕩といったイメージと広く結びつけられていた。一九六三年、社会学者のシーラ・パターソンが両者のつながりについて重要な指摘をしている。彼女によれば白くない肌は、「特に黒人の特徴と結びつけられた場合、他者性および最も低い社会階層を想起させる。原始的、野蛮、暴力的、性的に大胆、統制に欠ける、怠惰、無責任——これらはそのイメージの一部なのだ」（Sandbrook 2005：309より引用）。

新しくやってきた人々は実際には、性や家族生活の伝統からみても均一な存在ではありえなかった（第六章をみよ）。イギリスにやってきた当初、彼らは自分たちのことを自分たちの出身地である特定の地域という観点から捉えることが多かった。たとえばカリブ海の特定の島々だとか、インドやパキスタンの特定の信仰、あるいは特定民族のコミュニティ、つまりシーク教、ヒンドゥー教、イスラム教の様々なグループ、様々な言語のグループ等である。しかしイギリスでの人種差別が彼らに新しい自己認識を強いることになった。一九五二年にイギリスにやってきて、その後に看護師としての訓練を受けたトライフェナ・アンデルソンが発見したように、彼らは「人間ではない、黒んぼ（darkie）」とされた（Sandbrook 2005：307より引用）。かつては自分たちの肌の色が身分を示すものとは考えてもいなかった移民たちが、自分たちを黒人と定義づけることを強いられた。そして彼らは、イギリスにそれ以前から住んでいた人々の性にとって、かつてない脅威として受け取られたのである。

新たな道徳の右傾化傾向を勢いづけたのは、イギリスの文化的な基礎が根本から変化しているという感覚であった。性に関する新しいラディカル主義者は性の変化を、より大きな社会変容の前兆や中核と見なしていたが、保守層は性の変化を社会秩序の幅広い崩壊の象徴と見なしていた。文化の根底が抜本的に変化しつつあり、イギリス道徳に対する不動のイメージも揺らぎつつあった。こうした背景のもとで、ホワイトハウス夫人という、テレビ番組の暴力描写や性描写を懸念する普通の教師兼主婦が登場した。彼女はキリスト教に基づく道徳秩序の再建を願い、あけすけで不可知論にたつ現代のメディアによって家庭と結婚後の性生活というプライヴァシーが侵されていると信じており、無垢なる過去を召喚しようとした。しかし同時に、彼女は複数化する未来を予見してしまってもいた。彼女の敵は世俗化したヒューマニズムであり、それはBBCから国会、行政機関にいたる国家の最上流階級をも飲み込もうとしているようにみえた。セクシュアリティは重要な戦場の一つであった。なぜならこの戦場こそ世俗化に最も成功した場所だったからである。「生物学的宿命を受け入れ、人間行動の裡にある快楽の重要性を認め、長らく禁じられていた行為に耽溺することで、セックスから神聖さが剝奪されてしまう」（Weeks 1989：279）というわけである。セックスは異性愛に基づく、一夫一婦的なものであり、結婚を維持する不可欠な接着剤でなければならなかった。反対に夫婦関係の弱体化は家族を不安定にすることになる。この社会変容の中心にあったのは伝統家族の崩壊であろう。それは固定化された性役割、大人と子どもの上下関係、関係の紐帯としての社会的役割、容認可能なセクシュアリティを担保してきたものであり、それゆえ伝統家族の保護は社会と道徳秩序の修復にとって重要と見なされたのだ。

ホワイトハウス夫人は一九七〇年代の性的ラディカリズムに対する反対運動を行った一人であった。その反対運動は多様であり、教会の調理室、文学、メディア、政治など様々な形をとり、ホワイトハウス夫人自身が結成した全国視聴者協会、ポルノグラフィを標的にしたイギリス啓発祭等の草の根運動があった。当初これらのキャンペーンは道徳的検閲よりも道徳の復活を企図しており、手紙による意見表明、署名活動をもっぱらに行っていた。この署名活動が一九七二年に実施された「公共の品格を求める全国署名」へと結実するが、これは雑誌『オズ』に対する有罪判決の破棄を受けて行われたものであった。この署名の目的は強力な道徳的リーダーシップを行使して大衆を動員することだった。「あらゆる歴史は極少人数の少数派によって形作られてきた。『茫漠たるその他大勢』は彼らの導きにしたがう」（Weeks 1989：281）というわけである。しかし「教養のない下層民」から十分な反響を得ることはできなかった。そこで彼女ら熱烈少数派は戦術を変更せざるをえなかった。彼女らが採ったのはもっぱら法に頼ることだった。彼女らはまず猥褻規制法、および悪名高き不敬規制法等の既成法を活用した後、それらの改正を試みたのである。ゲイ・コミュニティの新たな声を体現する『ゲイ・ニュース』を不敬罪で告発したことは、既成法を利用する方法の最大の成功例である。この雑誌は『言葉にしなければならぬ愛』と題された一つの詩を出版していたが、その内容は、あるローマ部隊長が磔にされたキリストのファンタジーを語るというものであった。これはホワイトハウス夫人とその信奉者にとって象徴的な問題であった。なぜなら同性愛者は彼女らにとって反宗教的な存在、さらにジェンダー秩序と家族を破壊する世俗的ヒューマニズムをこれみよがしに体現する者にみえたからである。短期的にはこの運動は成功した。しかし長期的にみればこの運動は、保守派の大義に役に立ったとはいえなかった。この運動のせいでかえって議論が焦点化され、レズビアン&ゲイ・コミュニティの人々が反対運動に参加し、リベラルな見解が彼らをあと押しした。さらにこの運動により『ゲイ・ニュース』の編集者デニス・レモンがいわば殉教者となり、この雑誌はかえって広く注目を集めることになった。おおむね同じことが『リトル・レッド・スクールブック』、『オズ』、『インターナショナル・タイムス』、スウェーデン映画『愛してるの言葉を越えて』に対する告発運動にもあてはまる。リベラルな表現の自由を求める運動はいったん後退したが、一度進んだ時計の針は元に戻らなかった。彼女らの法改正戦略のうち、一九七〇年代における最大の成功例は、一九七八年に成立した「児童保護法」に伴うパニックである。この法律は子どもをポルノグラフィの被写体として使うことを制限しようと試み、その後三〇年以上このテーマは継続した。ただしこれはあくまで例外的なものであった（Weeks 1989：280）。

一九七〇年代が終わり、一九八〇年代へと移行するにつれ、政治情勢は確かに道徳保守主義に都合のいい形になっていった。一九七〇年代終盤の政界に台頭してきた新保守主義、すなわちいわゆるサッチャリズムの知的論客であったキース・ヨセフ卿は、ホワイトハウス夫人のことを「素晴らしい女性」と呼び、この経済保守思想を社会と道徳の保守主義と意図的にリンクさせようと試みた。その後一〇年間、政権を握ったマーガレット・サッチャーも同じように両者を結びつけ、特に「ヴィクトリア時代の価値」への回帰という発想を呼び起こしたのである。一九八〇年代は宇宙の終わりであるかのようでさえあった。特にAIDSの流行は当初、世界の終末と受け取られていた（Weeks 2000 : 163－76）。レトリック上のバイアスには以下のようなものがあった。家族の中心性、結婚奨励の重要性、伝統的な道徳規範の強力な支持、そしてひとり親へのあからさまな敵意である。サッチャー自身は働く女性として成功したにもかかわらず、旧来の役割から抜け出した女性への支援はほとんどなかった。さらに一九八〇年代はフェミニズムに対する明確なバックラッシュが表れた。一九八六年の三選後、サッチャリズムの全盛期に定められた法律・第二八条は、過去二〇年間のあらゆる進歩に対する攻撃であると多くの人々は思った。この法律は学校や地方公共機関による同性愛の「奨励」を偽りの家族関係であるとして禁じ、これをもって広く共有される新しい教義を導入しようと画策したのであった。下院で地方自治体法の修正を提案した右派系議員のデイヴィッド・ウィルシャー[14]は、性改革に対する強力かつ伝統主義的な不満を訴えた。すなわち性改革は納税者の血税を使って進められているというものだ（このクレイムはかつて避妊の自由化の際にも用いられた）。彼が言うところによると、「同性愛は奨励されている。そして私たちが慣れ親しんだ伝統家族が攻撃されている」（一九八七年一二月一二日、『ガーディアン』への寄稿。引用はWeeks 1989 : 296から。Holden 2004 : 249－56 : Smith 1994 : 183－239も参照）のである。これにより以下の問題が強く結びつけられたことが分かる。家族の危機、性に無垢な子どもへの暴行、性教育の有害性、同性愛者への転向――これらすべてが地方自治体の税金によって支援を受けているというのである。

不吉なことにこの問題設定はアメリカのニューライトの道徳アジェンダと類似していた。それは性教育をターゲットとする「架橋型」問題にすることで、様々なタイプの支援団体を首尾一貫した保守派の道徳プロジェクトに結集した（Weeks 1985：33－53；Irvine 2002）。レズビアン＆ゲイ、およびリベラル派の意見は概ね異端視されたが、そのことによって直ちに影響が出ることもほとんどなかった。保守派は勝利し続け、第二八条は一定程度の成功を収めた。その後二〇年間以上その新法に基づく告発は一件もなかったにもかかわらず、同法が地方自治体によるゲイ＆レズビアンの権利拡大を妨げたことは疑いなく、教育機関での性教育は両親の指導という名の下に厳しく締め付けられた（これによって、より保守的な政策を採りやすくなると想定していたのである）。しかし別の見方をすれば、これは全く正反対の影響をもたらした。何よりこのおかげで、HIV／AIDS危機にひどく苦しめられていたレズビアン＆ゲイのコミュニティが活性化した。この抑圧をきっかけにカミングアウトやコミュニティ形成、ゲイ合法化活動の新しいエネルギーがもたらされ、HIV／AIDSの流行の初期段階でレズビアン＆ゲイの問題が無視されているという怒りに油を注ぎ、はかりしれない影響を及ぼした（Weeks 2000：149）。また当時非難されていた地方自治体の評価すら高めた。多くの左派主導の地方自治体は当時、無計画に権利平等政策を導入したとしてメディアから非難され、財政危機に陥っていたのである。突如としてレズビ

14　デイヴィッド・ウィルシャー（一九四三－）は保守党の元イギリス下院議員（一九八七－二〇一〇）。ジル・ナイト夫人とともに、一九八八年の地方行政法第二八条導入の責任者。二〇〇九年に起きたイギリス議会の不正歳出スキャンダルにおいて、自らが立ち上げた調査会社に三年間にわたり議会予算を割り当てていたことが判明し、二〇一〇年の選挙への不出馬を表明した。
　議員として初選出された一九八七年、ロンドン自治区の教育委員会（Inner London Education Authority）にあった『ジェニーのエリックとマーティンとの生活（Jenny Lives with Eric and Martin）』という本を「二人の男性が娘と暮らしていることが、あたかも容認可能な家族関係として描かれている」と非難し、第二八条を提案した。第二八条が廃止された二〇〇三年の議決においても、ウィルシャーは廃止に対する反対票を投じている。その後も、同性愛者の権利を増進させる法に反対し続けた。
参考：https://en.wikipedia.org/wiki/David_Wilshire

アン&ゲイ運動が合法化されたことにより、政治的には良いことばかりとはいえなかったにせよ、それまでの地方自治体の努力に対してある種の郷愁が生まれたのだ（Cooper 1994）。

アメリカと同じようにイギリスでも、ニューライトの言説は文化変容と人種の多様性と支配的なセクシュアリティへの異議申立てを一つに結びつけて一貫した政策課題とし、スミス（Smith 1994）が「根本的差異」と呼んだものに対立しようとした。確かに一九八〇年代はレイシズムと公共空間における同性愛嫌悪が目立った時代であった。しかし、これだけのことをしたにもかかわらず、道徳保守主義の成功は限定的だった（Durham 1991）。確かに保守派を支援する圧力団体とシンクタンクは存在していたし、彼らはサッチャー政権が目指す経済的自由主義と社会道徳的保守主義が協調しうると信じていた。だがこれは論理的整合性のある連携ではなかった。サッチャー政策の中心にあった経済的個人主義は、性的選択の自由や薬物規制法の廃止を求めるリバタリアニズムと容易に接続するものであった。そしてニューライト系保守主義の次世代の一部は、年長世代とのつながりよりもこちらとのつながりを明らかに優先した。マーガレット・サッチャー自身も活発な保守連合を構築したカリスマ的リーダーではあったが、慎重に隠されてきた多くの矛盾を体現する存在であった。サッチャーは宗教的道徳観を奉じていたというが、彼女自身は敬虔なクリスチャンではなく、幼いころ入信していたメソジストから、トーリー党の主流である英国国教会にあっさり改宗した。彼女は結婚制度の熱心な擁護者とされるが、彼女の夫は離婚経験者であり、彼女自身は子どもを乳母のもとで育て、全寮制学校に入学させた働く女性の一人として有名だった。また彼女は親しい支持者の性行動には明らかに寛容であったし（よく知られているように彼女の任期終盤に議会担当秘書官だった人物は同性愛者である）、彼らがトラブルに直面した際に支援した。さらに重要なのは、サッチャー自身はバリバリの中産階級の保守道徳思想の持ち主とはいえなかった点である。たとえば彼女は妊娠中絶法改正を支持し、中絶規制の試みには反対票を投じた（Durham 1991を参照）。一九八〇年代の新保守主義の開拓者であるイーノック・パウエルも死刑制度に反対し、同性愛法改正を支持した。それと同じでリーダーであるサッチャー自身も、彼女の支持者の多くと同じように、多くの人が当時想像したかった以上に矛盾を抱えていたのである。

とはいえイギリスの道徳的バックラッシュが限られた影響しかもたらさなかったのには多様な原因がある。アメリカではニューライトとキリスト教原理主義との間には強いつながりがあったし、用いられるレトリックと知的根拠も、特に性教育、家族、シングル・マザーやレズビアン&ゲイに対する憎悪に関しては似通っていた。だがイギリスとアメリカの社会的・文化的背景は決定的に異なっていたのだ。何よりも北アイルランドのような明確な例外を除けば、イギリスにはアメリカで道徳保守主義を煽った宗教的福音主義も強力な原理主義団体も存在しなかった（Herman 1997を参照）。一九八〇年代頃、イギリスは圧倒的に世俗的な社会になっており、この点に関してはヨーロッパの強力な趨勢に従っていた。一九八〇年代中頃にはイギリスの価値観は西ヨーロッパの平均値に近かったのだ。つまりデンマーク人、オランダ人、フランス人よりは道徳的に狭量だが――前者二つはリベラリズムで有名な人々である――、アイルランド人、イタリア人、スペイン人よりは寛容だった（Harding 1988：35）。この数字が示すように、世俗主義は必ずしも身分に関するリバタリアニズムと同じ意味を持つわけではなかった。またイギリスには伝統的な政治的立場と必ずしも合致しない重要な交絡現象があった。たとえば一九八八年のイギリス社会意識調査（Jowell et al. 1988）によれば、「リバタリアン」と「権威主義者」というスペクトラムがあるとすれば、確かに労働党のメンバーはリバタリアン寄りで、保守党のメンバーは権威主義者寄りである。それでも労働党の二四％は権威主義者であった（保守党の権威主義者は四九％）。道徳保守主義は労働党に深く根ざしており、一九八〇年代の労働党の政治活動が直面する困難の中でも大きな火種の一つであった（Weeks 2004b）。しかし実際のところイギリスでは、アメリカのキリスト教右派の影響に匹敵するような伝統的な価値観を揺るがす道徳保守主義の大衆運動は起きなかった。セクシュアリティやジェンダー、平和や環境問題等の新しい社会運動を含めた種々の変化が生じてはいたが、イギリスでは依然として経済と階級が人の政治的立場を予測する主要な変数であった。

一九七〇年代と八〇年代は地球規模で原理主義運動が起こった時期であり、原理主義を絶対主義の一形式と広義に解釈するのであれば、イギリスもその影響から無関係ではいられなかった。ギデンズが論じているように（Giddens 1994：190＝1997：345）、原理主義を過去への回帰ではなく、慣れ親しんだものへの脅威に対する防衛とみれば、多くのことを語ることができる。キリスト教、イスラム教、ユダヤ教、ヒンドゥー教といった有名な宗教的原理主義と同じく、再生された伝統を守るための民族的、愛国的、政治的原理主義というものも存在した（Bhatt 1997）。とはいえ最も重要なことは、あらゆる原理主義者の思想と実践が指摘するジェンダー、セクシュアリティ、身体のあり方である。原理主義が懐疑と不確実性への防衛反応であり、後期近代社会の特徴というべき根源的偶有性に対抗する叫びだとするのならば、ジェンダー化・セックス化された身体がいかにその不安を掻き立てる象徴的存在となったか理解できるだろう。伝統的な女性らしさという観念を拒否する女性たちや、伝統的な正しい／異常なセクシュアリティという観念を否定する男女は、男女の境界を曖昧にし、社会秩序と生殖を担保してきた伝統家族を弱体化させる存在であるがゆえに、文化全体と継承されてきた生に対する脅威と見なされるのだ。さらに重要なことに彼女らは、伝統秩序に囲われた個人が有する情緒的愛着に対する潜在的な脅威だったのだろう。「伝統の完全無欠性にたいする脅威は、決して普遍的にではないが、多くの場合、自己の完全無欠性にたいする脅威として経験されていく」（Giddens 1994：80＝1997：151）。原理主義者の運動にも似たような特徴を見出しうる。それは架空の伝統を真実だと訴え、伝統保守に関して絶対主義的なのである。この点からみれば原理主義は、帰結を考慮せずにおこなう定式的真理の主張として理解していくことができる（Giddens

1994：104＝1997：188）。それは対話の拒否なのである。

イギリスでも原理主義者の台頭には事欠かなかった。イギリスの大主教であるヤコボヴィッツ卿がゲイ遺伝子という架空の発見を、誕生時点でその所有者を減らすことができるという理由で歓迎した件からは（Rose 1996：63）、おそらく無意識にではあろうが、同性愛を安易に悪魔化してしまう危険な絶対主義を見て取ることができる。その後一九九〇年代と二〇〇〇年代には、国内でイスラム教原理主義者による強烈な運動が発生し、その信者に極めて保守的なジェンダー観・セクシュアリティ観を押しつけようとした。しかしイギリスに欠けていたのは、道徳原理主義的な社会運動の発生に対する関心であった。新しい性の秩序に対する最大の困難が訪れたとき、つまり一九八〇年代初頭に始まったＨＩＶ／ＡＩＤＳ危機のときでさえそのような運動は起こらなかった。その危機の最前線にいた者には、ときおり、原理主義的運動が起こりかねないと思えたことがあったけれども。

リスクとセクシュアリティ：ＨＩＶ／ＡＩＤＳ危機

一九八〇年代初頭にＨＩＶ／ＡＩＤＳの流行が無邪気な世界に突然発生し、この病はすぐに数多の歴史を背負わされることになった。梅毒のような過去の性感染症の歴史と、それらに人々がどう反応したかという歴史である。科学的調査の歴史。医療による介入の歴史（特に同性愛者が被ってきた、性的差異の医療化の長い歴史）。周縁にいる人々と周縁化される人々に影響を与える病気の、どれを優先的に扱うかという政治と社会政策の歴史。偏見と弾圧の歴史。レイシズムと異性愛主義の歴史。これらすべての歴史がこの正体不明の病気に対する反応のなかで甦り、人々の反応の仕方に強力な影響を与えた。この病はまず一九八〇年から一九八一年にかけてアメリカの諸都市のゲイ男性の間で発見され、次いで西洋のゲイ・コミュニティの中でエピデミックと呼べるほどの規模になり、アメリカのマイノリティ・グループで拡大し、一〇年も経たずに世界的パンデミックへと成長した（Weeks 1993 : 17）。もっとも一九八〇年代以降のＨＩＶ／ＡＩＤＳの影響を理解しようとすれば、セクシュアリティの歴史（あるいは複数の歴史）を中心に語らざるをえない。

その最も基本的な理由はＨＩＶが性交、特に肛門や女性器への挿入行為によって感染しやすいことが証明されたからである。またこの病は性に関する未曾有の変化が起きているさなか、大転換のターニングポイントに現れた。そこでは性規範が流動化し、古い社会規範が衰え、文字通り何百万もの若者が運動に参加し、性の実験に狂奔していた。何よりも当初からこの病への反応を決定づけたのは、この病が最初、ゲイ男性、つまり、ますます自己主張を強めていたが、依然として周縁的で政治的に不人気なうえ、一九七〇年代の進歩に対するバックラッシュをすでに経験していたコミュニティの男性たちの間に現れたことであった。まもなくこの病は症候群で、潜在的に破滅的なエピデミックであり、特定の集団に限定されないことが明らかになった。この疫病はハイチ人、血友病患者、薬物使用者等にも見られたことから、その伝染経路が多様であることは早期に示されており（セックスだけでなく、感染済の血を輸血されたり、注射針を使い回したりといった行為による）、潜在的には誰もが感染する可能性があると指摘されていた。しかし、この疫病に対する初期反応を彩ったのは呪われしセクシュアル・マイノリティであり、ＨＩＶの初期の歴史を特徴づけるのは、たとえば「ゲイ癌」、「ＧＲＩＤ（ゲイ関連免疫不全）」、より一般的には「ゲイ疫病」等、両者の関係を誇張して伝える言語や専門用語であった。

感染が広がりはじめた頃、アメリカとイギリスのレズビアン＆ゲイ・コミュニティは曖昧な位置に立たされた。社会組織および大衆からの承認という面では大きな進歩があり、（大部分は男性によるものであったが）性的な文化も発達していた。しかし両国ともに意図的なバックラッシュが起こる兆候が見られていたし、ニューライトがレーガン政権とサッチャー政権を支配したことで、政治的雰囲気は彼らのコミュニティにとって厳しいものに変わりつつあった（Weeks 1985：44－52）。同時にニューライトのイデオロギーが主導する政治潮流は、コストカットと国家回帰という基本思想の下に福祉関連給付を著しく削減していたため、この未曾有の疫病に必要な健康対策に対する、新規の莫大な支出を擁護するところは殆どなかった。両国ともに公共政策による対応は緩慢で、実質的に一九八〇年代中盤まで遅れた。しかしこの頃には、この疫病は異性愛者の世界にまで広まりつつあったのである。イギリスでは一九八六年まで政府の対応はほぼ輸血の保護に限定されていた。イギリス政府の対応を研究した歴史家によると、一九八六年に政府が戦時中同然の危機的状況を改善するために動いた頃には、疫病はゲイ男性の人々の間に広まりきってしまっていたのである（Berridge 1996）。だが政府の対応は全国民が危機に晒されていると想定しているかのごとき総合的な政策を立案するものであった。ゲイ活動家がすぐに指摘したように、この疫病は「感染リスクが誰にとっても等しい」ものではないのに――それは特定のグループに偏っている――、実際には「脱・ゲイ問題」化されたのである（King 1993：169－232：Watney 1994：153－155：Weeks 2000：194－211）。

ＨＩＶ／ＡＩＤＳ危機がこの未曾有の性の生態を明るみに出してしまったことは、当時から明白ではあったにせよ、歴史的な文脈というまなざしを注ぐことで、よりいっそう明らかになる。一九八〇年代初頭にメディアで起きたＡＩＤＳをめぐるモラル・パニックをみれば、同性愛に対する態度はひどく不安定であることがわかるし、それが世論となったがゆえに政府は、手遅れになるまで理性的な対応をとることができなかった。サッチャー政権の権威主義的で大衆迎合的な性格は、当時のタブロイド紙や大手出版社の全体的雰囲気とうまく結びついていた。これは新保守主義の最も始末におえない部分である。性革命に対する右派系雑誌の反応は様々であった。大手タブロイド紙『サン』は女性の性解放を好意的にとらえたが、『デイリー・メール』は家族崩壊の妄想に取り憑かれていた。しかしどちらにしても同性愛の存在は軽蔑すべき「他者」のままであり続けた（Watney

1987）。他の多くの右派系オピニオンリーダーの態度は、たとえば大衆派右派議員のローズ・ボイソン卿の言葉が示している。「ＡＩＤＳは、性に寛容な社会がもたらした一つの帰結である。どのみち普通の一夫一妻の夫婦には、このようなリスクは考えられない」（Weeks 1991：126より引用）。

苦境に立たされたゲイ・コミュニティ最大の問題は、快楽主義的セックスがゲイ文化をつなぐ役割を果たしていたことであり、ＨＩＶが拡大した原因の大半は複数パートナーを持ち、避妊具をつけないセックスを行ったところにあった。多くのゲイにとって性の自由を欠いたゲイ・アイデンティティは、新たに肯定しつつある自己の否定に等しいものであった。あるゲイにとってこの疫病は自分たちのコミュニティをクローゼットに閉じ込め、医療専門家の監視のもとへ再び戻そうとする陰謀のようにすら思えた（Weeks 1985：50）。しかしゲイたちがとった対応は、歴史的にも重要な特徴ともいえるが、機知と創造性に満ちたものだった。彼らが安全なセックスのコード（すなわち血液と体液交換を限定する性行為のコード）を洗練したのは一九八〇年代初頭のことで、それはＨＩＶがウィルスの性質をもつことが判明する前のことである。医学や他のガイドラインが存在しなかったにもかかわらず、このコードは彼らが認識した危険に対する現実的な対応であり、のちに非常に有効だったと証明される（King 1993：85ff）。一九八〇年代後半にはゲイ人口の三分の二の男性がより安全なセックスの技術を継続的に用いていたことが調査から判明している。また他にもレズビアン&ゲイ・コミュニティは成熟し、洗練された面を見せた。政策が慈悲深い無視以上のものに転換し始めた一九八六年、医療以外の分野でＡＩＤＳに対して唯一首尾一貫した対応をしていたのは、ほとんどゲイ・コミュニティに根ざした組織であった。これらの組織はレズビアンや多くの異性愛者からも大きな支援を受けていたが、ほとんどゲイ男性によって牽引されていた。ゲイが立ち上げ主導した組織、たとえばテレンス・ヒギンズ・トラスト、ボディ・ポジティヴ、ザ・ライトハウス等が新たな対応策を生み出した。これらの組織は資金集め、サービス供給、ロビイング、電話によるヘルプ・ライン、相棒作り、そして個人レベルでも集団レベルでも新しいケア体制の発展など多くのことを行った（Weeks et al. 1994 : cf. Altman 1994）。さらに彼らは医者や公衆衛生担当者との効率的な提携関係を育んだ。

イギリスの公共福祉政策は伝統的に病気の予防に力点を置いてきた。そして公共福祉政策がＨＩＶの拡散に歯止めをかけるためには、実効的で一貫した政策が必要であることを明確に理解していた。同様にゲイ・コミュニティでこの疫病と闘っていた人々も、この病を治す「魔法の薬」が存在しない中、その拡散を止めることを切望していた。しかし彼らは自分たちのコミュニティの外で、自身の影響力が限られていることにも自覚的であった。ここで公共福祉政策とゲイ・コミュニティが提携したことにより、このコミュニティに欠けていた政策的討議への参加が可能になった（Berridge 1996）。もっとも、この結果、この病に対するゲイの視点が極小化されてしまったこともあった。しかし一九八〇年代後半に明らかになるように、イギリスにおけるＨＩＶ／ＡＩＤＳは感染リスクがマイノリティに大きく偏った伝染病であり続けた。これは特にゲイの男性に多かったが、他のマイノリティへのリスクも高まった――薬物使用者やアフリカ人、さらに男性だけでなく女性も（Richardson 1987 = 1987 : Strang and Stimson 1990 : BHAN 1991 : Gorna 1996 : Weeks 2000 : 196‐8）。ストレイト（異性愛者）の白人がひとまとめに深刻なリスクに晒されるわけではないという意味で、それはまだ異性愛者の疫病ではなかった。このことは人口の大部分を占める、性に対する相対的保守主義について何事かを語っている。生涯添い遂げる夫婦の数が増えた一方、生涯にわたって一人の相手と夫婦であり続けるのではなく、離婚を挟んでの一夫一婦制が当たり前になってきた。しかし「乱交」が激増するということはなかった（第六章をみよ）。性の実験はより周縁的なコミュニティで行われる傾向があったのである。結局、最も感染リスクが大きいのは未だにゲイ・コミュニティであった。

これは一九八〇年代の危機対応における一つのパラドクスであった。この疫病は一般にはゲイの病気として見なされていたが、異性愛者にせよゲイにせよ、ボランティア的活動家にせよ公的機関のメンバーにせよ、政策立案者は一九八六年以降、この病気がゲイと関連しているという印象を抑えるために多大な努力を払った（King 1993：169ff）。「脱・ゲイ」の傾向が最も顕著に見られたのはＨＩＶ予防業務担当部局であった。当初、コミュニティを基盤にした活動を通じて、他のゲイに対しより安全なセックスの方法を指導していたゲイ男性たちは、ボランティアか制度上の活動かを問わず、組織が「誰にでもリスクがある」というメッセージを熱心に伝えたため、以前と同じような活動を継続することが困難になってしまった。これに対し一九九二年、ゲイ解放運動および芽生えつつあった「クィア政策」に大きな影響を受けた新団体、「ＡＩＤＳと闘うゲイ男性の会（Gay Men Fighting AIDS：GMFA）」がこのバランスを調整するために設立された[15]。この団体は予防業務の弱点として、異性愛者へのＨＩＶ拡大の予防への関心に比べて、ゲイの人々のニーズへの関心が低いことと指摘した。この背景には同性愛嫌悪という特有の問題と、最も高いリスクに晒されている人々が有する特定ニーズの事実上の無視が潜んでいるとこの団体は見ていた。これに対して提示されたのがコミュニティ動員を優先する健康増進モデルである（Watney 1994：134－52）。この疾病が流行する初期段階では、道徳的コミュニティの存在が疫病に対する最初の抵抗拠点を提供した。これを受けて、感染が収まらない疾病に対抗するにはコミュニティ形成が決定的に重要だと主張されたのである。あるボランティアがＧＭＦＡの役割についてこう言っている。「あの団体は、ゲイ・コミュニティが生き残るために存在しているんだ。ＧＭＦＡのような組織がなかったら、ゲイ・コミュニティは死滅してしまうか地下に追いやられてしまうだろうね」（Weeks 2000：202から引用）。

ＧＭＦＡのような組織は健康増進キャンペーンの力点を変えるのにとどまらない影響力があった。なぜならその組織は性に関する政策をめぐる既存の言説を利用したからだ。しかし同団体はリスク認知が変化する兆候を見出す役目も果たした。それまでＨＩＶに対する公的機関の対応は、全人口にリスクがあるという一般化に基づいてなされていた。これは理論上、ＨＩＶが全人口に伝染しうるという意識を反映していた。初期の黙示録的な広告キャンペーンは「誰もが危険である」と唱えたのである。しかし一九九〇年代初頭になると、ある特定の人々が他の人々に比べてより大きなリスクに晒されることが明らかになってきた（Watney 2000：228－41）。リスクを抱えているグループに対処すべきなのか、リスクのある行動に対処すべきなのかという当初の議論はある意味、見当違いなものになっていた。つまりリスクの高い活動をするのは個人でも集団でもあり、それぞれの集団にはそれぞれのコミュニティ――たとえば女性のコミュニティ、黒人かつ民族的マイノリティのコミュニティ、若者コミュニティ、静脈注射による薬物使用者のコミュニティ等――に根ざした取り組みが求められていたのである。絶対主義的な態度は予測不可能なエピデミックに対して全く無益であった。必要だったのは、ローカルなアイデンティティとニーズに根ざした文化的に繊細な対応だったのである。

この対応は、性的アイデンティティが一時的で流動的でもあるという、当時芽生えつつあった認識とも調和した。おそらくＨＩＶ／ＡＩＤＳが何よりも揺るがしたのは、一九八〇年代序盤からレズビアン＆ゲイ政策が育んできた、性的欲望と性的実践と性的アイデンティティの三者が容易に一致するという前提であった。この疫病の登場により、これが危険な前提であることが劇的なまでに明確になった。男性同士のセックスを通じて

15　ＡＩＤＳ危機をきっかけに、ゲイ男性間に安全なセックスを広め、ＨＩＶ／ＡＩＤＳに罹患したゲイ男性が適切なサービスを受けられているかをチェックし、ゲイ男性に対する制度的な無視および攻撃的な偏見という同性愛嫌悪と戦うため一九九二年に設立された、ゲイ男性からなる団体。本文にある通り、団体設立の直接的なきっかけはＡＩＤＳ危機に最も晒されているゲイ・コミュニティの需要に対し、ＨＩＶ防止策のリソースがあまり割かれなかったことにある。二〇〇二年には団体の目的を「特にゲイ男性が悩まされやすい健康事案全般への支援」に広げ、団体名を「GMFA: the gay men's health charity」に変更。二〇一六年現在も存続中の団体である。
参考：http://www.gmfa.org.uk/history
https://books.google.co.jp/books?id=7enhAQAAQBAJ&pg=PA35&lpg=PA35&dq=Gay+Men+Fighting+AIDS&source=bl&ots=_mhmIYNaVz&sig=qc_8lAz_W0IW6GVoFcNFr2IkXDM&hl=ja&sa=X&ved=0CGEQ6AEwCmoVChMI3pWb8oOSxwIVipWUCh15zwQi#v=onepage&q=Gay %20Men %20Fighting %20AIDS&f=false

HIVに感染した男性は、しばしば同性愛者としてのアイデンティティを否定した――白人男性は、ゲイ・アイデンティティを持つ人々と、同性愛に対して強烈な嫌悪を抱く文化的伝統を有するBME（黒人とマイノリティ民族）の双方に容易に接触しえたが、そんな彼らにもこのことはあてはまる。この状況に対処するため伝染病抑止ワーカーは全く新しい社会的カテゴリーを発明した。「男性とセックスする男性」――MSM（Men who have sex with men）である。このカテゴリーによってアイデンティティと実践との弁別が目指されたが、実際のところは単に自分のことをゲイだと思わない男性を指す言葉になってしまった（King 1993：198－200をみよ）。正確な描写とカテゴリー化への執着は性的実践の多様性を見えなくしてしまうおそれがあった。エプスタインは、国とコミュニティ組織との連携は必要なリソースを獲得するために便利で不可欠だったとしても、性的アイデンティティを具現化・生医学化し、それがあたかも真実として実在し、永久不変であるかのごとく固定化してしまうおそれがあると述べている（Epstein 2003：135）。このことは性のコミュニティに対するあらゆる介入の背後に潜む誘惑であって、そのコミュニティがあたかも生得的に固定しているかのように扱う傾向にあった。もっともAIDSをめぐる実際の歴史はそれとは正反対の事実を告げているのだが。

そしてここでも一九七〇年代に登場したレズビアン&ゲイ・アイデンティティが一九八〇年代以降のエピデミックと闘う上で決定的に重要だったことが明らかになった。このアイデンティティがなければコミュニティは動員されなかったし、コミュニティに基盤を置く組織は登場しなかったし、日常的な実践に基づく、より安全なセックスに関する議論も存在しなかったし、生医学的な言説への移行に抵抗することもできなかったはずだ。HIV／AIDSの歴史の序盤全体を通じて大きな特徴といえるのは、この疫病によって最も影響を受ける人々が社会的・文化的にだけでなく、医学的な視点からも、問題の定義と、問題の定義への抵抗の両者に深く関わったということだろう。特に「治療アクティヴィズム」は新薬と治療法の発見、治験、供給に至るまで積極的に介入を試みたが、それにより疫病にかかった人々の、自分の病気との向き合い方が変化した。受け身でいるのではなく、個人としても集団としても抵抗し、介入すべきだというのである。

ＨＩＶやＡＩＤＳ感染者は医学と社会の関係が大きく変化する先駆けとなった。彼ら以前にはフェミニストの健康運動があり、彼らの運動も他の運動に継承されたが、彼らの運動の本質は、リスクに晒されている当事者が自身の治療やケアをある程度コントロールできるよう力を結集することにあった。これは以下の二つのことを示している。一つは、個人が自身の身体に関する問題に直接的に関わることができるという意味で、健康問題に新しい再帰性がもたらされたこと。もう一つは、知を民主化し、科学が「不純」で不完全で部分的なものであることに気づき、従来の伝統的な生医学の専門家だけでなく、下からも新しい知識が発見されうると認識する試みのことである（Epstein 1998, 2003をみよ）。病人も弱き者も、「真理」は競合しうること、新しい真理が彼ら自身の経験と闘病の裡から生まれうることを理解したのである。翻ってこれは、社会のリスクへの対応が大きく変化したことを象徴していると筆者は論じたい。セクシュアリティは常にリスクと関連付けられてきた。たとえば予期せぬ妊娠のリスク、妊娠そのもののリスク、病気のリスク、暴力のリスク、道徳的非難を浴びるリスク等である。一九八〇年代にはこれらのリスクに対する認識、つまり非常に大雑把な言い方をすると、リスクの多くは「製造されたもの」で、人間が作り出したものであるという認識が一般化し、新しいリスクが登場し始めた（Giddens 1991 = 2005 ; Beck 1992 = 1998）。人々は若年時の性経験の影響、セックスと子宮癌の関係、ピルの長期的な使用の影響、セックスによって伝染する病気の増加の影響、一〇代での妊娠増加の影響、ひとり親の影響、男性の暴力がもたらす影響等について心配するようになった。これらのリスクはそれぞれ異なる次元のものだが、「リスク文化」として知られるようになったものの発達を反映している。これらの不安は新しい不確実性や恐怖を反映しているのだ。この過程にあってＨＩＶ／ＡＩＤＳは決定的なタイミングで出現した。この疫病によって性行動に関する新しい不確実性が劇的に強調された。この疫病は新しい肯定的なアイデンティティの成長と力を示したが、一方でその限界と偶有性をも示した。さらにこの疫病は「社会的なもの」に介入し、その形成を補助する新しい社会勢力の潜在力をも示したのである。

ＨＩＶ／ＡＩＤＳの即時的影響は新しい文化勢力、特にゲイ・コミュニティにとって壊滅的なものだと思われた。一九八〇年代に実施された種々の世論調査は、同性愛に対する寛容や受容が徐々に停滞しつつあることを如実に表している。一九八三年には回答者の六二％が同性愛関係を非難し、この数値は一九八五年に六九％、一九八七年に七四％に達したのち、少しずつ改善していった。しかし希望に満ちた未来を予見する世論の動向もあった。『サンデー・テレグラフ』が一九八八年に行った緊急世論調査では六〇％の人がゲイのライフスタイルを非難していたが、二五歳以下に限ると五〇％が許容していたのである。彼らは一九九〇年代以降の世論を形成する人々なのだ（Weeks 1993 : 28－9）。次の一〇年間を占う変化の一部は、ＨＩＶ／ＡＩＤＳが特別扱いされなくなったことに反映されている。つまりこの疫病は性に関する諸般の事象の中であまり目立たなくなったのだ。一九九〇年代中頃から抗ウィルス性の薬品による療法が広く導入されたことで、この病気で早逝するリスクが激減し、ＨＩＶ感染者であっても充実した人生を送る可能性が提供されたのである。もちろんエピデミックが終わったわけではなかった。イギリス国内でも発症者数は増え続けているし、世界を見渡せばパンデミックになっているところもある。しかし一九九〇年代にはこの病気はあらゆる面で、初期のキャンペーン参加者が最も望んだ通りのものになりつつある――すなわち慢性的だが統御可能な病気という扱いにである。この病気はリスクがますます増えつつある世界にあって、避妊をしない危険な性行為がもたらすリスクの一つという程度に留まったのである。

遺産

マーガレット・サッチャーは伝統的価値の体現者として道徳的保守派に広く歓迎されたが、進歩派からは性と道徳の変化を止め、押し戻しかねない反動政治家として恐れられた。しかし彼女の任期であった一〇年と少々の間、そして後任者の任期中も、あらゆる指標から変化が加速していたことが示されている。一九七〇年には独身のまま堂々と男性と同棲してもよいと答えた独身女性は約七%にすぎなかったが、一九八〇年代までにこの数字は五〇%まで上昇した。これはサッチャーが着任する一〇年前の三倍以上の数字である。また婚外子割合も一九八〇年は一二%だったが、一九八九年には二五%を超えた。二〇歳以下の女性に限れば、この数字はさらに高くなる。イングランド北西部および北部では、二〇歳以下の女性の約八二%が婚外子なのだ。さらに一九八〇年にはひとり親の数は二〇〇万人に達しようとしていた。一九八〇年から婚姻率は下がり続ける一方、離婚数は増えていった。一年に一五万件もの離婚を数えたイギリスは、当時のヨーロッパでも最も離婚が多い国の一つであった。これは結婚した四組のカップルのうち一組が離婚に終わるのとほぼ同義である（Weeks 2000 : 170）。

イギリス国内には依然、階級、エスニシティ、地理的な条件によって形成される幅広い多様性がみられた。しかしパタンは一貫していた。異性愛カップルが避妊という手段を概ね普遍的に用いるようになったことで、セクシュアリティという概念が生殖からどんどん切り離されていった。また同棲も結婚と区別されるようになった。もはや結婚は家族形成と子育ての必須条件ではなくなったのである。婚前交渉は当たり前のことになり、婚外子に対する偏見は急速になくなった。イギリス国民はあくまで貞淑という価値に驚異的なほどにコミットし、浮気や不倫を断固として憎悪した一方で、一生同じ相手と添い遂げるのではなく、相手を変えても構わないから、そのたびに一人の相手と交際するべきだという考え方が普通になってきた。人々は一生を添い遂げる相手を望んでいるのかもしれないが、仮に相手との関係が終わりつつあることを悟ったら、自身の埃を落としてもう一度やり直す——必要ならば何度でも——という心の準備ができている人がどんどん増えてきたのである。さて性的な「他者」である同性愛に関してはどうか。一九八〇年代終盤、多くの人々はＡＩＤＳによってゲイ男性が一世代で消滅してしまうのではないかと恐れていたし、第二八条によって、過去二〇年間に勝ち得てきた社会的権利を否定する、法に基づく猛攻撃が始まるのではないかと予想した。しかしどちらも起こらなかったのである。むしろ逆に一九九〇年代初頭には、一九八〇年代に解雇されたレズビアン&ゲイをめぐる裁判において、そのコミュニティは弱まるどころか強化される兆候が見られたのである。アルトマン（Altman 1989）は一九八〇年代にＡＩＤＳ禍に巻き込まれたレズビアン&ゲイのグループが公的な政策形成の場に入っていった「災害による合法化」について観察している。一九八〇年代の終盤には様々な有名人がカミングアウトをするようになった（たとえば俳優のイアン・マッケランである。彼はカミングアウト後、これは第二八条の成立後でもあるが、ナイトの称号を与えられた）。同じ頃、レズビアン&ゲイが登場できる社会的場面がかつてないほど拡大した。マンチェスターやロンドンのソーホーではゲイ・ビレッジが新しい社会的・性的機会を提供するようになった。モート（Mort 1996 : 164－70）は一九八九年終盤のソーホーについて、「消費という儀礼」に担保された「男らしさの実験場」だと述べている。ゲイによる巨大市場の成立を通してレズビアン&ゲイは消費主義の快楽というシルクのコードのもとで束ねられ、ゲイ・ライフの孤立と隔離の時代が終わったのである。ゲットーがいまや外に現れてきたのだ。

とはいえ、これらいずれをとっても性革命の完全勝利というべきではない。女性はより大きな性的自由を手にしたが、ジャネット・ホランドらが一九八〇年代終盤から一九九〇年代序盤の若者へのインタビューを通じて示すように、女性個人に内面化された恐怖、不安、そしてジェンダー的な固定観念は、未だに平等な関係の構築を妨げている（Holland et al. 1998）。ケアを行い、その役割を女性と分かち合う「新しい男性」の登場が各所で言われていたが、ケアは依然として圧倒的に女性の領分であり続けているし、一九八〇年代の社会政策がこれをはっきりと強調している。アカデミズムの世界でフェミニズムが力を持ち始めた一方、女性運動の現場力は失われ、分裂してしまった。シングル・マザーは一九九〇年代に入っても、簡単にメディア・パニックと政治の日和見主義の標的にされかねなかった。そして同性愛に関する法改正はいまだ塩漬けのままである。一九九四年の性交同意年齢をめぐる運動は失敗した。保守党議員の大部分は下限をたった一八歳に下げるだけの案を支持したからである（Waites 2005a）。意味のある改正を実現するには新しい政府と新しい一〇年が訪れなければならなかった。

しかし、変化の前触れは確かに存在していた。三〇年間にわたる大転換は大きな変化をもたらした。個人の態度、家族生活、性行動、性的アイデンティティ、道徳と価値、文化規範、そして社会政策のなかにその転換が表れた。これらの変化には不均等で時には相矛盾する影響を与えたが、年齢の高い人より若者に、田舎の人々より都市に住む人々に、貧しい人より富んだ人々に、男性より女性に、新しいマイノリティより人口の大部分を占める白人に、大きな影響を与えた（家族と性に関する多様性の分布についてはDuncan and Smith 2006をみよ）。とはいえ結局、一致と受容、分岐と拒絶のいずれであったにしても、母集団の一部に発生した変化が全体に影響を与えた。

これらの変化を促す原動力は様々であったが、政治経済の構造変化があらゆる変化の背景にあった。特に国が豊かになり、消費（至上）主義が高まりをみせたことである。戦後初期の福祉国家は変化を手堅く支持し、大多数の人々がこれまで知らなかった安全と、新しい個人性の強調を可能にする集合的条件を提供した。一九八〇年代のニューライト政策は古い福祉体制を弱体化させはしたが、解体はできなかった。同時に新しくグローバル化する企業が主導する、経済と祝祭の時代が文化の個人化傾向に拍車をかけた。ベックは「人は、個人化することを運命づけられているのである」と論じる（Beck 1994 : 14 = 1997 : 32）。個人化は「強制」になりつつあると。個人化潮流の負の側面として、経済的人間があらゆる物事の基準として称揚されたことがある。逆に正の側面として、新しい論理、すなわち個性化と個人の自由の拡大がある。一九九〇年代に明らかになったように、個体的自由の喜びを市場における個人の自由のみに止めておくことは困難だった。ほとんどの人々はパーソナルな自由や日常生活における選択の自由により興味を抱いていたのである。

社会の発達により人々の日々の生活に余裕が生まれ、個人的あるいは集合的主体性を産み出す新しい可能性が生まれた。効果的な避妊法が自由に使えるようになったことから、女性解放・ゲイ解放運動の勃発に至るまで、自分の生き方を自分で決められるチャンスと場が増加した。もちろんそれには限界と制限があったたし、政治的・文化的な揺り戻しもあった。イギリスという国がかつてないほど複雑でオープンで多様な社会になっているという認識は浸透してきていたものの、それに伴って多様性という価値が広く認められることはなかったし、まして多様性とどう共生していくかという自覚もなかった。一九八〇年代の言説を性格づけた道徳に関する対立的なレトリック――HIV／AIDSに対する厳しい反応、第二八条という復讐、モラル・パニックが起きやすい傾向、ひとり親のスケープゴート化等――は自らの顔面に生じた変化を直視することができない社会の姿を示唆していた。しかし変化の重要性に対して疑念を差し挟む余地はほとんどない。一九九〇年までにイギリスは、束縛によって特徴づけられる社会から、道徳多元主義と大きな寛容によって特徴づけられる社会へと完全に変化したのである。これこそが大転換がもたらした達成であった。

第五章

混沌とした快楽

——多様性と新しい個人主義

[訳注：ポストフォーディズム主義の男女は]今日、管理よりも誘惑に、教化よりも
宣伝によって統合され、規範的統制よりも創造を必要としている。(*Bauman 1998 : 23*)

◎

イギリスは今や、ヨーロッパ中で最もふしだらな社会の一つとなっている。
特に、イスラム教徒の多くが居住する都市部のイギリス人の若者は世界のほぼどの
場所よりも、大酒を一気飲みするうえ、誰彼構わずセックスし、
二人の両親がずっといる家族のもとで礼拝を行う生活を営まなくなっている。
しかしながら、イギリス人の若いイスラム教徒自身が語るように、若者の反応の一部は、
世俗的で快楽主義的、アノミー的なライフスタイルに
対抗するものであることは明白である。若いイスラム教徒の女性は、
女性が性的対象に貶められるくらいなら、
チャードルで身を包んだ方がましであるという。
彼女たちの言い分は、ほぼ保守的フェミニズムといえる。
間違いなくこれはイギリス社会の諸側面に対する社会的保守の立場にたつ批判であり、
とりわけ私たちが住んでいる都市部の若者世代の住民に顕著に見受けられるものである。
(*Garton Ash 2006 : 25*)

◎

移民を侵略とする万古不易の語りや罪悪感、否認、嘲りからなるメランコリックな混合物、
およびそれが招く同質化の暴力を離れて、
"人種"や人種主義についての他のストーリーが語られねばならない。
このような解放的な遮断は、人種は混合物であるという
陳腐な感覚を解き放つものであると定義されうるかもしれない。
またこの国の祝祭文化の一つとして日常の転覆があるが、
そのなかでは「人種」の意味が取り去られる。さらに人種主義が衰退するにつれて、
それはヨーロッパのなかで北米が辿った運命の跡というよりも
遠い昔に過ぎ去った大英帝国の歴史の一コマと化すだろう。
(*Gilroy 2004 : 166*)

◎

自身の生存条件を決定するという点において、
諸個人は自由かつ平等であらねばならない……
他者の権利を否定するためにこの枠組みを用いない限りは。
(*Held 1987 : 290 = 1998 : 408*)

メタファーと意味

作家は私たちが生きている時代を描くため、想像力豊かな文章を深く掘り下げて書いてきた。おそらくホブスボーム（Hobsbawm 1994：16＝1996：27）が言うように、私たちは波立つ水の上を漂っており、そこでは風景を解し、海を渡る道を見出すのに、古い地図や海図が役立つことはない。あるいは、ロマンスと優美のしるしであった近代主義者の描いたなめらかな線形の航路は功利主義者の飛行機旅行によって絶望的なまでに非経済的なものと見なされるようになり、私たちはその航路を後にして、しぶきを飛び散らしながらモダニティの目覚めのなかを航行しているのかもしれない（Phillipson 1989）。もう少し陸地に近づくならば、バウマン（Bauman 2005＝2008）が言うように、私たちは流砂の上を歩けるようになるのかもしれない。彼はたくさんの著作で「液状化する時代」、「液状化するモダニティ」、「液状化する愛」について注意を喚起し、現代文化の流動性と非実体性について問題提起している。しかしさらに内陸に向かうなら、私たちはモダニティの圧倒的な破壊力に打ち負かされる危険にあり、ギデンズ（Giddens 1990＝1993）が言うように、今までにないぐらい速く「逃げ去る世界」を進むことになるのである。これらの隠喩的な小旅行はすべて、スピード、変化、終わりと始まり、不確実性、不安定性、ハイリスクを惹起し、不安、恐怖、苦悩を生みだし、心の奥底にしまいこまれたパニック感覚を時に表に晒す。以前の著書（Weeks 2000：235－244）で論じたように、二〇〇〇年に差し掛かろうとした頃セクシュアリティには終末感がつきまとっていたが、今や私たちは安心してそのランドマークを交渉可能なものにした（セクシュアリティに言及する際、ほとんど感情を伴わなくなったことは画期的である）。何かが進行中であるという感覚は、今日の「ポスト」世界の増大に象徴される。ポスト家父長制、ポスト社会主義、ポスト自由主義、ポスト・フェミニスト、ポスト・ゲイ、ポストＡＩＤＳ、ポストセクシュアル、ポスト家族と、そのリストはおそらく長大なものになるだろう。さらにポストモダニティ、後期近代、ハイモダニティ、ポストフォーディズム、「新たな時代」、第二の近代、再帰的近代、リスク社会、情報化時代、ネットワーク社会、リキッドモダニティといった形で、私たちが生きる時代をさらに広く特徴付けようと試みれば、同じことになる。私たちが何が新しい変化で、どこへ向かおうとしているのか確信を抱けなくても、これらすべては何か新しいものを指し示しており、決定的に過ぎ去ったものの後に到来するものなのであろう。バウマン（Bauman 2005：2＝2008：10）はこれをいまだ不安定な「新たな始まりの連続」として論じている。

意味や解釈に関して意見を異にしているかもしれないが、不可逆的な大変動や、恒常的であると同時に厄介な流動性が頻繁に生じているという世界観の言語化を試みている点ではみな同じである。第二次世界大戦後、ときの権威が再現と再確立を試みた堅固な伝統も、社会変動の大嵐にさらわれて消え失せてしまったし、性行動や観念を支配していた古い道徳的確実性も過去のものとなった。私たちは今までとは違った世界、おそらく不確実性の世界を作っているのだが、その世界は過去の世界に劣らず価値を負荷された世界である。私たちを囲繞する不確実性こそが私たちが自らの生を再評価し、新たなリソースや価値、道徳的なコミュニティを見出すことを、様々な仕方で促しているといえる。この過程を通じて、私たちは生きるうえでの妥当な方法を築くことができるのである。しかし私たちが作っている世界が、大いに多様性に富んだ世界になることは避けて通れない。私たちはもはや、誰もが同じように生きようとしないし、物事を同じように見たりしない。プラマーは非常に有意義な形で、このような変動を見る際のユートピア的な見方とディストピア的な見方のバランスを取ろうとした。同一の事実とその証拠、それらに対して異なるパースペクティヴを示すのである。貧富の格差拡大は、すべてではないにしても、大多数の人にとってより高い生活水準を可能にするかもしれない。社会の断片化は生活機会の「複数化」とも読めるだろう。匿名性とコミュニティの喪失は、新たな性の世界に対する帰属感を生み出すかもしれない。ナルシシズムと利己主義は新たな個人主義における自由の増大に反すると判断されねばならない。マクドナルド化と規格化は市場民主主義のなかでの選択の増大に反するとみなされねばならない。単純な自己理解は洗練された自己意識、ないしはアイロニックな再帰性とも一致する。道徳の衰退には、道徳的な熱狂とグローバルな市民性が対抗するだろう。固守されてきた排除のヒエラルキーは、包摂と帰属の言語ならびに日常生活の民主化の進展によってバランスがとられる。不確実性とリスクは、グローバルな新秩序と人権を生み出すかもしれない（Plummer 2003 : 10 : 筆者はプラマーのリストを自由に転用した）。一つの事例はユートピアとディストピアの極のいずれかとして作られたのかもしれない。だが明らかにこれらの事例の多くが、私たちがともに生きねばならない複雑性や矛盾ではなく、完全な両極性をもつ分断した選択肢として提示されている。二つの両極はともに正しいのかもしれない。現実にこの世界は統一神話、すなわちジェンダーやセクシュアリティ、家族を、教会や国家、コミュニティの価値が承認する、ある程度一貫した統一体に結びつけるグランドセオリーを失った。かつての世界も目指した通りに完全に実現されたわけではなく、現代の世界と同様に多くの点で亀裂が走り分断されていた（Plummer 2003 : 18と比較せよ）。ただし統一神話は諸々の構造を束ねる糊のような役割を、ある意味では担っていた。今日ではその糊が溶解したのである。宗教、家族、慣習道徳、さらにはイデオロギー等の伝統的な権威が数十年間の異議申し立てや変動によって打破され、さらにグローバルな人や物の流れや経済近代化、文化変容、無数の人々が行う日常的な選択に象徴されるような変動への意志といった解体力によって浸食されたのである。今日、私たちは複数性の世界に生きているが、その世界は還元不可能な多様性と様々な起源をもつ権威からなる。この世界は宗教やエスニシティ、道徳規範の分断により、明確に相容れない存在となり、それゆえに特に困難なものになったが、依然として共存に向けて創造的な努力を重ねる生産的な世界でもあり続けている。新たな機会や新たな熱望、新たなエロティシズムや愛、親密性の諸形式を生み出すこの世界を、「ユートピア」

と呼ぶ必要はない。というのは、これらの多くは日常的な現実だからである。

交差

セクシュアリティは私と公、個人と社会、「自然」と人間といった、特有の変数を伴いつつ歴史的に形成されている。そのためセクシュアリティは、矛盾し交差する諸力が作動する特権的な場となったほか、多様性の意味を考える場にもなった。セクシュアリティは多様な意味が構築され競合する場として、いくばくかの意味の源を持つ。私は、セクシュアリティと親密性を現代的な観点から理解する際に中心となる多様性の三つの次元を区別したい。すなわちライフスタイルの多様性、エスニシティと信仰の多様性、ライフコースの多様性である。むろんこれらは重なり合う形をとる。フランケンバーグ（Frankenberg 1993：10）は女性の人生が形作られる際、ジェンダーや階級、人種が与える影響は「同時性」をもつと書いた。しかし私たちは、この概念をより広義に用いることで現代社会における様々な交差の同時性を示すことができる。フランケンバーグが言及するもののほかに年齢、身体能力ないし身体障害、地理、教育、信仰等があり、これらすべての影響のもとで性は形成されるのである。それぞれの多様性の次元は、複雑で矛盾に満ちた諸要素が交差しながら形成されるのである。

性のライフスタイル

故クエンティン・クリスプ（Crisp 1998）はかつて読者に「いかにしてライフスタイルを持つか」を伝えようと試みた。現代世界では人はみな性のライフスタイルを持っており、ある程度伝統的なライフスタイルを持っている人もいれば、新しいライフスタイルを持っている人もいる。単一のセクシュアリティではなく複数のセクシュアリティを、単一の支配的な性文化ではなく複数の性文化という観点から思考しなければならないというのが本書の中心的な論点である。しかし生殖や結婚からのセックスの分離がこの論点に新たな次元を付加したのである。第一にこの分離によって、人々の関係性に対する判断として異性間生殖を文化的・社会的に強調することが潜在的に不適切になっている。そのためたとえば私たちが生殖という義務から離れると、異性愛関係が非異性愛の関係に対してアプリオリな特権をもつことはなくなる。このことは、セクシュアリティの性質に関する目的論的な想定よりも関係性の質に基づいた倫理につながる道があることを示す。しかし第二に力点が性の実践、すなわちベッドで何をし、自らのアイデンティティをどのように理解し、世界のなかに位置づけるかに移動している。生殖がセックスの妥当性を正当化する唯一のものでなくなると、セックスそのものは道徳的な非難を離れてより変化に富んだ多様なものとなるのであり、ギデンズ（Giddens 1992=1995）が残念な使い方をした言葉でいうと、より「可塑的」なものになりうる。セクシュアリティは今や多くのことを意味し、極めて異なった人生の選択やライフスタイルを営む焦点となりうるのである。

伝統的価値から得られるものがますますなくなり、グローバルなものがローカルなものに対する影響を増すにつれて、諸個人もまた自身のライフスタイルの選択により向き合わざるをえなくなる。あらゆる水準において標準化の影響はあるものの、社会生活がさらに開放され、背景や権威の複数化が進んだため、ライフスタイルの選択は自己アイデンティティと日常活動の構築にとってますます中心的な位置を占めるようになっている。ギデンズ（Giddens 1991=2005）が議論するように後期近代という条件のもとでは、私たちは選択する以外の選択肢はなく、選択という言説の核心には「いかにして私たちは生きるべきか」という問いがある。その問いのもとで生きることと愛することが緊密に結びついているのである。

性的嗜好をもとに組織される生き方を選ぶこともますます可能になっている。さらに欲望、アイデンティティ、行動、消費、親密生活のパタン、ないしより広い社会的な関わりや雇用でさえ、自分と同じ資格を有する他者とともに創出できるような社会的世界を生きられるようになっている（Binnie 2004）。その先駆者といえるのが、一九七〇年以後のレズビアン&ゲイであり、彼らはより広義のコミュニティを創出したうえ、世界中のほとんどの大都市の中心部から無数の小さな場所にいたるまで、顔を合わせる場所やクラブ、社会的ネットワーク、職場や地域を作り上げたのである（Adam et al. 1999a）。二〇〇〇年代初頭にはこれらのつながりは、さらに文化的に複雑になった複数の前提や価値観の中心に位置するようになった。マーク・ブライジウス（Blasius 1994）は「ゲイのエートス」がはっきり出現したと説得的に述べているが、「ゲイのエートス」は平等な友情や性的実践に対する開放的な態度、日常生活の基礎としての関係性を包摂する一連の諸価値に基づいている（Weeks et al. 2001も併せて参照）。そしてますます、この「ゲイ」というカテゴリー自体が広義かつ多様になった。自己ラベリングの形で使用されるようになったLGBT(Q)（レズビアン、ゲイ、バイセクシュアル、トランスジェンダー、クエスチョニング（あるいは　クエリング（模索中：querying）ないしはクィア））がそれを示している。すなわち「どこにもない状態からどこにでもある状態へ」移行したのである（レズビアンについて特に言及しているValentine（2000）と比較のこと）。しかしこれらの用語はどれも明らかに不変的とか普遍的とはいえず、用語自体が様々な差異を含んでいる。たとえば男性か女性か、バニラ［訳注：誰でもしている平凡なセックス］かSMか、異性装者・トランスセクシュアルかインターセックスか、といった違いのほか、エスニシティ、年齢、明らかに可視的なものを除いた障害に基づいたアイデンティティも増大している（Mercer 1994；Heaphy et al. 2003；Shakespear 2003；Langdridge and Butt 2004）。これらのラベルのいくつかは現在までにかなり長い歴史を有している。そのなかには新しい声の沸騰を意味するものがあり、障害のある人々が「社会が人に障害を課すのであり、身体のせいではない」と主張したり（Shakespeare 2003：143）、障害者も市民権のみならず性も有していると主張する運動が現れた。他にはバイセクシュアルのように、最近になって意味を変えた者もいる。バイセクシュアルという言葉には古くからの伝統があるが、その言葉はアクティビストによってポストモダンのアイデンティティとして再定義された。それは二〇世紀後半に作られ、セクシュアリティの二分法に根本から挑戦する可能性をもつ（Bi-Academic Intervention 1997 : Storr 1999）。一方で、自己定義の変容と政治的な分析を表明する者もおり、これはトランスジェンダーの人々の声の高まりにみられる（本書の第六章を参照のこと）。そしてこれらはまさにセクシュアリティという連続体の、広い意味で非異性愛的な部分なのである。

セクシュアリティに基づいた生き方の選択は欲望やアイデンティティ形成とともになされ始めるかもしれないが、その生き方は他の多くの差異のリソースによって分岐していく。これらは新しい形式での消費が切り開く諸々の機会によって可能となったのである。ライフスタイルという考えは少なくとも表面的にはマーケティングや広告、消費主義と緊密に結びついており、市場には重大な変化があった。一九八〇年代における広告重視は生じつつあった変化を示しており、そこでは伝統的な地位競争や社会的関係に対する依存に代わって、ライフスタイルの選択が強調されるようになったのである。特に新しいスタイルの男性性と産まれたてのゲイ・ライフスタイルとの重なり合いが注目されていた（Mort 1996 : 97 – 8）。モートが強調するように、「消費者の日常習慣と現代の性のライフスタイルは緊密に結びついていると理解された」（ibid. : 188）のである。経済的な不平等や階級の差異がライフスタイルの選択肢を否応なく形成することがここからわかる。セクシュアリティや家族生活に関係する古典的階級分析は広い範囲で消えつつあるが、一部の差異は依然、根強く残っている。同様にライフスタイルという言葉の背景には、地理的条件のほか、経済・文化・階級的生活条件のもとで諸前提のすべてが未だ強い影響力をもっている。しかし二一世紀の始まりにおけるイギリスの性の地図は、古い時代に押し付けられた諸々の行動が変わりつつあることを示している（Duncan and Smith 2006）。オブザーバー誌が行なった意識調査によると、伝統的ピューリタンのウェールズで、一三歳で性のパートナーがいる人が最も多く、今やイギリスのなかで最も性に盛んな場所になったが、一九四五年のウェールズとはかけ離れた世界となっている！　同時に厳格でピューリタン的といわれるスコットランドも、パートナー以外の人と浮気する人が最も多い傾向にあるという（記録では三四％の人が過去に浮気をしたことがあるという）。一方でコスモポリタン的なロンドンは長い間道徳的弛緩の中心であり、罪にあふれた首都とみなされていたが、実は浮気率が最も低かったという（記録では七％）。しかしロンドンという洗練された都市は、ひとり親世帯の割合が最も高い都市の一つでもあり、インナーシティの自治区では五〇％近くにも達するという（ONS 2006：27）。ほぼすべての次元において、ロンドンは未だイギリスのなかでも最も多様性に富んだ場所であり続けており、旧来の伝説に従えば世界で最も多様性に富んでいるのである。しかし「性に対する態度およびライフスタイルに関する全国調査」の二〇〇一年の記録（Johnson et al. 2001）によると、一九九〇年以降はロンドン以外の場所で甚大な変動が記録された。ロンドン以外の場所もロンドンに追随しつつあるという。しかしこの国は新しいルートだけでなく、かなり神聖視された旧来のルートに沿って変化していることもまた事実なのである。

　ポスト構造主義の理論的革命においては、アイデンティティの増大や流動性と解体とともにその創出的で偶発的な性質が強調されてきた（Weeks 1995：83－123）。私たちは複数のなかから選んだアイデンティティや多重アイデンティティ、ハイブリッド的なアイデンティティについて語ることができるし、個人がライフスタイルを選ぶ世界では性的アイデンティティを完全に拒むことさえできる。しかしアイデンティティは変化しつつあるとはいえ過去からの累積やルーツがあり、逃れ難い面があることを想起するのも重要である。性および家族に対していかに適切に振舞うべきかという階級的諸前提によって、若い労働者階級の女性の子育て生活が形作られている（Duncan and Edwards 1999）。たとえば一〇代の妊娠は階級や社会的に不利な立場と依然として強い相関を示している（Duncan 2005；Rowlingson and Mckay 2005）。異なったエスニシティ、人種、信仰の集団はセックス、結婚、子育てに対してそれぞれ極めて特有な態度を示している（Fenton et al. 2005：1246－55を参照）。たとえばアジアや中国にエスニックな起源を持つ家族ではひとり親世帯が最も少ない傾向にあり、二〇〇一年では子どもがいるインド人の家族の八五％が既婚であった。カリブ、アフリカ、混血の黒人の間ではひとり親家族の人口の割合が最も多かったが（国家統計局 2006：27）、カリブ人家族の事例では、出身地と同様に相互扶助や助け合いの規範が反映されていた（Goulbourne and Chamberlain 2001b：7）。アフリカ系およびカリブ系の黒人男性は白人、インド人、パキスタン人男性よりもリスクのある性行為（コンドームを付けないセックス）を頻繁に行う傾向があり、性感染症の罹患率も高い傾向にあった。白人女性は他のエスニック集団よりもリスクのある行為を行う傾向があった（Fenton et al. 2005）。より広義に性のライフスタイルを捉えるならば、これらすべての集団も性のライフスタイルを持っているといえる。もっともレズビアンやゲイが自らの生き方を選ぶことができるのとは必ずしも同様ではないという点で、クエンティン・クリスプの語義通りではないにしても。大多数の人々のアイデンティティやライフスタイルは未だ運命決定的で、機会に開かれたものではない。ライフスタイルはさらに根本的に異なったもの、侵犯的なものになりつつあるが、リベラルな大都市限定のものであり続けている（Duncan and Smith 2006）。

運命共同体と現代世界を特徴付ける選択共同体は複雑に混ざり合っているが、依然として共通する筋が一つある。あらゆる証拠が示すようにこれらは強固な道徳共同体であるが、それは諸個人が外在的な道徳コードを遵守しようと必死になるという意味ではない。むしろより深い意味で諸個人は世界を理解しようと試み、そのなかで生きようとするのであり、その過程で自らにとって道徳的なストーリーを作り上げたり、自分の基準から見て正しい選択をはっきりと表明したりするのである。プラマー（Plummer 1995）は、性に関して周縁化された人々が知識とアイデンティティからなるコミュニティを形成するなかで生じた、性のストーリーの重要性を示した。また家族を選択可能にする概念や、非異性愛者間の友情倫理、同性間の親密性を表す概念が新たに出現した（Weeks et al. 2001）。同様にダンカン（Duncan 2005：6）も、一〇代の母親によって語られるストーリーが、公的な報告書や政策のなかで描かれる母親の非合理性が偽りであることを示していると論じている。対照的に彼女たちは「妊娠して、中絶せずに母になるという決断に、自分たちの母親や父親が住んでいた家族、コミュニティ、地域といった社会的世界という観点からみれば道徳的な意味があると考えている」ことを示している。カリブ系越境者の事例では女性が一家の長になる伝統があったために、家族関係が機能不全に陥りやすいという文化的偏見にさらされてきた。そこでは父親が継続的に果たすべき役割や、地域のつながりの強さ、国を越えた強い親族ネットワークといった、日常生活や相互の義務と責任を維持するものが覆い隠されてしまっていた（Goulbourne and Chamberlain 2001b：7；Reynolds 2001：133－54）。

それぞれの社会的世界には特定の道徳的合理性がある。ダンカンとエドワーズ（Duncan and Edwards 1999）が言うように、男性と女性は重なり合ってはいるが差異化された道徳領域、とりわけ親密な生活に関して差異化された道徳領域に住まうという意味で、道徳的合理性は極めてジェンダー化されているのである。そして道徳的な意思決定は、社会評論家に限ってなされるのでもなければ、教会や国家といった既存の権威によってなされるのでもない。むしろ多数の場所から生じる各々の権威が、自らにとっての真理を語るという光景を見ることができるのである。私たちが直面している課題はこれらの声をいかにして聞き分けるかであり、どれが人間の幸福に資する道徳的なストーリーなのか、どれが諸個人や関係する集団の生活機会を毀損するストーリーなのかを識別しなければならないのである。

人種的にマイノリティとされたエスニシティをもつ人々の共同体や、マイノリティとされる信仰者の共同体では、セクシュアリティの異なる体制から生じる緊張や両義性が最も激しく争われる。人種とエスニシティは宗教と分離できる。だが多くの人々が宗教を人種と民族の違いを表す一つのマーカーと考えるようになるにつれて、昨今では実践的に重要な局面においても、これらが相互に結びついたものとして考えられるようになった。第三章にて、私は原理主義のいくつかの形式と信仰に基づいたアイデンティティに緊密な親和性があると記したが、そこではセクシュアリティ、ジェンダー、家族が諸々のコミュニティの価値観を区別する境界になっていると指摘した。ポリー・トインビー（Toynbee 2006：33）は、「女性の身体は宗教の争いにおける戦旗であり続けた。産後の女性を清める儀式にしろ、女性に子どもを産めと命じるローマ教皇にしろ、妻を殴ることを認めるコーランにしろ、夫に殉死するよう命じるヒンドゥー教にしろ、中国の纏足にしろ、その他すべてを含めて戦旗であり続けた」と書いている。キリスト教、イスラム教、ヒンドゥー教の福音伝道者かつ原理主義者たちは、女性が性について主張することや、ゲイの権利、性教育、中絶に対して、新・伝統主義者として敵意を表明する尖兵となっている。性の変動をめぐって大多数のキリスト教会は深刻な分裂状態に至っており、最も伝統主義的であるカトリック教会も分裂し続けてきた。カトリック教会は信者の実生活がどうであれ、産児制限に反対し続けている一方、高位聖職者のなかに小児性愛者が多数見つかったという事実には窮している。しかしあらゆる信仰集団がゲイ革命にうまく対処するのは困難であることを理解した。イギリス国教会という、伝統的な大教会でさえ、ゲイ聖職者の存在や同性婚をめぐって立場が分かれた。またイスラム教徒のゲイであると自認する男性は、自身の性的アイデンティティを自分のコミュニティで明言しようと試みたが、大きな困難や深刻な敵意に見舞われることになった（Yip 2003, 2004b：Bates 2004a, 2004b）。

しかし概ね宗教の影響力の低下傾向は未だ続いており、ヨーロッパとアメリカの間では劇的なまでに異なっている。二〇〇四年の意識調査では、イギリスのすべての有権者のうちたった二％しか週に一度以上教会に行っていないことが判明した。一方、アメリカ大統領選挙ではジョージ・ブッシュへの投票率が六三％、ジョン・ケリーへの投票率が三三％だった（Riddell 2004：17）。ジャーナリストのメアリー・アンヌ・シガートは、「現在の私たちは無関心な人ばかりである」とうまい具合に言い当てている。大概の人々は宗教的な務めに関わること以上にしたいことがある。これは大多数の人々にはあてはまるかもしれないが、世俗化に原理的に抗っている多くのマイノリティのコミュニティにはあてはまらない（Kaufmann 2006）。

伝統的なイスラム社会のみならず西洋の多くの都市において、一九九〇年代以降のイスラム過激派の興隆という形で、世俗化という単純な概念に対する異議が大いに唱えられている。そのなかではグローバル規模の価値観の対立も大々的に主張されているが、シンボル的・物質的な観点から主要な焦点となったのは女性の身体である。一九八〇年代以降、イスラム教の少女が頭に巻くスカーフやヴェールを学校で着用することをめぐって、ヨーロッパのいくつかの国では耳目を集める論争があった（Weeks 1995：150－2）。フランスは最終的にスカーフの着用を完全に禁止したが、それはスカーフの着用が明らかに宗教的なシンボルであるとみなされたからであり、教育に宗教を持ち込まない伝統を脅かすとされたからである。イギリスではより寛容な受容がなされ、調査による と二〇〇六年初頭の人口の六四％が肯定的な態度を示したといい、これは同調査がなされたヨーロッパの八ヶ国のなかでもかなり高い水準にあったという（Woolcock 2006a：32）。それでもイスラム教の女性がどこまで身体をヴェールで覆わねばならないかという問題は、多様性が抱えるジレンマを表現した一つの試金石となっている。イギリス議会内総務およびブラックバーンの下院議員であるジャック・ストローは、イスラム教の女性が問題提起したコミュニティで人間関係を築く際に抱える困難に温和な見解を表していたが、その後、二〇〇六年一〇月になってこの問題は表面化したのである（Btowne 2006：6；Wainwright et al. 2006：4）。アムリット・ウィルソン

（Wilson 2006：22）が述べたように、ヒジャブ（頭に巻くスカーフ）、さらにはニカブ（顔を覆うヴェール）やブルカ（頭からつま先まですべて覆うもの）の着用は極めて政治的なトピックなのである。それは伝統的なイスラム教社会、特に中東では、男性が女性の身体を支配し、慎み深さを強要している象徴なのである。しかし西洋社会では、スカーフの着用には別の意味があると論じる者もいる。彼らによれば、「女性の身体が際限なく絶えず性的なものとされる状況において、多くのイスラム人女性はヒジャブの着用を選択することで、男性のまなざしからの境界と自分の居場所を確保する。さらに性的なものとされないアイデンティティを要求しているのである。すなわち自分の居場所を開拓することは、家父長制的な境界設定を受忍することではなく、イギリス社会で男性から浴びせられるまなざしから身を守る居場所を築くことだというのである（Wilson 2006：22）。このような立場がもたらす皮肉は、伝統主義や分離主義、社会的保守主義に順応するために、個人の選択というフェミニストの言語が用いられている点にあるとガートン・アッシュは指摘する。カシミールでイスラム教徒として育った作家のサイラ・カーン（Khan 2006：21）にとってこのような発言は受け容れがたいものであり、「ヴェールによって女性は制約を被っているのであり、ヴェールのせいで女性は人生のあらゆる局面において自分の可能性をフルに生かすことができないうえ、コミュニケーションも取れないでいる。ヴェールは『私はあなたたちの社会の一部になりたくない』という明確なメッセージを発しているのだ」という（Toynbee 2006も参照）。

他の文化的伝統として、南アジア出身の人々の間には「見合い結婚」の伝統があり、これは個人の選択を重んじるヨーロッパの白人的言説としばしば対立してきた上に、マイノリティのコミュニティでも、実際に世代間対立の一部になってきた（Gavron 1996：Hennink et al. 1999：868–90：Durham 2004）。一方マジョリティ集団においても、特に性的なものをさらにオープンにすることが様々なマイノリティのコミュニティに対して攻撃的になることが判明し、男性のみならず女性までもが女性の貞操保護を訴えるようになって、この主張はいっそう強化された。これらの問題をめぐる立場は分裂しているが、唯一たしかなのは分裂が対立のきっかけとなったことであり、そこでは支配的価値観がマイノリティの視点に強制されるようになったり、何が文化的に「有害」かを構成する諸概念が激しく競合するようになった（Cooper 2004）。見合い結婚は、貴族階級のなかで伝統的に行なわれてきた見合いに近似する場合は容易に受け容れられるかもしれない。貴族階級では、関係する個人に課される道徳的圧力に沿う形で、高貴な家族同士の結びつきがジェントルに栄えていったのである（ダイアナ妃の運命も、もし彼女が抱いていたロマンティッククラブの概念が王家の義務という王室的な概念とそれほど簡単に対立しなければ、全く違ったものになっていたかもしれない（Campbell 1998））。見合い結婚は、それを望まないパートナーに課された場合、完全に受け容れ難いものと見なされるだろう。どうしようもなく困難なのは、どんなに些細なことであれ、何が自由選択で何が強制にあたるのかを決めることだ。しかし服装や結婚の伝統が絶対的な文化的差異の伝達手段となり、あなたの（私たちの？）社会に対する拒絶を意味するようになると、これらの問題は究極的には分裂を生みだし、問題を孕んだものとなるだろう。さらに不寛容で、絶対主義や覇権主義的主張を行い、集合的規範を強要し、個人が声を上げたり逃れたりすることを妨げるような信仰を、道徳多元主義のもとでどこまで容認可能かというジレンマもある（Weeks 1995：151）。イスラム原理主義への恐怖とパラノイアというポスト9・11的雰囲気のもとでは、文化的分離主義が「自らの内部にいる敵」を強調して急速に浸透することは火を見るより明らかである（たとえば、Phillips 2006を参照）。同時に戦闘的な宗教過激派は身体とりわけ女性の身体を、反抗的な差異が主張されている場所として利用するかもしれない。

イスラム過激派のイデオロギーは今のところ、離散イスラム教徒のごく小さなマイノリティに留まっているが、過激な多様性の象徴となっており、他者性（性の他者性も含む）に溢れている。そこでは多元主義が通約不可能な差異を示す地図と化している。これこそ何人かの論者が現代の多文化主義にみいだしている危険である（Schuster and Solomons 2004）。だがマイノリティ・コミュニティ出身の多くの人々はセクシュアリティを文化的なハイブリッド化の中心と解釈しており、そこでは新しいアイデンティティや生の様式が育まれている（Durham 2004）。多様な生い立ちや文化を持った一九五〇～六〇年代の初期移民は、恐ろしい人種的「他者」として同質化されていた。しかし移住者が文化や性の他者性を伴って到来したことによって、問題が生じて人種主義的な反応がもたらされたわけではなかったのである。ギルロイ（Gilroy 2004：165－6）が述べるように、「植民地・帝国的なヨーロッパの人種主義は、ヨーロッパの内側での移民の出現以前から存在した。移民到来が問題となったのは、多様性ではなく人種主義だったのである」。人種主義は新しいコミュニティやアイデンティティを作る際の悩みの種となったほか、親密な行動に対する反応にもついてまわっていたのである。長い間、表向きには同質文化とされていた民族的な地理分布も明らかに変容した。一九九一年から二〇〇一年の間に黒人でマイノリティ民族（BME）［訳注：黒人とマイノリティ民族（BME：Black and Minority Ethnic）の人口を示す用語で、イギリスでは通常白人人口の減少を記述する際に用いられる］の人口は三一〇万から四六〇万に拡大したうえ、人口に占める割合も五・六％から八・一％まで増大したのである（Connolly and White 2006：1）。しかしこの集団自体が極めて多様であり、個人生活のパタンもまた多様なのである。

一九五〇年代から七〇年代にかけて新英連邦の諸国、特にカリブ諸国、インド、パキスタン、バングラディシュ、香港、アフリカからの大量移民に続き、八〇年代には亡命希望者の数が劇的に増大し、九〇年代には東ヨーロッパからの移民が激増した。これらの新しい集団が性や家族生活にもたらしたインパクトという点に関して、注目すべきポイントが複数ある。第一に、移民は特定の大都市部に集中する傾向がある。他の都市でもBME人口が占める割合は高いものの、ロンドンのBME人口はずば抜けて高く、BME人口の四五％がロンドンに居住している（これはイギリス全人口の一〇％に相当する）。そのなかにはアフリカ系移民の七八％、カリブ系移民の六一％が含まれる。第二に、これに関連していくつかのイギリスの都市では、最近になって移住してきた人による出生が大多数を占め、ロンドン自治区のなかには七〇％に達した地区もある（Woolcock 2006a：32）。子供がいるバングラディシュ人家族は五分の四近くであるが、これに比べて子供がいる白人家族は五分の二に留まり、全民族集団のなかでも最も少ない割合である（ONS 2006：25）。すべての家族のなかでも、白人家族よりも非白人家族が被扶養者の子供をもつ家族の首位を占める傾向にある。このことは産児制限に関する文化的、宗教的な違いによって部分的に説明可能かもしれない。しかしより重要な理由はこの人口集団の年齢プロフィールであり、子育て期にある女性の数が多いからである。ある集団がイギリスに在住する期間が長ければ長いほど、その集団の出生傾向は国全体のそれに近似するという証拠があり、実際、アフリカ系カリブ人の出生率のパタンも、イギリス人の白人のそれに近くなっている。ご存じの通り、歴史的証拠が示すところによれば、出生を減らす諸々の動機には異なった文化的価値観が反映しているものだが、それでも出生率のパタンは時が経つにつれて相互に近接してくるのである。

このデータが示すように人種と民族の多様性はどこにも増して大都市で顕著であり、特にロンドンには真の世界的都市に求められるであろう複数の人口集団やライフスタイルが存在する。にもかかわらずマイノリティ人口の規模が認知されるようになると、BMEコミュニティからある程度距離をとって暮らしている人にとってさえ、人種と民族の多様性は潜在的な対立の火種となっている。特に顕著なのは白人労働者階級の大部分が居住する地域であり、彼らは自分たちの文化的アイデンティティが他のアイデンティティに取って代わられたり、失われたりすることを危惧する。ヤングとウィルモット（1957）の『ロンドン東部における家族と親戚』は、確かに人種と民族の変動に言及しそこなっていたが、それに続いてデンチら（2006）は、白人労働者階級の人々が近隣関係の変化に際して、自分たちが素通りされ、無視されていると感じ、政治的権威に対する信頼を失ったがゆえに有する怒りの感情を描いた。同様にコリンズ（Collins 2005 : 224）は、ロンドン南部の白人労働者階級が実際には「人種を越えた関係性のるつぼ」の階級であるにもかかわらず、「人種主義者、外国人嫌い、保守的な人物」という偏見を被っていることを嘆いた。地域、家族、ローカルなアイデンティティは、彼らを取り巻く世界が変動するにつれて、対立する諸価値の伝達者となっている。これと併行してマイノリティのコミュニティのメンバーの多く、つまり黒人フェミニストやLGBTのみならずそのコミュニティ内で他の属性を有する人々にとっても、家族は人種主義を支える場所であると同時に、人種主義に抵抗する場所にもなったのである（Amos and Parma 1984 ; Frankenberg 1993 : 8 ; Mizra 1997）。

ここで強調したいのは、着実に集積可能な多様性という事実が単純な多元主義に直接転換されるわけではないということである。単純な多元主義は異なる生き方の相互受容に基づくか、あるいはより控えめで実現可能な倫理、生きることと生きさせることの倫理に基づくものである。両義性、曖昧さ、緊張や矛盾は現実のものであり、ときには熱狂的に看取される。さらに新たなマイノリティ集団に対して向けられる人種主義の複雑なプロセスは他者性の観念、特にセクシュアリティをめぐって作動し続けてきた。ジンタナ・ハリタウォン（Haritaworn 2005）はタイ、ドイツ、イギリスという、ミックスした出自をもつ個人に関するプロセスの研究で、タイ人女性や両性具有者の性的利用可能性、さらにタイ人男性の受動性と潜在的な同性愛という、人々が半ば意識的に有している前提がどのように作動するか、そしてこれら性に関する諸前提のレパートリーがどれほど植民地時代に起源をもっているかを明らかにした。リベラルな寛容という概念がどんなものであれ、白人らしさは依然として支配的だが、明確にはみえない基準となっていて、「歴史的、社会的、政治的、文化的に生み出され、さらに支配関係に根強く結び付く立場」なのである（Frankenberg 1993 : 2 ; cf. Dyber 1997）。

ただし、本当に生じた変動を記すことも重要なことだとすでに述べた。二〇〇六年の調査によると、イギリス人の過半数が移民によってイギリスがより住み心地の良い場所になったと感じているという（Woolcock 2006a）。イギリス人と移民が混在するのではなく隣接するコミュニティにおいてでさえ、人々が近接して暮らす時間が長くなるにつれ、共同構築的な関係性が望ましいと考えるようである。さらに望ましいことかもしれないが、イギリス人の若者の多くはエスニシティや人種による分断を越えて親密な関係性を築くことで、多様性の受容増大を実際に示している。コノリーとホワイト（Connolly and White 2006：5）はイギリス生まれの新たなエスニック集団の登場について書いており、二〇〇一年には約七〇万人が異なった人種の親から生まれているという。彼ら自身が指摘するように、イングランドとウェールズには人種の異なる集団が複数存在してきたため、一つの人種から成るエスニック集団はほとんど存在しない。白人とアフリカ系カリブ人の両親のハーフとして生まれた人々は最大の集団を形成しており、それに次いで白人とアジア系が出自の人のハーフ、白人とアフリカ人のハーフの小集団が形成されている。またアフリカ系カリブ人は異人種間交際に最も関わる傾向にある一方で、南アジア人は最も関わらない傾向にある。しかし彼らがリスト化したすべてのマイノリティ集団のなかで、一六歳以下を占める最も高い割合はハーフ人口であり、集団間交際の割合が増大していることを示している。イギリスにおける異民族間交際の割合はヨーロッパで比較可能な国のどこよりも高く、アメリカよりも高いことも間違いない（Alibhai-Brown and Montague 1992：Weeks 1995：41を参照のこと）。一方で都心、ブラックバーンやバーンリー、ロイヤル・ウィンザーのような北部の街、ロンドン自治区のインナーシティには強固な分断線がある。また人種主義の存在を示す証拠も依然として存在しており、白人から黒人に対する差別のほか、他民族間の差別もある（一九九七年の調査において、自分の親族がアフロカリブ人と結婚すると問題が生じるだろうと回答した割合は白人イギリス人では一三％であったが、アジア人では三二％、ユダヤ人では二九％だった（Collins 2005：224））。しかしそのような事実にもかかわらず、ギルロイ（Gilroy 2004）が「共生」と呼んだ新たな諸形式は異なった未来に目を向けるイギリスのたくさんの地域で発展してきたのである。

ギルロイは著書『帝国以後』のなかで、人種や民族が本質化されたアイデンティティの出現が、人種主義との闘いに何らかの価値ある貢献をなしたかを問うている。そして種々の「多文化主義multiculturalism」ではなく「多文化性multiculturality」の発展に正真正銘の変化への希望を見出している。「多文化主義」は多様性に対する政府の公的対応にみられる特徴であり、集団アイデンティティの物象化に基づいてきたが、ギルロイが擁護する「多文化性」は共生の観念に基づく。「多文化性」は「イギリスの都市部やポストコロニアルの街のいたるところで、人々が共住して相互作用することを通じ、多文化が社会生活のありふれた特徴になるまでのプロセス」を意味する（Gilroy 2004：xi）。共住はうまくいかないと絶望している多くのリベラル左派は多文化主義を恐れ不安視する。ギルロイはこれをポストコロニアル主義者の憂鬱と呼んでいるが、家族生活、若者文化、性交渉、音楽のなかで日々共に過ごすという平凡な事柄、陳腐な事柄こそが、ポストコロニアル主義者の憂鬱に対する真の回答となるのである。社会的保守のエスニックなリーダーや公的政策の態度を重視してアイデンティティの分離を肯定する絶対主義者も、新たな統合と首尾一貫した新しいイギリス人らしさを定義することを主張するリベラルな批評家も、新たなプロジェクトの支持者からは批判の対象となる。

新たなプロジェクトは、人種による差異は政治生活における自明かつ不変の事実であるという考えと袂を分かつのを厭わない。またこの差異の秩序が、対立する世界を安定させるために何らかの形で必要であるという考えも拒絶する。そのかわり新たなプロジェクトは、人種主義に反対する動向が効果的に達成された暁には人種の物象化を批判しなければならないと主張する。このプロジェクトはあらゆる民族純潔主義者のテーブルをひっくり返し、彼らが他者性に対して抱く嫌悪や、苦境にある人類という、自明な同一性の主張に対して彼らが抱く野蛮な敵意にきちんと責任をとらせる。この時点で生じる多文化主義はライフスタイルの選択肢のひとつではない。ポストコロニアルな共生的都市世界で、混沌とした喜びがある場所ならどこでも、この反体制的な価値が認められるのである（Gilroy 2004：167）。

共生が提起する「過激なオープンさ」によって人種主義の現実、とりわけジェンダーやセクシュアリティをめぐる支配と服従の諸形式が廃棄されるわけではない。逆に共生概念が提起しているのは、平等主義的で公平な生を阻害し否定する権力を特定することの重要性である。しかし共生概念によって、もうすでにかなり多くの者が携わっている日常生活の実験や、「不安や恐怖、敵愾心を抱くことなく他者と生きる私たちの能力」をめぐって根源的ヒューマニズムに価値を付与することの重要性も提示される（Gilroy 2004：xi：『サウンディングス』所収の小論も参照のこと。根源的ヒューマニズムについてのさらなる議論は本書第八章を参照のこと）。

ライフコース

人種、エスニシティ、信仰が文化を垂直に分断する恐れがあるとするならば、年齢は文化を水平に分断する恐れがあるといえよう。これは間違いなく歴史上のパタンであり続けたものであり、大転換の象徴ともいえる世代間対立の存在を否定する者はほとんどいないだろう。しかし自発的共生によって、目に見える差異をめぐる絶対主義的アイデンティティが弱まるにつれて、私たちの時代の文化革命は『人生の七段階』〔訳注：ウィリアム・シェイクスピアの戯曲『お気に召すまま』の第二幕第七場のジャックの独白。典型的な人のライフコースのこと〕を崩壊させてきた。多元的な世界が、人が誕生、幼年期、青春期、青年前期、結婚、出産、退職、老年期、死へと歩んでいく自然な人生サイクルという伝統的な前提を掘り崩してしまったのである。だがライフコースという視点が強調されるようになると、私たちは「多様な時間的・社会的コンテクスト」を理解する必要に迫られている（Mabry and Bengtson 2004）。個人は自らの歴史的状況や社会的状況を差異化することを通じて、多種多様な旅に乗り出していくのである。

これには人口統計学的な変化が果たしてきた役割が大きく、出生数は二〇〇四年までに一九七一年に比べ二一％減、一九〇一年に比べ三四％減となっている。また二〇〇一年の一六歳以下の若年人口は一九七一年に比べて二六〇万人も減った一方で、六五歳以上の人口数は二二〇万人も増大した（国家統計局 2006：18）。高齢者率はベビーブーム世代が六〇代に近づくにつれて、さらに増加する運命にある。高齢者率の上昇に伴って、人口は新たな歪みを生み出しつつある。そのため当然のことながら、既存の諸々のカテゴリー化も崩壊しつつある。その重要な要因となっているのは、子ども期と成人期についての伝統的な諸概念である。これらの概念は長きにわたって批判されてきたが、その語がもつ意味や両期間の移行に関する疑問が提起された結果、断片化してしまった。若者は低年齢でセックスするようになっている。一方で年齢をより多く重ねた人々も、これまでより長期にわたって性生活を活発に営むようになっている（少なくともより公にしている）が、これには高齢の妊娠、出産、育児を可能にする技術革命によるところ大である。そして他の人々も、これまでとは異なった形で、セクシュアリティや親密性を実践している。

すべての後期近代社会と同様に、イギリスも一九五〇年代後半から一九六〇年代初頭にかけてのテディボーイズやモッズ、ロッカーの登場以降、様々な若者文化に慣れ親しんできたのは確かである。そしてこれらの文化によって、性的な早熟さへのモラル・パニックの感覚が頻繁に生じた。一九八〇年代にはディストピア的観念を有する社会学者が和解不可能な種族、すなわち内向きで、自分のことで頭がいっぱいで、性的に早熟で、潜在的に暴力的な若者の出現に懸念を抱いた（Maffesoli 1995）。しかし現実には、現代の若者は微妙な違いはあるものの、彼らの両親と基本的な価値観の多くを共有しているようである。それと同時に、若者の興味関心によって形作られると同時に関連を持つ、特有の「価値《ヴァリュー》の体制《レジーム》」も存在する（Thomson 2004：135）。総じて、若者たちは性的差異に対して寛容であり、彼らの親世代よりもレズビアン&ゲイの権利を支持するようにみえる。しかし同性愛の受容となると、同性愛を嫌悪する言動によって抑制されることも多い。二〇〇〇年の世紀転換期までは、若者の間で「ゲイ」は悪口の共通語と化していた。しかし「今や『ゲイ』は現代の遊び場で言うところの「くだらない《ラビッシュ》人間」を意味し、同性愛に対する攻撃的な言葉では必ずしもなくなったと、イギリス放送協会（BBC）の理事会は裁定した」が、LGBTの人々は激しく抗議した（Lusher 2006：7；Sherwin 2006：5）。このことは差異による境界設定に変化がないことを意味するのか、それとも差異の受容の前兆を示しているのか、それとも複数の世代にわたる若者文化で共通のよそ者扱い（outsiderdom）を意味するのか明らかではない。明らかなことは、セクシュアリティの役割に微妙な変化があったということである。伝統的に性行動の開始は成人期のしるしとされてきたが、性行動はたいてい結婚のような新たな責任という想定と結びつけられてきた。そして教育年数が延び、二〇代後半になるまで家にいる若年成人の数がますます増大するにつれ、物質的に依存する期間が延びた地域では、特に男性の性的主体性こそが自律と大人の地位獲得を示す重要なしるしとなっている（Thomson 2004：135）。性行動は大人への通過儀礼となり、それがなければ成人でないと見なされる。ここに顕著な変化が生じたのである。オブザーバー誌の二〇〇二年の意識調査によると、若者の二三%が一四歳から一五歳の時にセックスの初体験をしており、三二%は一六歳以前に経験している。初体験の平均年齢は男性では一六歳、女性では一七歳にまで下がっており、五五歳以上の人のその平均年齢が一九歳であることと対照をなす。また初体験が、戸惑いや不安のなかで行われることが多いというデータもある。青年期研究基金が行なった研究は、一〇代の一〇人に一人が酩酊時に処女や童貞を失っていたことを明らかにし、彼らはセックスをしなければならないというプレッシャーを感じていたほか、妊娠や病気を予防するものを何も用いなかったという（Campbell 2006b：16）。

子育てを拒む若い女性は否定されるという憂き目に合うが、若者による子育ても特に恵まれない背景のもとで育ってきた女性にステイタスを与えうるものとなっている。というのも母性はアイデンティティの感覚や個人的な意義を提供するからだ（Duncan 2005）。イギリスにおける一〇代の妊娠率は一九八〇年代以降変動し、一九九七年以降は政府も妊娠率を減らすために集中的に対策をとったものの、ヨーロッパのなかで依然として最高水準に留まっている。二〇〇三年には一五歳から一九歳の女性一〇〇〇人のうち二六人が子どもを産んでいる。また妊娠件数は一〇万件近くに達しており、その比率はイギリスの次に高いラトビアを一九%近く上回っている。最も低率なのはキプロス、スロヴェニア、スウェーデン、デンマークの女性一〇〇〇人あたり六人の出産である。これらの国々では社会的保守から性に対するリベラルに至る文化の奇妙な混在が起こっており、複雑な要因と異なった文化的意味が一〇代の妊娠率を形成しているのである（国家統計局 2006：31）。同時にここで記しておくべきことは、性交同意年齢である一六歳を下回る年齢での妊娠は一〇件のうち一件であるものの、このような少女たちのうち一四歳を下回る者が三〇〇人以上いることである。このような妊娠（その多くは中絶によって終わる）はメディアの尋常ならぬ狂騒や政府の不安を生みだしている。しかし妊娠が発覚した少女が暮らす圧倒的に困窮した家庭のなかでは、妊娠が恥とされるのは稀である。階級ならびに地域コミュニティにおける意味と地位は経済的・文化的機会の不足と結びついて、低年齢で母になる文化を維持しているのである。

セクシュアリティは若者の主体性を示す中心的な側面であることは明らかだが、逆説的な反応を生じさせる。文化は若者の性を鼓舞する《セクシュアライズ》（広告、エンターテイメント、ポップソング、洋服を通して）と同時に、若者の性行動に対する周期的パニックが示唆するようにその帰結を恐れているのだ。したがってとりわけ政治の観点から、成人期移行について深刻な困惑が生じるのは不思議ではない。雇用され賃金を得る権利、教育機会や親密な関係への参入といった例のように、若者は多様かつ相互連関した形で社会に認められた青年となるが、その道のりは様々である（Thomson 2004：135）。八歳で犯罪責任が生じ、一六歳で煙草の購入や退学、合法的な性交渉や結婚が可能になり、一八歳でアルコールの購入や社会保障の権利を得て、投票が可能になるのだが、最低賃金の保証を得るには二二歳まで待たねばならないのである。

青少年に対する困惑は、成人期という概念の断片化や多元化と表裏一体である。ある意味、この困惑にこそ本書のストーリーを見出せるのであり、本書は異なったアイデンティティやライフスタイルの発展を辿ってきた。他の無数の領域もそうではあるが、ベビーブーマーたちこそが、発展にいたる道のりを先導してきたのである。ベビーブーマーたちの「望みをすべてかなえる」という野望が、年をとること（エイジング）の明確な遅延を可能にしたが、それは新たな関係性によるものなのかもしれない。高齢出産は元々男性の特権だったが、今や体外受精によって女性もまた性行動を促進させてきた（ヴァイアグラ、シアリス［訳注：イーライリリー社が製造販売する勃起不全（ＥＤ）治療薬］等。第六章参照）。また若者やゲイ・コミュニティなど特定の文化でセクシュアリティが極めて高い価値を持つようになった（Heaphy et al. 2003）。タイムズ誌（二〇〇六年七月一九日号：五）は、このような変化を憂鬱な出来事と捉え、「性教育が必要な〝性的に自由な（swinging）〟年金受給者」という見出しを付けて次のように記している。

過去五年間で性病と診断された五〇代以上の人の数が急激に増大したことが明らかになり、年金受給者にセーファーセックスを実践するように促す必要が生じてきた。コンサルタントのルース・ホルマンは、「人々が高齢でより多くのパートナーと頻繁に性的な関係を持つようになり、新たな性の実験を試みるようになっている」と述べた。

驚愕の変動が頻繁に起こる世界では、安定的な境界が固定的かつ不動であることはなくなった。個人は想像力を働かせながら自らのライフコースをうまく選んで、決定的で運命的な出来事にも対処しなければならない。「出来事のつながりが失われた時代では、重要な出来事がいくつか起こるだけで、所与の状態が突然変えられてしまう」（Giddens 1991：113=2005：128；Thomson et al. 2002も参照のこと）ため、人々は感情的な能力や平静を維持する能力をマスターしなければならない。このような時、人々は自らの人生を再評価・再構築しなければならない。それは初めて誰かと関係を持ったときや、別離、離婚の時の衝撃であるかもしれないし、レズビアンやゲイであることをカミングアウトすること、性幻想を実現すること、新しい街や国境さえも越えて転居すること、年をとること、重要な健康的問題に向き合うことであるかもしれない。諸個人はこれらの出来事すべてによって、自らの過去に向き合い、未来を直視しなければならないのであり、ライフコースを再評価し自分史的な物語を再形成しなければならない。自分自身を発見する場でもあり、変動する諸状況に適応しなければならない。このような圧力のもとではもはや、世代属性やアイデンティティが前もって決められていたり、安定していることはないのである。

現代世界には差異と多様性につきまとわれているといって過言でないが、これまで私が議論してきた三つの次元はそのいくつかの側面にすぎない。アイデンティティ、政治、文化、嗜好、消費、経済的・文化的機会、生殖のパタン、健康機会、教育、性的快楽、家庭生活、能力と障害、メディアの利用、発言と退出[16]に至るまで諸々の差異が見出せる。それらの差異は複雑で多元的で流動的な現代に突出して現れており、対立と分断の場となる危機が差し迫っているのである。西洋では多様性の中から論争が生じる。若者のセクシュアリティから性感染症、レズビアン&ゲイが親になる権利から軍隊におけるゲイ、同性婚から代理母、シングル・マザーのニーズからトランスジェンダーの権利、中絶と幹細胞研究からインターネット上のポルノ、入国移民の権利から福祉受給権、信仰コミュニティの需要やマイノリティ民族の権利から急進的政治集団の主張に至るまで、すべてに及んでいる。重なり合うコミュニティや社会運動が自らを主張するにつれて、このリストは潜在的には長大なものとなる。また自らの主張を認知させようとするのは、進歩的な系譜やアジェンダを有する社会運動には限られない。反中絶主義者や父親の権利組織等、強力な原理主義者や（文字通り）反動的な運動さえもが、多元的宇宙のなかで自らの立場を主張しているのであり、彼らは自分たちのことを、リベラルな不寛容と「狂気じみた政治的な正しさ」によっていじめられている犠牲者として呈示しているのである（Cooper 2004 : 6）。西洋以外の場所での関心は、より基本的なことであることが多い。すなわち自分の生き方や自己認識、日常的な性実践が、伝統的ないしは新たな変化を被った伝統的パタンに合致しない場合、いかにして生きるかということである。原理主義者が身体やジェンダー、性的な服従に執着していることを想起しよう。（女性の）姦通者や同性愛者を石打ちの刑で死に至らしめている現実を想起しよう。ＨＩＶ／ＡＩＤＳに対する未だに恐怖に満ちた反応を想起しよう。南アフリカのような国でさえも、表向きには良識のある大統領が、インターネットに蔓延している俗説に従って、実用的な薬物療法の採用を長い間妨害していたくらいなのだ（Bhatt 1997 ; Altman 2001）。

性の多様性とともにどのように生きるかという問いが、未だかつてないほど、今日の私たちの生き方にとって重要な問題となっており、これによって無数の緊張が生じている。多様性は問題を生む。しかし北半球の相応に発展した社会では確実に、聞き届けられることを要求する多数の新たな声、すなわち「公共圏の多元化」（Plummer 2003 : 73）が、多様性によってよりポジティヴな形で生み出されている。「公共圏の多元化」はフェミニスト、ゲイ、伝統主義者、原理主義者、信仰集団、環境主義者、性的な事柄に異議を唱える人、反政府分子、道徳保守主義者、健康専門家、患者といった人々からなる。彼らは様々な社会的世界、すなわち社会運動、路上、新聞、雑誌や、ウェブ、ブログ、テレビ、ラジオを通じて議論し、声を上げ、思考し、試行錯誤し、主張するのである。古いストーリーが繰り返されつつある一方で、セクシュアリティや親密性についての新しいストーリーも増大しつつあり、特定の支援団体から話されることもあれば支援団体に対して語りかけるものもあるが、聞き届けられることを望む声のざわめき（バベル）は未だに拡大している。

無論、多様性の事実を認めることは、多様性それ自体を良いものと価値づけることと同一ではない。規範を確立し、異常者を厳しく罰することを望む者も多い。また性の多様性を認めることで、無数の多様性をいかに評価するかという議論を排するべきではなく、受容可能なものと受容不可能なもの、有害なものと無害なものの境界を定めるべきである。暴力や強制、低年齢者や弱者への虐待に関連した性行動が間違っていることに、私たちは完全かつ容易に同意しうるだろう。しかし私たちは合意に基づく性行為、たとえば倫理的ないし美的に不快につつる、「極端な」形をとる性的快楽の発現をどのように評価することができるだろうか。ある人にとっての毒が別の人には喜びでもあるような時、私たちはどのように「有害」という解釈を下せるだろうか。入り組んだ権力の連鎖を、私たちはどの程度まで評価や倫理的判断から排することができるだろうか。私たちが性愛の実践に目を向ける際、ジェンダー化された主観性や年齢による差異、能力の差異を捨象することはできるのか。クーパーが議論したように、多様性にはとりわけ二つの問題含みの形式がある。第一に、権力による差異、特にジェンダーや人種、セクシュアリティをめぐって組織される差異である。第二に、有害ないしは望ましくないと解釈さ

16　人々が製品やサービスあるいは諸制度に不満があるとき、それを表明するのに二つの方法がある。一つは、当事者に対して直接不平や不満を言うことで、これを経済学者のアルバート・O・ハーシュマンは「発言」と呼んだ。発言によって当事者の行動を変えさせようというわけである。しかし、人々が当事者に発言しても、不満が解消しないとき、人々は退出という行動に出る。つまり、人々はその製品やサービスを買うのを止めたり、その株式を売ったり、その会社との取引を止めたり、あるいはその会社を退職したりする。これを「退出」と呼んだ。

れる社会的・文化的実践である（Cooper 2004：190－1）。第一のものは軽視されることが多いが、相互強化する権力と不平等が交錯する、極めて重要な局面を表す。第二のものは、「セックス戦争」という、最も扱いに困るいくつかの争いの元となったものであり、たとえばＳＭプレイやポルノグラフィ、異世代間セックスがある。

ここで問題となるのは、セクシュアリティ自体がその善し悪しを具体的に明示するわけではないことである。しかじかの行為は「不自然だ」と議論できた時代はとうに過ぎ去った。新たな遺伝学に影響を受けた現代理論家が苦闘してきたけれども、私たちはセクシュアリティを、根本的には遺伝子に書き込まれた本能的衝動とか、社会が対応しなければならないものと理解することはもはや不可能だ（Lancester 2003：Segal 2004の批判を参照）。というのは性愛は、極めて社会的影響を受けやすいものとみることができるからである。性愛は許可と禁止、介入と非介入、定義と自己定義から形成され、これらによって性のカテゴリー、ヒエラルキー、意味、主観性が創出される（Plummer 2004）。そのためこれらの問題に応えるには、私たちの性愛に対する認識の埒外にある倫理的基準を利用せざるをえない。善なるものを促進し、悪なるものを防止するといった介入は、セクシュアリティ自体をただ認識するだけではできないのである（善悪と正邪のどちらも競合する用語である）。もちろん「伝統的価値」を守ろうと原理主義者の立場をとる人もいて――実践的にはたいてい伝統の発明を行う――そして司法の場における彼らの影響力を過小評価できない。このような問題のすべてが種々の権力、現代の消費主義、新自由主義的経済学と共謀していると信じこみ、文化的な絶望感に屈している人も、右派左派の立場を問わず存在するのだが、この点については後に手短に触れる。またモラル・パニックが席巻すると、性の問題が埋没してしまうことはよくある。私たちは現代的な道徳規範の複雑さに直面しており、絶望的なまでに不確実な状況にあると、モラル・パニックは往々にして喧伝する。しかし性の問題がいまや政治的・社会的・文化的論争において明らかに中心を占めているという事実――半世代前には殆どなかったことだ――こそ、私たちの文化的風景や個人・

集合的特性に深甚な変化が生じたことをよく表している（Weeks 1995）。

新しい個人主義とその批判

これら複合的な要素の絡まりから生まれる多様性に関する種々の言説のなかで、あるいはそれを通して、賞賛され、強調され、〝呼びかけられ〟ている現代の個人にとって、新しい個人主義とはいったい何を意味するのか。ローズがいうように、欲望をもち、関係を築き、自己実現を目指す自己は「二〇世紀後半の発明である」（Rose 1999：xxi）。私たちはこれまで、この性的自己の出現を見てきたわけだが、それは男性、そして以前に増して女性が、自分の性愛のニーズ、性的（sexualized）アイデンティティ、文化的立場を意識する個人であり、一九四五年以降約六〇年間を経過して徐々に現れてきたものである。一九四〇年代と五〇年代には、セクシュアル化したカップルや尊敬に値する同性愛が登場した。一九六〇年代と一九七〇年代には、性的に活発で新たに富を手にしたものの、社会的には不遇であった若い男性や女性は、ピルによって解放された。一九七〇年代には、女性解放運動家やカミングアウトをするゲイ男性やレズビアン女性が登場した。一九八〇年代と九〇年代には、（ＨＩＶ／ＡＩＤＳの）リスクを引き受けるようになった人やそこから生き残った人が登場し、現代にも連なる新たな性市民となった。現代的な自己は、セクシュアル化する文化のなかで形成され、自分が誰であり、いかなる存在であるのかを認識する際に、性愛が意味をもつようになっている。そして性愛の意味自体も常に流動していく。

プラマー（Plummer 2003）は後期近代における社会的趨勢をリスト化したが、そのリストは主体性、セクシュアリティ、親密性に及ぼす潜在的な影響が良いものか病的なものであるかを示している。彼は諸々の趨勢を、メディア革命、デジタル化革命、生の技術対象化、グローバリゼーションの流れ、個人化、親密性を他者に開示する傾向、平等主義の拡大、不安定の増大、商品化、医療化、文化弱体化の傾向と名づけている。これらはいずれも新たな主体性の形式を生み出すものである。そこには間接的に影響を被る生、デジタル化される生、技術対象化される生、グローバリゼーションを被る生、個人化する生、自らを開示する生、平等主義的な生、不安定な生、商品化される生、医療化される生、弱体化する生、その他諸々の生が存在する。しかし一方で、これらはすべて自己製造（making）や物語、自己装飾（self-fashioning）の要素を示すものである。今私たちは、性に関する自分語りや性的アイデンティティが興隆している地平にいるのである。

現代のセクシュアリティの最も顕著な特徴の一つは、多くの人が自己創出や実効的な自己感覚の創造を強調している点にあるが、これらは個人化のプロセスのなかで重要な要素となったものである。一九六〇年代と七〇年代は急進的マイノリティの念願が実現した時代であるという言説は、ありふれた文化的比喩と化したが、周縁的な立場にいる人々にとってこの比喩は未だに根本的なものであり続けている。筆者らの著書『同性間の親密性』（Weeks et al. 2001：43）では、三八歳のゲイの男性であるグレッグに一九九〇年代にインタビューをしているが、グレッグは「私の世代的には……私が同性愛者であったことに気づいたということは、自分を創出することにほかならなかった。なぜなら、それまで自分というものがなかったからである」と語っていた。同様にタムジン・ウェルトン（Wilton 2004）の最近著は「自己装飾」というフレーズを用いて、女性たちがセクシュアリティを移行するプロセスを描いているが、そのなかでは異性愛の「正常性」からレズビアニズムに移行した女性にインタビューを行なっている。このようなフレーズが示唆しているのは、終わりではなくプロセス思考、目的地ではなく旅に近い思考である（King 2003）。セクシュアリティやジェンダーをめぐってアイデンティティを形成するにいたる複雑さを、多くのＬＧＢＴが説明している。彼らのアイデンティティはかつて自責の念や自己抑制、露見の恐れ、同性愛嫌悪やトランスフォビアの世界のなかでエイリアンのように囚われる恐怖によって隠蔽されてきた。多くの者にとってアイデンティティ形成は真の自己実現となっている。しかし他の多くの者にとっても、アイデンティティ形成は自らの人生を再形成する機会なのであり、ジョン・スチュアート・ミルから現代のアンソニー・ギデンズに至るまでの理論家がいう「生の実験」に携わる機会にほかならないのである（Giddens 1992：135=1995：138；Weeks 1995を参照、Reynolds 2002と比較のこと）。三六歳のゲイの男性であるポールはこれを、「行きたいところにどこまで行けるかを、常に試し続けることであり、その境界線を少しでも押し進めようとすることである」と語る（Weeks et al. 2001：50）。自らの人生の物語を意識的に書き換える必要があった人々にこのような再帰的なコメントがより多く見られた。それは周縁化に抗して自らを肯定的に主張する必要があったためである。もっとも彼らは、はるかに広大な社会的発展の一側面にすぎないというべきだろう。現代世界において人々は自らを常に作り直さざるをえず、自らの人生を常に参与しなければならないプロジェクトとみなさざるをえないのである。過去の時代における標準的な自己語り（自伝）も今では選択される自己語り、すなわち「自分製の《do it yourself》」自己語りとなっている（Beck 1994：14；Beck and Beck-Gernsheim 2002）。

個人化とは「第一に、脱埋め込みであり、第二に、産業社会における生の様式を新しい生の様式によって再・埋め込みすることであり、個人は自分自身のバイオグラフィーを制作し、上演し、ともに修正しなければならない」ことを意味する（Beck 1994：13）。

上演する、ともに修正する、デザインする、曲芸する――これらはベックが喚情的に用いる言葉であり、近年のセクシュアリティを議論する際に用いられる言語の根本的な変化と結びついているために、共感を呼び起こす。初期セクソロジー（性科学）の著作（および一九六〇年代の解放運動的な著作）で用いられた最も特徴的なメタファーは、マニ教的な二項対立に基づいて展開してきた。すなわち聖と俗、性と社会、抑圧と解放、抑制と自由である。これらの対立によって、自然を抑制する社会的行為や、二つの圧倒的な力の間で強大な闘いが繰り広げられることが示唆される。そのなかでは「決して終わらない決闘」が繰り広げられ、セクシュアリティとは危険なものか生を高めるものか、あるいは社会とは抑圧的か自由至上主義的なものかといった具合に論じられてきた（Weeks 1985 96－126）。セクシュアリティや性的アイデンティティについての本の中で今日最も人口に膾炙したメタファーは「創出」、「構築」、「体現（embodiment）」、「社会的実践」、「フィクション」、「ナラティヴ」、「役割」、「スクリプト」、「パフォーマンス」、「パフォーマティビティ」等である。これらのメタファーはすべて性の意味、アイデンティティ、その遂行を文化的構築の産物とみなしており、そこでは自己創造が一つの批判的契機となる。もちろん、これらの用語が普遍的に受け容れられたわけではなく、なかにはセクシュアリティは未だに道徳的絶対性を体現していると考える人もいる。また進化心理学の流行をもたらした遺伝子の「真理」に、一時的に傾倒するものもいる（Segal 2004と比較のこと：本書の六章も参照）。しかし私見によれば、今日セクシュアリティを理解する最善の方法は、複雑で変動し続ける社会的世界のネットワークのなかで形成される一連の実践を理解することであり、言語を通じてそれらの実践を有意味なものにすることである（Weeks 2003）。セクシュアリティの言語によって、私たちの身体に対する見方やその潜在的な可能性、さらには性生活の営みが形成されるのである。特に自己製造や自己創出に関する用語は、最強の用語といって良いだろう。ここで再び私たちは主体性について語っているのであり、それゆえに個人の生活を形成・再形成する個人や集団の実践についても語ることができるのである。

再帰性はこれらの新しいプロセスの重要な特徴の一つである。再帰性という概念は個人が自らの状況を熟考する能力、特定の知識を集中的に得る能力、日常生活におけるリスクを認識する能力、これらの観点に基づいて行動する能力を含んでいる。そしてこの文脈における再帰性は、自己に向かい合うことを意味する（Beck 1994：5＝1997：17：Adkins 2002も参照）。これこそ個人化にほかならないが、それは抽象的なプロセスではなく、個人の生における重要な力、すなわち個人になすべきことを課す社会的なプロセスである。だがこのプロセスのなかでこそ、個人は自らの人生を装飾し、選択することができるのである。ここには無数のパラドクスも存在する。ほとんどの人は自らの性的欲望が本能によるものであり、遺伝子に結びついていると考えるため、性的欲望を選択することなどできないと感じるかもしれない。さらに重要なことに、このような選択の自由は常に抑制され制限されているため、人が自由な行為主体になるよう強制されている場合、それは真の自由といえるのかという疑念もある。実際、選択は常に、自由を可能にするのと同じ社会的諸力によって制限されている。確かに危険を伴わない選択など存在しない――すなわち、暴力、病気、不安、不確実性は存在する。ベック（Beck 1994）が指摘したように、自己語りを選ぶことは、本質的には自己語りを危険に晒すことでもあるのだ。個人は自らの将来の行動の是非を再帰的に組織し計算するように強制されているのであり、これによって孤立感や道徳的選択を行う際の孤独が生じるのである。この文脈において性は意味の源であり、漂流を防ぐための錨となったのである。二〇〇二年のある態度研究のレビューでは、「束縛された社会から情欲（flesh）へ」という文言が見受けられるが（Adams 2002）、そこでは問題となっていた事柄に対する重大な認識が要約されている。しかし同時に、とりわけ以前の時代の抑制に比べると、諸個人はアイデンティティやライフスタイルを選択する未曾有の自由を享受しているのであり、このことはより人道的で寛容な文化へのポジティヴな進展とみることが可能である。

にもかかわらず、「新たな個人主義」はあら探しをされ続けている（Elliott and Lemert 2006参照）。セクシュアリティと親密性に関して私は、反響を得た四つの中心的な議論に目を転じたい。

個人主義と操作される自己

資本主義が人間の潜在的な可能性を毀損し、操作された自己を造り上げるとする観念には長い歴史があり、ジンメルのような二〇世紀初頭のドイツの理論家にまで遡る。さらに戦時中と戦後はフランクフルト学派によって発展継承されてきた（Robinson 1972; Jay 1973）。マルクーゼの著作『エロスと文明』や『一次元的人間』を通じて、彼らの主張はより広汎に流通し、本書第三章で論じたように、一九六〇年代と七〇年代初期の急進派の心を捉えた（Marcuse 1969, 1972 : Weeks 1985 : ch.7も参照）。この批判がもつ言外の意味は、個人は新しい自由という幻想を特に性愛場面で与えられているにすぎないというもので、現実には消費資本主義や日常生活の官僚制化によって植民地化された「保護」の下に個人が存在するにすぎず、親密性に対する希望や欲望も商品化されているというものである。しかし、後期近代の状況のなかでは、このような議論には新たに痛烈な批判が加えられる。

バウマン（Bauman 2005 : 84=2008 : 146）が論じたように、現代の消費社会は「過剰と浪費の社会であるほかなく、それには余剰と放蕩の社会が伴う」。ガイル・ホークスは二〇世紀の主要な特徴として、「性と快楽が収益と自己アイデンティティの領域が結びつく形で商品化された」ことを挙げている（Hawkes 2004 : 147）。かつて特別で神秘的とすらみなされたものも、今やありふれたものに成り果てた。なぜなら性の商品化が、性の脅威的で破壊的な性質を脱色して無味乾燥なものにし、自由を装った一連の遊技場を築いていったからである。タイラーもハーバーマスに続いて、「現代のセクシュアリティの管理は注目すべき事例であり、日常生活を経営的な観点から植民地化している。これは〝フォード主義的セクシュアリティ〟や〝性のテイラー主義化〟を強化するのみならず、想像力や創造力にとっての脅威となっている」と論じる（Tyler 2004 : 82）。エロスは業績原理につなぎ止められてしまった上に、資本主義的な価値観が相互主体的なプロセスを植民地化しながら、親密な生活の深部まで入り込んでしまい、性の世界は再編されてしまったのである。このような事例には、おそらく契約文化が日常生活を侵食したというべき、婚約や同棲時の契約も含まれる（Lewis 2001と比較のこと）。またパートナーにめぐり会うための自分宣伝も、関係という価値の市場化とみなさざるをえないのである。アーリー・ホックシールド（Hochschild 2003a, 2003b）は、このプロセスが親密生活のすべてを「商品化」するものと見なす。すなわち初期のフェミニストたちが希求した平等社会の実現は失速し、ケアと互恵性からなる理想も瓦解してしまうのである。ヒースとポッター（Heath and Potter 2005）はさらに論点を進め、一九六〇年代の対抗文化は無論、第二波フェミニズムやゲイの解放運動の誕生に強い影響を及ぼしたが、一方で消費資本主義と完全に共謀関係にあったと主張する。というのはバウマンも言うように、「液状化する生とは消費する生である」からだ（2005：9）。

これらは強力な批判であり、かつての初期急進派にみられた現代的な憂鬱・幻滅感にも強い影響を及ぼしている。このことは左派に特にみられる文化保守主義的な批判にも該当するが、奇妙なことに政治的右派とも対応関係にある。ただし少なくともある程度は、失われた社会ではなく、未だかつて存在したことがない社会に再び耳を傾ける必要がある。セクシュアリティは文化の影響を被らずに存在したことなど決してなかった。というのはセクシュアリティには、資本主義の侵襲から免れるための純粋な基礎となる、エロスなど存在しなかったからである。一九六八年のパリの急進派たちの重要なフレーズが唱えるごとく、「舗石の下は砂浜」だったわけではない。社会はセクシュアリティを秩序づけ、その意味を繰り返し創出してきたが、それによってセクシュアリティは常にかならず鋳型にはめられるように形成されてきたのである。高度に商品化された文化の一局面としての現代セクシュアリティが、今後も商品化の影響に晒されることはある程度予想できる――実際はトートロジー（同語反復）であるが。無論こう述べたところで、先の批判が有する文化的なインパクトを懐柔したいわけではない。

個人主義と人間の紐帯の解体

個人化のプロセスを経て、人間の紐帯は解体されると論じられる。これらの批判に従うならば、現代文化の傾向のもとではナルシスティックで快楽主義的な価値観が、真正で思慮深い主体に取って代わるのである（Elliott and Lemert 2006：60）。クリストファー・ラッシュ（Lasch 1985）は『最小自己』のなかで、自由という多元主義的概念は消費主義的価値観に敗れていると論じる一方、「オープン・マリッジ［訳注：夫婦間以外の性的な関係に対して、双方合意の下に開かれている結婚の形］と拘束のないコミットメント」という自家撞着をも容認する、変幻自在な自己を称賛する。バウマン（Bauman 2005=2008）もこれに共感して人間の紐帯の「壊れやすさ（frailty）」を嘆いている。かつての古い親族パタンにあったような、人々を結びつける固定的紐帯はもはや存在しないのである。人々は自らのために紐帯を作らねばならないが、それは今や自らの手腕にかかっているし、紐帯が永続する保証もないのである。現代世界では「誠実は恥の原因となるもので、誇りではない」（Bauman 2005：9=2008：21）という。彼は私たちと同時代の人々の様子を次のように描いている。人々は自らの知恵をたよりにして、簡単に人との間に紐帯を作ることができると感じ、連帯感や相互扶助を切望し、関係を必死に築こうとする。しかし関係を築くことを恐れてもいるのである、と（ibid.：viii）。

　コミットメントにかわり、私たちは「私化主義（privatism）」（Elliott and Lemert 2006）の傾向を強めており、ここに道徳的批判の長い系譜を見出すことができる。セネット（Sennet 1992）が『公共性の喪失』や、社会的な紐帯を犠牲にした自己実現という概念が支配的になるのを嘆いたのは有名である。ラッシュの『最小自己』は、一日一日を生き延びる自己に焦点を当てている。バウマン（Bauman 2005=2008）は、道徳経済の場であった「コミュニタス」[17]が侵食され植民地化された結果、人間の連帯に比類ないほどに恐ろしい危険が迫っているとみる（Rose（1999：217－20）の批判も参照）。ヒースとポッター（Heath and Potter 2005）はホックシールドと同様、冷却《cool》の感情戦略のなかに「文化的な枠」がはっきりと現れるといい、『セックス・アンド・ザ・シティ』のような人気テレビシリーズのなかでは冷却の感情戦略が用いられており、これは都市で新しく登場した「メトロセクシャル」[18]を営む人々のライフスタイルでも用いられるという。冷却は新たに「熱い」ものとなり、一九七〇年代社会運動の熱狂も、いまや私生活の些細な問題に取って代わられた。私生活こそ安楽と喜びの源なのである。また私生活は感情的な孤独が生じる場所でもあり、そこでは所有が感情的なつながりに取って代わる。個人は自尊心を取り戻し孤独と欠落を埋め合わせるために、幻想的代替物を「マニアックに」探し続けるのだ（Elliott and Lemert 2006：41）。

心理学はこの感情的な枯渇に対して特別な役割を果たす。心理学によって、自律的主体というフィクションを維持するための言説や実践が提供されるのである。個人は様々な形で心理学に目を向け、カウンセリングやセラピーを通して自らを癒し、失われた自己の全体性を再び取り戻そうと何らかの説明様式を習得したり、「回復（restorative）実践」を行うのである。しかし心理学自体はせいぜい統制的（regulatory）なフィクションにすぎず、それが代替しようとしている伝統的な紐帯や関係性と同様、解放的なものではないため、個人を「さらに行き詰まった」状態に留めさえするのである（Walkerdine 2005：48－9）。フレディが論じたように、私たちは「セラピー文化」を生きているのであり、「これによって人々は自己の内面に好んで目を向けるばかり、より広汎な社会的問題に関与しなくなる」（Furedi 2004：203）。しかしこの自己は告白する自己でもあり、セラピー文化のなかには、万人がありとあらゆる他の自己に告白を行うものもある。告白は一二ステップからなるセラピープログラム、個人のカウンセリング、記憶の回復作業、嗜癖のコントロール、電話やコンピュータを介したセラピー、ピアカウンセリング、またご存じの通り奇抜な告白をショーとするオペラのようなテレビ番組のなかで行なわれるのである（Elliott and Lemert 2006：130；Plummer 1995, 2003と比較のこと）。またメディア革命によっ

17　日常的な秩序が逆転・解体した非日常的な社会状態。
18　一九九四年にイギリスのマーク・シンプソンが作った造語で、「都会人（metropolitan）」と異性愛者（heterosexual）の合成語。外見や生活様式への強い美意識を持ち、そこに多大なる時間と金を注ぎこむ男性を表す。

て、他のテクノロジーも新たな可能性が開かれたといえる。

個人主義と新自由主義

ここまでみてきた議論の問題点として指摘できるのは、個人が後期資本主義のキラキラした縄に緊縛され、自由という幻想を生きるように強制されていると、すべての論者が想定している点である。このような議論に魅了されると、私たちは自分がしたいことなら何でもできると想像したくなる一方で、それが実のところ幻想にすぎないと考えるようになる。私たちはみな虚偽意識に苦しみ、絶望的な快楽に囚われ、イデオロギーで目を覆われ、人間の絆という最も重要で貴重なものを操作・孤立・私化し、不可能ならしめるシステムに幽閉されてしまうという考え。先述の議論はこれと大差ない。このような議論の欠点は多いが、特に問題なのは、物事の本性や真実をみるためには、特定の人々が他の人々よりもイデオロギーの暗雲を透視するのに優れた立場にあると想定する点である。本書を通して議論してきたように、この真実という考えにも、純粋という概念、つまり無垢な自然という考えにも問題がある。この議論に関して、最近ではこれまで述べてきた危険を回避したものもあり（しかし残念ながら他の問題を生じさせているが）、重要な足がかりとなりうる。この議論の中心は、個人の自律や自己責任という考えを幻想や欺瞞と捉えるのではなく、調整（regulation）のための諸形式と捉える点にある。調整の諸形式は現代資本主義の諸形式と最も効率的に連結可能なものであり、さらには社会・文化組織、すなわち新自由主義とも連結可能なものである。一九九〇年代以降、新自由主義は進歩的な論争において危惧すべきものとなった。その焦点はヨーロッパ社会フォーラムや反グローバリゼーション運動といった事例を通じて、敵意に満ちた国際的流動化にあてられた。手頃なターゲットとして、より主流に近い政治にも焦点があてられ、急速に産業化した南半球諸国やフランスのようなヨーロッパの大国が、アングロサクソンの経済・福祉政策に対して抱く明白な敵意も注目された。これらは特にグローバリゼーションのイデオロギー的側面として描かれ、国際資本が引き起こす劣化から個人を保護するはずの福祉政策を蝕むものとされた（第八章参照）。

しかし新自由主義批判をセクシュアリティや親密な生活に適用しようとする際には、ミシェル・フーコーの仕事に特定の読みを施したものに多くを負うことになる（異なった読みをしているものとしてWatney 1994；Weeks 1995, 2005aを参照）。これらの読みにおいては、特定の権力体制における主体性の言説的構築が強調される。この視点から見ると、新自由主義は最新の権力布置関係であり、新たな統治形式であると見なされるかもしれない。この新たな統治形式とはローズ（Rose 1999）のフレーズでいうところの「自由であることの強制」であり、自己の管理が要請されるのである。議論を敷衍すると、こういった趨勢はウルフェンデン報告以来、性と社会に関する政策に必然的に含まれるものであるが、後期近代とリスク社会の時代においてこそ支配的なものとなったといえる。新自由主義的な命令のもと、個人は「自らの起業家となって可能な諸形式のなかから選択を行い、自分自身の人生を形成するのである」（Rose 1999：230）。しかし主体性／主体化の精巧で洗練された形式は、統治の棄却につながるわけではない。むしろそれは、社会的調整の主要な形式としての自己統治を補完する。そのためたとえばローズが論じる例のように、一九八〇年代以降の家族政策が家族の権利とプライヴァシー保護という形に変化したことさえも、過去一五〇年間にわたって家族を社会化し調整してきた努力の放棄を意味するわけではなかった。家族が「責任を担う自律した家族」になるという点では、今はその絶頂期ともいえる。現代家族は依然として統治が集中する対象であるが、それは社会統制のメカニズムではなく、新自由主義の統治形式が有する需要に応じた主体性の促進を通じて統治されるのである。

同様に近年のリベラルな性改革も、同じ方向に進んでいると見なすことができるかもしれない。同性婚批判の文脈では、尊敬に足る《リスペクタブル》ゲイという姿を、禁忌的で破壊的、異議を唱え続けるクィアと対置させる形で創出した点が批判されてきた（第七章参照）。尊敬《リスペクタビリティ》に足ることには、完全な受容の享受と市民権という観点から、性的自己を自発的に統制することが付随する（Richardson 2004 : 393）。このプロセスは「災禍以後」の世界におけるＨＩＶの管理を通じて作動していると見なす者もいる（少なくとも西洋においては）。リスク合理性に基づく監視医学が病院医療に取って代わり、そこでは再帰的で自己を管理する主体の創出が目的とされる。ＨＩＶの人はリスクを計算し管理する術を学び、Ｔ細胞の数や血中のウィルス負荷量といった自らのＨＩＶの状態に関する知識を習得し、パートナーと性交渉する際の感染率も考慮するのである（Adkins 2002 : 108ff. ; Davis 2005 : 251）。

この立場からすると、再帰的自己（self-reflexive）である人こそ新自由主義的言説にとって理想的な主体であり、「再帰性が階層化、ヒエラルキー、分断、闘争の新たな諸形式と競合の形式を組織するのである」（Adkins 2002 : 123）。一世代前にフーコーが論じたように、権力の近代的な諸形式は国家が公然と先導するというよりも、特定の行動様式を正常化することによって作動する（Foucault 1979=1986 ; Weeks 2005a も参照）。リベラルな統治の諸形式の規範と目標を内面化した個人に対して、個人の自由と権利、自己の監視と統制の重要性を強調することこそ新たな社会の中心となる（Richardson 2004 : 393）。正常化する権力が一方向に作動することによって、この統治の形式が生じたわけでないことは強調すべきである。自己統治する市民を組織する新たな主体性は、複雑なプロセスを経た結果生じたのであり、そのプロセスは「単一の起源となる地点もなければ統合原理もない、複数の実践がばらばらに変化したものの結合」（Rose 1999 : xvii）からなるのである。しかし現代世界ではこの結合はさらに分散して、それほど重要視されず、自発的に選ばれるようになっている可能性が高い。

この大胆な新世界においては、控えめな楽観主義さえほとんど成立する余地がないと考える者もいる。バウマン（Bauman 2005 : 129=2008 : 104–5）のような一流の進歩的社会思想家でさえ、「私たちはまさに『暗黒時代』と呼ぶにふさわしい時代を生きている」と衒いもなく、あけすけに言ってのける。バウマンの言葉は、ローマ帝国の没落に匹敵する何かに対して警鐘を鳴らしているかのように不気味に響くが、このローマ帝国の没落というメタファーは一八世紀以来、社会の崩壊を告げる強力なメタファーだったのである。暗黒時代は疫病やペストではないにしろ、人々に頽廃と文明崩壊をもたらす。そのうえ利己的な個人主義が猛威を振るい、消費主義がぎつく光る世界で生存するということは、ただでさえ壊れやすい人間の絆が擦り切れていくことにほかならない。まさに新たな暗黒時代である。ただこのような考えは、キリスト教原理主義者ではなく、自由主義左派の人々から生じたことに留意すべきである。よりリベラルな社会学者であるエリオットとレマート（Elliott and Lemert 2006）もこのような深刻な文化的ペシミズムに呼応する形で、グローバル化する文化のアバターである「新たな個人」を、新たな暗黒時代のディストピアに住まう住人とみなしている。彼らは「中身を取り除かれた」アイデンティティを携えて「可塑的な文化」のなかに居を構える。彼らは身体ファシズムやはかない虚飾を崇め、即時的な身体改造に魅了される。一方で、品位を欠いた公的言語、私化の強制や、ナルシシズムや感情主義の顕現にも苦悩する。これらの著者は、個人主義が進展した文化によって、リスクをとる個人や試行錯誤、自己表現の世界が生まれたと論じるが、この世界はグローバリゼーションの災禍から生じる苦悩や不安といった新しい懸念のうえに成り立っているのである。グローバリゼーション、新自由主義、強制的消費の感情的コストは高く、私たちはみなその代償を支払わなければならないのである。私たちが個人性や自律を求めているというのは幻想にすぎず、「悲劇的な自滅」にすぎないのである。

個人主義と民主的自律

一流のリベラルな理論家から発せられる悲観主義と絶望に抗うことは不可能のように思われる。もし彼らがこのように考えているとしても、真性の保守主義者が想像するに違いない事態が、実際に私たちに生じているのか想像してみよう。他方で、この新しい世界をより希望に満ちたものと見る人々もいる。世界は不確実性や偶然性、脅威や恐怖に満ちているかもしれないが、同時に世界は新たな自由やポジティヴなアイデンティティ、真の選択にも満ちているのである。さらに私たちは自分たちのために世界を創造しようと戦っており、そのような世界は困難とチャンス、危険と快楽からなるのである。大まかに言うと、この世界観はアンソニー・ギデンズ（Giddens 1992）のような理論家が授けたものであり、私自身もこのような理論家のなかに含まれる。では、その特徴は何であろうか。

最も明白な要素として確実にいえるのは、私たちの文化がより寛容になってきたことであり、差異と共に生きられると同時にそれを望むようになったことである。あらゆる証拠が示すように、私たちは夫婦間以外のセックス、離婚、産児制限、性的なものを大っぴらにすること、性愛の多様性、親密性の異なる形態をより受け容れるようになっている。ただしこう言ったからといって、多くの集団が非妥協的な態度を保持しているという事態を看過するわけではない。とりわけ信仰や文化伝統ゆえに性変動に背を向ける人々や、女性や、とりわけ性的／ジェンダー的非順応者に影響を及ぼす暴力や嫌悪に基づく偏見が依然として底流していることは看過できない問題である。しかしその文脈は根本的に変化した。二〇〇六年初頭のＭＯＲＩ世論調査〔訳注：イギリスの調査会社が実施する「市場および意見に関する国際調査（Market and Opinion Research International）」〕では、イギリスで「静かなる革命」が起こっていることが示されており、「イギリス人は重要な問題群に関して、劇的にリベラルになった」というのである（Campbell 2006a：16－17）。これは二一世紀初頭になされた多くの意識調査の結果とも共通しており、私的な道徳規範に急速な変動が生じたことを示している。二〇〇一年の性に対する態度とライフスタイルに関する国勢調査では、「ありとあらゆる人口集団において、記録された行動内容が変化している」ことが判明した（Johnson et al. 2001：9）。その概略をまとめると、性行動はより規制の少ない方向に向かっており、男性と女性の行動の差異は収斂している上、異なった生活パタンをより受容するようになっているという。同時に法も、少なくとも伝統的な形で寝室に干渉することをやめた。また多くの教会は――キリスト教の教会では間違いなくいえることだが――多かれ少なかれ説教を行って独善的な意見を述べてきたが、ほとんどの人はそれに耳を貸すことをやめてしまっている。キリスト教の影響力低下を表す典型的な事例は、ローマ・カトリック教会が未だに中絶や人工的な産児制限を規制しているにもかかわらず、観察可能なカトリック教徒の間で出生率が劇的に減少したことである（Neale 1998）。同性愛に関しても、多くの伝統的教会は同性愛という罪を受け容れるか否か、さらには罪人を愛するか否かという問題をめぐって苦悶してきたが、日常的な実践では顕著な進展がみられたのである。似たようなパタンは西洋世界ではどこでも観察されるかもしれない。道徳的な権利が支配体制とか中絶の権利、ゲイの権利、同性婚と緊密に結びつき、未だに人々の立場を分断する試金石となっているアメリカ合衆国においてさえ、同性愛に対する寛容さが増していることは確実である（第六章参照）。イギリスと同様ヨーロッパでも、性的な事柄を司る権威の源であった伝統も急激に浸食されてきた（Scott 1998, 1999）。しかしイギリスがヨーロッパのなかで最もリベラルな法律を複数もつ、最も性的に寛容な国になったことを論者たちも認めている。すでに見てきたように、イギリスが産業化が進んだ世界のどこよりも厳しい法をセクシュアリティに課していた時代に比べると、一九五〇年代以降、巨大な変化が生じたのである（Charter 2006 : 22 : 詳細な比較は Wellings et al. 2006を参照のこと）。

しかし寛容は善き社会の一側面にすぎない。社会は愚昧（crass）、退廃、微細な暴力や利己心にも寛容になりうるのである。個人主義の新形式が体現する関係性の質こそ究極的には重要である。続く二つの章で私は、文化に対して悲観的な見方をする論者に挑戦し、互恵性とケアの新たな形式が存在する証拠を多数提供しながら議論する。しかしこの章を閉じるにあたって、いささか異なる点を指摘しておきたい。後期近代の時代は、性の進歩という大きな物語に対して一般に懐疑的な姿勢をとることによって特徴づけられ、これは他の社会的進歩にも該当する。またジャクソンとスコット（Jackson and Scott 2004a：234－5）が、性の自由と多様性をより広く受容するには性愛についての「執拗な不安」がつきまとうと適切に記しているのには、一理あるかもしれない。この不安自体が、古い権威のほとんどを拒絶してきた時代を特徴づける、不確実性という雰囲気の一側面であり、この不安は私たちを複数の権威の下に投げ返す。しかし、最終的には自分たちを自分自身に投げ返すことになるのだ（Weeks 1995）。しかし悲観主義の向こうを張って、新たな個人主義は自分のことだけに専心する以上のものであると、再度明確に述べておくことは重要である。新たな個人主義は、深いところでは社会的でもある自律の発展形態なのである。ヘラーとフェーヘル（Heller and Feher 1988：36）が論じたように、「個人の終焉が自己決定にあるならば、個人がコミットすべきより高次の目的は他者の自己決定になるだろう」。

個人化が世界を再形成する広範な社会的プロセスであり、個人主義が市民権の追求から新自由主義的経済学にいたる、あらゆるものを包摂する両義的な哲学であるならば、デイヴィッド・ヘルド（1987：290＝1998：408）が「民主的自律」と呼んだものは個人性の追求、個人の自由拡大、人生の機会拡大以上のことを指すのかもしれない。そのためには「民主的自律」を促進するチャンスとそれを規制する制限を完全に認識する必要がある（Beck 1999：10－11＝2003：28参照）。「民主的自律」は自律と相関する形式であり、他者との関係の内側、あるいは関係を介して生起する個人性という意味である（Weeks 1995：66）。これはフェミニズムやゲイ解放運動のような、一九七〇年代社会運動のアジェンダと完全に軌を一にする（Ryan 2001）。また新たな個人主義を批判する者が煩悶しつつも詠嘆に興じていたとしても、民主的自律は現代文化の真相のなかに、すなわち多様で混沌とした共生のなかにも見出すことができると私は思う。

第六章

現代のセクシュアリティにおける諸矛盾

一面からみれば、60年代の夢は過ぎ去っていった。乱れた性文化のなかで、イギリス人はみな何の言い訳もなく、自ら価値あると信じて疑わない性生活をするだろう。私たちの公的生活の至るところで、性は溢れている。それればかりか欲望民主主義が存在するのであり、男も女も老いも若きも、そこから排除されるべきではない。あらゆる街角にセックス・ショップが軒を連ね、ベッド・サイドの三つの引き出しのうち一つにはバイブレーターが入っている。偉大なる神ヴァイアグラとその関連薬を処方してもらえば、リビドーが求めるままに輝かしい勃起の持続へと導いてくれる。禁止されるものはほぼない。特にウェールズに住んでいれば、（少なくともしばしば）禁止を良いと思うこともない。しかし別の面からみれば、私たちは性のおかげで以前にも増して支離滅裂になっているのである。

（*Adams 2002 : 4*）

◎

婚姻内セックスに承認を与えるだけだった道徳は、
結婚していようと異性愛であろうとなかろうと、愛しあう関係に同意した
成人同士のセックスに承認を与える道徳に大きく取って代わった。

（*Jamieson 2004 : 36*）

◎

ビジネスコンサルタントを務める、ある若いゲイ男性は、
カミングアウト・グループに参加し、自らの両親に理解してもらうための
PowerPointを使ったデモンストレーションのし方について述べた。
それは、ゲイであることが何を意味するか、またこれを公表することで、
他の男性と関係をもつゲイの息子の両親として、
自らの関係や役割がどう変化するのか、についてである。

（*Cohler 2005 : 70*）

◎

あるレンズを通してみれば、仮想現実は旧来の社会関係を揺るがし、
自由の場と伝統的なジェンダー役割からの解放をもたらす新たな空間である。
サイバー・フェミニストはサイバー・カフェでコーヒーを飲みながら、
ネット・サーフィンをし、サイバースペースのジェンダー・フリーな未来像を想像する。
別のレンズを通してみれば、インターネットは軍事に由来し、
それを生み出した白人男性ハッカーの世界に特徴付けられるものである。

（*Wajcman 2004 : 3-4*）

不安定な自由？

未来に何を望もうと、私たちは性変動のローラー・コースターに乗りながら、否応なく発作的不安に陥りがちになる。私たちは本当にこんなに遠くまで来てしまったのか。なぜ私たちはこんな危険な地点で立ち止まってしまったのか。このひどい目眩感にどう対処すれば良いのか。これはさらに続くのか。私たちは転落してしまうのだろうか。

ベックが提起する「世界リスク社会」のなかで、私たちは「不安定な自由」を生きている。一方には、個人化する文化を促進し、一九六〇年代からますますそのようになっている自己実現という筋書き《スクリプト》がある。しかし他方にはグローバル化、規制緩和、経済の狂乱、劇的変化が生じる世界のなかで、不確実性とリスクに関する新しい政治経済がある。この「第二の近代」において、アイデンティティの構造はその「存在論的なセメント（接着させるもの）」を失いつつある。ベックが述べるように、「地域特有の不確実性が、これからさき、あきらかに豊かな中流階級をふくめて、ほとんどの人々の生活世界と基本的な生存を表現する基準になっていくだろう」（Beck 1999：12＝2014：19）

私自身そう主張したことがあるが（Weeks 1995）、もし不確実性の感覚が実際に私たちの親密生活の輪郭を形作るなら、私たちの性世界に関する最も的確な論者のなかに、現在のなりゆきについてある種の曖昧さやためらいを表明する者がいたとしても、何の不思議もない。社会学者ケン・プラマーは次のように述べる。

私個人は矛盾した気持ちを抱えている。一方では、ありうる民主的セクシュアリティの福音と対話に開かれた親密市民権について。他方では、親密性における不平等と種族的な性衝突が高まりつつある痛ましい世

界について。私たちは安らかなときを生きることができない。（Plummer 2004：60）

またフェミニスト心理学者リン・シーガルは次のようにいう。

物事が変化すればするほど、新たな障害や刺激が現れ、私たちが他者との親密性に求める喜びや慰安がいっそう困難になっているように思える。……性と関係性から生じる痛みを描いた描写は、読者や視聴者から大衆的な人気を獲得し、熱狂的に消費されているのである。（Segal 2004：65）

一方に大いなる自律性、開放性、民主的親密性、幅広い市民権があり、他方に不安、不確実性、痛み、苦悩がある。大いなる性的自由は莫大な利得《ゲイン》をもたらしたが、それはコストを伴うものでもあった。本章で私は、負の側面に対して真の成果を、新たな戦場に対してその突破口を、新たな不安に対して新たな快楽をバランスさせるべく、性と親密性の変容が有している「矛盾《アンチノミー》」（Jackson and Scott 2004a）について探求したい。本章冒頭の引用が提起するように、私たちは真の欲望民主主義に向かって進んでいるのか、それとも、性についてすべてが支離滅裂になるような危機のなかに再びいるのか。本章の主要なテーマとなる性関係の選択、ジェンダー関係の変容、新たな主体性の登場、世代間での不安、身体のテクノロジー化、性的市民権といった重要な概念はこれらのジレンマを鋭く切開するはずである。

関係性の選択

後期近代における関係性のモデルはおそらく、選択と平等をベースにしている。選択とはパートナーの選択であり、結婚するか、同棲するか、別居のまま愛し合うかといった選択である。また平等とはパートナー間の平等主義であり、大人と子どもが打ち解けた《インフォーマティリティ》関係になることを意味するものである。これはギデンズ（Giddens 1992＝1995）が「純粋な関係性」と述べたもの、あるいはジャミエソン（Jamieson 1998, 1999）が「開放的な親密性」と呼んだものであり、それは他者に対する開放性と「コンフルエント・ラブ」（感情的なギブ・アンド・テイクにおいて平等を前提とする、積極的で偶有的な愛）に基づいている。この議論がいうように、純粋な、開放的な関係性とは、その関係性が個人に何をもたらしうるのかをめぐって探求され、導入されるものである。純粋かつ開放的な関係性は多数の社会経済的要因、ジェンダー的要因によって媒介される。また慣性や習慣、相互依存を通して生き残る。しかし究極的にはその関係性はパートナー間の相互信頼に基づいており、さらにふたりが望む親密性の度合や、愛の発展する形に対する達成感と関連している。信頼が破綻すれば結局、その関係性も破綻する。離婚数や同棲関係の解消率が示しているように、これは私的関係が高確率で不安定化していることを示すものである。しかし同時に、感情的満足の鍵として個人的なコミットメントや信頼を強調することにはラディカルな意味がある。

　自由に参入可能な選択のコミットメントは、平等な権利と責任に基づいて同意した個人の関与を含んでいる。それは開かれたコミュニケーションと対話、積極的な交渉を前提としている。信頼は作り出されなければならないものであり、自明視できるものではない。その関係性の下では権力による強制と暴力が恣意的かつ不均衡に結びつくことがあってはならない。それは自由に選択されるものであるために、個人的な働きかけによって維持強化されうる。この平等主義的関係性は親密な関係の民主化を強調している。すなわち個人の自律性、選択の自由を強調することは、個人生活を変容させるラディカルな力をもたらすのだ（Weeks 1995 : 37）。特に女性はその先陣を切っており、より平等な関係を追求し、旧来の関係を終わらせようとする。ベックとベック‐ゲルンスハイム（Beck and Beck-Gernsheim 1995：62）が示したように、初めて「恋に落ちた二人は、自らデザインした自己物語が生み出す機会と障壁に晒されているとわかるのである」。

これは影響力ある主張であり、大きな論争の口火を切るものでもあった。ギデンズ（Giddens 1992＝1995）がこれらの変化に、男性と、特に女性の間で高まりつつある主体性のしるしを見出していたのに対し、一方ベックとベック‐ゲルンスハイム（Beck and Beck-Gernsheim 1995）にとって新たな愛の形は、伝統的な家族パタンの崩壊が生み出した空白における芳香であり、旧来の意味体系や宗教の衰退に対する効果的な対応であった。個人はエンパワーされた新しい主体であるというより、自由を強制されたロボットのようなものだ（Smart and Neale 1999：15−16）。ベックとベック‐ゲルンスハイムが指摘した「障壁」は、彼らのいう機会よりも、他の者にとっては自明であった。バウマンにとって本質的に問題なのは、現代的な関係の偶有性と「脆弱さ」である。彼は他者に対するアイロニカルな無関心の証拠として、コンピュータ内でデートする男性の存在を挙げている。その男は露骨にいえば、コミットメントから抜け出したいと思った時には「いつでも『削除』ボタンを押すことができる」のである。それは使い捨て文化を象徴しており、バウマンは「隣家に住むカップル」を強く非難している（Bauman 2003：36）。

しかし純粋な関係性やコンフルエント・ラブの利点についての神学論争よりも根本的な問題は、選択する平等主義的カップルが実際どの程度標準的になっているのか、である。ジャミエソン（Jamieson 1999）は十分に開かれた関係性を実現することの難しさを指摘している。ジャクソンとスコット（Jackson and Scott 2004a：240）は異性愛関係の平等主義がかつてより進んでいることには同意しているが、男女間では非対称が続いていると指摘する。ホランド他（Holland et al. 1998）は、性行動では女性の男性に対する精神的従属状態が続いていることを示しており、それを「頭の中の男性」と呼んでいる。ギデンズ（Giddens 1992＝1995）やその他の人が、構造的不平等がないので純粋な関係性に近づいていると主張するレズビアン&ゲイの関係性でさえ、権力の非均衡状態が続いていると批判されている（Weeks et al. 2001：114−18）。しかしこれらすべてが真実であるとしても、また関係の質が必ずしも想定の方向に向かっていないにしても、変化していることもまた真実なのだ。

保守論客にとって結婚数の減少は、社会衰退を示す最も深刻な指標である。パトリシア・モーガン（Morgan 2006：7, 1995）は、結婚が国家から非常に軽視されているために、この言葉自体が公式に使用されることが少なくなり、「関係性」や「パートナーシップ」という言葉が好まれるようになっていること、逆に「無責任社会」化が進行していることを嘆いている。「家族よさらば」ということなのかと、彼女はレトリカルに問うている（Morgan 1995）。彼女はすでにその答えを知っているはずだ。残念なことにこれらの暗雲はすべて、現実の趨勢を示している。事実、二〇〇一年の結婚数はここ一〇〇年で最低となり、その後有意な回復の兆しはほとんどなく、二〇〇五年時点では結婚したカップル世帯は全体の約七〇％にすぎない状態が続いている（Yeoman and Bannerman 2006：35）。子どものいるカップルの結婚率も七〇％である。多数の黒人および少数民族、特に南アジア出身の人々の間ではその率はいささか高い。非婚姻関係が婚姻関係より破綻しやすいのは厳然たる事実であるが、多くの者にとって非婚姻関係は安定性の観点から結婚とほぼ同等のものになっている。正規の婚姻以外から生まれた子どもはほぼ、父母双方から届け出がなされている。

もちろん関係性のなかには不安定性が存在している。離婚率は関係性の脆弱さを表す明白な指標の一つである。一九六九年に離婚改革法が施行され、いわゆる結婚の回復不可能な破綻（不倫、失踪、別居、あるいは不合理な行動による）が離婚を正当化する唯一の根拠となった結果、離婚数は一九六九年から一九七二年の間に二倍に跳ね上がり、それ以降年間一六万組前後を上下した後、一九九五年にピークを迎えた。関係の解消数は未婚カップルにおいてはるかに高い。結婚している場合、子どもが五歳になる前に破綻するのは全体の約八％であるが、両親が同棲にとどまる場合、子どもが五歳になる前に別れるのは全体の六二％にも上る。結婚は明らかに積極的な関与《インヴォルヴメント》の象徴である（Lewis 2001）。しかしこれだけをもって、結婚状態自体が安定を保証すると想定するのは危険である。たいていの人は結婚の準備が整い、増えつつある経費に対する金銭的余裕ができ、結婚に伴う諸々の権利と義務を受け入れる準備ができて初めて、コミットメントのしるしとして結婚状態に入る。結婚を意図的に見合わせる者もいる。一九七〇年代のフェミニズムに影響を受けた者だけでなく、特に多数の女性にとって、結婚とは依然、ジェンダーによる権力や異性愛の正常性という重い意味をもった制度なのであり、個人の自律を阻害すると見なされているのだ。

　多数の人々が一人で生きることを選択し始めている。単身世帯主の数は二〇〇一年には全体の二九％まで高まり、約七〇〇万人に達した。それらは主に男性である。男性はたいてい二〇代までは両親と一緒に住み――二〇歳から二四歳までの男性の五七％がそうしている――、その後三〇代から一人暮らしをするようになる（ONS 2006 : Hall et al. 1999も参照）。しかしこれらの七〇〇万人が異性愛であろうと同性愛であろうと、性関係をもっていないと想定するのは間違いであろう。ＬＡＴｓ［訳注：Living Apart Togetherの頭文字。親密な関係にあるけれども、親元等にとどまるなどして別居状態にあるカップルを指す。欧州で出現しはじめ社会的な理解も得つつある］は、統合された集団とはいえないが、二一世紀における新たな重要な人口集団である。ローズニール（Roseneil 2006）は三つのタイプのＬＡＴｓについて記述している。残念ながら別居している者、進んで別居している者、特に意図なく別居している者である。動機の如何にかかわらずＬＡＴｓの本質は、関係を再定義する人生のパターンの複数化を示す一例だということである。

　同棲していようと別居していようと、関係性における性的快楽は強い絆を作り上げ、関係性を確固たる意義深いものにしてきた。もしセックスがうまくいかなければ、調和が崩れ信頼が壊れてしまう。セックスの重要性はますます女性向けになった自己啓発本のなかで説かれている。しかしセックスが特別重要であると信じこみ、セックスをうまくやるよう煽られると、ときに耐えがたい重荷となる。女性向けセラピーのテクストは愛を、麻薬、陶酔、中毒等「文字通り身を滅ぼす」（引用はHazleden 2004：204）ものとして描く。多数の人にとって交友関係が信頼を形成する上で重要な要素になる証拠は存在しているが（Jamieson 2004）、一夫一婦制は重要な価値として残っており、このことは地域や文化、国家を越えて当てはまる（Wellings et al. 2006）。調査回答者の八〇％は、不倫はいかなる場合も誤りであると考えている。人々はカジュアルなセックスと不倫の間に微妙な違いを認めているのである。ダンカンとマーズデン（Duncombe and Marsden 2004a：143）が引用するある夫は、あけすけに次のように述べている。「もしうちの嫁が一発やったとしても、おれは気にしないよ、だけど不倫は別だ」と。一方でその妻も同様のコメントを残している。「あたしはあの人がファックしたとしても気にしないわよ、あの人がそいつと話しをしていない限りはね」。不倫はもはや結婚を脅かす特段のものとは語られていない。不倫は一夫一婦制やカップル関係に関する、あらゆる約束破りとして語られるようになっている（Duncombe et al. 2004：xi）。女性は男性とくらべて相手の不誠実さを非難する傾向があり、男性は女性にくらべて複数の関係をもつ傾向があるにせよ、男女のパタンは徐々に一致してきた。しかし男女ともに、個人の自律よりもカップル関係を重視する証拠が存在している。不倫は突発的で、運命的な瞬間で、人生が一変するものかもしれないが、内密で、罪深く、不安の元もある。例外は、非一夫一婦的関係を二人の同意の上で試みるもので、性的な自律を求めながらも感情的な安定を保つ場合である。この場合、安定と不安定のバランスをとるために、複雑な言葉遣いに頼らざるをえなくなる。

　レズビアン&ゲイの間では不倫は本質的に異なる意味をもっており、関係性そのものを表すもの（「私の不倫」）となっている。ゲイの関係性が成熟するにつれ、その言葉自体は使われなくなる。しかしこの概念が重要なのは、同意に基づく非一夫一婦的関係が同性関係にも共通するからである。対話に基づく開放的関係性も、そのような関係性に共通するものである。また対話に基づく閉鎖的関係性は、不貞や密通の物語にみられる特徴として相対的に一貫したものであろう。しかし共通しているのはコミットメントや貞節の証として、性的貞操が軽視されていることである。性的なものよりも、感情面での誠実さははるかに価値があるとされている（Weeks et al. 2001：148－52；Heaphy et al. 2004：81）。

もう一つのヴァリエーションはポリアモリーな関係性［訳注：交際相手を一人だけに限定しない恋愛関係］であり、「責任ある非一夫一婦制」として提唱されている（Bettinger 2005：98；*Sexualities* 2006bのエッセイも参照）。二〇〇一年のNATSALの報告書では、年齢を経るごとに減少傾向にあるにしても、男性の一四・六％と女性の九％が複数関係をもっていると推定している（Johnson et al. 2001：4）。ポリアモリーの支持者にとってこれらの関係は主義の問題であり、伝統的な一夫一婦制観に囚われることの拒絶を意味している。ジャクソンとスコット（Jackson and Scott 2004b：151）がいうように、「私たちと同じく、ある種の者にとって一夫一婦制批判は、異性愛の制度化に異議申し立てながらも、異性愛フェミニストとして生きる際の中心的な課題である」。非異性愛者の間でも、ポリアモリーは異性愛の基準化から逃れる方法と見なされている。もっともアダム（Adam 2006：24）によれば、男性ゲイよりもレズビアンのなかで支持者が多いらしい。レズビアンのポリアモリーに関する本の編者は、ポリアモリーが「貞節や家族、親密性に関する伝統的定義を問い直すよう私たちに強く促すものだ」（Munson and Stelboum 1999：2）と述べており、ポリアモリーには複数的な親密関係における種々の様式が含まれている（Klesse 2005：445－64も参照）と指摘している。これは複雑な区別が必要となる領域である。ベッティンジャーは、（性的には一夫一婦的でなくても）感情的には一夫一婦制的な関係性と、感情的にコミットされた関係性に関与する人との間に区別を設けて、一連のモデルを構築している。しかしこれらに共有される理想は、「ポリアモリーが、他者の欲求すべてを満たすことから、それぞれのパートナーシップを解放する」（Bettinger 2005：104）ことである。

しかしほとんどの場合、模範であり続けているのはカップルである。『タイムズ』紙（*The Times* 2006/11/1）が行った「多くのパートナーとセックスしますか？」という質問に対して、直近のNATSAL調査報告書（Rose 2006：29；Wellings et al. 2006）の中には「必要ありません、私たちはイギリス人ですから」という答えがある。もっともこの事実［訳注：カップルが模範となること］はイギリス特有の現象ではない。変化したのは生涯にわたる一夫一婦制ではなく、相手を変えて一夫一婦制を継続していくという実践である。平等主義的関係性は、この変化しつつある文脈のなかで取り決められなければならない。どのような理想を持とうとも、平等な関係は、信頼や平等や情報開示を実現する条件が存在しなければ破綻する。ライアンが主張するように、その主要な条件は資源の平等、意志決定の共有、ならびにそのプロセスの継続を保証することである（Ryan 2001：96）。彼女が主張するように、これらは互恵性の基盤であり、性的自由を求める女性のクレイムの中核にあるはずのものである。では私たちは、この目標の達成にどれほど近づいているのか。

ジェンダー化するセクシュアリティ

ここ数世代の間に、ジェンダーを組織化する方法には大きな変化があった。これはイデオロギー的な変化だけでなく、ジェンダーに関する経済社会的基礎が全体的に変化したことを反映している。ほとんどの西洋諸国の女性はますます労働市場に参加し、法も男女平等を公的に承認している。さらにこのことが、非産業社会や近年の産業化途上社会で進行中の議論に影響を与えている。では女性の社会進出は男性を犠牲にしているのだろうか。生物学者のスティーブ・ジョーンズは、次のような機知に富んだ文章を書いている。進化の観点からすれば

「男性は消滅へと向かって」おり、男性の地位は現在不安定になっている。精子の数から社会的地位まで、生殖から死に至るまで男性は相対的に衰退し、女性は進歩している。「中年以降、世界は女性のものとなるのだ」(Jones 2002：243＝2004：298)。確かに多数の男性はそのことを感じている。悲惨な離婚に伴い、子どもの養育から不正に切り離されたと攻撃的に不満を述べる男性の背後には、真の喪失感があるのである。なぜならあらゆる特権が今日女性の下にあるのだから。社会学者のなかには、家族における男性役割の弱体化こそ真の社会的危機だと考える者もいる(Dennis and Erdos 1993：Dench 1996)。メラニー・フィリップス(Phillips 1999)は『性が変化する社会』という本のなかで「去勢された男性」という不穏な物語を書いたが、そこでは国家を女性化し、男女の役割を逆転させ、男性性を追放する試みについて議論を喚起している。「結婚が全く無意味になり、男性が周縁化するにつれ、結婚は男性による女性抑圧を維持する家父長制の陰謀だと主張する、極端な『ジェンダー』フェミニズムの扉が開かれた」という(Phillips 1999：xv)。実際、これは男性を去勢するフェミニズムというイメージであり、彼女たちは一九七〇年代からノーマルな秩序をうまく転覆し、一九九七年以降の新・労働党政権下で国家装置の内部に進出してきている。パトリシア・モーガン(Morgan 2006：7)によれば、「強硬派フェミニスト」は権力の地位にも進出しており、政府内の「女性と平等部会」の部会長である「同性愛圧力団体出身のアンジェラ・メイソンのような」お仲間を出世させ、結婚制度を崩壊させ(同性愛を積極的に推進し)、男女間のバランスを破壊し、父親たちを予期せざる犠牲者にしているというのである。他方で、フェミニスト革命の「犠牲者たち」は幅広いメディア報道を勝ちとり、疑いようのない成功と一般からの支持を獲得した。それゆえ平等主義の理念が楽勝したとはとてもいえない。親フェミニストの男性から古風な男権主義者、社会的保守のモラリストに至るまで、何人かが指摘しているように(Weeks 2005b)、男性性が危機に陥っているという感覚が広がってはいる。しかし二一世紀初頭の文化をみれば、男性性のヘゲモニーが崩壊したとはいい難い。

しかし徐々に明らかになったのは、公的平等に向けた動きや、長期にわたる経済・社会的転換とイデオロギー的変容に関する局所的成功がどんなものであれ、男らしさ／女らしさに関する社会的意味の伝統的な前提が日常実践や男女間の精神／感情的な関係に深く埋め込まれているということである。個人化のプロセスは親密な関係性を良い方に変化させているかもしれないが、女性はケアする性であり続けている（Holmes 2004：197）。女性身体がさらにセクシュアル化するという明確な傾向は、上流階級的なリスペクタビリティや貞操をめぐる執拗なジェンダー規範との戦いを続けなければならない（Skeggs 1997）。女性の自律、性欲、女性の快楽に関する共通言語の発達は不均等かつ突発的なものであり、活動的な女性ポップ・グループが賞賛してはいるにせよ、浮ついた若者の生活環境や、性的抑圧や暴力が残る複雑な家族生活のなかには容易に根づかない（Jackson and Scott 2004a：240）。ウィルトンの知見によれば、女性の調査回答者は男性や異性愛、結婚に多くを期待していない。「多数の者にとって男性が暴力的でも酒飲みでもないという事実は、その人と結婚するに足る十分な理由となるのである」（Wilton 2004：99）。こういう感覚は一九四〇年代に結婚した女性ならほぼ理解できるだろう。変化したのは、どんなに感情面、経済面での不確実性があろうとも、別れる可能性があることである。

私は、長いこと結婚していた夫と四年前に離婚しました。二三年間もみじめだったわ。幼い子ども二人と、社会に溶け込んで、正しいことをした。それでそのとき思ったのだけれど、私はただもうそれには耐えられなかったの。五〇、六〇代までこんなことをしている自分を見るのが、退職したあの男と一緒にいる自分を想像するのが、耐えられなかった。いや、私はもうこんなことをしなくていいの。……経済的に自活できるようになって、子どもが大きくなったらすぐ、私は結婚に終止符を打ったわ。（Wilson 2004：163）

結婚に終止符を打つことは、フェミニズムに象徴される変化、女性の自律が広く認識されることではるかに容易になった。離婚の大半が女性から言い出しているという事実は、女性がもはや完全に不満足な関係に耐えることを望んでいないことを示している。しかし離婚する経済的機会は多数の人にとって依然不安定なままである。機会均等、同一賃金の法制化、世代的圧力があるにもかかわらず、平均的な女性賃金は依然男性の約五分の一であり、一九八〇年代以降女性雇用が長期的に拡大してきたのは、大部分が非正規の不安定雇用セクターであった。私たちは公的な女性平等について多くのものを得たが、他方では不平等がしぶとく残っているのである。

完全な自律を阻むものが何であれ、生殖パタンの変化は女性の人生パタンを変化させている。女性たちは出産を遅らせるか出産自体を敬遠し、二〇〇一年には出産数が史上最低を記録した。二〇〇五年には女性の平均出産年齢は二九・五歳となっており、最も出産を行うのは三〇～三四歳のグループである。三五歳女性の二二％は未だ子どもがいない（Hinsliff and Martin 2006：8－9）。他方、シングル・マザーは大幅に若年化の傾向がある（Boseley 2006a：5；ONS 2006：29）。専門職層が明らかに子ども数を減らし、貧困層と移民グループが最も出生率が高いという傾向は人口構成に影響をもたらすので、当初リベラルな左派を含む多数の人々が懸念を示した。公共政策研究所の報告が示すように、男女とも、家庭生活より自分の仕事上のキャリアを優先させるよう強制されていると感じている（Hinsliffe and Martin 2006：8－9）。子どもをもつことへの不安はヨーロッパで広くみられる現象であった。南欧・東欧諸国では出産数は人口置換水準を遙かに下回り、1カップルあたり一・三人以下である。北欧・西欧、特にスカンジナビア諸国では、十分な子育て支援と男性を含めた育児休暇の提供によって出生数は回復している（*The Economist* 2006a：46）。イギリスでは例外的に人口が実質的に増加すると見積もられているが、これは出生率の回復ではなく、平均余命が伸びたことと移民による。

一九七一年はわずか一三％だったが、二一世紀初頭の男性は約三分の一が子育てするようになっている。しかし女性は未だ子育てに大きな責任を負っている。一九七二年に五歳未満の子どもをもつ平均的父親は、一日一五分未満しか子どもに関与する活動を行っていない。これは八倍上昇した。おそらく二一世紀の父親は一世代前より子どもの世話をするようになったと楽観主義者は主張する（Sieghardt 2005：2）。「新しい男性」という語りは少ないが、事態は変化している。シーグハートの賢明な示唆によれば、「変化をめぐる闘争のなかでも、男性間の差異に関する理解が中心になる」（Segal 1990：x）。しかし最大の変化は現実の男性権力ではなく、男性権力の正統性である。コーネルが主張しているように、「あらゆる公的・私的な場において今日、女性の平等を否定したり同性愛嫌悪を維持したりすれば、その正当性を立証する必要が生じている」（Connell 1995：226）。文化に普及したジェンダー関係に関して、わかりやすく可能性に満ちた新地平が生まれており、それは否応なくジェンダーが歴史的であり、偶然的であるという感覚を生み出している。フィリップスとモーガンのような、男性特権の伝統擁護者であり最も強固な道徳信奉者でさえ、道徳的衰退のなかでジェンダー秩序が変化しており、ジェンダー関係が変化しつつも、ときに根本的に再発明される社会的実践であると認識せざるをえなくなっている。バトラーの有名な主張のように、もし「ジェンダーが、ひそかに時をつうじて構築され、様式的な反復行為によって外部空間に設定されるアイデンティティ」（Butler 1990：141＝1999：247）ならば、すなわちジェンダーが深層的自然の表現ではなく、パフォーマティヴすなわち反復によって定義されるものならば、どのようにジェンダーが変化するかが重要なのだ。

トランスジェンダー

トランスジェンダーの経験は、ジェンダーの変化を最も鮮やかに描き出している。なぜなら男装・女装や性別越境生活によって、固有の真の性質が存在するという観念それ自体がパロディ化されてしまうからである

（Rubin 1999：184）。しかしこれはトランスジェンダーが一般化し、生活に必要となっていることを意味するわけではない。トランスジェンダーはその内部に、伝統的ジェンダーの本質化に向かう動きと、ジェンダー・カテゴリーの大きな不安定化に向かう動きをともに含んでいる。最初に最も痛烈な批判があった。特に異性装とトランスセクシュアリティを、最もステレオタイプなジェンダー・イメージへの屈服と見なす一部のフェミニストがいた（最も有名なのはRaymond 1979）。彼女たちは、トランスの人々が生きたいと望む真のジェンダーが存在するということを、誰もがあまりに安易に認めているというのだ。皮肉なことに、それは施術前の多数のトランスにとって、重要かつ必要な立場でもあった。なぜなら彼らは医療援助を受ける前に、現在自らが間違ったジェンダーを生きているということ、さらに自らが異なるジェンダーを生きられると真剣に信じていることを医療機関に納得してもらわなければならないからだ。例えばトランスセクシュアルが、アカデミックな治療を受け、出生時の性別診断を変更するという、ある種の新しい権利を主張しているという考え方を受け容れるには、彼らが間違った身体に捕囚されており、現在新しい自己に移行しているという前提を置かねばならない。二〇〇四年のイギリス性別承認法（Department of Constitutionla Affairs 2004）は、自らの「獲得されたジェンダー」で十分かつ永続的に生きる「決断」を行った人々を法的に承認している。そのテクストは真のジェンダーについて記述することを慎重に避けているが、出産証明を変更する権利を与える法改正を目指すキャンペーンは明らかに、私生活の司法的な承認と敬意を求めて、長きにわたりヨーロッパ各地の法廷で争われた運動の成果である。それは、新しいジェンダーは真のジェンダーであるという本質主義的言説なしには生じ得なかったであろう。これはモーガン（Morgan 1999：234）がいう「トランスセクシュアルのジレンマ」である。

彼らはパフォーマティヴなジェンダー転覆《ベンディング》の可能性を希求する気持ちと、基本的人権を求めて戦う必要性との間で立ち往生している。……それゆえに彼らは曖昧さのない一貫した本質主義的アイデンティティを提示する必要があるのである。

しかし実際には、一九九〇年代からのジェンダー闘争における中心的なモチーフとして、トランスジェンダーが登場した。それはジェンダーとセクシュアリティをめぐる政治の重要な転換を反映しており、カテゴリーの固定化に異議申立てるクィア運動の一側面と見なしうる。ジェンダー・ファッキング〔訳注：ヒゲづらでスカートを履く等、ステレオタイプなジェンダーを混乱させること。gender bending〕は、一九六九年ニューヨークのストーンウォール暴動で伝統的なゲイ解放が嵐のごとく誕生して以来、その中核的要素となっている（Playdon 2004）。しかし同時にフェミニストの激しい反発も生じた。現代のトランスジェンダー運動が転覆的で侵犯的な契機を強調するのは、このように重要な転換、種々の要素の接続を表している。モアとウィットル（More and Whittle 1999）が主張するように、「トランスジェンダー」は性別越境を生きる人々、すなわち「ジェンダー・コンプレックス」な人々全体を包括する傘となっている。トランスジェンダーは境界を越え、固定性に異議申立てる人物の象徴となっており、トランスジェンダー主義は「セックス化されジェンダー化された身体が日常生活のなかでどのように認識され、遂行されているかを観察しうる、特権的な地点と見なされるようになってきている」（Kulick 1998：259）。ドラァグ・クイーンやドラッグ・キング、トランス男性、トランス女性、二重ジェンダー、男装・女装、ジェンダー・クィア、ジェンダーが曖昧な人、流動的なジェンダーを有する人――これらすべてが、ジェンダーという集合が二分的なものではなく、多極的で、多声的で、秩序転覆的であることを示している（GLQ 1998；Halberstam 1998, 2005；*Journal of Homosexuality* 2002, 2004）。エキンズとキング（Ekins and King 2006：xiv）が指摘しているように、「トランスジェンダーの物語は多数の形式をとるのである」。

しかしクィアが侵犯を賞賛ばかりしていると、性転換の通常性は消去されて、例えば男役のクィア・レズビアンとトランスの人の決定的な区別や、施術前後におけるトランスセクシュアルの特殊な経験を抹消してしまうこともありうる（Rubin 1999：189）。プロッサーは、性転換をイベントではなく旅のようなものとして語っているが、その「旅」はそれ自体の個性と場所を有するものであり、ポストモダンが移動を賞賛するのとは異なる（Prosser 1999：91, 110）。それはそうだろう。境界を越える旅や移住は現代世界によくみられる事象である。それは伝説的な冒険ではないし、必ずしも秩序転覆的ともいえない。それはアイデンティティや差異、周縁性、脱出の権利、声を上げる権利を求めて他者と交渉する、一生続くプロセスの一部なのだ。キングが述べるように、ジェンダー移住《migration》という概念は、「社会的に何が生じているか、すなわち、ある社会的地位から別の地位への移動に注目するものであり、その概念はジェンダーの境界が管理され、ジェンダー市民権が付与・否定されるさまを調査する枠組を提供する」（King 2003：190）。またこの概念が私たちに求めているのは「旅」における危険を示し、「旅行者」の視点から物事をみること、すなわち私たちがどこまで来ており、どこまで進まなくてはならないのかを確認することである。

主体性、転覆、性的快楽

レズビアンやゲイ移住に関する『道徳の発明？』という著作のなかで、ボブ・カントは次のように記している。すなわち自らが話す物語は「自己発見と関係について、愛とセックスについて、意識高揚集団や伝統的ラディカリズムの困難について、孤立や帰属について語ったものである」と（Cant 1997：13）。この移住が示す道筋とはひとつの帰属の形、すなわち自らが生まれ育ち、暖かい愛情を受けたが、他方で幼いレズビアン、ゲイとしての帰属感をもてなかった家庭から、自らのセクシュアリティがアイデンティティとなるような新しい家庭、選択した家庭に向かうものである。ある若いレズビアン、ジャッキーは思い出す。「私はロンドンに行って、生活が完全に変わったわ。……突然こんなにいろいろな人々がいて、話ができるということに気づいたの。それで、私の人生のなかでそのレベルの人々と話したことはこれまでなかったわ」。あるゲイ男性も「僕は大学に逃げていって、そうだったんだ、僕は完全に狂っていた。……上にあがって、そして逃げた」と回想している（Weeks et al 2001：82から引用）。

移住や旅はしばしば大都市空間に向かうものであり、そこはコミュニティ、ネットワーク、私的／公的な空間が形作される場であり、欲望が満たされアイデンティティが再構成される場である。二〇〇一年、イギリス国勢調査が初めてレズビアン&ゲイの人口調査を試験的に試みたとき、レズビアン&ゲイに該当するとわかったのはわずか七万八五二二人だった（彼らの関係性の性格を指標とすることによって）。しかしより興味深いのは、このようにありえないほど小さな数それ自体ではなく、彼／彼女らがどこに住んでいるかである。ブライトンはゲイの数が最大の都市であり、次いでいくつかのロンドン特別区（ラムベス、シティ、イリントン）、ブラックプール、マンチェスター、ボウニモウスで多い。これらは五年後に最初のシヴィル・パートナーシップの記念式典が開催されたという点で、多かれ少なかれ似たような地域である。他方、イギリスでストレイトの数が最大の地域は容易に予想できる。それはエセックスや北東部である（Ford and Frearn 2004：3；Duncan and Smith 2006も参照）。移住はイギリス主要大都市圏の社会地図を変えつつあり、それは北アメリカ、ヨーロッパ、オーストラリアの都市も同様である。多数のレズビアン&ゲイの物語は「都市の物語」であり、アミステッド・モーピンの同名小説は二〇〇六年のゲイ小説最大の人気をえた。二一世紀にはこれらの都市は様々な形でいろんなことが起きる場所となった。フロリダ（Florida 2004＝2008）が主張するように、多様性が最も歓迎され、ゲイに寛容なそれらの都市は、最も創造的で上昇志向でもある「プラグアンドプレイ・コミュニティ」と呼ばれている。そこは創造性や個性、差異が利得になるような環境であり、誰もが入ってきてすぐに生活を共にできる場である。ブリントンの貴族的な雰囲気や、ロンドンの歴史あるヴィクトリア風のテラス、マンチェスターのロフトでは、今日レズビアン&ゲイが都市風景に溶け込み、親密にして歓迎される関係を作っている（Whittle 1994を参照）。移住とは周縁から都市の中心部に向かって、人々が動くことなのである。

もちろんこれが物語の全貌ではないし、ひょっとしたら主要部分とさえいえないかもしれない。LGBTの世界はますます多様で複雑化しており、多数の異なる物語を語りうるし、未だに多数の偏見や同性愛嫌悪がある。さらには異性愛重視の前提も続いている。それは、もし人がオープンなゲイでないならストレイトでなければならないという信念、つまり精神を抹殺する、退屈な絶滅策というべき静かな鉄の信念である。しかしLGBTの世界は私たちの旅の重要な係留地となっており、他の物語を探求する前に何らかのシグナルを見つけることも重要である。レズビアン&ゲイは様々な形で新たに公的に注目される存在になっている。芸術や演劇、政治、労働組合、学界、ビジネス、テレビ、ジャーナリズム、警察（二〇〇六年ある警察官はミスター・ゲイ・イギリスの栄冠を勝ち取った）では今日重要な場でオープンなレズビアン&ゲイが存在している（Summerskill 2006を参照）。さらに公的生活の表層下で、極めて重要なことが起こっている。多数のLGBTが自らの生活を静かに営んでいる。彼らはまるで自分たちが完全に平等市民であるかのように、しばしば法律制定に先立って権利や責任を前提とし、法律が究極的には対応せざるをえない根拠となる事実を作り出している。

一九九七年以後の労働党政権は、貴族院による法改正の阻止が主な原因でいささか出遅れたにせよ、ヨーロッパ法廷の決定に促された面もあり、LGBTに関する法規制や措置を平等化していった。移住の権利、平等な養子縁組と養育権、性交同意年齢を一六歳で平等にすること、地方行政法における悪名高い第二八条の廃止、性犯罪法における不品行というゲイ特有の犯罪の撤廃、財やサービス供給における差別からの保護、雇用保護、性別承認法、シヴィル・パートナーシップ法の成立である（Bainham and Brooks-Gordon 2004 : Weeks 2004a, 2004b : Waites 2005a, 2005b）。LGBTの権利を促進させる政府主導の積極的な改革運動は存在しておらず、いくつかの立法はその前線に立つ政府よりも、幅広い立法化に向けた、後方からの条文修正に従って成立したものであった（性交同意年齢の平等化を成立させるために法令が前代未聞の方法で使われたこともあったが）。これはステルス式のリベラリズムとでもいうべきであり、ストーンウォール［訳注：一九六九年のストーンウォール暴動から名前をとった、イギリスの著名な同性愛権利団体。一九八九年設立］の静粛ながら強力なロビイングによって援助されていた。しかしその結果、法が顕著に近代化した。それはブレア政権が導入した、歴史的に未曾有かつ最重要の大改革だった（この政権の功罪を評価する際には、多くの場合無視されているが）。二〇〇〇年まで同性愛という理由で一年に約二〇〇人もの船員を解雇していた王室海軍が、レズビアン&ゲイの船員を採用するためにストーンウォールと協働すると公表したとき（Hellen 2005）、あるいはロンドン市警が二〇〇六年のレズビアン&ゲイの歴史週間を後援したとき、伝統を重視するイギリス人に注目すべき変化が起こっていたのである。

変化の方向性は間違っていなかったが、その意味については論争があった。サイドマン他（Seidman et al. 1999）は、一九九〇年代にアメリカのクローゼットが徐々に終焉したと書いているが、ここで彼がいわんとすることを理解するのは重要である。サイドマンがいうように、クローゼットという概念には固有の社会歴史的条件がある。それは性的アイデンティティの特権化と、異性愛規範を強化する社会文化権力の体系的な導入である（Seidman 1999 : 10）。その中心にあるのは（公私の）二重生活とそれを維持する日常管理の戦略という考え方である。その目的は諸個人がゲイ・ライフを生き、ゲイの社会世界の創造を可能にする保護空間を作り出すことなのだ。この観点からすればクローゼットとは「収容と抵抗の戦略」なのである。つまりそれは同性愛と異性愛という二分法を再生産すると同時に、それに異議を申し立てることになる。この観点からすれば、一九七〇年代以降のレズビアン&ゲイ世界の発展は矛盾を孕んだ運動なのであり、両者ともにクローゼットを非難するが、独自のコミュニティと生活様式を発達させることによって、ある意味ではクローゼットを強化してもいる。アメリカのみならずイギリスでも、サイドマンが提起したこの問題は、自由化の拡大というインパクトの下で同性愛の心地良い「ゲットー化」がどの程度解体されるのか、ということなのである。公的平等がゲイ世界の独自性を消去しつつあるなか、一部の人には同性愛という考え方そのものが解体されている（Bech 1999）。明らかに最もラディカルな改革のなかにさえ、マイノリティ化の論理が潜在的に存在すると指摘する者もいる。それは同性カップルのシヴィル・パートナーシップである（Waites 2005b）。しかしイギリスではアメリカと同様、多数のレズビアン&ゲイが自らの同性愛をノーマル化・日常化しているため、二重生活はもはや彼らの生活を定義するものではなくなっている。そしてセクシュアリティが彼らのアイデンティティの中核ではなく、その一部にすぎなくなっているのは明白な事実である。同時にアイデンティティの解体ではなく、主体が取りうる位置や生活様式の複層化も観察できる。そのなかでは関係性や特定の社会世界に埋め込まれた強力な自己意識が個人にとっての中核的意味として残っている（Cooper 2006）。

差異に関する感覚は、絶え間ない強力な異性愛という前提によって強化されている（Weeks et al. 2001）。本当に重要な変容が生じたにもかかわらず、多くの地域で同性愛嫌悪は広がっており、悪意あるクィア・バッシングから学校でのいじめまで、異性愛者のジョークからテレビでのオープンなゲイ著名人のスティグマ化までいろいろある。絶え間ない不安感が広がり続けている（Summerskill 2006を参照）。ゲイのロビー団体GALOPの主張によれば、ゲイの若者の八二%が言葉による嫌がらせを経験しており、四七%が反ゲイに基づく暴力を経験している（Webb 2002：49－53；www.gaytimes.co.ukの同性愛嫌悪暴力にまとめられているフォーラムを参照；Adam 1998）。『ビッグ・ブラザー』のようなリアリティ・テレビ・ショーでは種々の文化、様々な性をもつ若者が一つ屋根の下でたやすく同居している姿を描いているが、街中ではゲイの若者は未だそのセクシュアリティのためだけに殺されるかもしれないのである。

イギリスが「ゲイの事柄」に関するかぎり良い方向に向かっているとリベラルな知識人は考えているようだが、二〇〇五年一〇月に南ロンドンのクランファム・コモンでジョディ・ドブロウスキーが殺害されたとき、その考えを改める必要が生じた。内気でゲイ・バーに行くのをためらったこの二四歳の青年は、同性愛嫌悪の暴力と罵倒のなかで蹴り殺されたのだ。（Summerskill 2006：3）

異性愛を基準とする文化では同性愛嫌悪の暴力は日常化・常態化しており、普通の人々が日常生活のルーティンの一部として行っているため、往々にして不可視化される（Moran and Skeggs 2004：27）。一九七〇年代以降のソーホーやマンチェスターのゲイ・ビレッジといったゲイ空間におけるレズビアン&ゲイの新たな可視化は諸刃の剣であった。つまりそこは消費主義に支えられた安全地帯である一方、突発的暴力につながる潜在的には争いの場所でもある（Binnie and Skeggs 2004：39－64）。空間は中立的なものではなく、実際には異性愛が当然視されるほど強く異性愛化されたものであり、そのため不道徳や単に異なっていることを運命づけられた人々がその空間に立ち入ると、どんなことであれ潜在的には不安定につながりうる（Hubbard 2001）。しかしＬＧＢＴの人々（や他の性的異端者）による空間の「再領土化」、つまりバーやコーヒー・ショップ、レストラン、プライド［訳注：ゲイ・プライド、ＬＧＢＴプライドの略。一九六九年のストーンウォール暴動後に広がったゲイ、ＬＧＢＴの社会運動の一潮流］、マルディ・グラ［シドニー・ゲイ・アンド・レズビアン・マルディ・グラの略。毎年二月第二木曜日から三月第一土曜日にかけてシドニーで行われる、世界最大規模のＬＧＢＴの祭典］、ゲイ・ビレッジ、公園等は、安全なライフスタイルの推進にとって重要な舞台であった。より重要なのは、資源や機会によって否応なく統制される家庭内に、いかに私的空間を創造するかであった。家庭や帰属の概念はＬＧＢＴの経験にとって決定的に重要だった（Weeks et al. 2001：77－103）。

ではレズビアン&ゲイのセックスは今日、どのような意味で秩序転覆的かつ侵犯的でありうるのか。二重の変化、すなわちレズビアン・アイデンティティのセクシュアル化とともに、ゲイ男性のセクシュアリティの「家畜化」を指摘する論者がいる。確かに性的側面を犠牲にして政治的同一化を強調する一九八〇年代の過剰な「政治的レズビアン主義」は衰退した。もっとも「レズビアンは私が生きる時代のヘゲモニー装置をかなりラディカルに破壊する作業を行なえる唯一の場だと私は信じ続けている」と、ウィルトン（Wilton 2004：26－7）なら何度も力強く語るかもしれない。よりクィアなポジションとしては、イヴズ（Eves 2004）が次のように力説している。彼女は「レズビアン・ジェンダー」の発展可能性、特に女性のセクシュアリティ、レズビアンのアセクシュアリティという伝統的言説を転覆するために、男役－女役が主体的に立場を話し合って決めることを強調している。「男役と女役はレズビアンの空間を作り、自らの欲望を可視化する種々の方法のなかから、特定の解釈的、美学的レパートリーを使っている」（Eve 2004：495）。『同性間の親密性』（Weeks et al. 2001：133）のなかでインタビューに答えているパットは、次のような言葉でセックスの重要性を捉えている。「セックスには魅力的な何かがあるのよ。……充実感とも性の存在感とも違う。……もしセックスをしなければ、何か失ってしまうものがあるのよ」。同様にニアムにとって「私は求めることが好きだし、求められることも好きなの」（ibid.：134）。

ゲイ男性は「自分たちの」欲望を可視化する場がないわけではない（Higgs 1999；Turner 2003を参照）、しかしＡＩＤＳ危機の衝撃は彼らのセックスとのかかわり、特にお手軽なセックスを決定的に変えてしまった。実はかなり早い時期から、ＡＩＤＳ危機は数多くの男性の行動を変化させ、ＨＩＶ感染を上手に避けられる安全なセックスのテクニックが広く使われていたことがわかっている。一九九六年以前、イギリスで異性愛者が感染したと診断されたのは、約五〇例にすぎなかった。二〇〇〇〜〇五年の間に、異性愛者の診断数が同性愛者を上回り、二〇〇四年には記録のある二〇〇〇の新事例のうち、ゲイの感染者はわずか二八％となっている。しかし依然としてＡＩＤＳは、圧倒的にマイノリティやゲイ男性の病気である。イギリスで異性愛者の診断例の七五％以上は、海外で感染したか海外で感染したパートナーによるものであり、これらのうち六八％はアフリカである。イギリスの黒人アフリカ人は人口の約一％であるが、新たなＨＩＶ診断者の四二％を占める（Scott-Clark and Levy 2005：24－43）。「イギリスのＨＩＶは黒人とゲイである」（ibid.：24）。新しい治療法の開発によってＡＩＤＳで死亡するゲイ男性の数は劇的に減少したが、一九九〇年代半ばからＨＩＶをもつゲイ男性の数は二倍になった。多数のゲイ男性は安全なセックスをやめ、ハイ・リスクな行為に手を出している。この一部はあきらめの結果であり、一部はゲイ男性人口の構成変化により、一九八〇年代に目にした危機をよく知らない若者によるものであり、一部は安全な取り決めの結果である。

マーク・デイヴィス（Davis 2005）の主張によれば、危機以降、ＡＩＤＳはゲイ・コミュニティの集合的問題としては姿を消し、私的な経験となった。そこで個人は自己を監視し、リスクを自己管理することになり、責任と個人の欲求のバランスをとるのである。それは文化における新自由主義的傾向とも軌を一にしている。ヨーロッパ全体でみるとイギリスは、より悠長な態度をとることで有名なオランダとともに、一般大衆に対するＡＩＤＳ啓発の面では遅れをとっている（Charter 2006：22）。セックスに関して個人主義的でカジュアルな態度は一般に、ゲイの人々が有する態度をある程度反映している。ゲイ男性に対するセックス調査によれば、ＨＩＶ陽性のゲイ男性の半数以上が、少なくとも一人の他の男性と避妊具なしのアナルセックス（「ベアバッキング」）

をしたことがあり、五分の一がＨＩＶ陽性の男性とベアバッキングをしたことがあるとされる（Scott-Clark and Levy 2005：33）。ベアバッキングは国際的な現象であり（Carballo-Dieguez and Bauermeister 2004を参照）、様々な意味をもっている。多数のゲイ男性にとって、それは親密性やアイデンティティにかかわる深く象徴的な重要性をもっている。セックスがゲイ男性を定義するように、ゲイ男性のなかにはそのセックスなしに自己確認が難しい者もいる（Yep et al. 2002：1－14）。しかしそれは、他のものまでもち込んでしまっている。リッジ（Ridge 2004：274）は取り決められた安全の価値を疑問視しており、どのくらい安全なセックスをするかを決めるのは男性自身の意味づけ（怒り、拒絶される恐れ、権力、欲求、男らしさ、なりゆきまかせ、親密性）と彼らがセックス相手と出会う状況であるという。これをゲイ男性の世界で性的な非排他性が幅広く受容されたことと関連づけることもできよう（Heaphy et al. 2004：167）。しかし同時に二〇〇五年一二月の法制化以降、レズビアンと比べると多数のゲイ男性がシヴィル・パートナーシップになっている（第七章を参照）。明らかにここでもコミットメントの形は、性的な一夫一婦制の観念に直接依存しないように取り決められているのである。

クィアについてはどうなのだろうか。「クィアとはジェンダーをファックすることを意味する。この無関心な我が国のどこにでもストレイトのクィア、バイのクィア、性転換したクィア、レズのクィア、ゲイのクィア、ＳＭのクィア、フィスティングのクィアが存在する」（Whittle 2002：61によるリーフレットの引用）。残念ながらこの引用は、非異性愛の人々がどのように自己を認知しているのかを示すものではない。二〇〇四年のゲイ男性セックス調査（Weatherburn et al. 2005：6）に回答した一万六〇〇〇人のうち、八一・六％が自らをゲイと自認しており、一二・三％が両性愛と自認している。「その他」にチェックした〇・六％（九二名）のうちわずか一八名が自らをクィア、一名は「ファックとしてのクィア」と自認するにとどまり、他の人は心が広い人、されるがまま、複雑、ストレイト、トランスジェンダー、トランスセクシュアル、何でもあり、コウモリ野郎、ホモセクシュアル、男とセックスするのが好きな人、実験的等と答えている。ファークハーは、女性の回答者がクィアという言葉を使うことに同じような嫌悪感をもち、多くの者がレズビアンやダイクという言葉を好んでいることを発見した。「ダイクは強力な言葉である、なぜなら私たちが自分たちをそう名付けるからである」「それは自分の顔なのだ。『私はダイク』、それが本当の顔なのだ」（Farquhar 2000：224）。クィア理論は大学、特に文学的な知識人のなかで発展した。そこではセクシュアリティやジェンダーを使って演じる侵犯的な性格が強調され（Sullivan 2003；Schlichter 2004）、残念なことに初期のレズビアン&ゲイ研究をほとんど黙殺してしまったのである（Halperin 2003）。活動家はクィアと愛し合っているにもかかわらず、イギリスではクィア理論はほぼ学界に限られたものであり、せいぜい新都市中流階級にアピールしているだけで、その他のレズビアン&ゲイを無視してきた（Adkins 2002：22；Schlichter 2004）。ブラシウス（Blasius 1998：672）によれば、ジュディス・バトラー、テレサ・デ・ローレティス、レオ・ベルサーニといった理論家に代表されるクィア理論は、ＬＧＢＴの理論一般や他のゲイ保守派と同様、リベラルな個人主義に向かう一般的傾向を表している。「ＬＧＢＴの理論と政治をめぐる始点も終点も、すべて個人の『意識』と自己変容に依拠している」。ロビンソン（Robinson 2005；Warner 1999；Goldstein 2003も参照）がアメリカで計画した「クィア戦争」は、生じた問題は似通ってはいたにもかかわらず、イギリスでは限定的にしか導入されなかった。その問題とはセクシュアリティの役割、特に（性的な）非排他性、性的自由と大きな社会変動、統合の意味、同性パートナーシップの法制化のメリット等である。そこで明らかになったのは、シヴィル・パートナーシップを支持することが性の保守主義と必ずしもつながらないということである。性的侵犯は政治的リベラリズムと必ずしも結びついていない。大きな問題は生き、生かされ、愛される雰囲気のなかで生じる同性愛に対する新しい寛容によって、異性愛を標準化し、異性愛を前提として再生産される社会関係がどの程度根本的に揺るがされるのかということである。この点は未知数である。

世代間の緊張

レズビアン&ゲイの受容が進むのが最も難しい領域の一つとして、子どもとの性関係がある。特にゲイ男性を青少年のセックスと結びつける議論は敬遠されており、殆ど口の端に上らないないが、性交同意年齢をめぐる議論に影を落としている（Waites 2005aを参照）。ひょっとしたらLGBTの完全統合における最後にして最大のタブーといえるかもしれない。ヨーロッパ諸国が同性のパートナーシップや結婚の法制化に向かうなかで、養子縁組の権利が最初から除外されていたことが注目に値する（Green and West 1997 ; Wintermute and Andenaes 2001を参照）。しかしこの偏見が姿を消し始めるにつれて、イギリスでは養子・養育権の平等がシヴィル・パートナーシップに先立って導入されており、大人と子どもの関係全般に対する懸念が新たに重視されるようになった。ベックとベック - ゲルンスハイムによれば、子どもは家族生活における核心的な意味をもつようになっている（Beck and Beck-Gernsheim 1995 : 15－18）。オコーネル・デヴィットソン（O'Connel Davidson 2005 : 18）が指摘するように、個人主義の高揚と純粋な関係性の非永続性は不確実性の気分を増大させ、子どもは「カップルが自らの関係を安定化させ、他の親類と社会的つながりを確立するために、互いに提供しうる『贈り物』である」と見なされる。そのためには子どもは私たち大人と異なっている必要があり、道徳的に束縛されると同時に保護される領域が必要になる。そこで子どもは私たち大人に絶対的に依存することとなる。けれども大人と子どもの境界について論争がなかったわけでない。若者における主体性と依存性、大人における義務と不安の弁証法は、緊張と不安を強く醸しだし、恐るべき性的虐待が破滅的なレベルに達してしまう。

若者が早期から性に巻き込まれると、子どもの依存性をますます強め、家族や共同体的な関係性を通して育まれる主体性や責任、権威に関する問題を引き起こす。種々の小児性愛者が人々にとって不安の種となる。子どもの性的無垢を保護できていないという懸念が生じ、性教育をめぐる緊張関係が生まれている。性教育に価値があることはいろんなデータが示しているが、性教育を最も必要とする弱者、つまり若者にはあまり届いていない（Jackson and Scott 2004a：235）。性交同意年齢は文字通り、セクシュアリティについて大人と子どもの境界を管理するものだが、カイエ・ウェリングス（Wellings 2005：Frearn 2005：34）が実施した調査によれば、実際には若者を「混乱」させている。若者に関するレイチェル・トムソンの研究（Thomson 2004：138；より一般的には Waites 2005aを参照）によれば、若者を「ばかにする」ものでもある。若者にとって性的主体性は私的領域と見なされるものであり、彼らは国家や両親から介入されることを期待しない。その結果、その法を適用するのはとても難しい。「それはある種の法律だけど、ここでは通用しない」、トムソンの若い回答者の一人は述べる。他方で、インタビューを受けた若者のうち、性交同意年齢そのものに反対する者は殆どいない。たとえそれが一八歳まで引き上げられたとしても反対しない者もいる。若者が圧力を感じるならば、それは有用なものと見なされる。

しかし性行為を正統化するのは法律ではない。もちろん結婚が性行為を正統化してきた長年の日々が正統化しているわけでもない。性行為の正統性は、若者個人が準備できているときのみに性行為がなされるべきという感覚、すなわち主体性や選択、時間に媒介された自己制御という感覚に基づいている（Thomson 2004：142）。新聞紙上でインタビューを受けた一六歳の女子高生は次のようにコメントする。「私の知ってるたいていの人はまだセックスをしたことがないし、一六歳になる前にセックスをしたことはないわ。誰にもわからないからといって、法律破りを気にしないわけではないわ。……私の友だちは責任感が強いのよ」（Campbell 2006b：16）。しかしバランスと主体性に関するこの感覚は、若者たちに対する圧力、たとえば同輩集団から少年に対する圧力、親から少女への圧力をめぐって高まる不安と対峙しなければならない。青年期研究基金の報告によれば、性行動への知識の欠如とハイリスク行動への耽溺に関しては、種々のエスニック集団間で有意な差がある。マイノリティ・コミュニティ出身者の多くは性感染症を予防し、特定する方法を知らない。若いカリブ出身の男性は、その他の集団より危険なセックスを行う傾向がある。

若者の性行動は大人と同様、階級やエスニック集団によって構造化されている。ここまで見てきたように一〇代の妊娠は、政府の焦点を絞った介入が必要な弱者の問題と見なされている。もっとも一〇代の妊娠の絶対数は一九七〇年代初期の半分に満たず、その比率も一九五〇年代や一九六〇年代初期とくらべると圧倒的に低い（Duncan 2005：1）。しかし人種やエスニシティに関する数字はいささか複雑だ。黒人の少女は今では幼い親になることを減少させる施策の主要なターゲットとなっている。ただし皮肉なことに、一〇代の母親（の数）が最も急上昇しているのは裕福な郊外においてである（Frearn 2006b：4；Sherman and Bennett 2006：14）。結局、若者の性行動は制度化された異性愛によって秩序づけられている（Jackson and Scott 2004a：237）。トムソンが主張するように、様々な言説がセックスについて語り考える種々の方法、さらには彼らが利用しうる幅広いアイデンティティや立ち位置を提供している。

しかしセックスについて語り考えるこれら種々の方法は、固有のアイデンティティや欲望を作り出す自由を若者に提供しない。むしろそれらは権力によって拘束され、若者自身の道徳コミュニティ内で効果的に強化され、管理される非対称性を執拗に維持するのである。（Thomson 2004：146）

しかし人々の不安は、若者の性行動に向けられているばかりではない。大人自身の性行動にも向けられている。「現代の不安は子どもの性欲ではなく、両親の性欲に端を発する」（Bauman 1998：29）。性交同意年齢は若者自身にとっては曖昧な障害かもしれないが、多数の大人、通常は男性にとって危険を孕んだものである。性交同意年齢自体は少女保護の観点から構築されたものであり、男性は主体的と想定されている（Waites 2005a）。しかし子どもの性的虐待に関する意識の高まりは、大人と子どもの力関係について幅広い問題を提起している（Reavey and Warner 2003 : O'Connell Davidson 2005を参照）。一部の大人による信頼の裏切りをめぐる幅広い不安に対応するため、政府は教育など、ある種の大人－子ども関係のなかで作動する保護の観念を法に書き込むことを試みてきた（Bainham and Brooks-Gordon 2004 : Epstein et al. 2004）。これらは、教育雇用訓練省大臣ルース・ケリーが二〇〇六年初頭に言及した時には、問題の境界を再設定することになる激しい試金石となっていた。過去に児童虐待で訴えられた経歴のある教師がいるとマスコミが発見したことで、ケリー自身がこの件に巻き込まれ、その職を失う危機に晒された。ケリーは自身の部下がどういう経緯で犯罪者を登録することになったのか、実際にはほとんど何も知らなかった（Doward 2006a : 8－9 : Aaronovitch 2006 : 21も参照）。かつては自然であり健全であるとさえ見なされた行動（例えば子どものヌード）は、いまでは危険なものになっている。両親や保護者は休日ビーチで遊ぶ子どもの裸体写真が現像されているのを発見した場合には、警察の尋問を受けることになる。

これらの不安の多くは二〇〇〇年夏、当時八歳だったサラ・ペインの殺害事件によって表面化した。これに反応した『ニュース・オブ・ザ・ワールド』紙のキャンペーンはこれをいわゆる小児性愛と名付けて貶め、やがてハンプシャーのポールスグロブ公営住宅団地では母親が率いる地域自警団キャンペーンにつながっていった（Bell 2003 : 108－28）。この件はさらに多数の重要な問題を浮き彫りにした。モラル・パニックを煽動する報道機関の役割、労働者階級の母親運動への反応を形作る階級の役割、国家とのいわゆるコミュニケーション不足が生じているときの女性の役割、突発的な不安に対処する国家自体の役割、無知、恐怖等である。しかし重要なのは性的リスクに関する認知の変化であり、発生しているリスクの管理である。ローズ（Rose 1999 : 206）が指摘しているように、養育放棄に対する怒りは、かつて児童虐待を行う可能性が最も高かった社会集団、すなわち労働者階級それ自体から最も強く発せられている。もちろん実際には、大多数の虐待事例は家族の内部か、その子どもの知人によって引き起こされている。しかし怒りの矛先は危険な不審者や小児性愛者、家族から完全に切り離された特定精神病の経歴を持つ人に向けられている。ローマ・カトリック教会のいわゆる小児性愛聖職者の場合も同様のプロセスが働いた。教会が長らく隠蔽してきたスキャンダルは宗教の使命、教会の教義、聖職者の独身主義、単純な信頼観に対して重大な疑問を投げかけた。しかし教会の視点からは虐待の問題はさほど重要ではなく、同性愛やゲイの聖職者に対するカトリックの対応こそ重要な問題とされた。二〇〇六年、ゲイが聖職者となるのを禁止すべく新法王が動いたとき、小児性愛スキャンダルに対する反応と同様のものが広く見られた（Loseka 2003：13）。不安は個人化されたものとなり、虐待を生み出す最も危険な場所である家庭や地域コミュニティ、カトリック教会は、物語の文脈から除外されてしまったのだ。

テクノロジー的な解決と科学の誘惑

伝統的な正統性の源が衰退し、権威を語る場が複数化するなか、いまや誰がセクシュアリティの真理について語ることができるのか。一九世紀後半の初期性科学者から、二〇世紀後半の進化心理学者に至るまで、「専門家」は常に存在しており、彼らはゲームのルールを定義・再定義し、セクシュアリティという混沌かつ流動的で変化し続ける世界を、科学的な理解の枠に収めようとしてきた（Weeks 1985）。ときには科学的な確実性や技術的解決を求める探求が宗教的冒険や宗教の代替物になることがある。『利己的な遺伝子』や『盲目の時計職人』といった社会生物学のベストセラーの著者であるリチャード・ドーキンスのような一流の科学者にとってさえ、科学はその確実性の観点から事実上、宗教のようなものになるのである。一〇〇年以上先駆的なフェミニストを含めた多数の人が、科学は新しい教会になりたがっていると主張してきた。セクシュアリティの問題に科学的解答を求める人々の問題点は、この変幻自在な領域においては、たった一つの真理を確証することが極めて困難だということである（Lancaster 2003）。

事実、科学の進歩はときおりセクシュアリティに関する不確実性という一般的な雰囲気と混じり合う（Johnson 2004 : Segal 2004）。遺伝学革命の意味とは何なのだろうか。発生学の研究によって開かれた可能性にどのように反応すべきなのか。インターネット革命が性の価値や倫理について有する意味は何なのだろうか。この後期近代世界に定着した一連の価値や、誰もが容易に支持できる権利や責任のカテゴリーのリストについて、一体どのような合意があり得るのかを確認するのが難しいとするならば、科学の覇権を求める主張は絵空事にならざるをえない。

とらえどころのない遺伝子

だからといって一般の人々は、生物学に基づく説明に同意することをやめたわけではない。保守化する一九八〇年代に人口に膾炙した社会生物学に続いて擡頭した進化心理学は、自分を時間のなかに、つまり御し難い歴史に自らを強く位置づけたい一般大衆に強くアピールしている。いまここにある構造的不平等に取り組む手段を発見し、獲得するのと比べると、生殖能力に根ざした男女間の持続的差異や、五〇万年前のアフリカ・サバンナの原始的分業について理解するのはどれだけ容易であることか（Segal 1999 : 78－115 ; Rose et al. 2001 のエッセイも参照）。セクシュアリティと主体性が身体能力、心理学的構成、文化的諸力が交錯しながら形成される無限の複雑さを理解するのに比べれば、同性愛を進化上の逸脱とし、ゲイの脳一般、あるいは特定のゲイ脳（「生まれつきのゲイ」）に帰着させることで説明を避けるほうがはるかにたやすい（Rose 1996 ; cf. Wilson and Rahman

2005)。『タイムズ』紙の見出しには、大衆化されやすい物語が踊っている。たとえば「それは母親までさかのぼることができる。ゲイ遺伝子は出生率を高めて生き残る」とか(Henderson 2004 : 5)。理論的には男性に同性愛を引き起こすのと同じ遺伝子が、女性には生殖を促すなどと述べて、社会構築主義を反証した気になっているのである。ジェンダーやセクシュアリティの差異を人間の進化の過程で築かれた適応パタンの結果と見なす(Lancaster 2003)これらの科学者にとって困難なのは、生物学的に決定された男女の差異が繁茂する社会空間を発見することである。しかしこれらすべての立場は大部分のリベラルな知識人(『プロスペクト』誌のように、リドリー(Ridley 2003 = 2004)とウォルター(Walter 2005 : 34 – 9)による批評を参照)にも認められているとはいえ、煎じ詰めれば本質的に保守的な哲学を反映しており、生物学とはかなり異なる根拠に基づく性的差異が繁栄しているのをみれば間違いであるとわかる。シーガルは「セクシュアリティ・ジェンダー・アイデンティティの文化的流動性は近年のポスト構造主義やクィア・フェミニストの論文では賞賛されているが、原理主義的ダーウィニズムの復興と大衆文化や社会科学の多くにおける遺伝子決定主義の抬頭によって、この文化的流動性という考え方は嘲笑されている」(Segal 1999 : 6)と観察している。彼女に同意せずにはいられない。進化論がどれだけ明確に科学的中立性を保とうとしても、究極的にはそれは容易に不平等を正当化しうるのだ。

生殖技術

しかし進化心理学が提供する疑似科学の確からしさに疑いを挟んだとしても、遺伝子革命が口火を切った生殖技術を無視するわけにはいかない。第二波初期のフェミニスト、シュラミス・ファイアーストーン(Firestone 1971)が異性愛の性交を伴わない妊娠を構想したとき、ほとんどの人はそれを過激なフェミニストの空想としか考えなかった。現実にはわずか一世代後に生殖可能性が再編成されつつある。ここには大きな逆説がある。なぜなら女性が婚期を遅らせ、出産をある時期に集中させ、または出産そのものを回避すると同時に、中絶が一般的になっている場合、たとえそれが問題とされるにしても、新たな生殖技術に対する需要は強くなるのである。不妊症だったり、レズビアンやゲイ男性が親になることを望んだり、六〇代の高齢女性が妊娠を選択する等、新たな可能性が新たに大きな医療産業を生み出しているのであり、草の根的な自己授精の場合はある種の小さな成長産業となっているのである（Saffron 1994）。不妊症を治療する医療目的で体外受精から始まったものが、種々の方法で赤ん坊を作ろうとする膨大な需要に対応する、数十億ドル規模の産業となった。『エコノミスト』誌（*The Ecomist* 2006b：73）に掲載された報告書によれば、生殖技術には二〇〇六年初頭までにアメリカだけで一〇〇万人の顧客と三六億ドルの収入があり、最高品質となる高学歴女性の卵子には約五万ドル、代理母には五万九〇〇〇ドルがかかる。これがやがて地球規模の市場になったとしても驚くにはあたらない。グアテマラは一回約二万五〇〇〇ドルで赤ん坊を輸出することによって、年間約五〇〇〇万ドルを生み出している。デンマークは世界最大の精子輸出国となっている。もしこれが枯渇したとしても、現在ではマウスの卵子を培養して人工精子が作られており、男性不妊症はやがてなくなるとされている（Henderson 2006：3）。

アメリカは産業が規制されていないために、不妊治療の世界的中心地となっている。イギリスは他の社会よりも長期間、この革命の有する意義に苦悶しており、その後ワーノック委員会の報告書がヒトの受精及び胚研究認可局を通して倫理基準と容認可能な方法を確立した。しかし技術の可能性が爆発的に拡大し、ワーノック・アプローチの用心深い功利主義を飛び越えてしまう危険を孕んでいる。死後長時間経過した夫の冷凍精子を利用するのに、女性はどのような権利を持つべきなのか。ゲイ男性がイギリス以外で代理母を用い子どもを得ることはどのように規制されうるのか。六〇代以上の女性が不妊治療を使い妊娠することをどのように管理しうるのか。世界中で一〇〇万にも上る孤児が存在するなか、指数関数的に伸びている不妊治療の需要を満たすために、国民保健サービスはどのような優先順位をつけるべきか。他方、赤ちゃんと同様に卵子や精子が流通している状況をどのように管理するのか。女性が子宮と同様のものに還元されてしまう新たな精子の経済市場が発展しているのではないか。新技術は女性に対する新たな暴力や女性虐殺《ガイノサイド》をもたらすのか（Plummer 2003：41－2）。上記すべてにはヒト・クローンの影がつきまとっており、危険な遺伝子だけでなく、「望まれない」タイプ（生まれつきの遺伝的障害をもつ赤ちゃんや、「低階級」やエスニック・マイノリティの子ども、「ゲイ遺伝子」をもつ恐れのある人等）を生まれなくさせる新たな優生学を生み出す可能性がある。新たなジレンマはつねに登場し、それらのなかにはひどく痛みを伴うものもあるが、あらゆるジレンマが国家、法廷、諸個人による規制や難しい決定を必要とする新たな可能性を産み出す。ピルはセックスと生殖の分離を手助けする。新たなテクノロジーはさらに進化し、血縁から生殖を切り離す。二〇〇五年に一つの単純だが、その意味は複雑な判決があった。その判例では、提供された精子から生まれた子どもがその生物学的両親の出自を知る権利を有するべきかを、新たな規制によって確定しようとしたのである。その結果、血縁の正当性をめぐる関心が沸騰することになった。それは遺伝子革命が生み出したものである。たとえばあるウェールズ人が、バスク民族国とシベリアの部族の民族を経由したネイティヴ・アメリカン出身の染色体と自分の染色体がほぼ一致するということを学ぶのは確かに魅力的だ。血筋は重要な歴史的物語を教えてくれる（Jones 2002＝2004）。そこまで大規模でなくても、私たちは家族の歴史を同様に知りたがっており、それは「自分の先祖探し」が流行していることからもわかる。しかしこの例の場合、精子を自発的に提供する男性の数がやがて減少する結果を招くことは避けがたい。

化学的解決

もし科学が生殖のもつ欠陥から私たちを解放してくれることを約束しているなら、セックスのもつ欠陥からも解放してくれるはずである。セックスはもはや必ずしも生殖に結びつかず、生殖はもはやセックスの唯一の目的ではないかもしれない。しかしこれは、快楽主義が現実主義の分かちがたい一部になっていることを確認させてくれるにすぎない。もしエロスが純粋な関係性の基礎と見なされるのであれば、最大の失敗は性行為の欠陥であろうし、これはますますテクノロジー化されていく。ピルが一九六〇年代の技術的解決策であったとすれば、ヴァイアグラとその類似品は二一世紀初頭の技術的解決策であるといえよう。『バイアグラ時代』の著者メイカ・ルーによれば、アメリカにおけるセックスは「以前とまったく変ってしまった」(Loe 2004 : 5 = 2009 13)。しかしこれはアメリカに限った話ではない。一九九八年にファイザー製薬社から発売されて以降、ヴァイアグラは世界的ブームとなった。「アメリカ人のセックスを変えた」小さな青い錠剤にシアリスやレビトラといった他の医薬品も加わり、それらが数十億ドルの市場で競合し、「女性用ヴァイアグラ」の開発にも向かっている。三年以内には女性が興奮やパフォーマンスを高める鼻孔吸引具PT-141が認可されると予想されている(Dibbell 2006)。需要は飽くことを知らない。一九九〇年代後半にイギリスの厚生大臣が国民保健サービスを通してヴァイアグラの供給を認可したときは、深刻な勃起障害を持つ者にのみ供給が許されていた。それ以降、基準は段階的に緩和されていった。しかしそれは国民保健サービスを通して供給されるばかりではない。その夢の薬はいまやウェブ経由で違法ながらも自由に入手可能であり、誰もが午前中にメールを開いてマウスでクリックすれば、即座に幸福が得られる大量のスパムメールを受信している。四分の一のスパムメールは、ヴァイアグラとその類似薬関連とされている。これらは真の問題を単に医学的に軽減するだけである。それらはいっときの解決をもたらすだけの幸福薬となってしまったのだ。政府は大麻やコカイン等の違法薬物を非難するかもしれないが、嬉々としてヴァイアグラやその類似品を認可し、いまやほとんど勃起機能障害(ED)と関係ない広大なグレーゾーン市場を容認している。勃起機能障害はもともと一部の男性だけに認められる医学上の問題だったはずだが、現在その治療薬は、女性を含む大部分の人にとってセックスの能力を高めるものと思われている。「ビック・オー」〔訳注：女性のオルカズムの隠語〕は性的満足の中心的定義となっている。男性たちは自らの欲望を満足させるために、若年性心疾患や失明といったリスクでさえも喜んで引き受けている。

そのプロセスには、最高のパフォーマンスに満たないものはすべて病的とされるという、明確な危険が存在した。『セックスは自然な行為か?』（Tiefer 1995＝1998）の作者、アメリカ人セラピストのレオノア・ティーファーは次のように強調している。「セックスは文化についてのものであり、脳についてのものだ。彼らはマクドナルド化[19]について語っているのであって、私たちはどこに向かうにしろ明らかに同じ考えをもっているのだ」と（引用はCooke 2002：31；Tiefer 2006：273－94も参照）。彼女が主張するように、あらゆる科学は産業の単なるまやかしであり、この最も危険な側面は、女性の新たな医療問題を生み出したこと、すなわち女性用ヴァイアグラが「女性の性機能不全」（ＦＳＤ）の解決策となるということだ（Henderson 2006と比較せよ）。取るに足らない結果かもしれないが、女性の四三％がこの新たな症状を「患って」いるとされる。しかし医薬品は性の正常性を再定義し、その解決策となる中心的なプレイヤーではない（*Sexualities* 2006aのなかの論文、特にTiefer 2006）。

サイバーセックス

薬がある種の性的能力を高めるのであれば、サイバーセックスはボタンをクリックすることで種々のエロティックな興奮、誘惑、情事を提供している。いまの私たちにはサイバーセックス、サイバー・ストーキング、サイバー・レイプ、サイバー被害、サイバー・ポルノ、サイバーのぞき、コンピュータ・セックス、セックス・チャット・ルーム、セックス・ニュース・グループ、セックス掲示板、ポータブルカメラ・セックス、ヴァーチャル・セックス、サイボーグス、ブログ、マイスペース、ユーチューブがある。プラマーの刺激的なフレーズを使うなら「サイバーセックスの寄せ鍋料理《スモーガスボード》」と呼ばれるものだ。インターネットの能力や利用が拡大していけば、そのリストはおそらく際限ないものになり、性的想像力は新たにヴァーチャルな隠れ家や裂け目を見つけ出す（Plummer 2003 : 9–12）。インターネットはセックスナンパ、求愛、チャット、告白、自己肯定、実験、空想、マスターベーション、友人関係、ネットワーキング、ヴァーチャルなコミュニティの場であり（Wakeford 2002）、潜在的な搾取、暴力、恐怖の場でもある。最も楽観的に考えれば、シェリー・タークルがかつて一九九五年に『接続された心』（Turkle 1995 = 1998, 2004も参照）で主張しているように、人々はインターネット上でセクシュアリティやアイデンティティ、関係性、幅広い文化における生来のリアリティを変容させる希望をもって、ヴァーチャル・リアリティを作り出している。同様にそれは、フェミニストやクィアのための空間であり可能性の場なのである（Wolmark 1999 : Wakeford 2002）。ただしそれは敵手である原理主義も同じだ。理論上、あなたはあなた自身を再形成できるのであり、最も野性的な幻想や欲望を追求できるのである。ルース（Elliott and Lemert 2006 : 112に引用）はマンネリの結婚生活がサイバーセクシュアルな出会いによって活性化したとして、次のようにいう。

チャット・ルームの匿名性には目から鱗が落ちたわ。ずばり奇跡的なものだった。……私はあらゆる種類のものを目にしたわ。人間もエキサイティングな考え方も。でも結局は自分自身をみつけたのね。私はオンラインでの経験、特にセックスについてオープンに語るうちに、私がかつて自分のアイデンティティだと

19　ジョージ・リッツァが『マクドナルド化する社会』で提起した概念。マクドナルド社の経営理念を支える諸原理が、グローバル化のなか他の業種や国々で影響を与えていく過程。

思っていたことを大きく越えていくことになったの。

インターネットはどんなことでも可能だと思わせる新たな形の親密性を生み出しており、それに伴うリスクは伝統的な触れ合いの形よりも小さい。ジャーナリストのアレクサンドラ・フラーン（Frearn 2006a：6）が述べているように、それはあなたに「選択し、それでも自分で制御できる機会」を与えるものである。彼女はオンラインでの出会いの発達をある種の「技術的ダーウィニズム」と見なしており、そこでは古い形の相互行為、例えば教会や拡大家族、地元のコミュニティ、工場や事務所、舞踏会やダンスホール、パーティ・サーキット［訳注：主にゲイを対象とした大規模なダンス・ミュージック・イベント。企業等の協賛も得て、夜通しで開催される。一九七〇年代後半からアメリカを中心に世界中に広まった］などは消滅してしまっている。ウェブサイトは実用的で極めて効率的な代替手段を提供し、飛躍的に進歩している。電子世界での親密性は人々がもはや対面的な出会いからは期待できないような環境を自分で制御する手段を提供する。それらはすでに高い人気を博している。一五〇〇万人の会員を持つ、ヨーロッパ最大の出会い系サービスのイギリス子会社であるParship.co.ukが行った調査によれば、イギリスでは二〇〇六年、三六〇〇万人の加入者がオンライン・サービスを利用しており、そのうち積極的に関係を求めている人は六五％に上る。インターネットは出会い系サービスに伴うスティグマを払いのけてくれる。オンラインの出会いはプライヴァシーを提供し、自宅から行うことができ、着飾る必要も間に他人を介する必要もなく、出会うための写真を見ることができ、直接会うリスクをとる前にEメールを通してその人と会話することができる。もしオンラインでの情熱的な関係がお望みなら、その人と会う必要もない。ほぼEメール・コミュニケーションでのみ妻以外の女性と情事を行っている既婚男性は次のように記している。

まもなく私は、彼女が日々考えていることにのめり込むようになった。彼女が笑ったこと、彼女の好きな音楽、本。私たちが話すのはCDや本のことだけだと自分に言い聞かせていたのに、そのどこが問題だったのだろうか。……私は一日に二、三時間、オフィスの電話やノートパソコンの前で時間を過ごした。すぐさまEメールが返ってくると無防備になり、思わせぶりなコメントは簡単で、そして私たちはどんどん先に進んだ。……私はジョリーを傷つけてしまったにちがいない。すべてを終らさなければならなかった。私は彼女にメールし、〔妻との〕修羅場について話し、もう終わりにしようと言った。彼女からすぐに簡潔で冷淡なEメールが返ってきた。それが彼女の最後の言葉だった。（Jackman 2006：5）

何気なく始まり、情熱的に追い求めたが、一瞬にして終った。人がすっかりはまったり傷ついたりするか否かに関係なく、二〇〇五年にはイギリスには一〇〇を越えるオンライン出会い系業者が存在し、その市場は一二〇〇万ポンドと推計され、二〇〇八年には四七〇〇万ポンドにも上ると予測されている。そしてこれはそのビジネスの上品な面にすぎない。他にも多数の性世界が存在する。二〇〇五年、インターネットはゲイ男性が行き交う主要な場となっており、ゲイダーのようなウェブサイトはゲイ・ナンパの中心地となっていた（Elford 2002：1－3；O'Riordan 2005：28－32）。ゲイ・バーやクラブにおけるビジネスは斜陽気味だと報じられており、彼らはお手軽な出会い系サイトよりも自らの力点を社交空間か、もっとあけすけな性行為のサイトを重視するようになっている。またサイトはオンライン上で考えられるあらゆる趣向に対しても対応して増えている。SMの専門家からみれば、あなたは特定の趣向に基づき細分化された細目に分類されるかもしれない。小児性愛のサイトは、警察がその利用者を逮捕しようと試みているにもかかわらず爆発的に増加している。通常隔離された場で、野外で異性愛者がセックスする「ドッギング」の情報を提供するウェブサイトは指数函数的に増加している。Bluetoothや他のデジタル技術が物理的接触にふさわしい場所を確保するために使われている（Bell 2006）。性的カニバリズム（食人習慣）といった、最も秘教的な欲望さえ提供されうる。悪名高きドイツ人アーミン・メイウェスはインターネットを通じて知り合った男性を殺し、彼の性器を食べていた。「インターネットのチャット・ルームをぶらつき、食人される覚悟があると告白する、ベルリン出身のコンピュータ・ソフトウェアの技術者バーンド・ユルゲン・ブランドと出会ったとき、彼の食人妄想は実現した」。有罪判決に対する声明でメイウェスは次のように主張した。「おれはもうこれ以上それをする必要はないんだ、だけど誰もが自分の体について望むことを決定できると、おれは信じている」（Boyes 2006：3）。ここには、なるほど性的自律や自己決定の観念が使われてはいる。しかしそれは自律的な他者を破壊することで、実際には自己撞着に陥る究極の地点にまで達してしまっているのだ。

サイバーセックスは自律や選択に関する問題系を浮かび上がらせ、新たな搾取の形式にたどり着いている。しかしそれは大きなお金が動くからではない。二〇〇一年、インターネット利用者は早くもオンライン・ポルノに推計二〇億ポンドを使っている（Hammersley 2002）。その過程ではポルノ市場における劇的な大転換が起こっていた。出版業関連の猥褻物出版法の適用は顕著に減少し、コーナー・ショップ市場はよりハードなモノを取り扱うようになり、ポルノ統制の性格が変化した（Wilkinson 2002：37）。しかし他の電子メディアに対する支出も大幅に拡大した。若年層に特化した市場調査の機関であるチャイルド・ワイズが行った二〇〇五年の調査では、イングランドの五〜六歳児の一三％、七〜八歳児の二四％がすでに携帯電話を持っており、一〇歳では五八％、一五歳以上では九五％に達することが判明した。ある幼いティーンエイジャーは「一時間〔テクスト〕メッセージが来なかったら、少し不安になるよ」と語っている（Buonfino and Mulgan 2006：1）。一一〜一五歳の少年のうち六〇％はインターネットを使っており、少女が先を行っている（Elliott and Lemert 2006：25；Gibson 2006：

3）。私たちは「テクノ・キッズ」世代を生み出しているのであり、彼／彼女らは新たな電子メディアとともに成長し、アイデンティティや親密性、個性、エロティックという観念をめぐって数え切れない意味づけを有する、真の「情報化時代」の子どもとなっているのだ（悲観的な見方としてElliott and Lemert 2006：25－6）。

価値観の衝突

異常なまでにグローバル化し、多元主義的で、多様で、個人主義的で、テクノロジー化され、デジタル化され、情報化されたこの世界は不可避に価値観の衝突に晒されている。その衝突は望んで逃れることができず、簡単には解決できない。絶対的な基準、科学、歴史、伝統に頼ることもできないし、それが何であれ自分自身の立場の道徳的な正しさに頼ることもできない。それゆえに価値観に関する問題は最もオープンに価値的課題を信奉する社会保守主義者にとっても放置できない。私たちは価値によって生き死にするが、「伝統価値」に回帰することができないと私は信じている。対話がどんなに困難だろうと、最も適切な価値とは何であるかについて絶えず対話する以外に代替案は存在しない（Weeks 1995）。グローバル化と、新たに登場した差異と原理主義による異議申立てが同時に起こる世界では、価値と倫理の問題は否応なく前面に登場し、セクシュアリティは否応なくその問題の中心、リトマス試験紙となる。本質的には私生活についてと思われた議論が公的なもの、「個人的生活に関する公的な言説」（Plummer 2003：68）となる。私たちは何者なのか、私たちが求め欲望するものは何か、私たちはどのように生きるべきかに関する議論は、驚くほどセクシュアリティに関する議論と重なる。こういうわけでセクシュアリティをめぐる議論が、不安と不確実性の様相を呈することはなんら不思議ではない。HIV／AIDSの流行によって沸き上がった恐怖は、単に新たな不治の病に対する不安以上のものであった。すなわちそれは現代の道徳的立場と実際の性行動への影響について、私たちが抱える不確かさに基づいている。児童虐待の蔓延について頻繁に生じる恐怖の波動は、大人と子どもの関係の不確かさを反映しているが、同時にコミットメントの性質、責任、役割区分、適切な行動管理、伝統的権威の源泉腐食の不確かさを反映しているし、それは搾取との戦い、弱者保護の問題でもあるのだ。セクシュアリティや欲望について科学的、技術的に再提起されたもの（試験管ベビー、幹細胞研究、セックス促進薬、サイバーセックスに関する機会と脅威）に関する論争は、科学的言説の限界は何か、誰がそれを決めうるのかを問うている。そしてこれらすべての背景には、より熱狂的に加速しつつある消費主義が提起する難題がある。すなわち商品化から逃れても残るべき人間性の、他に還元不能な本質とは何かという問いである。

これらの価値論争を実現可能で、ある程度は認識可能な道徳的／政治的な枠組のなかに位置づけ、焦点化する方法の一つとして、人権や性的／親密市民権に関する言語が近年明確に現れている（Plummer 1995＝1998, 2003 ; Petchesky 2000 ; McGhee 2005）。権利の言説は西洋の伝統では長い歴史を持つ（イギリスでは多少風変わりな歴史を持つのだが）。しかし一九七〇年代以降のフェミニストやゲイ政治のなかでは、特にジェンダーや性的アイデンティティ、関係の選択に関する場面では権利の言語は明らかに欠落していたといえる。一九四五年以降の福祉国家の定着は市民権、権利、資格に関する特定の見解に大きく依拠しており、異性愛の家族を前提として市民権／社会権を大きく制限してきた（Marshall 1950＝1993 : Weeks 1998 : 本書第二章も参照）。市民権や権利について現代的な文脈の下で語ることは、何が可能であり望ましく、何がそうでないかを論じる際に必要な言説の形を提供しうる。またそのことは新たな主張や現実を親密な関係に組み込む機会を提供しており、私たちが同意しうる最小限の基準に依拠する継続的な枠組を提供する。私たちは互いの差異と人間性の共通部分について同時に認識を獲得する必要があるのだ。プラマーが述べるように、彼が親密市民権と呼ぶ概念を発展させることは「後期近代世界における私生活の生き方に関する議論を拡大させる旗印となる」（Plummer 2003 : 68）のである。

エロティックなものは、人間性の様々なあり方を探索し積極的に肯定する可能性に満ちた空間を提供しうる。しかしこれらの可能性は、私が以前の著作で指摘したように、最小限の普遍的基準を構成する二つの基本原則により鍛えられなければならない。すなわち生への権利と自由への権利である。そしてこれらの原則において、私たちは支配、強制、力と暴力が絡んだ活動を拒絶することを求められる（Weeks 1995：63－4）。これに続いて、自律や選択を産み出す要因を描き出す必要性を認識し、それを保障するのに役立つ三つの基本的な「日常生活の権利」を私は提案してきた。すなわち差異への権利、空間への権利、脱出し声を上げる権利である（Weeks 1995：142－54）。

これらの権利がそれ自身のうちにジレンマに対する答えを有している、などと白々しくいうつもりはない。それらはせいぜい、今日私たちが性生活を生きる方法について再考するガイドラインを提供するだけである。ここでそれらの権利について述べたのは、私の主要な論点を述べたいからである。つまりセクシュアリティと権利、市民権と人権双方に関して登場しつつある言説を利用するために（第八章を参照）、私たちは価値を明らかにし、私たちがどこからやってきて、どこに立っているのかを述べる必要があるということだ。もちろんだからといって私たちは、これらが唯一の価値であり、必要な出発点であり、絶対の真理だと主張すべきではない。もし私たちがどこに立っており、どれが私たちの真理であると知ることができるならば、私たちにできるのは前進することだけだ。私たちに同意しないかもしれない人々と対話することで、最小限同意可能な基準を創造する方向に向かって。それは性的多様性という価値を標榜する人にしばしば投げかけられる相対主義という非難に対する、最善の回答なのである。

少なくとも私にとって自明なのは、性に関する善悪論争（Weeks 2004a）は最終的には関係性、親密性、私たちが互いをケアし、責任を持つあり方についての議論でなければならないということだ。この点に関しては次章でさらに探求してみよう。インターネットやサイバーセックスに関する予言者が必死に取り組んできたけれども、セクシュアリティは常に究極的には生身の他者との相互作用に基づくものである。セクシュアリティの意味が形成され、私たちがセクシュアリティと見なしているものが生み出されるのは、このような相互作用を通してである。そのプロセスを通して、私たちもまた望ましい関係性のあり方に関する新たな物語、新たな価値を区分けし構成する物語の枠組を作り出している（Plummer 1995 = 1998, 2003）。

一九六〇年代以降私生活をめぐってある政治文化的言説が顕在化し、主流化したのは偶然ではない。それは世界規模での根本的社会変動の衝撃の下、性生活の安定的なパタンが破壊された結果なのである。伝統主義者は安定性の回復を希求しているが無駄であった。新たなアイデンティティ、新たな存在のあり方への承認を求める願いを、新たな声は聞き分けねばならない。性の物語、新旧の「性の物語」（Plummer 1995 = 1998）の不協和音は自らを傾聴してもらうために競合している。家族、パートナーシップ、性的快楽と苦痛、アイデンティティと差異、運命と無信仰、自由と監禁、大人と子ども、親と子ども、健康と病気、同居と別居、善い生と善い死、個人性と集合的帰属……様々な物語がある。ギデンズ（Giddens 1991 = 2005）が近代西洋のエロティックな経験に関する特徴と述べている、「撤退」と性的生活のいっそうの私化は、親密生活に関する言説の爆発的増大によって均衡が保たれている。それらの言説は私たちがセクシュアリティと理解していることを世界規模で深く再定義しているのである。

多数の市民権、権利、帰属に関する物語がますます増加しつつある。しかしこの多様で多元的な世界で期待されているように、市民権がどの方向に進むべきかについて、必要な合意がなされているとはいえない。私が示してきたように多数の人が市民権を、権利と帰属がもつ意味について考えるための不可欠な着眼点と見なしてきたが、他の人にとって市民権は伝統なるものに収容監禁される危険を意味していた（Brandzel 2005で精力的に主張されている)。同性婚やゲイの入隊志願は、異性愛の正常性に絶望的に屈服する以上のことと見なしうるかもしれない(Bell and Binnie 2000, 2002 : cf. McGhee 2001)。市民権という概念は異性愛化されているばかりでなく、ジェンダー、人種、国籍等、帰属に意味を与える究極の要因と矛盾している(Anthias and Yuval-Davis 1992 : Yuval-Davis 2005)。おそらくこの鉄の檻から自由になれると考えるのは絵空事なのかもしれない。

しかし私たちがセクシュアリティや親密生活について語るあり方が、それらを形成する手助けにもなることに留意しなければならない。「物語を語るということは異なる世界を橋渡しすることであり、道徳と美と政治を結びつけうる」とプラマーは主張する(Plummer 2003 : 101)。地に足のついた道徳の物語は共有可能な物語をもたらす、とプラマーは述べている。その物語のなかで私たちは人々が経験する道徳倫理的ジレンマについて学び、必要な対話を始めることができるのである(Plummer 2003 : 108)。人々は自らの価値や基準に基づいて、それぞれのやり方で問題に取り組み、自らの道徳物語を語っている。しかし人々が自らの生活を反省的に振り返るようになるのは、これらの物語を共有するからである。スマートとニールが示唆するように(Smart and Neale 1999 : 114)、人々を道徳的主体とするのは「人々が常に正しい判断をしているかどうかではなく、自分が行った決定を反省し、自分の行為がもたらした帰結を評価しているかどうか」なのである。反省は倫理的営みの特徴となっており、フーコーの言葉を使うなら、「自己の実践」が倫理的な生を形作るのである(Foucault 1988 = 2002 : Watney 1994 : Weeks 1995 の議論も参照)。しかしこれらの実践は孤立した営みではなく、常に特定の状況に置かれたものであり、究極的には互恵性の規範や価値に基づいたものなのだ。セネット(Sennett 2003 : 219)が述べるように、「互恵性は相互の敬意を基盤にしている」のだ。

社会的世界の多様性を経由した人間の尊厳に対する敬意は地に足が着いた道徳の基礎であり、それを用いることで人々は不確かさと曖昧さを生きることができる。固定した道徳の内容に依存することではなく、新たな考え方や新しい相互作用のプロセスこそが重要となっている。つまり絶対的なものの探求は、現実的な意思決定に取って変わられつつある。一般的な規則や普遍的原則は実際的な生の物語に屈服しつつある。一般的なルール、普遍的な原則は、ある状況の下でなされた、地に足の着いた局所的な対応に基づいて批判される（Plummer 2003）。権威者が制定した原則は、自己との戦いに直面している。私たちは、イングルハート（Inglehart 1997）が「脱物質主義」の価値と呼んだ領域にいるのである。イングルハートは世界人口の七〇％と二六年の歳月にわたる四三ヶ国における調査に基づいて、脱－貧困社会の登場をみてとっている。そこでは経済的動機づけが弱まり、脱－物質主義的な価値が生まれるとともに、自己実現や自尊心、社会的帰属や愛の理念が強調されている。

後期近代の倫理が有する課題はまさに「生の政治」（Giddens 1992 = 1995）、「よく生きる」ための政治（Rutherford 2005）、ケアの政治倫理（Williams 2004 : 28）、「対話的市民権」（Plummer 2003）、「愛の倫理」（Weeks 1995）と様々に述べられてきたものの一部として、これら脱物質主義的価値同士の対話を促進することである。これらは異なる出発点から登場してきているが、親密な関係に対する一連の関心の下にまとめることができる。すなわち子どもを産み育てる方法、ジェンダー化された存在としての他者との関わり方、身体に敬意を払い、エロティックになる方法についての関心である。多数の論者が前提にしているほど、基本的な倫理の弱体化や欠如が、道徳の泥沼化に直接結びつくわけではない。逆にポストモダン倫理の発展が矛盾や葛藤や制約を認識することに基づいているということができる。ポストモダンの倫理は個別主義的で文脈依存的だが、最小最薄の普遍主義を目指して努力するのだ（Weeks 1995）。プラマー（Plummer 2003 : 第七章）はそのような倫理の中心となるいくつかの要素を提案しており、それはさらなる議論の継続に資するものである。

1　人間の最小限の機能的能力を認めること、

2　他者を認識すること、

3　他者に対する日常的な気遣いを促進し、気遣いと責任感、能力《コンピテンス》と対応力《リスポンシィヴネス》を中心的な価値とすること、

4　信頼や互恵性、利他主義、コミットメント、犠牲、忍耐、理解、関心、連帯、相互依存に基づく愛の倫理

たいていの人々は政治一般や、家族やセクシュアリティをめぐる特定の政治に特別な関心があるわけではない。彼らは新たな生の方法に関する大きなヴィジョンをもっておらず、「生の実験」（Giddens 1992＝1995；Weeks et al. 2001）と必然的に関わる日常生活レベルでも、それは変わらない。日常生活の変化に適応するにはプラグマティズムが存在し、真の意味で自分の倫理基準を作り出さなければならないときには偶然性が存在する。これまでリベラリズムはお互い邪魔せずやっていくという道徳や「肩をすくめる」形式に限定されていたかもしれない。異なる生き方があることを積極的に肯定してきたわけではない。しかしイギリスでは、性生活の変容に関わりをもたない家庭はほとんど存在しない。たいていの人は母子家庭・父子家庭の存在を知っているし、レズビアンやゲイかもしれない家族や人種を越えたパートナーについても知っている。たいていの家庭は離婚や再婚による同居、家族崩壊、家族の再構成を経験している。私たちはいまや私生活の劇的な変化によって生じた帰結や意味とともに生活しなければならないわけだが、たいていの人は確実に最終的にはうまく適応している。

これらの変化は政治のエリートが主導したものではなく、本章や前章で記したような草の根的転換によってもたらされたものだ。もちろん政府はこの変化に対応する必要があるが、様々に異なる方法で否応なくそうしているのである。それは政治的伝統や、文化諸力の普及度合、政治機関の性質、いくつかのイシューを前面に出す日常的な危機の諸相、下からの圧力、保守であれ原理主義であれ変化への抵抗、ラディカルな社会運動からの圧力等、種々のものに依拠している。概して立法に携わる者は、世論や変化する社会地図の趨勢に従うのを好み、そ

の趨勢を主導することを好まない。

このように、政府の一時的で両義的でたいてい受け身の対応で十分かどうかについては、幅広い論争が不可避に生じる。まして政府の対応が、ゲイとストレイトは二つの種であるといったような、大衆的だが差異を本質化する考えをもっていた場合には特にそうだ（Weeks 2005bを参照）。思うにたいていの場合、ひどい虐待や矛盾に光が当たらない限り、政府は一般的には「現状維持」にみえるような人々のムードを反映している。その矛盾が二〇〇三年、性犯罪法のなかに現れた（Baiham and Brooks-Gordon 2004）。一方では、男性同性愛者だけを罰する時代錯誤の法律を撤廃する、平等の言説が表明された。他方では、明確に定義された原則がないのに新たな性の有害性の領域を定義することを試みたのだ。これはおそらく同性愛に対して寛容になると同時に、虐待や性的に有害とされるもの、特に若者に対する不寛容が高まっているという世論の表れだろう。そのプロセスでは新たな制限が登場するかもしれない。クリック（Kulick 2005）は鮮やかな例を示している。スウェーデンの社会民主的エリートがフェミニストの売春に関する見解に従ったために、買春男性を新たなタイプの逸脱（「四〇万人のスウェーデンの倒錯者」）としてカテゴリー化したような事例のことである。同性間の関係性が広く認知される事態のなかに新たな境界設定、新たな統制、新自由主義がもたらす緊急事態に対する根本的な適応を読み取る者もいる（第七章を参照）。正常と異常、何が受容可能で何がそうでないかに関する新たな定義が現れ、新たな困難、すなわち機会《チャンス》と脅威《ピンチ》をもたらしている。社会は複雑で矛盾に満ちた方法で、諸個人に呼びかけ続けるだろう。逆に自由な主体は個人的／集合的な抵抗の形式を探し求め、新たな可能性を創造するだろう。私的選択に対する敬意と保護を求める衝動は、変化しつつあるセクシュアリティ世界で覇を競っている。

しかし現実には、世界中で多数の人々が日々の暮らしの中でどのように生きたいかに関して選択を行っている。彼らはおおむね理論的な論争に特別な興味をもっているわけではない。しかし人々は自分が選択した生をオープンに正当に生きること、そして完全な選択の自由を有していること、さらに相互の気遣いや責任、敬意、透明性、さらにはプラマーが指摘するその他すべての価値に基づきながら生活することに関心を抱いている。日常の親密生活の変化を経由して新たな生の様式は、私たちが自分のために作り出す草の根道徳によって正当化されていくのである。

第七章

親密性という契機

——規範、価値、日常的コミットメント

家族の変化という「事実」は本当のことで、誇張ではない。
わずか一世代で、結婚する人の数は半分に、離婚する人の数は 3 倍に、
そして婚外子の数は 4 倍になった。

（*Lewis 2001 : 4*）

◎

すべての家族に秘密があり、
その秘密とは
その家族が他の家族と異なっているということである。

（*Bennett 2000 : 38*）

◎

恋人と同棲しているひとはだれでも、
冒険の危険性よりも繰り返しの安らぎを選ぶ。

（*White 1980 : 80 ＝ 1996 : 80*）

◎

（後期近代の世界では）愛はこれまでよりさらに重要に、
そして同じくらい不可能になっている。

（*Beck and Beck-Gernsheim 1995 : 2*）

◎

おまえがもう非合法の存在《outlaw》ではなく、
私の義理の子《in-law》になったことを嬉しく思うよ。

（ある父が、42 歳の息子の新しいパートナーに対して）

◎

クィアか。じゃあ次は？

（長く連れ添った男性の恋人をパートナーにするつもりだと 60 歳の息子に聞かされた 85 歳の母親）

◎

数百年の歴史を有する結婚を祝福する儀式が、
同性愛カップルを迎え入れる準備をしている。1104 年以来、
1 年と 1 日口論をしなかったカップルに褒章としてベーコンの切れ端を送ってきた、
エセックスで開催されるダンモウのベーコン裁判の主催者は、
シヴィル・パートナーシップの法制化にともなって、
イベントを改革することを考えている[20]。

（*The Times* 2006 年 11 月 11 日 : 4）

結婚にともなう困難

ジョン・ボズウェルはオープンなゲイであり、ローマ・カトリックの歴史家として広く知られ、キリスト教の歴史初期における「ゲイ」の生活や、教会から承認されていたとされる同性ユニオン《結びつき》について先駆的な年代記を編纂したことで有名だが、伝統結婚についていささか幻滅させる見解を示している。ボズウェルは前近代のヨーロッパと近代西洋の結婚を比較した。彼の主張によると、前近代の結婚生活はまず財産についての取り決めとして慣習的に始まり、途中で子育てが主眼となり、最後に愛で締めくくられた。これに対して西洋の結婚生活は愛に始まり、途中では子育てがなお大きな部分を占めるが、終わるときにはしばしば財産が問題となる。「そこに至れば愛は存在しないか、遠い記憶になっている」(Boswell 1994：xxi, xxii)。

ボズウェルのシニシズムを笑って済ませることもできよう。しかし伝統的な異性婚は、みかけとは全く異なり、これを熱心に擁護する人々が望んでいるようなものであったためしがない。表向きには西洋社会の柱であるとされた結婚は、複雑な歴史をもっている。しかし婚姻制度がさらに問題含みで論争的な段階――そこでは同性婚が婚姻制度の行く末についての議論を燃え上がらせる――に突入すると、かつての結婚のオーラが逆に復活する。そのこと自体はおそらく驚くべきことではない。というのも婚姻制度が一般化し、社会的に重要でもあった絶頂期ははっきりしないからだ。それは遠い過去の話ではないにせよ、保守的な論者が想定してきた「性革命」

20 [訳注：『カンタベリ物語 中巻』にも同儀式についての言及がある(岩波文庫版一六頁四四六)。参考：http://www.dunmowflitchrials.co.uk http://www.afpbb.com/articles/-/2417337?pid=3123841]。

による婚姻制度の破壊と同時に起こっているからである。一九五〇～六〇年代における結婚の事実上の普遍化こそが、とりわけベビーブーム世代に対する非難を助長したのである（第三章を参照）。二〇世紀前半、結婚経験を有する女性の数は六〇％を割ることはなく、一九五一年には七五％、一九七一年にはほぼ八〇％に達した。それ以来、二一世紀初頭に多少回復したが、婚姻率は一九五〇年代の水準にまで戻っている。それは歴史的基準からみればまだ高いが、明らかに減少傾向にある。婚姻率は急激に減少してきており、二一世紀の開始時点よりも低い（Lewis 2001 : 29）。というのもカップルのコミットメントと子どもに対する適切なケアを保障し、私たちの文化における安定的で道徳的な社会の礎でもあった保守的な結婚は、もしかすると最終的な危機にあるからだ（Morgan 1995）。にもかかわらず政治家、宗教的指導者、道徳主義者、ジャーナリストは（彼らを区別できるとしての話だが）、この重要な社会制度の（想定上の）破綻を嘆きつつも、当の人々が同性婚――二一世紀初期、結婚を強く求めるようになったＬＧＢＴの活動家にとって唯一かつ最重要の論点――に対する反対の急先鋒であることが多かった。

アングロ・アメリカンのジャーナリスト、アンドリュー・サリヴァン（Sullivan 1995 = 2015, 1997）のようなゲイ保守派が指摘するように、手に負えないセクシュアリティを「飼いならし」、彼らを伝統制度につなぎとめる方法の一つとして、結婚の権利を同性カップルに拡大することに文化的保守派は概ね賛成すると予想する人もいる。一方、とくにアメリカ、そして保守体制が反復継続する地域では、同性婚の問題は道徳・文化保守層にとって試金石となる。すなわち跳梁跋扈するリベラリズム――一九六〇～一九七〇年代には急進派から中途半端な洗練形態として非難され、現在では大目に見るにはいささか革命的すぎると評されるリベラリズム――の脅威に対抗する保守層を強化するために活用される、いわゆる「くさび型の」問題となってきた（ケーヒル（Cahill 2005）をみよ）。ジョージ・W・ブッシュが二〇〇六年の中間選挙で政治的窮地［訳注：二〇〇六年の中間選挙で、与党共和党は敗北している。その理由のひとつとして、共和党下院議員が同性愛者であり、未成年者に対する売春をおこなっていたことが発覚するというスキャンダルが挙げられる」に立った時、再選キャンペーンを二年前倒しして行なうかのごとく、彼は同性婚を禁止する憲法修正への支持を（再び）表明した。道徳の衰退に関するこのような事例は、あらゆる論点の中で最も強烈な反対運動を結集し、宗教的・社会的保守層が団結することもありえた。しかしキリスト教保守派は、予想されたほどにはこれに感化されなかったようだ。かなりの数の福音主義者が戦争、政治的汚職、ブッシュの無能を非難し、それは同性婚に対するむき出しの敵意を上回った。それゆえ二〇〇六年一一月の選挙において、ブッシュ政権は政治的に破綻した。

しかしここに興味深い現代の矛盾がある。アメリカの保守派は同性婚を耐えがたい脅威として捉えるのに対して、急進的クィアは同性婚を、その種の脅威としては大したものでなく、むしろ異性愛規範性《ヘテロノーマティヴィティ》への忍びがたい屈服とみなしているのである。急進的クィアの激烈な批判はときに保守派に対する批判に匹敵するほど先鋭化し、いわゆる「クィア戦争」では、従来の宗教的・文化的保守派より、主流のＬＧＢＴ活動家、とくにゲイ保守派とされる人々に向けられることが多い（Warner 1999 ; Yep et al. 2003 ; Robinson 2005）。興味深いことではあるが、いささか頭が混乱するような事態が生じているのである。保守派にとって同性婚は、伝統結婚に下支えされた異性愛の中心性に対する究極の脅威とみなされている。他方で急進的クィアにしてみれば、同性婚は異性愛という価値への屈服の象徴であるがゆえに受け入れられないというのだ。ブランゼル（Brandzel 2005 : 177）の議論によれば、結婚法は「規範的市民を産出する要衝」であり、国民国家は異性愛かつジェンダー化・人種化された適切な一般市民を作り出す重要な機構である。結婚によって異性愛が規範として推進され、自然なものと見なされるがゆえに、そして定義上異性愛でない人々が排除されるがゆえに結婚は問題なのである。この議論は一九七〇年代初頭のゲイ解放期にルーツをもち、それ以来ＬＧＢＴの言説に影響を与えている。

しかしこのように、文化と規範の衝突という観念が存在しているにもかかわらず、イギリスの人々は、実際には結婚制度の明白な価値低下にうまく適応しており、同性カップルのシヴィル・パートナーシップの法制化に比較的無関心のようにみえる。一九七〇年代以来、結婚と離婚はより高次の道徳規範に関わる問題というより、カップルによってなされたり、なされなかったりする問題と徐々に考えられるようになった（Williams 2004：30）。種々の政治的傾向をもった政府は、夫婦関係よりも父母役割、ひいては子どもの福祉を問題にするようになっていった。一九六九年の離婚改革法、一九八七年の家族法、一九八九年の子ども法といった一連の進歩的法律は、親の身分と結婚を分離した。結婚は公的統制の問題でなくなり、婚前あるいは結婚を代替するものとして同棲が普通の出来事になる一方、かつて大部分が私的問題とされた子育てが、徐々に公的関心を惹く問題となった。結婚と関係性は終わったとしても、子どもに対する責任は続くからである。同時に、これまで排除されていた親やパートナーの承認問題は雲散霧消した（Williams 2004：26）。この観点からすると、（養子縁組と二〇〇二年の子ども法、二〇〇四年のシヴィル・パートナーシップ法のような）その他の配偶者の権利と義務と同じく、子育てにおける同性婚と異性愛カップルを平等にすることは、長期的発展の中断というより、論理的に次なるステージであって、家族という実践形の一部なのである。

サイモン・ダンカンとダーレン・スミス（Duncan and Smith 2006；Williams 2004：62, Wellings et al. 2006も参照）の研究が実証している通り、「標準的なイギリス家庭」など存在しない。彼らは全国統計データを用いて家族形態と子育て実践の多様性を描き出し、イギリス全土に渡って幅広い可変性が存在していることを確証した。また彼らは極端な個人化理論にも異議を唱えている。彼らが発見したのは、代々受け継がれたパタンが脱伝統化する結果生じる個人化のパタンではなく、変化する状況の中で家族の紐帯をかたちづくる人々だ。人々は国家の水準で作動する規範的理念に追従するよりも、日々の文脈とネットワークを参照しながら家族生活を営んでいる。

人々は明らかに互恵性と特定の社会・道徳的世界に根をもつケアの価値を生きているのである。

また異文化を、時間と歴史の中で静止し、対話に欠けるものと見なすのも間違いであろう。とくにすべてを架橋する道徳が不在であることを考慮すると、一見して通訳不可能な生の営みが対話の過程にあることが後期近代の最重要の特徴のひとつなのである。ダンカンとスミス（Duncan and Smith 2006）の研究は地域的・階層的分断が永続的に重要であることを確認しているが、新しいかたちが、移ろいゆく社会情勢の中で古きものと争い続けているというのは依然、正しい。古い規範と価値が再機能し始めているのに併行して、パートナー、重要な他者、扶養家族へのコミットメントの意味を再秩序化する新たな規範も出現している。およその結論は議論の余地がないものだ。多くの人々は道徳観念の欠如や無責任の明白な兆候を示しているのでなく、他者へのコミットメントと個人のニーズ・要求がバランスを保つ関係的倫理を創造しながら、極めて熱心な倫理的生を営んでいるのである。

これらのコミットメントは義務的なものではなく交渉可能なものであり、義務感ではなく「やるべき正しいこと」という思いに駆り立てられたものである。もっとも扶養家族の場合、義務感が依然として絶対的とはいえる。しかし責任が自由選択に基づくであり、前もって決められたものでも、契約されたものでもないと感得できる時には、相互責任感は行為に明確な指針を与えてくれる（Finch 1989；Finch and Mason 1993；Weeks et al. 2001）。ベックとベック－ゲルンスハイム（Beck and Beck-Gernsheim 1995：98）は、誰を好み、誰となら結婚できるかに関するあらゆる外的拘束から人は解放されたのに、逆説的なことに、たとえば財産権から皿洗いに至るすべてを取り決める婚前契約や、自己啓発本の流行を通じて、結局は新しい相互管理が必要になると論じた。しかしルイス（Lewis 2001：182）による結婚の研究からは、インタビュー対象者が結婚を純粋に契約とみなしている根拠を見出すことはできなかった。マイノリティのうち契約モデルを好む人ですら、それが何なのかをはっきり理解しているわけではない。逆に伝統的パタンに適応するか、新しいパタンを形成して、人々は徐々に埋め合わせをしなくてはならなくなっている。伝統結婚によって固定化される異性愛／同性愛という二分法の文化ではなく、私たちが置かれている状態にとって適切な相互関係の形が問題になっているのである。結婚、シヴィル・パートナーシップ、種々の形をとる同棲、あるいはＬＡＴのような非同棲、友人関係へのコミットメントと個人的なコミットメントは、徐々に道徳的命令ではなく選択となってきている。これらの選択は、まさに彼らがその中で行為しなければならない関係性の網目にあるゆえ、常に完璧に自由な決定というわけではない。しかし彼らは互恵性とケアの関係性の中で、自分にコミットする種々の方法を呈示している。本章では、様々な関係を支える互恵性とケアというキー概念について探究したい。さらにＬＧＢＴの相互関係経験にとって中心的であったが、後期近代社会においてより一般的な特徴となった「友情倫理」を検討する。最後にコミットメント論を具体化する問題として同性婚を検討する。コミットメントは変化した事柄のすべてを象徴すると同時に、変わらない点を強調するものである。

互恵性、ケア、親密性の文化

道徳保守派と道徳衰退を予言する人はつねに、これらの個人的関係の変化のすべてに崩壊の体系的な兆候を見出す。特に社会秩序を保ち、礼節、家族生活の安定、性の適切な社会化、相互尊敬を保証する社会関係資本が崩壊したという。最も極端な場合、この状況はほとんど大惨事と表現される。保守派社会学者であるクリスティ・デイヴィス（Davies 2006：1）に言わせればこうなる。「二一世紀初頭のイギリスは、もしもタイムトラベラーが一九一〇年か一九二五年、一九五五年からやってきたら衝撃を受けるくらいの不誠実、暴力、違法行為、そして薬物とアルコール中毒によって特徴付けられる」。

現代社会の様々な部分に現実の問題、まさにクリスティ・デイヴィスのような人々が嘆く不平不満を起こさせる問題がある。これらの多くは道徳の消滅というより、大きくみれば経済崩壊と欠乏の結果なのだが、確かに貞操観念や家族の義務といった規範を強化する伝統コミュニティと緊密な関係の崩壊に起因する。私の育ったロンダでは劇的な脱工業化と深刻な貧困が発生し、いまや大多数のポスト工業化したコミュニティと同様、半世紀前には想像さえしなかった困難――たとえば深刻な薬物問題（今日のロンダ地方についての鮮烈な架空の描写として、Tresize 2006a, 2006b に収められた佳編をみよ）――を経験している。貧しい人々をも「尊敬に足る」人として留めてきた道徳的慎みが弛緩しているのだ。家族生活の崩壊が災厄の中心と考えられることも多い。多数の社会関係資本の理論家にとって、家族とそれを維持するコミュニティ規範は社会統合と個人の発達に不可欠である（Edwards 2004 ; Furstenberg and Kaplan 2004）。家族という文脈では、社会関係資本はとくに両親と子どもの関係に内在している。それは知的、物質的、感情的な親の資源を子どもが利用できるようにする（Lewis 2001 : 6）。この観点から一九四五年の果敢な新しい戦後世界を振り返ると、少なくとも表面的には衰退論者の見解を支持する事柄が多数生じた。これほど悲観的ではないにしろ社会関係資本論者は、ジェンダー関係の変化と莫大な損失の利害得失を考慮しながらも、容易に呉越同舟してしまうのである。衰退論者が性別分業の消失を後悔するのに対して、フェミニスト論者はつねに性別分業の継続性・不変性を批判してきた。道徳の消失と崩壊を心配する人がいる一方で、社会の凝集性と社会正義を妨げる永続的な権力関係を嘆き悲しむ人もいるのである。しかし一貫して底流にある懸念は、過剰な個人主義と認識されるものである（Edwards 2004 : 3 ; Holland et al. 2003も参照）。しかし不平等が残っていることを理解していながらも、個人の自律と民主主義が増大する重要性を認識したい人にとって、その状況は活力ある新生活の輝きに満ちてもいるので、白黒つけられない微妙なものとなっている。

というのも道徳の減退ではなく、社会関係資本の新しい形態――アソシエーション、ネットワーク、感情・文化資源――が確かに出現しているからである。たとえば一九七〇年代以後の社会運動とコミュニティがその主たる例であり、新しい価値と規範を涵養する場所となってきた。コミュニティに基盤をもった一九七〇年代以降のレズビアン家族の権利承認をめぐる闘争や一九八〇年代のHIV／AIDS闘争、あるいは同性ユニオンと同性婚の発展にも、同様の事態をみることができよう。しかしさらに重要なのは、多くの異なるタイプの人々の日常生活経験における草の根的な社会的ネットワーク、資源、支援の新しい形態の出現と同様に、社会関係資本が埋め込まれていることが確認できることである。家族の紐帯と個人の自律をうまくバランスさせることが課題なのである。

私も参加した家族と社会関係資本に関するESRC研究班［訳注：Economic and Social Research Councilの略。社会科学分野の研究への助成をおこなっているイギリスの機関。一九六五年にR・チャーターによって設立］は、これらの過程について批判的洞察を提示してきた（Edwards et al. 2003, 2007）。この研究班の知見によれば、最広義の家族は、あらゆる状況が変化したとしても人々にとって極めて重要であり、家族の紐帯はどの階層、地域、民族にあっても感情的・社会的資本を産出し続ける。それは必ずしも社会関係資本の理論家が強調してきた形態ではなかったとしてもである（Edwards 2004）。悲観主義が蔓延しているが、子育てについての研究からは、社会関係資本が不足しているとか、社会関係資本が説明としての価値を失ったという証拠はほとんど見つかっていない（Edwards and Gillies 2004）。親たちも支援の黄金時代を懐かしんではいない。彼らは手元の資源を利用するのに忙しいのだ。彼らは伝統構造の衰退に直面して救いがたい状態に陥っているわけでもなければ、「依存中毒」に陥っているわけでもない。彼らはなお外部機関ではなく、友人や家族に子育て支援を頼っているのだ。彼らは自らの道徳的合理性に基いて働き、父親業、母親業、さらには労働に対する態度とのバランスを取っている。

それは伝統的な階層や民族の差異を反映する傾向がある（Duncan and Edwards 1999）。しかし一般に親、とくに労働者階級の親は、政府の子育て政策が提示する天下り式の子育て講義と彼らが見なすものを拒否する傾向がある。「専門家」が何らかの役割を果たすのは、教育や健康といった、子どもの生活と福祉の制度化された側面に関してのみだ。それよりも彼らは家族と友人、近隣の中に手近な資源と援助を見つけ出す。しかし子育ての過程はなお大いにジェンダー化されている。というのも父親がより個人化した方法を追求しがちであるのに対して、母親は家族やコミュニティに埋め込まれた社会関係資本の産出者であるからだ。第二章で議論した性生活と家族生活の経験を振り返ればわかるように、これは親密生活の歴史ではかねてより生じていたことだ。

若者たちは社会関係資本衰退の犠牲者として描かれることが多いが、他者との紐帯は強い。特にきょうだい関係は強い（Edwards et al. 2006）。兄弟姉妹は、自分たちの関係に重要な価値を置いている。兄弟姉妹のつながりは保護、援助、義務、そして交際の資源と広く考えられている。兄弟姉妹は、関係がうまくいっていないときでも、子どもや若者に感情的安心感をもたらす。彼らはこれらの関係を友人関係よりも修復が早く、頼りになると考えている。もちろん兄弟姉妹間に争いがないと言いたいわけではない。兄弟姉妹の関係は、たとえば最年長とか、女らしいとかいった自己感と地位承認をめぐる関係権力の闘争というべき特徴がある。そこには極めて階層的なパタンもある。一般に労働者階級の子どもや若者は、自分を兄弟姉妹グループの一部とみているが、中産階級の兄弟姉妹は、自分を偶然に兄弟姉妹になった個人とみているのだ。

この世界変容の中で価値は崩壊したと捉えるのは間違いで、若者の社会的世界は極めて道徳的になっている（Smart 2006）。一一歳から一八歳を対象としたインタビューに基づく若者の変遷に関する研究によれば、若者は、家庭や社会の複雑な構造的・文化的要素が組み込まれた道徳力を拡大しており、自分が直面している複雑性や多様性に対処する戦略を発展させている。若者が柔軟で反省的なのは、文化的・個人的言説や資源を利用しているからだ。若者はつながりや関係性、互恵性、信頼を高く評価する一方、自律的で独立的な主体というアイデンティティを構築する。若者の家族形態は多様で、崩壊と再生を繰り返すが、伝統的権威を疑いつつも家族、両親、とりわけ母親を大いに頼りにしている。若者はローカル（家族、学校、コミュニティ）とグローバル（メディアが若者と一般の文化を供給する）の両方に巻き込まれており、両者から支援を引き出すが、同時に疑問を呈しもする。若者のナラティヴは価値とライフ・チャンスについての階層、ジェンダー、コミュニティからの影響を強く受けており、そのポジショニングの結果、若者が利用可能な身体的・物質的・社会的・言説的資源からも影響を受けている（Holland et al. 2000 ; Thomson and Holland 2004も参照）。

以下の知見から、大人に近づくに際しても同様のことが言えることがわかる（Thomson et al. 2004 ; Henderson et al. 2007）。大人に関する若者の理解についての調査では、二つの大きなテーマが見出された。第一は大人についての「関係的な」理解であり、大人は様々な活動現場において、複雑に絡み合った関係性の中に自分を位置づけながらも、他者をケアし、責任をもつ存在とみなされている。このことはインタビューを受けた若者が、親であることについて考える時に最も明白に表明され、「いまや誰か他の人について考えなくてはならない」という考えに要約される。この関係的な見方は、大人についての「個人化された」観念と鋭く対立する。そこで若者は感情や行為の個人的・内的側面を成熟した方法で強調する。大人であることは、選択と自律性が増し、依存が減る過程を伴うというわけだ。この見解は青年期の延長――社交、飲酒、クラブ、性関係――と結びついた行為と矛盾がなく、いたるところで受け容れられている。ここまで後期近代の様々な影響を、個人化されたものと関係的なものとして簡潔に要約してきた。しかしここで言いたいのは、両者が決定的に相容れないということではない。若者はいろんな方向性を模索し、階級と民族に強く規定された社会的世界を生き、それに依拠しながら、バランスを取ろうとしているのである。

階級差はなお重要であるが、それは多くの論者が「下層階級」の理論という文脈で集中的にとりあげる傾向の強い、労働者階級コミュニティにおける社会関係資本の修復・回復不能な毀損という見解には還元できない。ギリーズ（Gillies 2005）は、公的機関が喧伝する、労働者階級の親は無頓着で無責任だというステレオタイプは、彼女の調査から示される高水準の感情投資を無視していると主張する。労働者階級の親は子どもを深くケアしており、相当な水準の感情資本を生成しているのである。また彼女が論ずるところでは、親の教育への関与は、中産階級の親にとってより重要な意味をもつ感情投資であり、子どもの学問的成功と将来の見込みによって報われる。労働者階級の親は、子どもの人生の特徴となる不安定、不正義、困難に対処できる技術と強さを、子どもが確実に持てるように配慮するのに対し、中産階級の親は自分の社会・文化資本を活用して、それらが子どもに有利な形に変換されるようにするのだ（Gillies 2005 : 842）。

これは他の研究からも裏付けられる。若者変化についてのプロジェクトでインタビューを受けた中産階級の若者は、労働者階級の子どもより優れたネットワークを有していることが多く、若者もその家族も後期近代がもたらすアイデンティティの流動性を経験していた。彼らは柔軟性にも富み、彼らのネットワークは様々な年齢層やコミュニティ――地縁、家族、教育、労働、余暇――をこえて、幅広い活動に及んでいた。彼らは家族からもしばしば、良い援助を受けている。インタビューに応じた労働者階級の子どもの中にも、良いネットワークをもち、教育を介した社会的な上層移動に熱心で、親から援助を受けている者もいたが、彼らの多くがもっているのは出会いと教育、労働の幅広い機会を提供するネットワークではなく、彼らを家族、コミュニティ、地元につなぎとめるネットワークであった（Thomson et al. 2004）。一九五〇年代から一九六〇年代にかけてロンダでみられたように、労働者階級の子どもは有利な教育を獲得するために、個人主義的戦略を採用しなくてはならないことが多かったのである（第二章を参照）。

理論家は労働者階級の結束の弱体化を、社会関係資本の衰退を示す指標のひとつとして強調する傾向があるが、彼らは人種的・民族的差異の重要性も強調してきた。第五章でみたように、近年ではムスリム・コミュニティの緊密な紐帯と「分離主義」が、統合とそれがもたらす社会的利益の障壁になっているとされる。またたとえばアジア家族の結束の強さは、アフリカのカリブ人・コミュニティにおける社会関係資本の弱さと対比的に論じられる（Reynolds 2004）。もっともアジアの家族観は、集団の規範に従わない個人に制裁を加える一方で、多くのアジア人の経済的・職業的成功と教育達成として結実する相互義務と協力を生成していると論じられる。しかしその否定的側面としては、必要な資源を供給するために家族成員に対して課される重い負担と、名誉と羞恥についての頑迷な考えをもち、しばしば性的多様性や異人種婚に制限を加える社会保守主義がある。これに対してカリブ人のコミュニティは、社会関係資本が弱い、とくに家族の紐帯が弱いため上層移動の可能性に乏しい、シングル・マザーが多い、男性が個人主義的であるといった烙印を押されてきた（Dench 1996 : Berthoud 1999）。しかしゴールバーンとチェンバレン（Goulbourne and Chamberlain 2001b : 7）が強調するように、家族構造に焦点をあてすぎることで逆に家族の意味と結束の強さがわかりにくくなってしまう。そこにはケア、愛情、相互扶助を強調する個人の価値観、豊富な家族形態の儀式と慣習、離散したつながりをも含む幅広い親族の重要性、豊かなコミュニティ組織をもつ強力な近隣関係、そして民族的・性的に多様なパートナーとのつながりに表象される他コミュニティやアイデンティティへの開放性がある。メアリー・チェンバレン（Chamberlain 2005）が『ディアスポラにおける家族の愛』というタイトルで論じたところによれば、アングロ・カリビアンの経験に関する語りはタイトル通りの内容である。そのコミュニティは血縁の紐帯を結婚より強く、結婚に勝る継続性をもつと考えており、世代内・世代間の責任、つながり、コミットメントは最重要の価値である。とりわけチェンバレンの著書が描き出すのは、ディアスポラや剝奪経験、人種主義と差別を経てなお保たれる、カリブ人の親族関係の柔軟さと粘り強さである。これは社会関係資本衰耗の理論とは全く異なる図式である。

ここでの私の目的は、一連の経験を他と比べて測定するヒエラルキーを確立することではない。むしろ分離したコミュニティがしばしば、その特殊な歴史に関連したネットワーク、価値、資源——広く理論家が社会関係資本の名で呼んできたもの——を持続させる種々の方法を発見してきたことを強調することである。より多様で、多民族・多信仰の文化においてこの事実は、集合的アイデンティティと文化的・政治的統合、個人の自律と公共の価値、結束型の関係と架橋型の関係の適切なバランスを見出すにあたり、緊張と葛藤を引き起こす。実際、若者には多くの問題がある。たとえば労働者階級男性は黒人も白人も教育達成が低いし、暴力や、近年「反社会的行為」と呼ばれるに至ったものが規範となっている面もある。しかし悲観論者もいるとはいえ、互恵性規範の強さや回復力、広範な社会的世界を横断するケアが存在していることには確かな証拠もある。

しかし互恵性やケア等の規範を維持するにあたり、女性がなお主要な役割を担っていることもまた事実である。ここでもイギリスにおけるアフリカン・カリビアンのコミュニティが好例を提供してくれる。レイノルズはカリブ人家族の父親に対するステレオタイプに抗して彼らの重要性を強調したが、彼女は他の研究知見にも則しつつ、母、また女性一般を互恵性とケアの規範を維持する主たる責任を担う存在として考察する（Reynolds 2001, 2005）。この知見は、女性があらゆる形態のケアの中心であり続けていることを示す豊富な証拠とも一致している。フェミニスト理論家はお互いさまとか、関わりとか、他者のニーズ承認といった「ケアの倫理」と要約される関係的存在論を強調する自律性概念を発展させてきた（Gilligan 1982＝1986；Benhabib 1987；Sevehuijsen 1998）。私が別稿で論じたように（Weeks 1995：177－9）、それは必ずしもジェンダー化された実践ではない。しかし現代文化においてなお、不釣り合いなほどケアを実践しているのは女性なのである。世帯内で物事を進めるにあたり、男性が稼ぎ手で、専業主婦がケア担当というあり方はいまではそれほど重要ではないし、非異性愛世帯では話し合いとか平等といった点が重要になるのだが、異性愛カップル間ではなお不払い労働の分業に影響を与えている（Dunne 1997, 1999 ; Heaphy et al. 1999）。非異性愛カップルの間の感情的な役割分業さえ、ダンコムとマーズデン（Duncombe and Marsden 1999）のいう「非対称《アシンメトリカル》」のままである。これはとくに子育てにあてはまり、家族の多様性や父親の関与が増大しているにもかかわらず、子育ては主に母親の仕事でありつづけている。リベンズ・マッカーシーら（Ribbens McCarthy et al. 2003 : 11）は、母親と義理の父親と一緒に生活する子どもの八〇％以上が、母親を主たるケアラーとしていることを発見した。（たいてい仕事上の都合から）カップルが別居している場合、女性に強い自律感があるのは当然かもしれないが、そんな女性であってもジェンダー規範に基づく要求は高く、ホームズ（Holmes 2004 : 189）が「女性の個人化過程の不完全な拡大」と示唆するように、（とくに子どもに関する）罪悪感と孤独感が存在するのである。

　これらはすべて、激しい個人化の潮流が存在する一方で、人々とくに女性が、関係的価値に強くコミットしている証左である。メイソン（Mason 2004）による北イングランドにおける住居移動についての語りの研究は、個人化したアイデンティティより関係的なものに強い意味があることを発見した。人々の語りはその人が有する他者との関係や、固定的ではないにせよ通常は家族や親族と見なす人々とともに作り出すつながりを通じて生み出される。実践とアイデンティティは関係性の網の目に埋め込まれており、「これらを理解するためには、個人や自己と同等かそれ以上に、関係を作り上げるプロセスに焦点をあてつづけなくてはならない」（Mason 2004 : 177）。メイソンがギデンズのいう家族民主主義の中心とみなしているのは単に関係における自己《selves in relation》ではなく、人々の語りの核心である「関係的な自己《relational selves》」である。だからといって、すべての関係的な自己や実践がポジティヴであるとはいえない。関係的な語りは他者に対する温和で協力的なつながりとして語られることもあるが、抑圧的で対立的、閉所恐怖症的で孤独な語りとなることもある（Mason 2004 : 167）。リベンズ・マッカーシーら

（Ribbens Maccarthy et al. 2003：37）が提起する別の論点は、いかなる場合でも家族内民主主義には構造的な限界があるというものである。家族は同等とはいえず、むしろ相互に差異化された個人から形成されているのであって、子どもには特別なニーズがあり、大人は特定の義務をもっていることは当然視されている。しかしメイソンの意図は、個人主義の特定形態を道徳的に他より優れたものとして称揚することではなく、むしろ「社会関係、アイデンティティ、主体性の関連」を認識することにある（Mason 2004：178）。

これはリーズ大学のＣＡＶＡ研究班［訳注：ＣＡＶＡはCare, Value and the Future of Welfareの略］が提供する多岐にわたる知見とも合致している。この研究班は、人々は精力的で道徳的な行為者であって、個人的な関係性の中に埋め込まれており、自身にとって重要なかかわりを持続させるために行為していることを幅広く発見した（Williams 2004：41）。人々は壮大な倫理体系を欠いているが、彼らは何をすべきかというより、どうやったらうまく対処できるか、適切な行為とは何かについて見込みを与え、可能性のバランスを取りつつ、高度に文脈化された価値と倫理にしたがって生活している（Plummer 2003を参照）。したがってここで作動している原理は診断的なものではなく実践的なものであり、公平性、他者のニーズに対する配慮、相互尊重、信頼、補償、非難しないこと、新しいアイデンティティや状況への適応、協力的でありたいという覚悟、開かれたコミュニケーションといった観念に基づいている（Williams 2004：74）。

これは相互依存に基盤を有する倫理であり、そこではケアは必要不可欠で決定的な要素である。自律性とは、ここでは個人の自己充足というより自己決定能力のことだが、それは日常道徳の重要な要素である。しかし自律はコミットメントと責任、そして子どもに関与する場合には特に強い義務感の中で、またそれを通じて否応なく行使される。リベンズ・マッカーシーら（Ribbens MaCarthy et al. 2003：140）がいうように、「養育とか、義理の子どもの養育の話となると、私たちはなお近代主義的、つまり道徳的に絶対的な社会に生きていると思われる。子どものニーズを優先すべしという道徳的命令は、疑い得ない道徳的主張として残存している数少ないもののひとつだろう」。もっともそれは強くジェンダー化されていると再度言わざるを得ないわけだが。人々はジェンダー化された道徳物語を語り、男性は自分を子どもに対する責任をもった生産者とか道徳的決定の行為者とみなしているし、女性は自分の幸福を二の次にして子どもの幸福を優先するのである（Ribbens McCarthy 2003：59－61）。これは随分と古くさい物語であるが、新しい家族パタンにも浸透している。興味深いことにガブ（Gabb 2004：168, 2005）によれば、レズビアン家庭においても子育て役割を平等に分担している同性婚カップルは存在せず、産みの母親が母子の時間を執念深く保持する場合が多い。

ウィリアムズ（Williams 2005）が強調するように、道徳の衰退を現代の特性と見なす左派と右派の嘆き節は、人々が緊密な関係の中で行使する道徳的主体性を伴った資本主義の道徳経済を簡単に破壊させかねないし、人々が日常生活でジレンマと闘う抵抗力と回復力の特性や度合を軽視しているのだ。人々は強くジェンダー化された規範が残存する状況で、様々な状況と影響、関係的な実践によってかたちづくられたジレンマに直面する。しかし社会的世界と文化パタンは複雑、関係性は多様で、家族には種々の形態があるにもかかわらず、互恵性、ケア、相互責任等の重要な価値観をもとに共通の規範的合意が存在していることは、再度強調に値する重要な点である。

友人関係、新しい家族とその先

本章はここまで、多様な社会規範が出現したことを実証しながら、インフォーマルでローカルな、特定の文脈に置かれた関係の重要性を強調するよう努めてきた。それらはスペンサーとパール（Spencer and Pahl 2006）が「みえない連帯」と呼ぶ、現代社会における社会関係資本の主要な資源によって維持されている。ここで私はこの重要な側面をもう少し詳しく、つまり友人関係の重要性とそれと関連する家族形態の変容についていま少し踏み込んでみたい。このつながりは非異性愛文化の展開過程では自明であった（Weston 1991 ; Weeks et al. 2001）。しかし多くの論者が指摘してきたように（Pahl 2000 ; Roseneil 2004 ; Roseneil and Budgeon 2004 ; Vernon 2005）、それは幅広い個人の関係に対して深い意味をもっていて、家族と親密圏の生活を構成するものに対する狭量な解釈に異議を唱えることになる。

私は『フレンズ』や『セックス・アンド・ザ・シティ』、『ディス・ライフ』といったテレビシリーズの文化的重要性を強調したいわけではない。それらは強烈で、しばしば家族のような、そして性的に奔放な背景の下に互いに生活し交流している、若く愛にあふれた（そして多くの場合とても魅力的な）人々に焦点をあてているのだが、それらは友人関係の重要性の新しい現実を反映しているために人気がある。食品製造業者ドルミオの委託を受けて二〇〇六年に刊行された研究によれば、家族より友人と長い時間を過ごすことの多い若者には、友人と家族の境界は急激に消滅しているという。二五年前には半数の人々が友人と家族を分けて考えていたが、二〇〇六年にそう考えているのはわずか一五％で、六七％のイギリス人はいまや親友は家族の一部であると感じている。これが、人々が喜んで自己を同一化させる奇妙な造語、「家族友だち《フラミリー》」を生み出した。三二歳のキルスティンはこう言っている。

私の親戚はオーストラリアに住んでいるので、友人はとても重要です。家族友だちと私は週に一度は一緒に食事をして、ほとんど毎日話しています。家族友だちは私を理解し、私も彼らのことを理解しています。私たちは一緒にいると心地いいし、大変な努力をする必要もありません。私は家族友だちを血のつながった家族の代わりとはみていません。彼らは家族の新しいメンバーなのです。（Mowbray 2006 : 19）

この引用で興味深いのは、それがレズビアン&ゲイの友人関係で用いられる多数の語を踏襲していることだ。私がかつて論じたように、非異性愛の世界は友情倫理（Weeks et al. 2001 : ch. 3）という、複雑に絡まった丈夫な糸によって維持されている。サリヴァン（Sullivan 1998 : 176）が主張するように、私たちの関係性の中でも「友人関係は最も一般的で自然なものだ。その普遍性に関しては、友人関係は家族にもまさる」。ピーター・ナルディ（Nardi 1999）はゲイ男性の友人関係の重要性を熟考した上で、それを「揺るぎないコミュニティ」の基礎として描き出す。友人関係によってゲイは完全に創造的な生活を発達させる強さと、潜在的には敵対的な世界からの保護を得るのだ。ミシェル・フーコーはさらに強烈で、ゲイの友人関係に一九七〇年代以降のゲイ革命がもたらした真に反体制的な帰結をみる。「豊かな関係的世界は管理困難であるがゆえに、社会とこれを枠づける制度は友人関係の［婚姻］可能性を制限する」（Foucault 1997 : 158 ; Vernon 2005が引用している）[21]。ゲイの友人関係は愛すること、友だちになること、関係を持つことの新しい可能性を切り拓き、伝統家族の狭い連帯に異議を申し立てる。それはブラシウス（Blasius 1994）のいう、素晴らしい「ゲイのエートス」の発展に寄与する。伝統的核家族から排除されていると感じているレズビアン&ゲイは、感情的な安心感と日々の欲求充足を強い友人関係の中に求めるので、友人関係と性関係の境界が曖昧になることが多い。愛する人は友人にもなるし、逆も然りであって、重要な他者は必ずしも慣習的な境界における「クィア」としての性的パートナーである必要はないのである（Roseneil 2000, 2004 ; Roseneil and Budgeon 2004）。

友人関係は、急激に変化する世界では特に重要となる援助と安心感を与えてくれる。社会が急激に変化しアイデンティティが傷つけられ粉々になったとき、あるいは人生のターニングポイント、さらには生が社会規範と対立して営まれるとき、友人関係は役に立つ（Weeks 1995 : 145 – 6 : Weeks et al. 2001）。友人関係はパリのような「移動祝祭日」であって〔訳注：アーネスト・ヘミングウェイ『移動祝祭日』の科白。パリに住んだ経験は、たとえパリを離れようともその後の人生において影響を与えるという意味〕、時や場所、距離を越えて維持される。そして友人関係は個人が周縁的生を生きることを許容する。そして人生経験を深めることで、自分とは誰であり、何であるかを絶えず肯定・確認されていると感じることができる。友人関係は新しい親密性やコミットメントのパタンを発達させる可能性がある。それは選択と（友人関係は定義上選択されたもので、所与のものではないから）、ある程度の平等性（友人関係は仲間関係であって、同質的になりがちであり、差異が区別となるならばそこから逃避できるから）に基づいている。これらの特徴は周縁に生きる人々の友人関係に特別な意味と強度を与える。友人は感情的・物質的援助を与え、アイデンティティと帰属感を確固たるものとする。

　しかしこれは単にLGBTにのみあてはまる経験ではない。友人関係は様々な人によって、たとえば互恵性規範を基盤とする女性経験の中核として描かれてきた（Harrison 2004を参照）。よって社会が激変する時代にあっては、異性愛者と非異性愛者ともに友人関係を新たに重視するようになったとしても不思議はない。伝統家族の「結束型の紐帯」はあまりに拘束的、閉鎖的、保護主義的で、ポスト伝統を生きる個人を制約しすぎている。家族と友人が重なり合う友人関係、選択に基づく家族、「個人的コミュニティ」が提供する「架橋型の紐帯」とその柔軟さは、リスクと不確実性とわたりあい、ケアと援助を提供するのに適合的かつ効果的な手段を提供する（Allan 1996；Pahl 2000；Roseneil 2004；Budgeon 2006；Spencer and Pahl 2006）。友人関係は自分が何者なのか、何者になりたいかを探究する余地を与えてくれる。このことはライフサイクルの全ステージ、すなわちセクシュア

21　原書では孫引きになっているが、もともとは下記の文献の文章なのでこれを補った。
Foucault, M. 1997. "The Social Triumph of the Sexual Will," P. Rabinow, ed. *Ethics: subjectivity and truth*. New York: New Press. 157-62.
　この文献自体はフーコーの重要著作を集めたものだが、当該の文章は『Christopher Street』というアメリカのゲイ向け雑誌での誌上インタビュー（一九八一年実施、一九八二年公刊）での発言である。

リティやアイデンティティを模索する最初の不安定な段階から、関係性がもたらす快楽と危機を経由して、老後における加齢と潜在的孤独の問題に至るまでいえることである。これらは個人に自分が何者であるのかを再確認し、新しい状況に適応する方法を見つけるよう強いる、人生における運命的で重大な時期である（Giddens 1992 = 1995 : Thomson et al. 2002）。

社会によって認知・受容される機会がない人にとって、友人関係は松葉杖以上の支えとなる。友人関係によって新しい機会が得られる。非異性愛的な「選択の家族」についての私たちの研究では、流動的なネットワークをもつ家族は友人、恋人、前の恋人、生物学上の親族、そしてますます子どもから構成されており（Weeks et al. 2001）、自律とつながり、柔軟性と責任、話し合いとコミットメントのバランスを個人が模索するという様々な生の実験を見出すことができた。多くのレズビアン&ゲイが用いる「家族」という言葉は、従来の定義に対する異議申立て、または従来の定義を拡張する試みと見なすことができる。すなわち法的承認を求め新しいものを作り出す試み、既存パタンへの同一化、さらにそれらを転覆させる多少なりとも意識的な努力等である。多数の非異性愛的な女性と男性が選択の家族と親密生活について語る新しい物語は、新たな公共空間を作り出している。そこでは古いものと新しいものが意味を求めて奮闘し、新しい関係のパタンが発明されていくのである（アメリカとの比較としてWeston 1991, Carrington 1999を参照）。

あるアメリカのゲイ作家が論じたように、自分のニーズにあった家族を形成する権利がすべての人にあるのであって（Goss 1997 : 19）、これは「新しい家族」の誕生を告げるライトモチーフ［中心思想］のようなものだ。多数のＬＧＢＴは慣習的な家族生活から排除されてきたと長らく考えられてきた。しかし同時に同性関係の意味を問い直し、家族の新しい意味を発展させている。非異性愛者が自分の「家族」を形成する権利を最も熱く擁護する理論家も、差異の次元を強調することには慎重である。ゴスはこう書いている。「実際、私たちは家族という観念を歌舞いてみせ《Queering》、人生の選択を反映した家族を形成している。私たちが家族を多元主義的に拡大して利用することは、伝統的な家族倫理を政治的に破壊するのだ」（Goss 1997：12）。これが異性愛規範性への屈服ではないと確信できない人もいる（Roseneil and Budgeon 2004）。しかしより重要なことは、非異性愛者が選択の家族の登場は、私たちが作る世界の主要テーマであった、家族形態のより広範な多元主義化の一部と見なされるべきだということである。多くのタイプの家族が存在するのならば、なぜ同性婚家族だけが無視されなければならないのか（Stacey 1996：15）。非異性愛の関係性と選択の家族は意味をめぐる多岐にわたる闘争の一部であり、家族関係の大きな変化に関与すると同時に、その変化を反映してもいる。もし婚姻の将来像が多様な世界における重要な係争点になるのであれば、レズビアン&ゲイが自分たちの要求をそこに焦点化したとしてもなんら不思議ではない。もし子育てが再考の対象と認識されるのなら、なぜ非異性愛者をその議論から排除しなくてはならないのか。もし家族が離婚や再婚、復縁、再婚家族、代理母等の帰結としていっそう複雑になるのであれば、ますます子どもをもつようになっているレズビアン&ゲイの選択の家族の声はなぜ否定されなくてはならないのか（Weeks et al. 2001）。

モーガン（Morgan 1996, 1999）が指摘するように、今日では家族を私たちが所属する固定的な組織としてではなく、一連の社会的実践という観点から捉えたほうが有用である。この観点からすると、「家族」は名詞というより、形容詞や動詞とみることができる。「家族は、社会的探求の対象となるモノのような客体というより、人間の相互作用や能動的なプロセスが構築する性質を表している」とモーガン（Morgan 1999：16）は述べている。このアプローチは、ある人が家族の成員であるか否かという形で、家族を固定的で永遠の実在と捉える思考法にとってかわる。私たちはむしろ家族を、私たちが生きる実践的な一連の日常活動とみることができる。その日常活動とは相互ケア、家庭内役割分担、被扶養者や「関係者」の世話をすること等であり、ＬＧＢＴは普段からそれらすべてに従事している。「家族」は特権を付与された領域における単なる私的行動ではなく、特定タイプの関係的な相互行為なのである。「家族」は客観的現象ではなく、その意味が参与者によってつくられる主観的な活動のセットと解釈される。家族実践は親密で愛する人との日常的相互作用に焦点をあてる。それゆえ男性を稼ぎ手とする家族定義である同居、結婚、民族、義務等の固定的な境界からは遠ざかってしまう。それはつまり、私たちのケアと愛情のネットワークが、血縁や結婚によって所与となるのではなく、私たちによって協議され形成されるということである（Williams 2004：17）。この観点からすると、私たちが家族の中にいるか否かはさして重要ではなく、私たちが家族的なことをするか否かが重要なのである。ジュディス・バトラー（Butler 1990＝1999）に倣えば、私たちは家族実践を「パフォーマティヴ」、つまり不断の反復的行為を通じて構築される家族として描くことができる。私たちは家族の中に居住するのではなく、家族を生きるのだ。

　こうして私たちは日常生活実践の流動性と私たちが家族を遂行する方法が、生の経験の全体をかたどるジェンダー、セクシュアリティ、労働、ケアその他の活動を行う方法と関連していることを理解できる。家族生活は歴史的に特定化・文脈化された一連の活動であり、他の社会的実践と強く関連している。この観点からすると、非異性愛者の――あるいは他の誰もの――日常実践を、家族と親族の万神殿から排除する理論的な理由は存在しない。

　とはいえ家族形態の多様性が、前節でみたような、家族のライフスタイルや道徳的指針の多様性を必ずしも意味するわけではないと認識するのは重要である。リベンズ・マッカーシーらによる再婚家族の研究（Ribbens McCarthy et al. 2003）は、家族の言説と理想がもつ継続的な力をピンポイントに指摘している。家族は実践の蓄積として理解できるとしても、人々は家族をコミットメントや共住、家族の優先、相互ケア、責任を含んだ、一体のものであるかのように振る舞う。リベラルな白人中産階級のインタビュー回答者は、家族を世帯をまだ緩い拡散的な連合ないしネットワークとみなしていたが、より緊密に定義づけされた範囲をもつ単位を好む人もいた。「あなたのためにここにいる」というのは複雑な考えだが、その根幹には安心感を与える一連の関係性があり、それは子どもを育てる単位ともなっている。再婚家族ですら親和力［訳注：ゲーテの小説『親和力』より］というより、ニーズに基づいたコミュニティであるとリベンズ・マッカーシーらは主張する（Ribbens McCarthy et al. 2003 : 50–2）。ガブはヨークシャーのレズビアンの親についての研究で、これをある程度実証した。彼女は家族モデルとしての友人関係に相当するものを発見しなかったし、彼女がいう家族を規範化する「コミュニティの語り」にも批判的である（Gabb 2004 : 168, 174）。彼女の調査対象者にとって「血は水よりも濃い」のである。

ここに、いくつかの態度が複雑に共存しているさまを看取できる。一方では、親密な調整は流動的で柔軟であるべきだと明確に認識されている。それは非異性愛者だけでなく、とくに結婚の破綻や再婚といった重要な時期には異性愛者の生活にもあてはまり、離婚や再婚に続く再婚家族の形成の複雑さに適応しうるものである。また一方では、ギデンズ（Giddens 1991 = 2005）が「存在論的安心」と呼ぶ強い衝動がある。それは過去と未来を理解し、未来を企図することを可能にする帰属とアイデンティティについての力強い語りに依拠している。家族という感覚はつながりと帰属を具体化し、提供してくれる。しかしリベンズ・マッカーシーらやガブが描写するように、ある人々にとっては家族という感覚は「私たちが選択した家族」の拡大というより、子どもと親の緊密な関係の中に必然的に具体化されてしまっている。

ここからいくつか有益な考えを引き出せる。まず友人関係と「選択された家族」が同性愛／異性愛の分断を乗り越えるという意味では（Roseneil 2000 : Roseneil and Budgeon 2004）、友人関係パタンの変化は同性愛／異性愛という二元論を不安定化させる象徴であると議論する人々に同意することができる。一方、それらは家族生活の核心的価値と考えられているものを必ず解体に導くわけではない。むしろそれらは新しい時代にあって再組織化されるのである。またこれに関連してハニング・ベック（Bech 1992, 1997）が数年前に提起したように、デンマークのレズビアンの同性パートナーシップの実験に同性愛の――しかし同時に異性愛の――終焉に向けた第一歩であった。それは結婚が重要な印となるカテゴリー上の区別を無意味にしはじめている。このことは同性婚の重要性についての議論に大局的な見地を与えるものである。

クィア、いかにクィアか？

裁判所と紳士録が三件の同性間シヴィル・パートナーシップを告知すると『タイムズ』紙が伝えた二〇〇五年一二月五日、ひとつの歴史がつくられた。伝統的な新聞メディアが動いたという事実はいくつかのことを物語る。すなわち市場での主導権（新しい市場を探索すること）、シヴィル・パートナーシップが合法化された日に特有の陽気でキャッチーな見出し（『タイムズ』紙がリストを出した事実はメディアで広く引用された）、エリートの通過儀礼であった婚姻届がいまや完全にクィア化され、文書による裏付けが論理的に拡張されたこと（実際、ある陸軍中佐がリストにいれられた父親の一人であった）。しかし最も重要なのは間違いなく、『タイムズ』紙が示した同性関係の標準化であった。

イギリスは伝統的にこの方向に進むことを躊躇していた。一九八〇年代以降アメリカで同性婚についての議論が炎上し（Estlund and Nussbaum 1997, Sullivan 1997 に収録されたエッセイを参照）、カナダからオーストラリア、さらに多数の西洋諸国の司法が家庭内パートナーシップの取り決めや結婚を多少なりとも好意的に提供してきたのに対し（Wintermute and Andenaes 2001 ; Merin 2002）、イギリスの歩みは遅かった。保守政権のもとでは、同性間の結びつきは道徳保守が扱う議題としてありえないものであり、検討すらされなかった。一九九七年以降の新しい社会民主的政権［労働党ブレア政権］のもとでさえ、それはあまりに急進的な変化にみえた。二一世紀初頭に同性ユニオンを議論した二人の論者も、この切迫した変化に気づけなかった（Bailey- Harris 2001 : Merin 2002）。しかし二〇〇四年には、かつて議論が紛糾したシヴィル・パートナーシップの合法化はあっさりと議会を通過した。私はそのいくつかの理由を以下で議論するが、いまここで重視したいのは、シヴィル・パートナーシップが突風のごとくメディアを席巻し、ほとんど敵意をともなわずに世界各地で始まった二〇〇五年、最も世俗的で寛容になった国々ではそれは必然的な変化だったということである。そして明らかに、この二つの側面はつながっている。最初のシヴィル・パートナーシップ儀式は、北アイルランドという、イギリスで最も世俗的でも寛容でもない地方でおこなわれ、これに失望を表明する「旧約聖書固有の傾向」に直面しなくてはならなかった。しかしシャノン・シックルスとグレイン・クローズのカップルはその失望の声に飄々と反論した。シックルス氏は後にこう述べた。「これは私たちの市民権が認められ、守られるという選択がなされたということです。クィア・コミュニティからきた多くのクィア活動家や個人の途方もない努力がなければ、私たちはここにいませんこ」。たしかにそれは真実なのだが、その背景には別の真実もある。国自体が大いに変わったのだ。ここベルファスト、つまり「日曜日には公園のブランコが鎖で縛られた、かつての厳格な長老派の町においても」氷は割れていたのである（Sharrock 2006 : 14）。

シヴィル・パートナーシップをマイノリティにのみ影響を与える小さな変化と過小評価するのはたやすい。しかし同性ユニオンの法的承認に対する保守派の批判は、そのプロセスにはるかに重要なものを見ているという点では正しい。論理的には同性ユニオンや同性婚を推進することによる結婚の非異性愛化は、異性愛規範性に対する潜在的に侵犯的で反体制的な攻撃であり、異性愛規範性の礎石としての役割を弱めるとともに、多くの場合ジエンダー／性秩序を構成する異性愛／同性愛という二分法を不安定にする。保守運動がこのような想定をしていることは明らかで、これこそが保守派があれほど苛烈に同性婚を敵視する理由である。しかし同性婚に対するクィアからの批判は、結婚は実際には異性愛的前提からは絶対に逃れられないと主張する。ブランゼル（Bradzel 2005：195）が主張するように、クィアの分析は「結婚は、国家が異性愛規範性を保持し、再生産するしくみであり、ある種のゲイ&レズビアン関係をそこに引きよせることは、このプロセスを助長するにすぎない」ことを示唆している。ワーナー（Warner 1999：82）によれば、結婚は「あるカップルを是認して、ほかのカップルを犠牲にすることなのだ。それは選択的な合法化である」。これが社会保守派とクィア理論家がともに同性婚に反対する理由である。すなわち保守派は、同性婚が非合法なものに合法性を与え、異常なものを正常にするがゆえに同性婚に反対する。一方で急進派は、同性婚はある種の同性関係を他の関係よりも上位に置き、性の急進主義が企図する反体制的で侵犯的な可能性に欠け、特定のカップル関係を正常とするがゆえに、同性婚に反対するのだ（Robinson 2005やRothblum 2005の議論を参照）。

北アメリカのイデオロギー的分断から距離を取っているイギリスの研究者、キャサリン・ドノヴァンは同様の懸念を明確に表明している。

> 私はふたつの理由から、いかなる同性婚にも（そして同性パートナーシップの合法化にも）反対する。第一に、イギリス社会において結婚が特権的な法的・感情的契約として占める位置は、私生活を組み立て生きる人々に存在する不平等を強化する。第二に、結婚に表象される愛のモデルは、私たちがみな望む考えとして何の疑いもなく保持されるべきではないと、私は考えるからである（Donovan 2004：25）。

この主張によれば、結婚は総じて未婚者・レズビアン・ゲイを、次いでレズビアン&ゲイ・コミュニティに出現した友人関係と親密性の複雑な形態を周縁化するヒエラルキーの頂点に位置しているのである。前節で論じた友情倫理による関係性が有する種々の可能性は、カップル関係を正常のものとする、あからさまな逆コースによって危機に晒される。同性のつながりをフォーマルなものにすることは、愛を排他的なものとみる考えに基づいており、それはいまだに所有の観念に囚われ、暴力に包まれている。そしてセクシュアリティを、一九六〇〜七〇年代の性革命が打破せんと努めてきた一夫一婦制の形態と生涯のコミットメントに水路づけるのだ。「結婚は自由を求めて戦うことが困難な、弾丸の集中砲火とともにやってくる」(Donovan 2004 : 27)。

キャサリン・ドノヴァンとブライアン・ヒーフィーと私が一九九〇年代半ばに『同性間の親密性』という本のもとになる研究をしていたとき、私たちはこの種の感情がいたるところに残存していることに気付いたが、しかしそれらはケアとコミットメントについて急速に発展した態度と、それらを維持するのに必要な法的枠組というコンテクストからもみてみなければならない。私たちがインタビューした人の多くは、彼らの関係に法的承認が存在しないことの意味を、広範な権利否定の一部と強く認識していた。とくに一九七〇年代以降の二つの経験が、彼らの法的地位における不利益を劇的なものにした。ひとつは、子育ての権利がないこと、特にかつて異性婚をしていたレズビアンの権利不在であり、それはレズビアンの母の権利を求める、長きにわたる困難な運動につながった。もうひとつはゲイの間でのHIV/AIDSの流行経験であり、そこには、配偶者の権利のようなものをすべて冷淡に否定されながらもAIDSとともに生きる人のパートナーとなった多数の個人の経験があった。

ひとつめの問題はもちろん、まさに伝統的に結婚の核心であった論点、すなわち子育ての問題に直結している。初期のゲイ解放宣言が結婚という観念や家族の神聖性に異議を申し立てたときまさに、レズビアンの母には深刻なジレンマが明らかに存在した。同性愛であることについて彼女たちがオープンになればなるほど、彼女たちは子どもに対する親権を失い――あるときは最大九〇%のレズビアンの母が離婚争議の裁判で親権を失っていた――、メディアの戯画化に晒される蓋然性が高まる（Hanscombe and Foster 1983 ; Rights of Women Custody Group 1986 ; Allen and Harne 1988 ; Harne 1997）。しかし新しい技術が新境地を拓くにいたって、この問題は親権問題以上のものになった。一九七〇年代後期からのレズビアン関係における自家受精［訳注：月経周期と排卵日を管理し、特殊な器具を使うことにより、家庭で計画的に受精を行う方法］の利用とドナーをもちいた受精の利用増加は、母親が異性愛者であるという前提に対して新たな異議をなげかける。一九八〇～九〇年代には、新しい再生産技術へのアクセスや、誰が子どもを養育するのにふさわしいかという問題が生じて論議を呼んだ（Saffron 1994）。アメリカでも欧州でも、子育てはレズビアンにとって（Lewin 1984, 1993 ; Griffin and Mulholland 1997）、さらに広くはゲイ・コミュニティにとって中心的な問題となった。というのも男性も彼らの子育て権を要求しはじめたからだ（Bozett 1987 ; Benkov 1994 ; Ali 1996 ; Drucker 1998）。多くはパートナーシップ関係にあるゲイ&レズビアンをともに巻き込んだ、一九九〇年代からのいわゆる「ゲイビー」ブーム[22]は、LGBTにとって子育てが新たに有する中心的な役割を劇的に示してみせた（Weeks et al. 2001 : 156－79 ; Stacey 2006）。しかしたとえば養子縁組や、ドナーを利用した受精や体外受精へのレズビアンと同等のアクセスに関して、ゲイの親、とりわけゲイ・カップルの権利は未確定である。確かにゲイの親が子どもに与える影響への不安は、ゲイ自身にとっても気がかりな問題だった（Hicks 2005）。

HIV／AIDS危機は、パートナーシップの権利と法的承認が様々な形で不在であることを示した。医療機関は、恋人が入院したり死にかけているときに同性パートナーのことを、（配偶者ではなく）あくまで恋人のような存在として軽く扱った。保険会社は同性婚カップルを保険の対象に含むことを拒否した。抵当証券会社は侵襲的な医学検査をしなければ金を貸したがらなかった。パートナーが死んだ場合、残された方はしばしば家を失い、相続権を否定された。極端な場合、法律上の近親者によって同性パートナーは葬式からも閉め出された（Heaphy et al. 1999 : Weeks et al. 2001 : 17－9）。これらの困難はしばしば、一対一の関係にない個人にとってはさらに複雑なものとなる。当局と家族は、病に伏し、死を迎えつつある個人を支える友人の役割を認めないことがあるからだ。これが劇的なきっかけとなってゲイ・コミュニティは、親密な友人関係が生み出す広範なコミュニティ感覚と親族感覚の重要性が承認されることを目指した（Weston 1991 : 183）。こういった事態がなければ、個人、とくに男性同性愛嫌悪の偏見によって元の家族から放逐された多くの人はひとりで病を患い、死んでいっただろう。ＨＩＶの流行によって脆弱なＬＧＢＴが完全な市民権をもたず、彼らにとって重要なコミットメントが全く承認されていないことが明らかになったのである（Watney 1994 : 159－68）。

市民権とは承認と帰属、そしてその帰結としての権利と責任にかかわるものである。それは同時に平等への問いを提起する。すなわち公正な社会がどこまで多様な生のあり方を平等に公的で尊重に値するものとして受け入れるか、そしてどのような法的枠組みが完全な市民権を保証するのに必要かという問いを提起する。しかし市民権の議論は、不平等と社会的排除の起源、とくに異性愛を規範とする価値観に根ざす不平等と社会的排除に取り組もうとすれば、さらに踏み込む必要がある。日常生活を構造化する権力の不平等を解決する実際の努力をともなわなければ、形式的な法の下での平等は効果が薄い（Jackson 1998; Cooper 2001）。性の不平等を幅広く認識せず、異性愛を問題化しないまま、ＬＧＢＴが権利要求したところで、現状に対する異議申立てにはならない。むしろそれは現状を固定させる危険がある（Rahman 1998, 2000）。

22　ゲイの親の爆発的な増加を指す。ここでは子どもを持つレズビアン夫婦や、養子をとった同性婚者も含む。同名の映画もあるが、こちらは二〇一二年に公開されたものなので、この映画のタイトルがこのブームを踏まえたものになっていると思われる。参考：http://wordspy.com/words/gayboom.asp

『同性間の親密性』に登場するインタビュー対象者は、このことを敏感に自覚していた。彼らは平等な権利を主張する一方で、彼らの違いが尊重されることを望んでいた。非異性愛者が異性愛者と同様に結婚する権利があるという考えは広く浸透しているが、だからといって非異性愛者がそのチャンスを活かそうとするとは限らない。彼らの多くは伝統結婚に対して極めて批判的で、それと無関係であることを望んでいる。デイヴィッドは異性愛的な法を修正することでゲイの関係性を理解しようとしても「必ず失敗する」と感じている。またアンジェラは「結婚とは全くもって財産であり所有権であり役割です」と述べている。ワレンは「異性愛用語としての結婚は抑圧的な制度で、私はレズビアン&ゲイを単にそれを反映した人々と考えたくない」と述べ、メラニーは平等な権利は「結婚をモデルにすべきではない」と感じていた。チャールズはいっそうあけすけに、ゲイ・カップルにとって結婚は「馬鹿げている」と言っていた（Weeks et al. 2001 : 192–4）。イップが行った、キリスト教徒のレズビアン&ゲイに対するインタビューも似たような感覚を見出している。彼らの大多数は同性愛関係の承認を求める一方で、ほとんどの人は同性婚に反対し、同性愛を異性愛制度に役に立たないものとみなしていた（Yip 2004a : 175）。

このような強い主張の背景には、ドノヴァンの見解が示すような、ＬＧＢＴの関係性の本質についての価値観が明らかに発達してきたことがある。私たちがインタビューした、自分をＬＧＢＴと定義する人々の多くは、自分たちが伝統結婚に代表されるジェンダー化・階層化された関係から排除されていたため、異性愛市民より平等主義的な生活を生きる固有の機会をもっていると考えていた。アダムズ（Adams 2006 : 6）が男性ゲイ・カップルの関係性の変革研究で述べたように、彼らはパートナーシップを生きる方法について強力で伝統的ガイドラインが存在しない中で、「自由へと追い込まれた」のである。自明視できるものは何もなかった。不本意に生きることを強いられるうちに発達した規範は、平等と自己開示、話し合いの前提に基づいている。差異と分断はもちろん残っている。所得、権力、機会、階層、年齢、そして民族の不平等は存在しているが、そのエートスは自律と選択の関係に基づいていて、外的なルールに強制されない（Weeks et al. 2001：109－13）。ギデンズ（Giddens 1992＝1995）によれば、伝統的な結束から自由で、ひとつに融け合う愛情《コンフルエントラブ》に基づくレズビアン&ゲイの関係は「純粋な関係性」の発展モデルであり、後期近代の親密性パタンが必然に生み出したものと考えられる。抑圧的な法のコードと特有の偏見が存在した時代にはやむをえなかったものが、よりリベラルな時代のゲイ・コミュニティの中では標準的になったのである。

　こうした背景を踏まえると、同性婚や法的パートナーシップが伝統結婚の模倣である限り、ＬＧＢＴが概してその良い面に懐疑的であったとしても不思議ではない。（Robinson（2005）で議論されているような）サリヴァン（Sullivan 1995＝2015）その他のゲイ保守派が提唱する同性婚のある種の保守的正当化は、同性婚こそ、レズビアン&ゲイが既存社会へ完全に統合された証となるというものである。しかしこの見解は、私たちがインタビューした人々の間ではあまり好意的に受け取られていない。彼らが別の根拠に基づいて結婚を支持しているという証拠がある。二〇〇六年に報告された、二七ヶ国で実施された主としてＬＧＢＴに対するオンライン調査では、平等な権利や同性婚が強く支持されているが、それはこの別の根拠に基づいている（Harding and Peel 2006）。しかし同時に実施されたより小規模な質的調査によれば、これまでの議論が想定した以上に同性婚に対する態度が「混乱している」ことが示されている（Clarke et al. 2006：155）。それどころか私たちは興味深い二重性を発見する。一方では、結婚を含み、社会保障の給付資格からケアの責任にいたるすべての市民権に関して、異性愛多数派との正式な平等を求める意識的な要求がある。他方では、異性愛社会を単に「真似る」ことを嫌う気持ちも広く存在する。「私たちは自分たちの生活と……異性愛とは異なった関係を創りあげるのだ」（Malika. Weeks et al. 2001：191で引用した）。この背景には、ゲイ・アクティヴィズムの究極目標が同化なのか異化なのか、包摂なのか異議申立てなのか、市民権なのか侵犯なのかというより大きな論点がある。パットはこう述べる。

私たちは法のもとでは平等に扱われるべきです。しかし……私たちは異性愛者と同じではないと今は考えています。というのも、確かに私たちには違ったところがあって、私たちは多様で、創造的で、多くのことに関して多数のリスクに晒されているわけなので。……私たちはほとんど種族のようなものです――私たちは社会を創造し、人々が前進するのを援助できると考えています。（Weeks et al. 2001：193）

もしこれが正しいなら、同性婚が正しい方法であるとは思えないであろう。

大衆的な変化の圧力があったとはいえないのだが（Shipman and Smart 2007を参照）二〇〇五年一二月、ついにイギリスで同性カップルがシヴィル・パートナーシップ法のもとで自分たちの関係を法的に承認されることが可能になった。このときＬＧＢＴは冷静に歓迎していたように見えたし、地方の戸籍役場にすぐさま駆け込んだ人もいた。公式には同性婚とはみなされなかったが、政府はこの法を故意に、異性婚と並列的な語として意味づけていた。ＬＧＢＴをセクシュアリティによってのみ定義するという強迫的な文化伝統を踏まえると皮肉なことではあるが、唯一の重要な違いはセクシュアリティに関係していた。すなわちパートナーシップを完全にするのに性行為は必要でなく、また不貞はそのつながりを解体する根拠とは認められなかったのである。ゲイ・コミュニティの多数の人々がそれを正しい結婚と呼び、この提案に熱狂的に反応したのは驚くに値しない。

政府は（おそらく財政的な理由から）慎重に、シヴィル・パートナーシップは二〇一〇年までにおよそ一万一〇〇〇組から二万二〇〇〇組程度になると推定している。しかしその数は着実に増えている。最初の六週間で三六四八組の同性カップルが「結婚」し、次の三ヶ月でその数は六五〇〇組に達した（Curtis 2006 : 14 ; Muir 2006 : 7）。二〇〇六年九月には三万一三四四人を巻き込んで、一万五五〇〇組を越えるシヴィル・パートナーシップが契約された（Ward 2006 : 9）。シヴィル・パートナーシップの盛んな場所はゲイ擁護派の多い地域であることが多く、主にイギリス南部のブライトンやホヴ、西ロンドンを含む。しかし最も保守的な場所、すなわち衰退する工業地区でも熱狂が見られる——最初の六週間でロッチデールに一〇組、すでに何度もみたように伝統的価値観の稜堡であるロンダに一一組のシヴィル・パートナーシップが誕生している。イギリスのより保守的な地域では、その数は比較的小さいのでそれほど驚きはないが、シヴィル・パートナーシップは全国で発生している。そしておそらく最も重要なことは、固定観念に反して、当初は女性の二倍の男性がシヴィル・パートナーシップに踏み切ったことである（Curtis 2006 : 14）。もっとも一年以内に女性も同等の数になった（Ward 2006 : 9）。いまだ同性カップルに結婚の肩書きを与えることは否定されているが、シヴィル・パートナーシップを許容する法制化は、特に養子法の改革と連携したときには、他の殆どの欧州国を上回ることはないにせよ、多くの権利と責任をイギリスの同性カップルに与えたのである。

シヴィル・パートナーシップ法はあるレベルでは、同性愛の平等の公的推進を意味する立法改革の先進地であった。この目標はすでに一九九四年にトニー・ブレアが示していて、一九九七年以降の労働党政権時にはときに無計画に目指された（Weeks 2004b）。シヴィル・パートナーシップ法は結局、初期の協議で提示された以上に抜本的なものになったが、担当大臣はこれが同性婚を支持するものではないと一貫して繰り返した。それがアメリカで生じる対立的論争を避ける一つの手段だったことは明らかで、それは一時イギリスにおける議会進行を滞らせたりもした。この観点からすると、シヴィル・パートナーシップの導入は、伝統的形態を放棄したり、あまりに多くの政治的敵意を喚起する微妙な結果を招くことなく社会的現実の変化に適応する、典型的にプラグマティックな方法であったと考えられる――まさにイギリス的妥協というやつだ。保守的な宗教組織と家族擁護派のグループは強い反対の声を上げたが、それらはいまでは全く少数派の声といってよく、この法は議会を通過するときには超党派の賛成を得た。とくに宗教的な反対を沈静化させた原因は、これまで続いてきた公式の結婚から分離されつつも並行的な、結婚に似た取り決めだったことだ。祝福や完全な礼拝のかたちで宗教的要素を加える用意をするかどうかは、教会の決定に任されたのである（伝統的教会の多くはもちろん、この段階ではその申し出を断った）。

シヴィル・パートナーシップの導入をイギリスの社会・法制度の欧州化であり、ヨーロッパ型の人権法の導入がもたらす想定内の結果とみる見方もある（Waaldijk 2001aを参照）。政府はすでに欧州裁判所から、住居や年金の配偶者の権利等、様々な形態の平等を認めるよう圧力を受けており、それを推進する明確な論理がある（Bell 1998）。一九八九年に先陣を切ったデンマークに始まり、二〇〇四年までに欧州連合諸国は何通りかの方法で同性ユニオンを承認している（Wintermute and Andenaes 2001 ; Merin 2002）。

各国は文化的な偏差を反映して、それぞれの経路をたどっている。たとえばフランスの民事連帯契約［訳注：フランスで始まった性別を問わずに非婚カップルの権利を保護する仕組み（フランス民法第五一五－一条）］は、レズビアンやゲイを分離された文化的アイデンティティとして承認することを拒絶する、古典的な共和制の伝統に従っている（Jackson 2006 : 80）。それは異性愛と同性愛双方にシヴィル・パートナーシップ形成を認める契約であって、明らかに結婚から区別されているので結婚の法的地位に影響はない。つまりパートナーは個人化されたままであり、新たな法人格は何もつくられず、性的差異の永続性に対する異議申立てもない。これは右派／左派双方の保守派から反対を受けた（Fassin 2001, 2005 ; 以下も参照。Velu 1999 ; Borrillo 2001 ; Probert 2001 ; Borrillo and

Lascoumes 2002）。オランダでは、ワールトエイク（Waaldijk 2001b：440）が「小さな変化の法」と呼んだものを通して、根本的な変化が起きた。それは異なる権利要求を想定し、その承認にコミットする柱状化の伝統［訳注：オランダにおけるイデオロギー的な分立状態を柱（verzuiling, pillarization）と言い、これをもとにオランダ社会を柱状社会と呼ぶことがある］に容易にしたがう漸進主義である。さらに急進的な観点からみると、ここで達成されたのは性についての狭い定義を採用する、性‐保守的な解決にすぎない。つまりヘクマが論争中に述べたように、「オランダにおける性のリベラリズムはより根本的な可能性を犠牲にして、同性愛／異性愛を問わない、一対一のカップルを正当と認めているだけの表面的な現象にすぎない」（Hekma 2005：220）ということになる。

　ヨーロッパに遍在する首尾一貫した保守主義の一部は、セックスの問題よりも子育てに関心をもっている。当初、EU諸国における法制化においても、平等な養子縁組と養育の権利は明示的に除外されていた――二〇〇五年まではベルギーでの同性婚容認時ですらこれらは除外されていた。子どもとそのケアは最後のタブーとして残っていたのだ。しかしどのような限界を抱えていたとしても、欧州諸国が承認の経路を歩んだのに対して、イギリスはこれらの変化に関しては悪名高い「のろま」であった。シヴィル・パートナーシップと養子縁組の権利が認められるにあたり、イギリスは突如、飛躍的に進歩した。事実上、パートナーシップと子育てという二つの側面のつながりに関しては、同性カップルが仮に望めば、最も伝統的な意味での家族形成をも認めたのである。しかし同時に、結婚および／ないし異性愛は、未婚カップルが子どもを養子にする必要条件ではなくなっていた。いまや異性愛者も同性愛者も等しく公的に平等なのだ。

　その上イギリスの法制化は、幅広い社会的アジェンダに適合するようなイデオロギー的な色彩を帯びていた。ブレア政権は家族の未来と、家族生活の要としての結婚の役割に長く関心を抱いてきた。一九九八年の協議文書『諸家族《families》支援』は、イギリス政府が発した家族政策の中で、最も包括的でリベラルな声明のひとつである（Home

Office 1998 ; Weeks 1999）。〝families〟という複数形の用法こそが家族形態の多様性の承認を示しており、非異性愛家族に言及し損ねていることは明らかだが、「結婚の外部に、緊密で相互に威勢の良い家族」が多く存在していることを明確にしている。同時にその文書は「子育ての最も信頼できる枠組み」として結婚を推奨することを明言し、子育てに関する指導や訓練の提供など多数の方法を提案している。これらすべては完全に政府の社会哲学を支えるコミュニタリアンの取り組みと一致しており、社会解体と社会関係資本の弱体化を克服する方法として、家族とコミュニティの生活を強靭にする重要性を強調する（Etzioni 1995を参照）。実際には親の支援が強調され、親、とくに貧困に直面している親は婚姻状況にかかわらず支援されるようになったが（Williams 2005）、権利と責任の焦点としての結婚はいささかとらえどころがないにせよ、ブレア政権の強力な守護神でありつづけた。この観点からすると、法的なパートナーシップ契約をした同性カップルにより強く権利を保証し、合意に基づく責任を認めることは、結婚の法的地位を即座に弱めず安定的な関係を作るというコミュニタリアンの原則を満たしていた（この時点までにエッツィオーニが端緒となった様々な論争があったが、彼の支持者が同性関係を無視していることは明らかである）。二〇〇三年に発行されたシヴィル・パートナーシップについての協議文書は法制化の導入を直ちに進めたが、そこでは同性パートナーシップの法的承認は、「永続的であることが予定されている」「相互依存的な」カップル関係をもちたいと願う人々に「合法性を与える」ことを目指した「平等のための重要な手段」であると述べられた（Shipman and Smart 2007）。問題はもはや関係の多様性ではなく、関係の不安定性なのである。

このことは、結婚の未来それ自体についての幅広い疑問を一時ペンディングにした。すなわち結婚が法的権利と社会的権益の観点から実質的にシヴィル・パートナーシップと区別できなくなったとしても、特別な地位を保ちうるのかという問いである。結婚とシヴィル・パートナーシップが結局はひとつの地位に統合されるはずという論理を避けることは難しい。これは二〇〇六年、法律委員会が結婚やシヴィル・パートナーシップ契約をしない異性愛と同性愛のカップル双方に新しい権利を与えることを提案した際にも、強く示唆されていた可能性だ。この提案は、同性愛／異性愛を問わず、同棲関係の解消に際して財産と年金の維持と分与を主張する権利を含んでおり、その目的は結婚したりシヴィル・パートナーシップ契約をしないと意図的に決定している人々にある種の保護を提供することだった。これは民事連帯契約の限定的な取り決めに近似しているかもしれない。ここでは結婚とシヴィル・パートナーシップが共通の地位であり、単なる同棲とは質的に異なることが明らかに前提になっている（Dyer 2006 : 1）。異性愛／非異性愛を問わず、関係そのものを強化したいというコミュニタリアン的情熱は、伝統的な異性婚を守ることより優先されたように思われる。結婚と結婚のような関係は、関係を深める唯一ではないが、一つの工場とされたのである。

シヴィル・パートナーシップの取り決めをすることによって新たな権利と資格が与えられたのであり、長きにわたりこれらの権利を求めて苦闘してきた人々にしてみれば、これらは当然ながら完全な市民権への大きな一歩に思えた。アンジェラ・マーソンは、ゲイの権利を訴えるロビイング集団ストーンウォールのリーダーとして、またシヴィル・パートナーシップに向けた精力的な運動をし、政府の女性・平等担当班の責任者として法制化に至る交渉を見てきたのだが、「私は長いこと運動に関わってきた。これが力を発揮するかどうか疑問に思うかも知れないが、答えはイエスだ。社会の他の人々からの歓迎が励ましになる」と述べた（Dyer 2005 : 9）。これは包摂に向けた大きな一歩であったのだ。しかしシヴィル・パートナーシップ契約を交わす権利は新しく望ましい自由であると同時に、新たな規制のかたちでもあって（Halley 2001 : 108–11）、それは新たな服従のかたち、すなわち公認され合法化されたカップルを生み出す。バトラーは、同性婚をレズビアン&ゲイが親密圏を生きる正しい方法として定義することは「国家の規範化する権力」につながる危険性があると批判的に述べていた。シヴィル・パートナーシップ関連の法制化は確かに、尊敬に足る《リスペクタブル》ゲイとそうでないゲイ、安定的カップルと乱交的カップルを区別し、ゲイ・コミュニティに新たな規範を押し付ける危険がある。確かに結婚と家庭内パートナーシップは選択肢として可能であるべきだが、バトラー（Butler 2005：59）が主張するように、「合法的な性のモデルを導入することは、まさに身体の社会性を容認可能なものへと束縛することなのだ」。

ブレア政権が、ある関係のパタンにそれ以外の関係よりも手厚く支援をすることに懸念を抱いていたことは疑いない。しかし究極の懸案事項は、政権が望まない関係性にスティグマを与えることではなく、合意に基づく活動における関係に関しては、異性間でも同性間でも一般的には広く認められる風潮があった。それは関係性がうまく機能するのを支援することであった。フィオナ・ウィリアムズは、「新たな規範的家族が出現している。これは……子育ての責任を基盤にした関係をもつ大人のカップルや、労働、経済的自立、教育ならびに善行を優先するカップルのことである」と主張する（Williams 2005：244）。このモデルが強いゲイ関係の支援、特に子育て経験を重視するゲイ支援と密接に関わっているというのはたやすい。しかし私たちは、あらかじめ決められた説明枠組みにすべてをきちんとはめ込みすぎないよう注意すべきである。シヴィル・パートナーシップのような新しい提案を批判する急進派が、それらを自分がよく知る枠組みに位置づけようとする誘惑は強いものがある。私たちはネオリベラルな雰囲気の中に生きているとか、ブレア政権はネオリベラルな経済改革を支持しているのでシヴィル・パートナーシップはネオリベラルな性の統治宣言にほかならないといった物言いのことである。なるほどシヴィル・パートナーシップはある種の新自由主義と相補的な価値を表明しているかもしれない。しかし私が論じてきたように、それはコミュニタリアニズムや、相互関係と自己充足の結合に基づいた古典的な社会民主主義の伝統にも根ざしているのだ。互恵性と強いコミュニティ価値はネオリベラルな合理主義とともに、シヴィル・パートナーシップの発展を支えているのである。

同性婚を含む新しい市民権の要求はネオリベラルの戦略と共謀している（Richardson 2004）と主張する論者もいるが、国際的な視野からみると、この見解に賛同するのはさらに難しい。最もネオリベラルな国家であるアメリカは公的なレベルでは、あらゆる西洋諸国の中で同性市民権の権利に対して最も敵対的であった。これはグローバリゼーションやアメリカナイゼーションを最も毛嫌いするフランスが、民事連帯契約によってパートナーシップ権利の草分けとなったのとは対照的だ。もっともフランスも別の理由から同性婚への道をたどることに消極的であった点は同じである（Fassin 2001, 2005 : Jackson 2006）。後期近代社会において同性関係が法制化されるプロセスには種々な経路があり、より広い社会経済プロセスに付随する現象へと還元することはできない。そのような決定論的立場を正当化するべく、活動家はあまりに多くのエネルギーを性変革運動に割いてきた。リチャードソンによればレズビアン＆ゲイの市民権に向けた多くの現代の運動は、既存の価値構造に受け入れてもらおうと模索した一九五〇〜一九六〇年代の慎重な同性愛運動を模倣しているようにみえるかもしれないが、彼らの真の目的は別のところにあるという（Richardson 2004 : 405）。彼らの焦点はもはや、その範囲が寛容の限界によって決められる私領域に存在する権利にはなく、公的承認およびプライヴァシーへの権利にあるのだ（Richardson 2004 : 405）。新たな法制化は新しいタイプの関係性を規範として押し付けたのではなく、既存の関係性を強化したのである。シップマンとスマート（Shipman and Smart 2007）が、シヴィル・パートナーシップの導入に先んじてあるかたちでの誓約式［訳注：おもに同性愛者が互いの愛と貞節を誓う儀式のこと］を行った人々を対象とした先駆的研究で示したように、法的承認を得ようとするほとんどの人は義務と相互責任を共有する安定的パートナーシップを既にもっていたのである。

政府と国会はさらなる進展を求めて、新たな規範的枠組みを作ろうとすらする。しかし意図と結果は一対一に対応するものではなく、国家政策の意図せざる結果は通常、性と親密生活に関連した意図した結果以上の強い効果をもつ。ゆえにほとんどの場合、政府は道徳を工学技術のように扱うことを躊躇する。シヴィル・パートナーシップと同性婚の将来は、究極的にはこれらの政策が対象とした人が反応するあり方にかかっているのだ。新たなシヴィル・パートナーシップに対する根本的な批判は、同性関係に対するいかなる法的枠組みをも拒否するものから、新たな法的権利を乱交も含むあらゆる種類の関係に付与しようと望むもの、さらには結婚とシヴィル・パートナーシップの区別そのものを拒絶するものまで幅広い。レズビアン活動家で経験豊富な研究者でもあるキッツィンガーとウィルキンソン（Kitzinger and Wilkinson 2004：132）は、結婚への平等なアクセスを「まっとうな人権であり、単に正義の問題」と見なし、シヴィル・パートナーシップをアパルトヘイト――隔離されているが平等――の一形態と見なした。彼女たちはカナダで法的に結婚し、二〇〇六年、イギリス法のもとで彼女らの地位について承認を得るためにイギリスの法廷で戦った（Doward 2006b：12；Woolcock 2006b：26）。彼女らは結婚に対するフェミニストとクィアの批判を共有していたが、結婚が存在する限り、「実用的にも好都合」であり、結婚することは政治的に重要だと主張した（Kitzinger and Wilkinson 2004：131）。彼女らに下された不利な判決は、シヴィル・パートナーシップは結婚とは異なり、結婚は特別で異性愛な地位があると述べた。それがまさに、ある意味では彼女たちが正しさを証明していた（Woolcock 2006c：12）。シヴィル・パートナーシップ法は同性カップル用に区別された地位をつくることにより、同性愛と異性愛の根本的な違いを明らかに追認している。そのことで別のリアリティ――バイセクシャルの存在は言うに及ばす、生の実験がますます重なりあっているという事実――が長い間、無視されている（Klesse 2006）。またこの新法はトランスジェンダー、とくに性別適合手術をおこなったパートナーを含む夫婦にとって変則的な状況を作り出した。性別承認法のもとでは、性別適合手術をおこなった人は新しいジェンダーに基づいた法的地位を得ることができるので、同性カップルが生まれることになる。しかし彼らが法的なつながりを維持したいと望むなら、彼らは即座に離婚したうえでシヴィル・パートナーシップの取り決めをしなければならない（Kitzinger and Wilkinson 2006：174）。換言すればシヴィル・パートナーシップ法は異性愛／同性愛の二分法とジェンダーを本質化することによって、自らのうちに法的な混乱を抱える危険があるのだ。シヴィル・パートナーシップと結婚の違いという法的擬制が、物理的なだけでなく象徴的な分断になってしまう危険である（Harding and Peel 2006：134）。

しかし現場では、より根本的なことが生まれていた。シヴィル・パートナーシップ契約を早期に結んだ多数の人々にとって、その動機はキッツィンガーやウィルキンソンの立場ほど政治的なものではなく、むしろ実践的なものであった。彼らにとってシヴィル・パートナーシップは名称を除けば結婚そのものであったし、とくに一般の人々とメディアも「婚礼」や「結婚」といった語のほとんど普遍的に使ったので、じきに（結婚という）名称も使うようになった（年配の政治家だけが公的な礼儀作法を維持し、それらの語を用いるのを避けた）。LGBTが人々に受け入れられる振る舞いについて自分たちの規範を定式化し、パートナーシップに対する法的承認を模索する動機を言葉にしはじめるにつれ、現場では実際に新しい意味と現実がつくられていった。二〇〇六年前半に私がおこなった一連のインタビューで発見したように、種々のものがあった。二五年来の恋人とシヴィル・パートナーシップの取り決めをおこなった七〇歳のレズビアン活動家メグにとっては、「そうしないなんて馬鹿げている」。彼女は制度としての結婚にはイデオロギー的観点から批判的であり、シヴィル・パートナーシップの代わりに「結婚」の語を用いることを望んでもいないが、彼女の若いパートナーに、とくに相続と年金の権利を与える保障を受け入れているのだ。似たようなプラグマティズムに基いて、六〇歳のジョンは付き合いの長い若いパートナー・マルティンと「結婚」する気になった。「私が先に死んだらマルティンに何が起きるか、長いこと心配だったんだ。私の年金は彼に一文も行かないし、相続税を払うために彼は家を売らなきゃいけないのか？　私たちには遺言状や信託証書やその他諸々もあるけれど、シヴィル・パートナーシップで相続はいっそう簡単で安全になったんだ」。三〇代のレズビアンカップル・サリーとジェーンにとってシヴィル・パートナーシップは、ドナーを利用した人工授精によってジェーンが授かった、彼女らの三歳になる息子、ジェミーの安全が保障されることを意味した。「私が突然死んだら、ジェミーに何が起こるか不安に感じていたの。サリーがあの子の面倒を確実に見られるように、私たちはなんでもやったけど、いまやサリーは完全に子育てする権利をもっているわ」。

このような道具主義的な説明は一般にみられるが、多くの場合それは心の底にある動機の一要素というよりは、シヴィル・パートナーシップの取り決めを行う議論が突発的に発生したからである。シップマンとスマート（Shipman and Smart 2007）は、彼らのインタビューに対する「ありふれた答え」が五つの特徴的なカテゴリーに入ることを発見した。すなわち⑴愛、⑵相互責任の認知、⑶家族からの承認の重要性、⑷法的権利と承認、⑸公的なコミットメントである（Smart et al. 2006も参照）。これらはおよそ私の知見でもよく出てくるが、より広い三つのカテゴリーに分類するのが有用だろう。すなわち権利、コミットメント、承認である。

上に見た道具主義的な説明には権利の議論が潜在的に含まれており、LGBT活動家にとって主要な動機であった完全な市民権を目指す主張の多くと共鳴している。シンガポール人のパートナーと結婚した四五歳のケイスにとって、それは長く込み入った移住の過程に終止符を打つ方法であった。彼のパートナーであるティミーは、すでにイギリス在住権を有していたが、シヴィル・パートナーシップはこれをさらに信用できる、完全なものにしたようだ。しかしシヴィル・パートナーシップは単なる権利の目録以上のものである。すなわちそれは権利と併行して責任を伴うのである。たとえばシヴィル・パートナーシップのつながりがカップルとして扱われると、社会保障制度の給付や年金の審査時に影響を与える。つながりの解消は財産分与を意味することになるのだ。共同親権や医療における相互ケアにも影響がある。つまり責任は現実に進行中のものなのだ。「『死が二人を分かつまで』なんて言い習わしを私は信じないし、その手のものは全部そう」とケイスは言う。「だけど登録簿にサインしたとき、私は長いことこの関係の中にいたし、私はいつもそう感じていたけれど、思うに、この紙切れがそれを変えてくれたんだ」。ここでシヴィル・パートナーシップが新しい権利を開発したわけではないと指摘することは有意義だろう。すなわちシヴィル・パートナーシップは概して既存の個人権をカップルに転移させたのである。そしてイギリスのような福祉国家では、同性婚を目指す運動の背景にあったある種の情熱は次第に薄れていた。たとえばバトラーがアメリカで重要と感じた、「結婚は夫婦の健康管理のために重要」という主張は、万人に対する無料ヘルスケアを当然とする社会においてはあまり重視されない（Butler 2004 : 109）。しかし新しい権利は無視できないものとなり、シヴィル・パートナーシップの取り決めを結ぶにあたって即物的な動機の語彙を提供することになったである。

私のインタビューでは権利（と相互責任）が重要な動機となっていたが、心の底流にある動機はコミットメントを表明したいという欲望であった。ジェーン・ルイス（Lewis 2001 : 124ff）は、三つのコミットメントを区別している。すなわち(1)個人的なもの（関係が続くよう欲する）、(2)道徳的なもの（関係は続けるべきと考える）、(3)構造的なもの（子どものためなど物理的理由から、関係は続けなくてはならないと考える）である。子育ての責任と移民の問題は構造的な要因になりうるが構造的要求は異性愛者に比べるとLGBTに対してあまり力をもたないかもしれない。道徳的コミットメントは多数の人々、とく宗教的な傾向をもった人に強い。しかしおそらく今日最も強力なのは、コミットメントを確かなものにしたいという個人的欲望と、相互の責任と愛について現在有している感覚を認めてもらいたいという気持ちであろう。シヴィル・パートナーシップのはるか以前から、ゲイのカップルは指輪や贈り物の交換から、最初に会った日、セックスした日、誕生日やクリスマスのような重要なイベントのお祝い、完全な誓約式への参加にいたるまで、コミットメントを示す種々の方法を見つけていた（Weeks et al. 2001：127－32）。「法的承認が存在しないなか同性ユニオンを祝福する行為を、私たちは象徴的変化を作りだす機会と見なす」とリドル&リドルは書いた（Liddle and Liddle 2004：53）。象徴的変化とは個人の態度が変化するときに関係性の合法化を訴える手段であり、特にカップルにとって強力な手段となる。イップの研究では、同性婚を支持するレズビアン&ゲイのキリスト教徒は自分たちの関係を宗教語でいう象徴的な堅信礼、あるいはコミットメントと愛についての神前契約と見なしていた（Yip 2004a：177）。しかし非常に世俗的な傾向をもった人々にとってはコミットメントの確約は正念場であった。四〇代のカップル・ポールとドニーは一〇年一緒に暮らした後、シヴィル・パートナーシップの取り決めを行うのを躊躇していた。彼らの関係は強い感情的なコミットメントに基づいていたが、彼らは性的にオープンな関係をもっていた。「私たちの他人に対するオープンさが、法的なつながりによって終わりになるのが怖いんだ」とポールは認めた。「それで私たちはただの退屈なおっさんカップルになってしまうかもしれない」。しかし彼らが行った質素な儀式は、想像以上に感情的な肯定感を与えたと彼は続けた。「ドニーへのコミットメントを示す言葉を彼に言ったとき、背中に震えが走って、泣いてしまったんだ。それで私は本当に後ろを振り返らないと思った」。多くの人にとってシヴィル・パートナーシップは、伝統的な――「他の人すべてを捨てる」――一対一の関係への揺るぎないコミットメントを伴っていた。しかし先にみたように、別の人にとっては、真に重要なコミットメントは感情的なものであり、性的に一対一の関係を志向することは、決まったことではなく、話し合うべき問題なのである（Heaphy et al. 2004）。

ベックとベック・ゲルンスハイム（Beck and Beck-Gernsheim 1995：1－2）は、選択の新時代においては、愛が統合の不可欠な接着剤になると主張した。「自分自身の社会環境を創出・発見しなければならない個人にとって、愛は生に意味を与える中核となる」（1995：170）。『同性間の親密性』で述べたように（Weeks et al. 2001：70－1）、イギリスのレズビアン&ゲイは愛の言語を、合法化・権威付けの価値として使うことに関して、たとえばアメリカの兄弟姉妹に比べてオープンでなかった（Lewin 1998の第6章を参照）。「愛という言葉はよくわからないんだ」とケイスは言う。「息が詰まったよ。だけど思うに、私はその言葉で同じ事を言わんとしていたんじゃないかな」。しかし永遠のロマンティックな愛という考え方は関係性についての語りには見出しづらいが、より遠回しな説明がほのめかされている。最広義には愛はケアや責任、尊重、そして相互の知識を含んだ多様な感情――「平等な主体間の相互承認と、互恵的関係における必要性の認識と心遣い」――を含む（Weeks et al. 2001：124、Weeks 1995も参照）。この言葉は、ギデンズ（Giddens 1992＝1995）のいうひとつに融け合う愛情、「積極的で偶有的な愛」という考え方と比較できるだろう。それは永遠の一度きりの愛という考え方とは違うが、極めてジェンダー化され、権力の支配下にあるハイ・ロマンス（高尚な騎士道物語）の影響は受けていない。「ひとつに融け合う愛情は、対等な条件のもとでの感情のやりとりを当然想定しており……互いに相手にたいしてどれだけ関心や要求をさらけ出し、無防備になれる覚悟ができているかによって、もっぱら進展していく」（Giddens 1992＝1995：96）。ここには独自の情熱がある。ジョンはこう述べる。

チャーチル王子と違って、私は愛のなんたるかがちゃんとわかっている。だけど私はおとぎ話のお姫様みたいな話は全く信じてないね。それはゲイの男として一六歳でカミングアウトして、ゲイ解放運動に参加した私の経験とは全然違うよ。でも私にとって結婚は愛の行動だった。私はあの儀式で愛を宣誓するときほどオープンになったことはなかった。いまこれを話しているだけで本当に泣きそうになる。

シヴィル・パートナーシップによってコミットメントと愛を承認されることは、多くの場合極めて個人的な経験である――私がインタビューした人々が挙げているのはごく私的な儀式であることがしばしばで、時には登録簿にサインする以外には簡素で最低限の公式行事しかしない人もいた（Shipman and Smart 2007も同様の見解を示す）。しかしそこには公的な反応が必要であり、それがそのイベントの真の目的なのである。つまり私的な取り決めの公的承認とLGBT市民権の公的承認が目的なのだ。「すこし戸惑ったのよ、あれから何年もたつのに結婚なんておかしなことについてあれこれ言うなんて。この年でみんな私がレズだって知ってたし、全く大騒ぎすることなんてない」とメグは思った。しかしマーティンにとっては大騒ぎが重要だったのだ。「私たちはあえて家族には言わなかったんだ、自分たちと何人かの親友だけでやりたいと思ってた。だけど両親に話したときには、なんで先に言ってくれなかったの、行けたのに、なんて言ってたよ」。

同性ユニオンをめぐる物語は、極めて明確に公的承認の重要性を示している。ジョンが述べるように、その物語はある人々にとっては「二回目のカミングアウト」だったのだ。自分がゲイであることを宣言するだけでなく、その人の最も親密なコミットメントを承認されること、それは最初にクローゼットから出てくるときと同じくらい大変だったのだ（Shipman and Smart 2007）。いま三〇代後半のジャネットは、二回目のカミングアウトはある意味、初回より難しいと認めた。

一六のとき、なんだか突然ね、女の子が好きになっていくと思ったの。頭の中がぐちゃぐちゃに爆発して、私は両親にレズビアンだって打ち明けたわ。彼らは控えめにみてもちょっと面食らっていて、お父さんは要するにこういうことを言ったの、私たちはあなたを愛しているけれど、二〇歳くらいまでは胸にしまっておきなさいって。私がいまも同性愛者だって両親はずっと知ってるし、私のガールフレンドにも大抵会ってるけど、何も言わなかった。でも今ではブレンと私は結婚したから、もう秘密の愛なんてないの！　私たちは両親をパーティーに呼んだんだけど——来てくれるみたい。だから私たちは何が起きるか様子を見ることにしたの。

このように結婚はもうひとつの運命的瞬間なのであり、そのとき過去の生活物語は崩れ、新たな脚本と作り替えられたライフストーリーと新たな可能性が必要になるのだ。

家族や友人の承認は一事例にすぎない。しかしチャールズ・テイラーがとくに多文化社会の文脈で議論したように承認には様々な重要性がある（Taylor 1992a, 1992b = 2004 : Plummer 2003 : 111も参照）。同性愛に対する控えめな寛容は必ずしも受容を伴っていない。しかるにただ単純に選択を賞賛し、レズビアンやゲイであることは髪の色程度にしか重要でなく、現代消費主義という大型スーパーマーケットでは単に他人のライフスタイルのひとつにすぎないと述べるだけでは、同性愛者が行う選択の意義と価値の同等性を主張したLGBTの政治活動や、承認を獲得するために必要だった険しい道のりを過小評価することになってしまう（Taylor 1992a, 1992b = 2004 : 52 : Weeks 1995 : 63－4）。ナンシー・フレイザーの有名なフレーズにあるように、同性ユニオンという法的権利の否定は、現代社会の特徴ともいえる「承認における不正義」のひとつと捉えられるかもしれない（Fraser 1997 = 2003 : Adkins 2002 : 27ff も参照）。したがってLGBTに完全な市民権をもたらすことは些末な活動ではなく、最終的にどんな形をとるにせよ、完全な承認を禁じてきた権力に対峙することを意味しているに違いないのだ。シヴィル・パートナーシップや同性婚を合法化する目標は、権力の陰謀ではなく、承認をめぐる闘争のひとつの形態と捉えた方が良いと私は思う。もちろんそれは法的拘束力のあるコミットメントであり、否応なくより広い規範や価値に影響を与えずにはおかない。この影響が、イェップほか（Yep et al. 2003）の分類における同化主義なのか急進主義なのかは、究極的には、同性ユニオンという実践が、結婚の規範的意味とＬＧＢＴ自身の日常実践をどの程度変えられるのかによる。しかし他国と同様イギリスのＬＧＢＴコミュニティでも、シヴィル・パートナーシップはいくつかある選択肢のひとつとして、極めて短期間で急速に標準化した。それは唯一あるいは必然の選択ではなく、多くの人々にとって新しい可能性なのである。シップマンとスマートがインタビューしたうちの一人・イヴェットが言うように、「まさにその通り、これでほかのみんなと同じように普通の生活が送れるようになる」のだ。最近になるまで同性愛を秘密の花園や暗い囁きに放逐してきた文化のもとで、同性ユニオンが完全に普通のこととして承認されるとすれば、最も普通でない達成といってよいだろう。

第八章

性的な不公正と性的な権利

——グローバリゼーションと正義の探求

これらすべてのグローバルな変化を結びつけると、
私たちは画然と異なる二つの未来のシナリオを示すことができる……
ユートピア的な視座から見ると、世界はより民主的になってきている。
親密性は包括的な平等倫理により営まれており、
開放性は増し差異は受容されるようになっている。
ところがディストピア的な視座からすれば、世界はより残酷になっている。

(*Plummer 2003 : 126*)

◎

グローバル資本主義の拡大は社会的不平等を悪化させ、家族を分断し、
個人を伝統的な社会的紐帯から切り離した一方、国を越えた《トランスナショナル》(＝多国籍)
フェミニズム運動や、芽ぶきはじめた
LGBTQ(レズビアン・ゲイ・バイセクシュアル・トランスジェンダー・クィア)運動、
国際人権への取り組みの再燃、
そしてエロティシズムとコミュニティの無数の新たな形を生み出した。

(*Bernstein & Schaffner 2005 : xi*)

◎

性愛・情愛の申し出に対しノーと言う権利や、
性的・情愛的な関係(短いものであれ長いものであれ)を
それを望む相手と形作る自由は、私たちが尊厳と意味のある人生を送る
能力の中心的な要素をなすものである。

(*Bamforth 2005 : 12*)

◎

しかし人間の尊厳を重んじるとはいったいどういうことだろう。

(*Nussbaum 1999 : 5*)

◎

事実に向き合おう。私たちは互いに互いを不完全《undo》にしあっている。

(*Butler 2005 : 51*)

グローバルなつながり

私は本書冒頭で、私たちがつながりの世界で、つながりのある生《コネクティドライフ》を送っていることを強調した。本書を締めくくるにあたり、このようなつながりが性の権利や性の正義についての問いに対して与える示唆を探求したい。つながりのある生は、グローバルでもローカルでもある。私たちはどこにいようとも、世界の遠い場所で起こることから影響を受ける。戦争の恐怖は、劇的な仕方でこれを示している。二〇〇六年中頃、私はある新聞の見出しに目を奪われた――「ゲイがイラク脱出、シーア派死の部隊の標的となるのを恐れて」（Copestake 2006：31）。アメリカによる二〇〇三年のイラク侵攻後、民主的で希望に満ちた勢力から、暗く暴力的で専制的な勢力まで、多くのものが解き放たれた。イラクではそれまで長く抑制されてきたが、今や国を越えたイスラム復古主義の波の一部となったシーア派の過激派勢力は、確実性や意味を求める熱狂的衝動の標的として、「不道徳者」――この場合は同性愛の疑いがある男性や、犯罪組織に売られ同性愛売春をさせられていた子ども――を標的とした。一一歳のアミール・ハスーンは自宅の前で警察官らに誘拐された。彼の父親は三日後、頭部を撃たれたアミールを発見した。別の事例では三八歳のカラ・オダが、イラクのイスラム革命高等委員会の武装勢力バッド・ブリゲードによって誘拐された後、手足を切断された焼死体となって発見された。カラ・オダの家族には、息子が不道徳のため逮捕殺害するに値するとの旨が記された、内務大臣署名つきの逮捕状が渡された。見たところシーア派原理主義者達は、同性愛者であると考えられる者を殺害することは尊敬に値する行為とされるほどに同性愛を不道徳と見なしており、殺害者たちは、被害者がイスラム教に反している場合殺人罪に問われないとするイラク新刑法の裁可を受けられると信じている。

このような恐怖は、既知のものも未知のものもある保守的性規範の拡大（Hemmings et al. 2006：1）を反映しているかもしれないし、また私がこれまで記述してきたような、世界の特権的に裕福な地域で本当に得たものとの間で秤にかけねばならないような、世界中に広がる同性愛嫌悪に基づく暴力の波の一部でもある。アフリカの大部分やカリブ海域で、同性愛は西洋から輸入され強要されたものとしてポスト植民地体制から非難されている（Phillips 2000, 2003 ; Alexander 2003）。ウガンダ、ザンビア、ジンバブエ、ジャマイカでは、組織を作ったりそれに参加しているレズビアン&ゲイは暴力的迫害を受けている。ラテンアメリカの一部の国々では、街頭でトランスジェンダーが殺害されており、特にアルゼンチン、ブラジル、ベネズエラはひどい数字を記録しているが、このようなことは他国でも見られる（Baird 2004 : 8）。研究者らはメキシコでのバイセクシャル、ゲイ、レズビアンへの根深い暴力――特にそれがジェンダー侵犯的な行動を伴う場合――を明らかにしている（Ortiz-Hernandez & Granados-Cosme 2006）。しかしこれは南半球だけの問題として片づけられるものではない。ソ連崩壊後のロシアでは、同性愛の合法化は道徳保守派の態度を変えるに至らず、二〇〇六年前半のゲイ・プライド行進の試みはロシア正教、イスラム教、ユダヤ教の指導者から痛烈な反対に遭った。ロシアのイスラム法学者のリーダーは、街頭に出て来た者は鞭打ちにすべきであると提唱した。ある正教の主教は同性愛をハンセン病になぞらえたし、過激な国粋主義者は「男色者に死を」「ロシア人のためのロシア」と唱えながらあるゲイ・クラブを襲撃した（McLaughlin 2006 : 40）。うわべだけは新自由主義の中核である欧州連合でさえ、新加盟国[23]の間には反同性愛の風が吹きぬけ、カチンスキ兄弟率いるポーランドのカトリック原理主義政権はヒューマン・ライツ・ウォッチから「反同性愛を公に」主導していると非難された（Page 2006 : 43）。

これらは私が「性的な不公正」と呼ぶこととする要素のバラバラな例にすぎないが、われら勝ち得し世界に生まれた安易な楽観主義を軽く吹き飛ばしてしまうのに十分である。国家や信仰、ジェンダーや異性愛の境界を守護すべくしばしばなされる保守的性規範の宣言は、とりわけ女性や性的マイノリティを対象としていることが特徴である。オーストラリア・シドニーでの一八歳女性に対する一四名のイスラム教徒男性によるギャングのレイプに対して、オーストラリアのマフティ［訳注：法学者］・シェイク・タージ・アルディン・アルヒラリは以下のようにコメントした。

もし肉を包装せずに野外に置いておき……猫がそれを食べにきたとしたら……それは誰のせいですか。猫のせいですか、包装されない肉のせいですか。包装されない肉が問題です。もし彼女が自室や自宅にいて、ヒジャブをしていたら、問題は何も起こらなかったでしょう。（Sieghart 2006：7による引用より）

女性の自律は、男性の性的必要に対する永続的な誘惑として、さらにはジェンダー化されたアイデンティティに対する衝撃として経験されている（Anthias & Yuval Davis 1992）。日常における従属の営みは、ヴェールの着用義務から家庭への押しこめ、割礼、姦淫への石打ち刑、女性への暴力容認に至るまで、女性たちを統制し、ジェンダー差異の不可侵性を維持する。似たような形で、非異性愛的、非家族的な生き方の選択は本質的に西洋的であるという観念がグローバルに循環し、ポスト植民地社会の人々を統御するべく作動する（Hemmings et al. 2006：2）。デズモンド・トゥトゥ主教は記している。「人々への性的志向を理由とした迫害」は、人間性に対する犯罪として認められているアパルトヘイトに完全に匹敵するほど反道徳的である。それに反対することは「当たり前の正義に基づいている」と（Tutu 2004：5：Baird 2004）。しかし当たり前の正義こそ、セクシュアリ

23　二〇〇〇年以降のEU加盟国はエストニア（二〇〇四年）、キプロス（二〇〇四年）、スロバキア（二〇〇四年）、スロヴェニア（二〇〇四年）チェコ（二〇〇四年）、ハンガリー（二〇〇四年）、ポーランド（二〇〇四年）マルタ（二〇〇四年）ラトビア（二〇〇四年）、リトアニア（二〇〇四年）、ブルガリア（二〇〇七年）、ルーマニア（二〇〇七年）、クロアチア（二〇一三年）の一三ヶ国（かっこ内は加盟の年）。旧ユーゴ圏および旧東側諸国が多くを占める。

ティや親密性が話題になる時に欠けていることが多いものである。そしてローカルがグローバルに組み入れられ、グローバルがローカルに組み入れられる時、恐怖、不安、脅威、リスクが過剰になる。

グローバリゼーションの諸力は、他の人間的で社会的な経験と同様、セクシュアリティにも影響を及ぼしており、相異なる信念や過程を対立と論争に巻き込み、その過程で親密性とエロティックなものの意味やコンテクストを変形している。「今日、親密な関係性と称されているものや、対人関係における親密な間柄のもつ重要性は、グローバル化の影響によって多分に生みだされてきたのである」とギデンズ（Giddens 1994 : 95 = 1997 : 179）は論じている。脱伝統化と個人化の過程は、これまで見てきた通り、機会とリスク、快楽と危険、より大きな自由と新たな不公正を組み合わせるような、様々なライフ・パタンを可能にしてきた。一つだけ例を挙げると、様々な意味でグローバル化する世界の交差点に位置する中国は、性的なものの急速な変容のケース・スタディを提供してくれる（Watts 2005）。一九六〇年代と一九七〇年代初頭の「文化大革命」の保守主義――そこではしばしば男性と女性が隔離され、服装や行動における大っぴらなセクシュアリティが熱心に非難された――は新たな富と漸進的自由化の影響を受けて緩和されており、これは特に都市で顕著である（Evans 2003）。家族計画局の調査によれば、中国人のうち婚前交渉を行った者の割合は七〇％に達する勢いであり、一九八〇年代の一六％と比べて増加している。売春は、共産党政権以前は広く行われていたことで有名だったが、毛沢東により禁止された。しかしその後、再び活発な商売になっている。大都市にはレズビアン&ゲイのバーが存在する。初の「大人のおもちゃ」の店が一九九三年に北京でオープンした。今ではその数は首都だけで二〇〇〇にも上る。深圳市にある性風俗店ＧＳｈｏｐの店長であるメン・ユーの発言が引用されている。「私は自分の仕事が性革命の最前線に立っていると感じています。私はすべての大人が性的快楽を味わう権利を持つと信じています。この点については東洋と西洋の間に違いがあってはいけないでしょう」と。しかしこれには裏側もある。

シャキ［訳注：アゼルバイジャンの都市］工場では、性革命についての興奮したおしゃべりはないし、微かな刺激も驚きに満ちたくすくす笑いすらもない。労働者はほとんど無言のまま一日八時間、月額五〇～六六ポンドで働き、世界のために多数の安っぽいスリルをたたきだす［訳注：性玩具を輸出している］。そのため、自分たちがしていることに対して鈍感になっている。（Watts 2005：20）

かつて発展途上世界と呼ばれた新興工業国の間では、性の急速な転換と新たな形の搾取が同じような形で見られる。それらは大部分、グローバル市場での西洋の需要や欲求によって規定されている。

グローバル化された世界とは、セクシュアリティについての西洋的な規範、価値、行動、分類が、それとはしばしば大きく異なる他の性文化とますます相互作用し、他文化から異議申立てを受ける世界である。また世界中で生まれている新たな形が、普遍化されていようと互いに対立していようと、文化横断的に連結し、性的なグッズとサービスがともにグローバルに循環し、差異や不平等が結び付く世界である。セクシュアリティは、ヘミングスほか（ibid：1）が論じるように「グローバルな権力体制の下で中心的な位置を占める」ものであり、文化間の持続的不公平の中に現出しており、特に女性、子どもやレズビアン・ゲイ・トランスジェンダーに対する性的な不公正の中で続いている。同時に私たちは、何が正義を構成するかについてのグローバルスタンダードの登場を目にしている。私たちは差異や人間の多様性、セクシュアルであることの様々なあり方を受け入れるのを学ぶことができるし、これは他文化について知識を深める中で新たな要請となっている。私たちは差異を固定化する権力の格差を理解できる。しかし以前にも増して、価値観が異なるだけではなく対立しあう世界の中で、多くの人々は絶望的な相対主義の泥沼を避けようとして、行動や価値を評価し、裁定しうる共通基準を見つけ出そうとしている。その過程で、新たな人間の性の価値や権利が生まれてきている。

イラクのゲイに起こっていることが私たちにとって重要であるのは、単にそこで一組の価値が別の価値と対立しているのを観察できるからではなく、そこで起きていることが不正であると私たちが認識するからであり、それは単に西洋の自由主義やポスト植民地で生じうるパターナリズム（温情主義）の基準からみて不正であるだけではなく、人間の連帯という価値の芽生えに照らしても不正である。私たちは「以前なら気づかれなかったかもしれない」（Baird 2004：8）世界中の苦しみに気づくようになっている。私たちは、不正義を生き延びた者がインターネットからテレビまでのグローバル化されたメディアを通じて苦しみを伝え、人々の波が迫害からの保護を求めて玄関口に現れるのを、これ以上見過ごすわけにはいかない。例えばシーア危機は、「自国で安全に生きることが不可能となったゆえに、イギリスに亡命を求めるイラクの同性愛者の数の増加をもたらした」（Copestake 2006：31）。グローバリゼーションは私たちに世界中の性的な不公正を気づかせ、私たちをグローバルな流れの中に巻き込み、性的な権利の重要性に目覚めさせた。ギデンズ（Giddens 1994：97＝1997：181）が記したように、「誰もが『部外者』でいることができない世界は、既存の伝統が他者との接触だけでなく、代替可能な数多くの生活様式との接触が避けられない世界なのである。……問題は、他者が『言い返してくる』だけでなく、相互審問が可能な点である」、たとえそれが多くの場合、不可能と思われたとしても、である。

性的なもののグローバル化

グローバリゼーションはセクシュアリティの領域だけでなく、より広い経済的、文化的関係にとっても新しいものである。ピーター・ラスレット（Laslett 1965：4＝1986：9）は『われら失いし世界』の中で、「テューダー・スチュアート時代のイギリス人は、つとに新たに発見された世界には、自分たちのものとは驚くほど違う社会構造や性にまつわる制度があることを知ってもいた」と記している。東西の「新天地」に対する一六世紀以降の征服と搾取は様々な仕方で、他者についての永続的な観念やステレオタイプを作りあげた。それはその後のヨーロッパ的なジェンダー化された主観性を構成するものでもあった。コーネル（Connell 2003：49）は、「近代的な意味での『男根主義的な』文化タイプとして知られる初めての集団は、コンキスタドーレス〔訳注：スペインのアメリカ大陸征服者〕であった」かもしれないと述べている。慣習的な社会関係から切り離され、日常的な暴力を行使し、概ね王権の統制から外れていた彼らは、支配される他者とは対極の粗暴な男根主義という特徴があった。これは長期にわたる余韻をもたらした。ストーラー（Stoler 1995：12）によれば、「暗黙の人種的な文法」が、出現しつつあった西洋のブルジョワ文化を当初より支えており、一六世紀から一九世紀までにかけての尊敬に足る《リスペクタブル》自己感覚の形成や、美徳と悪徳、尊敬に値するものと尊敬に値しないもの、西洋的行動と非西洋的行動の境界を定義するのに決定的な影響を与えた。堕落しかつ女々しいというアジア男性の印象と、受動的で従順というアジア女性の印象は、より積極的なアフリカ（およびその後のアメリカ奴隷の）男性の異常性欲と女性の不道徳の描写と共に、オリエンタリズム言説の中で根強かった（Anthias & Yuval-Davis 1992）。

　不審な他者との区別が境界を確定し、規範を定めるようになった。それらは性生活の多様性をますます描くようになった文化人類学のテクストの中に体現されている。冒険家リチャード・バートンが描いた、同性愛行為が盛んであるとされる「ソダティック・ゾーン」〔訳注：地中海圏、アラビア半島およびイランを除く西アジア、中央アジア、東アジア、東南アジア、北・南アメリカ大陸にかけて広がる地域〕から、ウェスターマーク、マリノフスキ、ミードによる二〇世紀のエスノグラフィーに至るまで、地球上の性的差異は描写されることによって構成され、エロティックな想像力を養った（Weeks 1985：ch. 5）。グローバリゼーションはその最初期からずっと、エスニック・コミュニティの設立と、移住、観光、貿易、侵略を通した民族的混合の機会増大による解体の両方を引き起こしてきた。この意味でネーゲルは、「私たちはグローバリゼーションを、人種が性化され、性が人種化される過程の重要な要素として考えることができる」（Nagel 2003：228）と述べている。しかしこれらの過程はローカルだけでなく国際化しつつある抵抗につながった。

一九世紀において既に、奴隷貿易を廃止する長期的運動に一部触発されて、性的な不公正をめぐる国際的な対話が生まれつつあった。イギリスのフェミニスト運動家で、売春の国家による組織化と支援に反対したジョセフィーヌ・バトラーは、そのための国際組織（後に国際廃娼連盟として知られるようになる）を一八七五年に設立した（Summers 2006：216）。一八八五年にはすでに性の売買防止のための国際会議がパリで開かれ、「白人奴隷貿易」を抑制する努力は、性的搾取に反対するフェミニズム運動の中で強力な主題となった。他の領域でも、新たな国際的スタンダードを築く試みが見られた。一九〇七年のハーグ会議はレイプを戦争行為として禁止し（Altman 2001：114, 123）、この条約は一世紀たった現在もあいにく有効である。第一次世界大戦の終盤、一般的な性事象について国際的な言説が生まれつつあった。一九二〇年代と一九三〇年代初頭の、マグヌス・ヒルシュフェルトの世界性改革連盟は、欧米の工業国だけでなくアジア、アフリカ、そしてラテンアメリカの人々を引きこんだ。その後生まれたアジェンダ、例えば幼児の性的搾取、自ら同性愛者と名乗る者に与えられるべき承認と権利、性疾患の抑制、出産管理と中絶、結婚と離婚に対するリベラルな態度等は、今日のグローバリゼーションとセクシュアリティをめぐる議論の中心的課題に驚くほど類似している（Weeks 1990：139－42）。しかしこれら初期の、科学と正義のための性改革をめぐる市民的議論への期待は、ファシズムとその後の戦争がヨーロッパや世界を覆うと共に消え去った。戦後世界の誕生を象徴する世界人権宣言においても、家族生活とプライヴァシーの表向きの権利保護とは裏腹に、セクシュアリティそれ自体は言及されていないのが際立っている（Petchesky 2000）。家族生活とプライヴァシーの権利は非常に狭く、伝統的な仕方で解釈された。性的な不公正と権利に対するグローバルな関心が蘇生するには、一九七〇年代以降の性の転換を待つ必要があった。

現在の背景にあるのは、かつてより高く、広く、濃密なグローバリゼーションの波である。プラマー（Plummer 2003：116）が論じたように、グローバリゼーションは「その正確な意味についての解明はとても十分とはいえず」、曖昧さに満ち、多くの議論に晒されている概念である。それは一方のレベルでは中立的な概念で、常に進行中の経済と社会変化の結果として、地球規模の相互作用の変化を表している。しかし他方で一九九〇年代以降、グローバリゼーションは反資本主義や反グローバル化の運動を呼び起こすもとになった、国を超えた政治的・文化的プロジェクトとも考えられるようになってきている。私にとってそれは、すべてのレベルで人間の相互作用の意味とコンテクストを変えつつある、互いに結びついたプロセスの集合を要約しようとする試み、とするのが最も有用であるように感じられる。ヘルドほか（Held et al. 2000：54–5）に従い、私はグローバリゼーションの全般的説明として、以下の中心的要素を考えたい。第一に、グローバリゼーションは社会、政治、文化、経済的関係の国境を超えた拡張、それにより地球上のある場所での活動が互いに結び付いた世界の他のすべての場所に潜在的な影響を持つようになることと定義される。それは一九七〇年代以降の資本主義拡大の最新段階、ポスト・フォード主義経済と社会の再編成、アメリカ覇権と新自由主義的な統治形態の発展と最も明白に結び付いており、個人生活に計算不能な影響を与える。

第二にグローバリゼーションは、世界秩序を形づくる様々な社会や国家形態を超えた地球規模での相互連結、相互作用、フローの激化と力の増大を意味する。それはコミュニティ、国家、国際的な構造間の伝統的境界の役割、伝統的アイデンティティや構造（家族生活とジェンダー／性秩序の構造を含む）の強固さ、そして国を超えた新たなアイデンティティ、組織、社会・文化・政治運動の出現可能性に対して影響を与える。第三に、地球規模での相互作用の加速化、特により速くアクセシブルな交通、メディア、情報技術、物・資本・人々の流通である。

ニューヨーク、シドニー、ロンドン、イスタンブールで起こることは瞬時にバグダッド、カブール、エルサレム、北京に知られ、再現されうる。観光、特にセックス・ツーリズムは障壁を取り払うが、新たな種類の搾取を容易に可能にする。混血や国を越えた恋愛関係は容易になったものの、移住増加の泥沼に対する恐怖が新たな障壁を築かせるかもしれない。これらすべてはグローバルとローカルの結び付きを深化させ、それにより遠方の出来事による影響の大きさは極めて増加する。最もローカルな出来事、サウジ王国やナイジェリアでの姦通者の死刑、サブサハラでのＡＩＤＳの発生、でさえも大きなグローバルな影響を受けるようになり、国内と国外の境界はかつてなく曖昧になった。

しかし広さ、激しさ、速さ、影響の大きさにより測られるこれらのプロセスが、グローバル化する世界のすべての部分に影響するにしても、権力の著しい不均衡やひどい不平等のせいで、個人、集団、国家、地域によってその効果は不均等となる。ポヴィネッリとチャンシー（Povinell & Chauncey 1999 : 442）が記すように、「客体（または主体）の循環範囲と速度は、様々な制度に媒介された権力関係に左右される」。新たなグローバル・エリートの成員は、自国の貧しい者よりも、他国の同類により類似している。最新のハイテク機器を持つ人々は、何も持たない人々と肩をすり合わせている。新しい技術は新たな不平等の形態や、新たな欲求、必要を生み出し、人々は失われし世界での心地良さをなくし、グローバル市場の只中に無防備に放り出される。国際通貨基金（ＩＭＦ）と世界銀行と西洋諸国の政府により進められている構造調整政策は、世界の最も恵まれないいくつかの国々で日常生活のあり方に多大な、意図せざる影響を及ぼしている。アルトマンによれば、グローバリゼーションは差異を廃絶する一方で再分配する。スタイル、消費パタン、アイデンティティが国際化される一方で、階級分化がしばしば国境を越えて強化、固定化される（Altman 2001 : 21）。同時に、グローバルな視点は伝統が有する境界と制約を超える新たな機会を作りだし、国を超えた世界市民的交流の新たなイメージを提供する。セクシュアリティはこのグローバリゼーションの新たな段階の重要な側面である。より初期のグローバルな接続のあり方と異なるのは、考え、価値、視点を普及させるより深く速いシステムであり、「したがって、セクシュアリティに関するある種の自己意識と理解が、完全に新しい形で、ほぼ間違いなく普遍化されている（Altman 2001：38＝2005：75）」。社会変化がセクシュアリティに与える影響を理解するにあたって、グローバルに考える必要がでてきたということである（Waites 2005a：40－1）。

セクシュアリティの世界はグローバルなつながりとフローにより変容させられている。以下に私はいくつかの明白なものを挙げよう：

・仕事と新たな機会を求め、伝統的な住処を離れ移動する男女のフロー、田舎から町や市へ（例えばおそらく人類史上最大の移住の一部としての中国とアフリカ）、国から国へ（地球儀上の南から豊かな西へ）、さらには西洋の中で（旧ソ連圏からイギリスやアイルランドへ）。男性の家族からの別離、地球規模での性の取引への一部の男女の関与（O'Connell Davidson 1998）、ＨＩＶへの感染と伝染の可能性、非常に多くの孤児、これらはすべて安定した家族や性の様式を破壊し、新たな搾取様式の機会を産み出すものである。

・戦争によるフロー。国境を越える兵士が破壊を生み、性的虐待やレイプを犯し、性病を伝染させる場合もある。また戦争と極度の暴力を避ける人々。家族、経済、文化の破壊、大量虐殺や内戦といった「親密圏での暴力」（Bourke 2000）。

・セクシュアリティを理由とした迫害を逃れる人々のフロー（Bamforth 2005）や、生殖に関する選択の自由を求めて移動する人々のフロー。アルトマンは、アイルランドからイギリスへ、東欧からオランダへ、また中絶への厳格な政策がある中国から移動し、中絶を試みる女性の存在を知らせてくれている。

・ＨＩＶを含む性感染症のフロー。それらに対するコミュニティを基盤とする組織での戦い、国際的な動員（Altman 2001）。
・ポルノグラフィや性の露骨な描写の、数十億単位のグローバル産業、主流文化の「ポルノ化」と「ポルノ空間」の拡大（Attwood 2006：82）。
・エロティックな含意を持つドラッグのフロー。不法なもの（大麻、コカイン、ケタミン）も合法なもの（ヴァイアグラ、シアリス）がある。
・観光のフロー。経済を変化させ、数百万の人々をかつてエキゾチックで神秘的であった異国の地に運ぶ特にセックス・ツーリズムの爆発的拡大（O'Connell Davidson & Sanchez Taylor 2005）。
・メディアのフローが、瞬時かつ同時に性情報、ニュース、ゴシップ、スタイル、スキャンダル、パーソナリティ、ステレオタイプ、ロール・モデル、パーソナル・ドラマ、法の変化、復古的な判決、犯罪と軽犯罪をどこでも知られるようにする。
・大衆文化のフロー。映画、テレビ、ゲーム、音楽、インターネット（ブログ、チャット・ルーム、音声・動画のダウンロードとアップロード）。
・消費のフロー。衣服から電子機器からアダルトグッズまでのすべて。中国は現在、世界の「大人のおもちゃ」の七〇％を供給している（Watts 2005）。
・宗教やそれに付随する道徳のフロー。特に新伝統主義や原理主義的色彩の強いもの（Bhatt 1997：Ruthven 2004）。
・性の物語のフロー。性の秘密や告白、欲望、実践、希望、恐怖、アイデンティティ、願望を循環させ、その相互作用の中で新たな意味、コミュニティ、可能性を形づくるもの。

・科学のフロー。性的世界を解釈・分類し、さらに最近では新たな技術、特に再生産技術により改変しようとするもの。
・社会運動のフロー。例えばグローバル・フェミニストやレズビアン、ゲイ、トランスジェンダーの運動。
・アイデンティティや生き方のフロー。特にレズビアン、ゲイ、トランスジェンダーの主観性のグローバリゼーション。HIV患者、サド・マゾ、セックス・ワーカー、小児性愛者等のネットワーク。肯定的、否定的、人生を高めるもの、傷つけるもの、そのすべてが性的であることの意味を変えうる主体性や自己実現のあり方を提供する。
・子どもをめぐる関心のフロー。子どもの搾取、保護、権利にくわえ、強制退去、移住、引き取り、売買を通じた児童自身のフロー。（O'Connell Davidson 2005 ; Waites 2005b : 40－59）。
・キャンペーンのフロー。NGO、国際機関、ロビー集団、草の根組織による、性的虐待から性感染症に至るまであらゆるテーマについてのキャンペーン。
・会議、セミナー、学者、運動家、専門家、医師、心理学者、セラピストのフロー。そのすべてが寄与する言葉のフロー、物語の増殖、言説や新たな主体性の形成。
・スポーツのフロー。ゲイゲームズや二〇〇六年からのアウトゲームズを含む。
・文学のフロー。膨大な書籍、雑誌、パンフレット、活字、インターネットを通した、古典的、現代的、美文的、大衆的、ポルノグラフィック、教育的、学術的、科学的、宗教的、道徳的、スキャンダラス、装飾的、伝記的、歴史的、政治的な文学。
・サイバー空間でのフロー、既にあまりに幅広く列挙できない。
・生殖の必需品のフロー、出産の予防と促進のためのピル、コンドーム、精子、卵子提供、養子、代理母出産。

・規制のフロー。児童の搾取、結婚の権利、セックス・ワーク、犯罪、セクシュアル・ヘルス、リプロダクティブ・ヘルス、薬、ドラッグ、ポルノグラフィ、インターネットへの投稿とダウンロード行為。もはや国境はフローをその内側にとどめられないが、国際機関も現代のセクシュアリティが占める不定形な世界を統制する方法を知っているわけではない。
・権利をめぐる言説のフロー。性の人権、生殖の権利、交際関係の権利、恋愛の権利（Petchesky 2000）。
・国を越えた友情や交際のフロー。LAT（Living Apart Together）は、今では同国内の異なる都市に住むことと同義ではない。それは国を越えた現象であり、厳格で疑い深い移民管理により離れ離れになっているパートナーから、ジャンボジェットでつながったカップルに及ぶ。またディアスポラ的なフローがあり、主に若者（のみではない）が快楽、パートナー、雇用、富、自由、正義、住処を求めて地球上を移動している（Patton & Sanchez-Eppler 2000）。
・そして哀悼のフロー。一九九九年には、一九八三年から年次的に行われているAIDSによる死者を記念し蝋燭に火を灯す追悼式に五〇ヶ国の人々が参加した（Altman 2001：83）。これはグローバルなつながりから得たものだけでなく失ったものを、喜びだけでなく悲しみを想起させるものである。

性的な不公正

これらの大きなフロー、距離や差異を越えた濃いつながり、機会と脅威の絡まりは性規範や価値が書き直され、新たな知識が生み出され、新たな自己認識が生まれるコンテクストを形づくっている。しかしこれらは性的な不公正や不正義をも際立たせる。これらの一部は偏見、意図的な差別、歴史的に積み重ねられてきた抑圧の結果である。他には、意図的なものでも予想されたものでもなく、計画されたものでもないが、他の不正義により生み出された不公正もある。私は特に顕著ないくつかの交錯点を、特にそれらがアルトマン（Altman 2001）の言うところの「グローバルな性」の「政治経済学」を明るみに出すがゆえにより詳しく見ていきたい。なんとも不愉快なタイトルだが「構造調整プログラム」の効果を見てみよう。

一九八〇年代以降、構造調整プログラムはIMFと世界銀行により、「発展途上世界」の債務国に対し、継続的な経済援助の条件として課せられた。それは要するに、補助金の打ち切り、輸入制限の撤廃、変動相場制の導入、主に医療、教育や他の社会的サービスの福祉予算の容赦ない削減による収支調整を通じたローカル経済の完全自由化であった。福祉予算の削減は最貧層、特に女性や子どもに甚大な影響を与え、しばしば破壊的帰結をもたらした。先進西洋諸国に後押しされた国際機関は女性の無償労働が日常生活維持に果たす役割を無視した。例えばオキン（Okin 2005）は、女性の教育機会の削減は、出産を管理する機会を抑制し、人口政策に大きな影響を与えたとしている。同様に医療予算の削減はサブサハラ・アフリカでのHIV／AIDSの拡大を防止するのに役立たなかった。「信じられないかもしれないが」とオキン（Okin 2005：115）は論じる、

二〇世紀末の重要な二〇年において、世界の主要な財務機関は、発展途上世界における女性労働を増加させ、AIDSの拡大を後押しし、人口管理の可能性を低める政策を、擁護するばかりでなく強制した。

経済再建は、外からの強制によってであれ新しい市場開拓によってであれ、壊れやすいローカルな性文化に強烈な影響をしばしば及ぼした。ここでは観光が大きな衝撃をもたらした。多くの国々は西洋型観光だけでなくセックス・ツーリズムを促進する活発な政策を採用し、その過程でオコンネル・デイヴィッドソンとサンチェス・テイラー（O'Connell Davidson & Sanchez Taylor 2005：84）が「性のディズニーランド」と呼ぶものの創出を助

長した。そこでは西洋の（通常は男性）客は、想像力と財布が許す限り、自分の夢を追い求め、現代文明への不満から距離をおくことができる（Seabrook 2001も参照のこと）。これは異性愛、クィアの両方で起きている現象である（GLQ 2002を参照のこと）が、異なる意味を持つ。オコンネル・デイヴィッドソン（O'Connell Davidson 2001）はドミニカ共和国を訪れる男性異性愛者の観光客の言説を調べ、彼らの他者に対する願望は、ただ自分のために相手を愛することではなく、自分たちが失ったと感じているもの、つまり男性優位の特定の形を示すことにあることを発見した。つまり「第三世界では、アメリカやヨーロッパの『第三市民』の観光客でも王や女王になれる」（O'Connell Davidson & Sanchez Taylor 2005：87）。タイ経済の奇跡における初期段階は、ベトナム戦争でのアメリカ軍部隊の「休息と回復」センターとしての役割が大きな助けとなり、現在の政府の公式な政策が何であれ、「イージー・セックス」はタイの魅力の主要な要素となっている。しかしセックス・ツーリストを受け入れるのはいわゆる発展途上国ばかりではない。イギリスのマンチェスターとロンドンは共に市内のゲイ・ポジティブなアトラクションに着目してきた。アムステルダムなどヨーロッパの都市は長らくセックス・ツーリストを引き寄せてきており、ローマやマドリード（さらにレスボスなど他の観光地）も急速にこれに続くようになってきている（Whittle 1994：Giorgi 2002：Kantsa 2002：Luongo 2002）。

セックス・ツーリズムその悪名とは裏腹に、必ずしも搾取的ではないが、脆弱な経済のバランスを狂わせる可能性を持ち、地元住民に複雑な作用を及ぼすものである。アレクサンダー（Alexander 1991：63－100；2003：180）は、現在では資本の大部分を観光業（ホテル、航空会社、サービス、旅行業者、国際金融資本、不動産）に投資しているバハマ諸島が、自らの経済をサービス経済として再建した仕方を分析した。彼女は問う、「どのようにして人は、自己決定を求める国民を、自己決定の反対物である観光に依存させてしまうのか。その観光には追従と有用性を提供し、メイド、洗濯婦、料理人等、エキゾチックな差異が瞬時に取り入れられた」（Alexander

2003：181）。このような差異は権力と機会の著しい不均衡に基づいており、こうした状況において表世界の観光経済は、インフォーマルな性経済に容易に転化する。その中では女性が男性に仕えるだけでなく、男性も女性に仕える（Sanchez Taylor 2006：43）。

レズビアン&ゲイの観光業は通常、より進歩的で、植民地的パタンに異議を唱え、距離を越えた新たな独自性を見出す努力と考えられている。ただし近代のゲイの歴史には、性の植民地主義というべき基調が持続的に見られ（Weeks 1990を参照）、最近の論者も継続的な傾向として（Binnie 2004：86－104）、旅する権利や反同性愛的圧力への抵抗とあわせて、望ましい旅行先とされるようになった現地文化への倫理的懸念も考える必要があると述べている。現地のゲイに好意的な組織のいくつか、例えばハワイの組織も、多くの労働者、特に女性と若者を搾取する低賃金労働に依存し、長い目で見ると貧しい人々をその土地や町から切り離すことにつながる「隠れた」あるいは「気づかれない」「観光の暴力」に疑問を呈している（AFSC 2002：211）。世界的に有名なシドニー・マルディ・グラ〔訳注：毎年二～三月にかけてのLGBTの祭典〕でさえも、労働者階級のゲイ、レズビアン、非白人、バイセクシュアル、トランスジェンダーやクィアの軽視に対する抗議を受けてきた（Markwell 2002：81－100）。

児童や若者の性的搾取は特に国際的な関心の的となってきた。このことを示す重要なシグナルは、児童買春、児童ポルノ、児童の人身売買を含む児童搾取の様々なあり方をまとめて表す「CSEC」（the Commercial Sexual Exploitation of Children 児童の商業的性的搾取）という略称の登場であった。新たな用語は二〇年に及ぶ努力の賜物であり、一九九六年と二〇〇一年の二つの世界会議でピークを迎えた。それは、児童期は成人期とは本質的に異なり、商業や性活動から保護されなくてはならないという考えに基づいている。この用語は児童を搾取の被害者とみるもので、それは確かに以前までのスティグマを伴うラベル（それがイラクで悲惨な結果を伴ったのを私たちは見てきた）より進歩しており、児童を変革の推進者とするのを促進したが、新たな問題を生むものであった。ソーンダース（Saunders 2005：176）の指摘によれば、若者が自分たちは被害者だという考えを拒絶したり、自分が受けた害（とされるもの）をＮＧＯの人々と異なる仕方で把握する場面にＮＧＯの人々が直面すると、彼らは混乱してしまう。例えば若者たちは多くの場合、売春させられていたという指摘を拒絶し、「お客を迎えていた」「外国人と会っていた」といった類似表現を好んでいた（O'Connell Davidson 2005を参照）。

「白人奴隷貿易」は売春についての道徳的言説において、顧客とサービス提供者側の文化間にある搾取関係を暗示する喚情的なイメージであり続けた。児童や若い成人（そのすべてでないものの大半が女性）が多く関与する「人身売買」は、「年七〇億ドル規模の商売」として描かれている（O'Connell Davidson 2006：5）。性産業が時に極度の搾取の場となりうることは疑うまでもないが、その影響はとても明瞭とはいえない。最近の議論の中心は、売春婦がどの程度まで顧客の性的な命令に同意できるかという問いであった。キャスリン・バリーと、彼女が強く関与しているアメリカを中心とした「女性の人身売買に反対する連合」にとっては、売春が搾取であることは疑いようがなく、売春婦が同意したかどうかにかかわらず、人間の尊厳の権利の侵害である。強制された売春と自由な売春の間に境界を引くことはできず、ただ「性の奴隷制」があるだけだというのだ。この立場はＮＧＯや多くの政府の態度に大きな影響を及ぼした。他方でこの立場は、売春を強制される児童と、経済的理由から売春を選び自らを「セックス・ワーカー」ととらえる女性の間に厳格な区別をする他のフェミニストを激怒させた（O'Connell Davidson 1998, 2003のまとめを参照）。ここでの抗議は、売春に対する道徳的な撲滅運動というより、セックス・ワーカーを罰する法システムと偽善的な道徳的コードに対する闘争である（Agustín 2005a, 2005b, 2007を参照）。これが今度はセックス・ワーカーによる国際的な運動を生み出した。国際的な「売春婦の権利のための会議」が一九七〇年代にアメリカを中心としたＣＯＹＯＴＥグループ（Call Off Your Tired Old

Ethics古くさい倫理は捨ててしまえ）とイギリス売春婦協会から生まれ、ワシントンで第一回の国際会議が開かれた。一九八六年にブリュッセルで開かれた第二回娼婦会議で代議員たちは、売春は「正当な仕事として再定義されるべきであり、売春婦は正当な市民として再定義されるべきだ」と要求した（Altman 2001：101＝2005：184）。しかしこの営みが正当とされる条件を定義することはさらに難しかった。アメリカで二〇〇〇年に通過した「人身売買被害者保護法」は人身売買の被害者（VoT）に保護を与えるものの、イギリスを含み広く採用されていた、被害者と「有責」セックス・ワーカーとの区別に多くを依拠している（O'Connell Davidson 2006：14－5）。このような区別は、有責と判断された者を保護しないことにつながる。

責任のない被害者と有責被害者の区別は、ＡＩＤＳの流行に対する反応においても特徴となったものでもあり、一九八〇年代以来の歴史につきまとってきた深刻な両義性や不安を明確に示すものである。グローバリゼーションの高まった時代に起きた最初の新しいグローバルな健康危機としてのＡＩＤＳは、症候群の拡大、道徳的・文化的・社会的な反応の多様性、およびそれに対する国際的な動員の可能性、のすべてからして、私たちを結び付けると共に切り離すつながりの見本となる。

グローバリゼーションとＡＩＤＳを結び付けることは、性関連疾病の疫学に新たな光を投げかけた。たとえば伝染病との戦いにおける国を越えた規模で生じる動員の過程。ジェンダー化／エスニシティ化されており、セクシュアリティに関する特定の前提を具現化した、伝染病に関する特定理解の優越。ＡＩＤＳはアイデンティティをセクシュアル化した。あるいは、少なくともＨＩＶプログラムが顕著な役割を果たした一部の世界では、セクシュアリティをアイデンティティの中心的側面と見なさせる漸進的な変化を引き起こした。ＡＩＤＳは諸社会の不均等発展、政治的境界の脆弱さ、国際的な反応と地域的な反応の両方の必要性を想起させてくれる（Altman 2001）。

ＡＩＤＳという伝染病のあまりの規模の大きさは、社会正義についてのいかなる希望をも上回るほど恐怖と脅威の観念を惹起した。ＡＩＤＳをめぐる最初の恐慌のさなかというべき一九八五年末には、まだ二万を少し超える症例しか報告されていなかった。二〇〇五年末には、四〇〇〇万以上のＨＩＶの症例報告が世界中でなされ、ＨＩＶの伝染が初めて記録された北アメリカから、ラテンアメリカ、ヨーロッパ、アジア、アフリカにかけて二五〇〇万の人々が死亡した。昨年（二〇〇六年）一年間だけでも五〇〇万もの新しい症例報告がなされている。一日あたり一万四〇〇〇の新たな感染と、八〇〇〇の死が起きている。サブサハラ・アフリカでは一一〇〇万人以上の児童がＡＩＤＳにより少なくとも片方の親をなくしており、二〇一〇年までにその数は二〇〇〇万に達すると予測されている。アパルトヘイト終焉後の希望である南アフリカは、最もＨＩＶ感染者が多い国であり、四五〇〇万の人口のうち五〇〇万人が感染している。他のいくつかのアフリカ諸国でも、人口の半数がＡＩＤＳにより死亡しかねない勢いであったが、二〇〇六年までに主として行動が変化したことにより、世界の症例の六四％を占めていたアフリカ大陸の伝染速度は横ばいになった証拠がいくつか見られた。二〇〇六年の国連会議では各国首脳は、伝染病が中国、インドネシア、パプア・ニューギニア、ベトナム等のアジア諸国で急速に広まっていることを知らされた（The Economist 2003 : 115－17 ; Roedy 2005 : 2 ; Bone 2006 : 51）。ＡＩＤＳは真にグローバルな災害であり、計算不能な結果につながる。

伝染病と戦う国際協力の可能性は早くから、草の根コミュニティに基盤をおく諸力の動員（Altman 1994, 2001）と、国際的レベルでの一九八〇年以降の世界保健機関のプログラムやその後のＵＮＡＩＤＳの両方において見られた。しかしこの対応はグローバルな権力の不平等から影響を受け続けた。二〇〇三年末には世界中の八〇〇万人のＡＩＤＳ患者が抗ウィルス混合療法を受けていたが、その五分の三は後からみれば伝染病が概ね抑え込まれていた富裕国の人々だった。他の国々では著しい貧困、（女性を従属させ同性愛を激しく非難するような）牢固たる性道徳、宗教を原因とするためらい（特にコンドームの使用について考えることを拒否したローマ・カトリック教会）、そしてタボ・ムベキの下での南アフリカなど一部の事例ではイデオロギー的反対等の要因によって、救命の可能性を持つ新薬の確実な普及が妨げられた。南アフリカを含むサブサハラ・アフリカでは、ＨＩＶ／ＡＩＤＳのスティグマが伝染の主要な促進要因であり続けており、特に女性や子どもに影響を及ぼしている（Campbell et al. 2006：132－8）。

二〇〇六年の国連会議はＡＩＤＳと戦う予算を二倍にし、二〇一〇年までに二〇〇～二三〇億米ドルに引き上げると約束した。しかし最終合意に達することは難しく、差異が依然、残っていることがまざまざと示された。国連事務局長コフィ・アナンはセックス・ワーカー、静脈注射による麻薬使用者や「男性とセックスをする男性」等の危険に晒されスティグマ視された集団について言及するようロビイングを行ったが、これは保守的なイスラム諸国の妨害のせいで失敗した。女性派遣団は女性の窮状についての完全な議論を盛り込むことに失敗した。アメリカは性教育への言及を制限しようと（成功はしなかったものの）ロビイングを行った。そして二〇一〇年までにＨＩＶ／ＡＩＤＳ患者の八〇％が抗ウィルス薬を入手できるようにするという目標を設定する試みも挫折した（Bone 2006：51）。

グローバリゼーション時代のセックス規制

これらのグローバリゼーションにより高められた性的な不公正の例は、規制について、特に共通基準を発展させることについての無数の問いを提起する。セクシュアリティの規制、セクシュアリティの産出、分類、組織化、方向づけ、統治は常に過剰決定（決定不能）である。つまり一つの原因があるというより、様々な力により形成、変形されている（Bernstein & Schaffner 2005）。それは第一に、国家レベルで、国の法システム、つまり直接的には法律を通じてだが、他にも福祉の供給、教育実践、住宅と土地計画の供給、移民政策の管理等、広範囲の間接的な国家的実践を通じて規制されている（Weeks 2003）。セクシュアリティの国際的規制はこれに比べると十分に確立されていないが、その強さと影響力はますます高まりつつあり、特にセックス・ツーリズムがNGOによる児童保護キャンペーンの効果によって注目を集めている（Waites 2005b：53－4）。その結果が、国の裁判権が及ぶ領域外でなされた犯罪の訴追を可能にする広範な法の制定である。例えばイギリス政府は小児性愛に関して、イギリス国内における違法行為が国外でなされた時にも罪に問うことができる法を導入した。二〇〇四年にはこの法に基づいた最初の起訴が成功し、インターネットを通じてスリランカの一五歳の男の子と性的活動を試みた六六歳の元コンサート・ピアニストが二年間収監された（Cowan 2004：7）。

国際的あるいは多国籍の構造は、近年ますます計算不能な作用を持つグローバルな言説を形づくるようになっている。既にみたようにIMFや世界銀行といった国際機関は、私生活に劇的な影響を与えうる政策を課してきた。児童、女性、人身売買、HIV／AIDS、LGBTの問題、生殖に関する権利、人権に関わるNGOは性的な事柄について世界的関心を集め、国家単位または国際的な戦術を形成しうる国際的キャンペーンを展開している。その動員力の大きさには刮目すべきものがある。一九九五年に北京で開かれた世界女性会議には三〇〇〇のNGOが派遣され、並行して行われたNGOフォーラムに四万人の代表が参加した（Altman 2001：125）。欧州連合や人権裁判所といった他のヨーロッパ機関をはじめとする多国籍組織は、同性愛やトランスジェンダーの権利、働き方、性的に露骨な表現を含む物品の国際的な取引と関連して、セクシュアリティ形成にますます関わるようになってきている（Bell 1998）。国連は女性や児童の役割や同性愛に介入してきた（Hari 2003：17）。

宗教団体は依然として、国境を越えて性行動を統御し性道徳を確立する上での強力なプレイヤーであるが、性の変化による圧力と緊張の影響を受けないわけではない。世俗化を西欧における性の自由化の試金石とするならば、西洋以外の世界でも宗教の伝統的諸力は激しい撤退戦を戦っている。人類への憐れみと宗教的寛容の表向きの伝達者である「英国国教会コミュニティ」は、アフリカや一部のイギリスやアメリカ教区での同性愛に対する激しい敵意によって、地球規模での分断に直面している（Bates 2004a；ほかにNagel 2003：124も参照）。周知の通り、根深い道徳保守主義は南半球だけにとどまらない。ローマ・カトリック教会は同性愛行為を「邪悪なもの」と認めており（Hooper 2005）、より自由な出産制限や中絶政策に厳格な態度を示している（最も西洋ではその命令は概ね無視されている）。セクシュアリティをめぐる対立はこれまで見てきた通り、西洋社会内部と西洋以外の世界でも原理主義的政策の登場と不可分のものとなっている（Bhatt 1997）。西洋社会におけるセクシュアリティの多元性の承認を伴う性的価値の相対化が生じた結果、家族、伝統的ジェンダー関係、性教育、同性愛の問題が原理主義的運動の中心的な課題となるようにさせている。これらの運動の多くは国境を越えたもので、そのアイデンティティは、ヒンドゥー教やイスラム教といった北半球／南半球の分断を超えた偉大な宗教的信仰の下に組織されている。イスラム過激派はもしかしたら、他の宗教と比べて後期近代の誘惑にとらわれていないかもしれない。西洋とは逆に、彼らの家族、ジェンダー、性的アイデンティティに関する道徳的コードは極めて反動的である。ただし原理主義は近代技術やコミュニケーションの手段の動員力により成長しており、近代的側面への浮気は、現代の原理主義の複雑な束の一部をなしている。

世界中の教会は脱伝統化の影響を自ら感じており、それまでの保護の多くを失っている。二〇〇五年には頑健な伝統主義のギリシャ正教会は性と堕落のスキャンダルに見舞われた。ある新聞が九一歳の主教が裸で若い女性と共にベッドにいる写真を公表したのだ。年長の聖職者の間で奔放な同性愛が露見した。別の有力な聖職者は悪名高いナイトクラブでの麻薬取引の罪に問われた。ギリシャの最も裕福な監督管区長は、彼と比べて「若い男性との猥褻な交わり」や四〇〇万米ドルの流用が告発された後、職を追われた。ギリシャ国民の多くは、ギリシャのナショナル・アイデンティティの伝統的な保証人である教会からの政府の分離を初めて受け入れる覚悟をしていた。これはアメリカからオーストラリア、イギリス、アイルランドまで世界中で教会を破壊した、カトリック教会と小児性愛者の司祭の長いスキャンダルと共鳴するものである。アイルランド教会の危機はとりわけ劇的であった。植民地支配の間、ナショナル・アイデンティティとしてはギリシャと同じように中心的であり、信者に対して最も厳格な道徳基準を課していたはずの教会は、性的虐待だらけであったことが明らかになった。

外観上は富裕国の中でも最も宗教的であるアメリカは、国際的影響を持った文化戦争、例えば中絶を推奨しかねない人口統制政策への反対によって分断されてきた。そして宗教的保守主義は国内だけでなく、対外政策にも大きな影響を及ぼしてきた。しかしアメリカの宗教には興味深い逆説がある。アメリカ人の大部分は人生の中で宗教が重要であるとしているが（六〇％がとても重要としており、二六％がまあまあ重要としている）、これは半世紀前と比べると減少している——一九五二年の値はそれぞれ七五％と二〇％であった。アメリカは大いに世俗化されたヨーロッパと比べて宗教的であり、主にリベラルなプロテスタンティズムの衰退、プロテスタントにおける福音主義的熱狂の台頭とその優れた組織力、社会保守主義への支持におけるカトリックとの新たに発見された共通利害に基づく宗教右派の存在感がはるかに大きい（*The Economist* 2005：29－32）。しかし同時に、アメリカ人の行動はその道徳と比べて保守的でなく、それはズボンを下ろしたりひそかに男性と交わっているところを捕まえられた指導的な福音主義者の数にも示されている。一五歳までにアメリカの子どものわずか半数しか二人の生物学上の親と同居しておらず、これはスウェーデン、ドイツ、フランスの子どもの約三分の二、そしてイタリア、スペインの子どもの九五％に比べると少ない。また全米で最も離婚率が高い州は、まさしく最も熱狂的に宗教的に右寄りの政治が行われている州でもある。バイブル・ベルト［訳注：聖書地帯。アメリカ中西部から南東部にかけての教会出席率が高い州］の離婚率は全国平均より約五〇％高い。既婚の新生キリスト教徒の四分の一近くは、二度以上の離婚を経験している。さらに驚くべきことに、アメリカは西洋世界の中で一〇代の妊娠率が最も高い国の一つであり、女性一〇〇〇人あたりの中絶数はリベラルで有名なオランダ人の三倍もある（Sullivan 2004）。宗教的熱情を生み出すのはまさしく、「罪」との遭遇の多さであるのかもしれない。ただ別の説明もありうるかもしれない。アラン・ウルフ（Wolfe 2004：57）は、アメリカ右派の信仰は魂との戦いというより、個人の救済と幸福に関わるものであり、「アメリカ保守派のキリスト教徒は、キリスト教徒や保守派であるより先にアメリカ人である……もし彼らが古来の信仰と近代性の魅力のどちらかを選ばなければならないとしたら、後者を選択する可能性の方が高いだろう」と述べる。道徳の私秘化は西洋社会の中で最も宗教的で道徳的な社会でも進行しているといえそうだ。

伝統と近代、国民性と地球規模での傾向、世俗的価値と宗教的価値、さらなる自由の個人的希求と同調・社会的規律の集合的圧力。それぞれの前者と後者の間の緊張は、現代の性体制の特徴であり、グローバルな調整の際には悩ましい挑戦ともなる。グローバリゼーションはエロティックなものと共在し、これを形づくる価値観の対立を加速させた。誰も特定の立場をとることを逃れることはできない。

世界市民の可能性と人間の性の権利

グローバル化する文化に働く多元的な力、すなわち国際機関、ＮＧＯや多国籍運動の新しいグローバルなプレイヤー、様々な宗教の伝統的普遍主義、超大国の文化戦争の他世界への流入等のすべてが、再度、ただし今度は地球規模で、複雑で多様な世界に生きることから生じる本質的な問いを提起する。個人の特定のニーズを測る共通の基準や、差異と調和して生きる方法をどのように見つけるか。これはベック（Beck 1999：chs 1 and 2, 2002）によれば、「オルタナティヴな新しい生き方や他者の他者性を含みこむような理性についてのオルタナティヴな想像力」を提供することによって、世界市民的な視点が応答可能な挑戦である。これは異なる文化やアイデンティティや生き方を凍結したり、具体化する視点からの脱却を意味するものであり、交流のコンビビアリティ（共生）を歓迎するものである。世界市民とは異国の伝統、宿命的なコミュニティとオルタナティヴな生き方を越えてうまくやることができ、自らの偏見、不安と恐怖に囚われがちな意味の地平を広げるために他者の言説との対話に携わることのできる者のことを指す（Held 2000：425）。しかしこれらのほとんどユートピア的な希望は、以前から存続し場合によっては先鋭化している権力の不均衡や、複雑な多文化、多宗教社会の中でその希望を実現する困難という厳しい現実に向き合う必要がある。前進する道については合意はなく、これは主要な進歩的理論家の間でもそうである。例えば現代の世界市民の主張に関するギルロイ（Gilroy 2004）の懐疑主義と、同じイギリスのマギー（McGhee 2005：163－85）のとる楽観主義を比較してみてほしい。

しかしこれは挑戦しがいがないという意味ではない。世界市民権は、一九七〇年代以降歴史の舞台に立った新たな性的主体にその先駆者を見出せる。これらのうち「グローバル・ゲイ」（Altman 2001）はその可能性と困難、課題と機会を示している。彼／彼女は世界中のどんな場所も故郷のように感じることができ、カフェ、バー、クラブ、サウナ、ナンパスポット、地元の町、服装スタイル、行動のモードは他者と関わり共通感覚を育む能力と意志を指す「クィア世界市民主義」（Binnie 2004：126 ff.）の物的基盤を与えてくれる。グローバリゼーションは、西洋の境界を越えた国際的なレズビアン&ゲイ・アイデンティティを作りあげるのに貢献した（Altman 2001：86ff.）。ただしこのゲイやレズビアンであるとはどういうことかという、極めて西洋的な認識は、同性愛とジェンダーを生きる様々なあり方を通じて歪曲され続けている。「クィア・ディアスポラ」についての論文集でパットンとサンチェス・エプラー（Patton & Sanchez Eppler 2000：3）が論じたように、ゲイ、ホモセクシュアル、レズビアン、ジョートー［訳注：ゲイへのスペイン語の蔑称、faggotと同意］、インテルナシオナル、トルティレラ［訳注：スペイン語のレズビアン］、ライク・ダット、バッティマン［訳注：ジャマイカ語でゲイの意味］、バクラ［訳注：フィリピン語でホモセクシュアルの意味］、カトイ、ブッチ［訳注：英語で男性的な女性を指す蔑称］等々「でいること」は、特定の場所で特定の期間、これらの単語やそれらが指示する欲望に対して応答する／応答しないことを必然的に伴う。「同性愛的行為」の実践者や多くのクィア化する記号のどれかを抱える身体が、公式に指定された空間、すなわち国家、地域、都市、近隣を移動し、さらに文化、ジェンダー、宗教、病気を経験する時、アイデンティティ、政治、欲望が複雑に再調整される。

グローバリゼーションは、距離を越えた承認の機会と、共通の生き方や正義の原理を発展させる機会をつくった。しかしそれは生きられた経験の個別性や特異性、ローカルへの同一化や距離化を規定する「複雑な再編成」、常になされる主観性の形成と再形成をも明るみに出した。同様に地球上を循環する反同性愛やノーマライゼーションの強制の共通要素を認識することが可能であり必要でもある一方で、抑圧のテンポやリズムの違い、個別の生き方を統御するセクシュアリティ体制の違いに対して敏感になる必要がある。西洋のゲイが享受する特権は世界の他地域のＬＧＢＴが羨望するようなモデルや理想を提供するが、彼らの法的権利の大半はとても新しく、これらの進歩は物質的充足の上に建てられたことを認められなければならない。二〇〇三年に同性愛関係の権利や「愛の権利」をいくらか承認している一九ヶ国はすべて、ＯＥＣＤの一人あたりＧＤＰの上位二四ヶ国であった（Wintermute 2005：218）。しかし西洋のゲイは、進歩の唯一のモデルである進化論的系統樹の頂点に坐しているわけではなく、性的差異とはどのようなことかについての考えは極めて多くの文化の核心にある「強情なダイナミクス」（Sinfield 2005：144）がグローバルなつながりの要請に直面するとき、おそらく徹底的に変更されるだろう。

歴史家たちや人類学者たちは地球規模での同性愛およびジェンダーを交錯《クロス》する相互行為パタンを解明しようと、その大部分が男性に当てはまるような、主として三つの包括的な型を発見した。世代を超えたパタンの最も有名な記述は、ハート（Herdt 1994）によりニュー・ギニアのサンビア族で記録されたものである。そこでは年長男性による男児への精液注入が、成人のために必要な儀式である。それは一生ずっと同性愛者となることを意味するわけではない。実際同性愛という概念はそこには存在しない。様々な形でこれは世界のあちこちに広く見られる。第二のパタン、ジェンダーの逆転、例えばインドのヒジュラー、フィリピンのバントゥット、ラテンアメリカのトランスジェンダー文化（Kulick 1998 ; *Sexualities* 1998 ; Johnson 2003 ; Boyce 2006）は「第三の性」の等価物を一般に出現させ、それは多くの場合、性労働の受け皿となることで他の人々を純潔に保つ働きを持つ。やはりここでも独立した経験としての同性愛という観念を必ずしも伴わない。それが改変された形では同性愛的活動を許容するかもしれず、その主な相互行為は、ジェンダーに背いたり害さない限りにおいて、能動的な男性と受動的な若者や柔弱な男性との間でなされている。第三のパタンは西洋では一九七〇年代以降最もよく見られるもので、地位、性的嗜好／指向が極めて類似していることを前提とし、特色あるアイデンティティと複雑な生き方を伴う、自ら平等主義と称するモデルである。

今日ではほとんどの文化においてこれらのモデルすべてが共存しており、より古く伝統的なパタンはグローバルなつながりを通して弱められている。しかし男性――男性関係または女性――女性関係を意思表示する、異文化の出会いは新たな形やパターンを生み出す。マーク・ジョンソン（Johnson 2003）は、フィリピンで「ゲイ」という単語が、女性的な男性やトランスジェンダーとされる男性であるバントゥットにより、古い単語の持つ否定的な意味合いから自らを距離化するために用いられているが、単に西洋的な用法を真似するのでなくローカルに定義された意味の幅を含ませていることを記している。インドでは、ヒジュラーや西洋的なゲイ・アイデンティティの観念も共に無視し、主体性を欠いたセクシュアリティの形態を登場させるような複雑な男性間の性文化がより教育程度が高い豊かなエリート層の間でのみ生まれてきている（Seabrook 1999；Boyce 2006）。伝統的な家族生活をめぐり築かれ、深くジェンダー化された考えや実践によって統御された文化の力は、独特な同性愛アイデンティティや生き方の登場を妨げたり、西洋と現地の主体の間に現実の緊張をもたらしている。これらは、例えば儒教が深く埋め込まれ家族的価値が称揚される台湾と香港（Ernie & Spires 2001：41；Shiu-Ki 2004）や、急速な近代化とイスラム的価値が埋め込まれ、文化保守主義が混じり合った現代トルコ（Bereket & Adam 2006）のように、複雑な交渉を要求する。

しかし多くの差異が認識され、その過程で単一の普遍的なレズビアン&ゲイ・アイデンティティという観念が崩壊するとともに、同性愛とトランスジェンダーの活動に対する種々の差別への関心が高まることにより、共通性の感覚が生まれてきている（Graupner 2005；Graupner & Tahmindjis 2005）。肯定的なＬＧＢＴアイデンティティの推進は国際ゲイ・レズビアン協会（ＩＬＧＡ）、国際ゲイ・レズビアン人権委員会（ＩＧＬＨＲＣ）、ＡＣＴ－ＵＰ、および国際ジェンダー・トランジエント・アフィニティ、ジェンダー・フリーダム・インターナショナル、ジェンダー組織のための国際基金（ＩＦＧＥ）といったトランスジェンダーの集団によって担われてきた。この国を超えた動員に内在している認識は、世界市民を目指す狂騒は、権利の広範な承認が達成されることなくして無意味だということである。

これら国際組織の仕事はＬＧＢＴの権利を人権として形成し、グローバルなアジェンダに載せるのに極めて重要であった。二〇〇三年の国連人権委員会が「性的指向にかかわらずすべての人々の人権を保護、推進すること」を全国家に要請したことは、長い苦闘ののちに獲得された大きな進歩であった。ＬＧＢＴの組織と併行した他のＮＧＯの介入もとても重要であった。二〇〇〇年代初頭の二つの報告書が大きな影響を与えた。アムネスティ・インターナショナルの「沈黙を破って（Breaking the Silence）」（1977）は個人の性的指向——本物であれ噂されたものであれ——が標的にされる様々な仕方と権利の枠組みがどのように展開できるかを考察した。「セクシュアリティの多様性を踏みにじる暴力と虐待——差別と沈黙のはざまで（Crimes of Hate, Conspiracy of Silence：Torture and Ill-treatment based on Sexual Identity）」（2001a）はさらなる詳しい記述を伝えた。

これらは人間の性の権利に関連して展開中のアジェンダの一部であり、グローバルな議論を変えている。アムネスティ・インターナショナルの更なる二つの報告、「傷ついた身体、砕かれた心——女性に対する暴力と虐待」（2001b）と「女性に対する暴力をなくそう」（2004）は女性の地位について考察した。これらは女性の経験を記録した地球各地での草の根の女性団体の仕事に基づいており、そこでは「自伝的記録」が経験をより広い聴衆へと伝えるのに非常に大きな役割を果たしている（Okin 2005：84－5）。報告書と経験的な記述はハラスメント、女性への割礼の強制、強制結婚、レイプ、殺人にまでわたる、暴力と虐待のストーリーの止めどない流れを記録している。バムフォース（Bamforth 2005：3－10）はここに五つの共通点を見出している。第一に、これらの報告書が強調する暴力行為は、ジェンダーの社会通念ならびに適切なジェンダー役割と密接に関連している。これは単に女性であることによる個人の基本的人権の否定を伴い、さらに局地的に強制された規範を侵していると見られる場合、しばしばＬＧＢＴや女性への深刻な暴力を伴う。第二に、マイノリティと女性に加えられた暴力は、それ自体非常に性的な側面があり、これは特に高頻度のレイプからもみてとれる。第三に、これらの行為はローカルな宗教や文化的要因への参照の下にしばしば正当化される。第四に、暴力と人権侵害が盛んな国々の法の多くは虐待を正当化する役割を果たしており、公務員、特に警察はしばしば暴力を加えるのに荷担している。最後に、暴力を容認するにあたり政府の役割は決定的であるが、女性や性的マイノリティに対する暴力の多くが私人により、家や地域で加えられている。

差異の裂け目をこえて対話を創出し、公領域とともに私領域において何らかの民主主義を創設する理想としての世界市民主義の実現は、人々を分断し権利の公的枠組みの発展を阻む構造を破壊できるかどうかにかかっている。一方で人権をめぐる闘争はそれ自体全く問題がないわけではない。例えば女性の人権承認は、自動的に女性の権利が実際に何を意味するのかについての共通前提を作りうるという意味ではない。このことはヴェールを着用する女性や、強制結婚や見合い結婚、産児制限へのアクセス等の正当性をめぐる論議をみればはっきりわかるだろう。オキン（Okin 2005：84）は、地球の西側や南側に見られる様々な女性差別文化を保護する多文化主義や文化相対主義に警鐘を鳴らしている。彼女は、女性の人権が人権の進歩的枠組みという名の下に「人々の文化保護や宗教的実践の自由の権利を理由として正当に制限される」という主張に対して反論する。これに対し他の論者は、「啓蒙主義的価値」と思われているものを南半球に強制することは危険だと考えている（Rajan 2005）。生殖に関する権利についての国際的なキャンペーンの研究は、この権利をめぐるグローバルな運動には二つの努力が含まれていることを示唆している。まず身体の不可侵性と女性が自分の身体を統制する権利のため。さらにそれなしには権利が無意味になりかねない、広範な社会・経済・文化的不平等との戦いのため、である。生殖に関する権利についての公共言説が特に国際人権の中で生まれてきている一方、その意味は社会によって異なり、異なる伝統、状況、権力関係に規定されている（例えばPetchesky & Judd 1998を参照）。

これは普遍的または人類共通の性の権利を目指すという意欲的な主張だけでなく、個別の権利に関するあらゆる主張についてもあてはまる。もし性の文化が多様であり、固有の歴史形成過程を有するならば、普遍的な響きを持つ権利主張と、文化に極めて固有であり、場合によっては地球上の多数の市民にとって不快であるような権利主張とを、どのように区別すればよいだろう。その答えの一つは、人権が自然的な物として存在しないという認識の必要性である。それらは石碑に書かれ、解読を待っているわけではない。それらは複雑な歴史の絡み合いや係争の中で、最小限の公共的価値の創出の一部として発明される必要がある（Weeks 1995）。それらは持続的な対話の結果生まれるものである。そして分断され、しばしば暴力的な対立を含む世界では、これは容易な課題ではない。

ペチェスキー（Petchesky 2000）が述べたように、一九九〇年代初頭以前、セクシュアリティは国際人権の言説には現れていなかった。一九四八年に国連総会で採択された世界人権宣言は周知のように、人類のすべての成員の「固有の尊厳」と「平等で譲ることのできない権利」を宣言した。次第にこの普遍的主体は異なる人種的／民族的起源、異なる信仰あるいはその欠如、異なる健康上の必要を持ち、複雑な仕方でジェンダー化され異なる性的嗜好／指向を持つものとして見られるようになってきた。しかし長い間、国連（というよりもその多様な構成員）は性的多様性やトランスジェンダーの問題を認識するのを望まなかった。より幅広いアジェンダに向けた国際的議論は一九九三年のウィーン人権会議、その年後半の国連による「女性に対する暴力撤廃に関する宣言」、一九九四年カイロの世界人口会議、そして一九九五年北京の世界女性会議から現れ始めた。その土台作りは第二波フェミニズムの様々なキャンペーンやLGBT運動の国際化に見られるように、一九七〇年代からかなり明確になされてきた。世界的なＨＩＶ／ＡＩＤＳの拡大も、セクシュアリティを国際的な性のアジェンダに組み込ませるのに一役買った。そして上述したように、その先駆的運動はもっと古く、少なくとも二〇世紀初頭にまで遡ることができる。しかしまたペチェスキー（Petchesky 2000）がいう通り、権利主張は様々なことを可能にする一方で、どの権利、そして誰の権利を優先するかをめぐる対立の先鋭化に容易につながる。ラジャン（Rajan 2005：134）は、対立し合う権利は「南半球において女性の人権を保障する上での主要な障害」であると論じた。

セクシュアリティは主にプライヴァシーや生殖をめぐる議論を通じて、人権の言説に現れるようになり

（Waites 2005a：55）、また北京会議は女性に対する暴力の問題を通じてこれに加わった（Okin 2005：86）。これらの間には明らかに強いつながりがあり、特に身体の不可侵性や自己身体への統御、人間性、平等、多様性といった中核的テーマと関連している（Correa & Petchesky 1994）。しかし生殖をめぐる権利と性の権利は決して重なり合うわけではなく、国際機関はしばしば、身体の不可侵性と透明性、快楽（そして快楽のとりうる多様な形）、同性愛そのものの正当性といった、セクシュアリティによって提起されるさらに幅広い問題に向き合うよりも、生殖の問題（たとえこれらも対立を含むものであるとしても）に取り組む方が容易だと感じている（Petchesky 2000）。性と生殖の権利を混ぜ合わせることは、非生殖的な性全般、とりわけ非異性愛的な性やトランスジェンダーの問題における市民権剥奪につながりかねない（Miller 2000）。一方で、バトラー（Butler 2005）が論じるように、ＬＧＢＴ活動家によってグローバルに提起されたアジェンダはただ個別主義的な主張だけではない。それらは未だ各地で非異性愛的またはジェンダーに異議を申し立てる人々の人間性を否定するグローバル世界において、人間であるとはどういうことかについての深刻な問いを提起する。性の権利を主張するということは、「権利のために私たちが戦う時、私たちは単に自分の人格に付随する権利のために戦っているのではなく、そもそも人間として扱われるために戦っている」（Butler 2005：69）ことを意味する。セクシュアリティは単なる個人の特徴ではない。それは自己や他者との関係、個人の人間性そのものを定義するに至っている。ＬＧＢＴは自らが直面する不正義への問いを提起し*なければならない*。もしそうしなければ彼らの人間性そのものが疑問に付されたままとなってしまうからである。したがって国際的なゲイ&レズビアン権利にとっての中心的課題は、同性愛の現実を、内なる真理としてでなく、性的実践としてでもなく、「社会的世界を規定する特徴の一つとして了解可能な形で」（前掲書：64－5）強調することである。ＬＧＢＴのアイデンティティと生き方の価値を主張するのは、存在する現実に挑戦することであり、セクシュアルであり人間であるのには様々な仕方があるのを示すことである。差別、偏見、抑圧と搾取が人間性の完全な否定であるように、権利のための肯定的な主張は人間の豊かな可能性の表明である。

私たちが論じている権利は積極的自由、消極的自由、どちらも重要であると主張する。消極的自由（暴力、法的抑圧、性行動の犯罪化、言論や結社の自由の否定からの自由）は自律的な生のために必要な条件を提供する。肯定的自由（自由なプライヴァシー、合意に基づく性行為、個人の自律性、自己身体の統御への権利、様々な生き方の承認、関係性や「愛の権利」における選択の自由）（Wintermute 2005）は、他者の権利と矛盾せずそれに害を及ぼさない限り、価値ある生の材料となっている（例えばモントリオール宣言 二〇〇六を参照）。これらは親密性とエロティックについての議論にとって一九六〇年代からずっと中心的であったもので、本書で私が辿ってきたのと同じ主張である。グローバリゼーションと私たちが呼ぶプロセスにより、それらは人権言説の一部となった。既に強調したように、だからといってグローバリゼーションに何の問題もないわけではなく、また容易に受容されたわけでもない。イギリスで「人権」は、一九九八年人権法の通過を追って政治的議論の中に前例のない形で入っていったが、そのバランスシートは複雑である。というのも、その新法は権利の新たな基準を求める改革者の期待にも、人権の主張が法システムを機能しにくくさせるという反対者のおそれにも沿うものではなかった（*The Economist* 2004 : 31－2）。国際言説でも国家レベルでも人権は論議に晒されたままである。それでも私は、人権なしには私たちが生きる地球規模での異常な時代変化の利害得失をバランスさせることはできないと主張したい。それらは私たちが、もはや取り戻せない形で消失した伝統的な生の様式に美点しか認めない絶対主義に対しても、記述的にせよ規範的にせよ区別を設けることを拒否する相対主義に対しても、反論することを可能にする基準であり続ける。ヌスバウム（Nussbaum 1999 : 8）が説得的に議論した通り、人間正義の普遍的記述は、人間生活を形づくる伝統の多様性に鈍感である必要はなく、また特殊西洋的価値を異なる関心を持つ他の世界に単に投影するものでもない。人間の性の権利の進化は「他者」に関わる過程であり、差異を超えた対話を伴うもので、いま生まれつつある性の権利概念は、私たちに共通の人間性言説の発展のうちに、差異が繁栄する余地と機会を与えるものである。

結論

ベック（Beck 1999 : 13）と同様、私は現在が諸価値が衰退する時代であるとは考えていない。その逆に、それは不確実性が私たちに価値について創造的で発明的であるよう強いる価値の時代である（Weeks 1995を参照）。現代世界に特徴的な不安定性と偶有性は、既に見てきたように、鋭い価値対立を生み出してきた――文化戦争と原理主義はこれらを劇的なものにしたが、それらは日常生活のほとんどすべての面に浸透している。しかし、悲観主義が特徴的になる危険のある時代――戦争、気候変動、貧困、経済的不安定性、民族対立、人種差別、宗教的対立、突然のテロについての――、過去の半世紀とそこらで私たちが得たものを思い出すことが重要である。人間の性の権利言説は私たちが得たものの多くを成文化しており、それらを新たな地平へと運んでくれる。それらは願望したものと達成できたものの溝を、理想と現実の狭間に存在するかにみえる裂け目を示している。しかし半世紀前にセクシュアリティと親密性を包み込んでいた権力関係と抑圧に対する沈黙に比べれば、今日の喧騒は極めて重大で不可欠の変化を表している。そして私たちがこの喧騒の中に、希望に対する真の挑戦者を見つけたとしても、ヌスバウムが述べるように、この喧騒は私たちに、文化は一枚岩に統制されたものではないこと（Nussbaum 1999 : 14）を想い起こさせてくれる。最も階層的な社会でさえ、男女は平等で互恵的な関係を築くことができる。反同性愛的な社会でさえ、男性同士、女性同士は愛と尊敬を見つけることができる。最も個人主義的な文化でさえ、人々は共同性と連帯の源を見つけることができる。

以前の著作『道徳の発明』（Weeks 1995：76－81）の中で私は、差異は現代世界において連帯の構築について考える出発点だと論じた。連帯は他者に対するケアと責任、他者の尊厳という確信、そして公的制度、私的関係ともに暴力と支配を減らそうとする者を支援する意志を意味する。それはまた平等と相互依存の承認や、戦争ではなく対話を通じて民主的に対立を解消するコミットメントを意味する。

これが私が本章で大まかに描いた新たな世界市民主義であり、これに関連する概念が、他の誰でもなくプラマー（Plummer 2003：162, n. 1）が示した新しい、もしくは根源的なヒューマニズムの領域である：「私がその発展を望むヒューマニズムは、人間を『埋め込まれた』ものとして、つまり道徳的（かつ政治的）な性格を持つ対話的、偶発的、身体的、普遍的な自己として見ることを奨励する」。これは形而上の概念というより「調整理想」としてのヒューマニズムであり、「人間性」をいつもそこにあったものでなく政治的構築のプロジェクトとしてとらえるものである（Weeks 1995：77）。連帯は、他者の痛みと屈辱感を漸進的に認識することを通じて作られるべきである。「人間の連帯の進歩とは、痛みと屈辱感に関する共通性と比べれば、より多くの伝統的差異は重要でないと考える能力のことである。私たちが共通して持っているのは痛みを感じる能力だけであるが、それはその周りに連帯が築かれる核となりうるものである」（Rorty 1989：xvii）。グローバリゼーションや人間性の権利言説の特徴の中では目立たないものだが、最も重要な特徴とは、バトラー（2005：54）が「他者への敏感性」と呼ぶ、現在も増大しつつある感覚である。それは「人間の身振り《ヒューマン ジェスチャー》」の形成、すなわち差異の裂け目を超えて私たちをつなぐ人類の絆を認めることを含んでいる。

こうして私たちは一九四五年、そして固有の社会的、経済的、政治的、性的文化を持った小さな鉱業の町の独特な歴史から、長い道のりをたどってきた。私は強い連帯だけでなく、深い性的・文化的保守主義を、特に家族生活、ジェンダー分割、性的自律性の側面に関して一つの像を描いてきた。しかし本書を終えるにあたり私は、この像にある視座を提供するマーサ・ヌスバウムの言葉を思い起こしたい。

人々は社会的慣習の動力機械によりコインのように形作られてくるわけではない。人間は社会規範による制約を受けているが、その規範は多元的で人々は規範をかいくぐることもできる。男女に問題含みの役割を助長する社会においても、現実の男女はこれらの慣習を覆す余地を発見し、愛と喜びの可能性を作りあげている。（Nussbaum 1999 : 14）

問題含みの役割の多くに対する挑戦は成功し、そしてこれらの余地は一九四〇年以降エロティックな、また親密生活を作り変えてきた変化の帰結として大きく拡大した。しかし変わらなかったのは、個人を個人と、世代を世代と結びつける愛と喜びの可能性である。それこそもはや取り戻せない形で過ぎ去った過去を、われら勝ち得し世界とつなぐ黄金の糸なのである。

監訳者あとがき

1　ジェフリー・ウィークスの業績

本書は、Jeffrey Weeks, *The World We Have Won* : Routledge, London & N.Y. 2007の完全翻訳である。著者ジェフリー・ウィークスは、一九世紀以降のセクシュアリティの歴史学的・社会学的研究に関する世界的権威の一人である。一九九四年からロンドン・サウスバンク大学に勤務し、長らく芸術人間科学部の学部長を勤めていた。現在は同大学内に設置され、彼自身の名を冠した「社会・政策調査のためのウィークス・センター」の特任教授（Research Professor）である。邦訳としては『セクシュアリティ』（上野千鶴子監訳、河出書房新社、一九九六）に次いで、ほぼ二〇年ぶりの二冊目となる。

本書以外の単著としては、

Coming Out : Homosexual Politics in Britain from the Nineteenth Century to the Present, Quartet Books, 1977（初版）、1990（改訂版）

Sex, Politics and Society: The Regulation of Sexuality since 1800, Longman, 1981（初版）、1989（改訂版）

Sexuality and its Discontents: Meanings, Myths and Modern Sexualities, Routledge and Kegan Paul, 1985, 1993（スペイン語訳）

Sexuality, Ellis Horwood/Tavistock, 1986（初版）、1996（日本語版）、1998（スペイン語訳）、2003（Routledge, 改訂版）、2009（改訂三版）、2014（フランス語訳）

Against Nature: Essays on History, Sexuality and Identity, Rivers Oram Press, 1991

Invented Moralities : Sexual Values in an Age of Uncertainty, UK : Polity Press, US : Columbia University Press, 1995

Making Sexual History, Polity Press, 2000, 2001（中国語版）

The Languages of Sexuality, 2011, Routledge.

共著・編著としても、

Socialism and the New Life（Sheila Rowbothamとの共著）、Pluto Press, 1977

Between the Acts : Lives of Homosexual Men 1885-1967（Kevin Porterとの共著）、Routledge, 1990, 1998（Rivers Oram Press, 新序文つき）

The Lesser Evil and the Greater Good: the Theory and Politics of Social Diversity, Jeffrey Weeks（編）、Rivers Oram Press, 1994

Same Sex Intimacies : Families of Choice and Other Life Experiments（Brian Heaphy・Catherine Donovanとの共著）、Routledge, 2001

Sexual Cultures : Communities, Values and Intimacy,（Janet Hollandと共編）、Macmillan, 1996

Sexualities and Society : a Reader,（Janet Holland・Matthew Waitesと共編）、Polity, 2003

などがある。

2　本書の概要――ウィークスの人生と関連して

序文の冒頭でさっそく「ネタばらし」がなされているが、本書のタイトルは、歴史人口学者として有名なピーター・ラスレットの著書『われら失いし世界』をもじって、逆手に取ったものである。「われら失いし世界」という物言いは、失われた過去への郷愁や愛惜の念を不可避的に招きよせる。セクシュアリティに関しても、かつての伝統や家族や結婚や社会関係資本の衰退を嘆く道徳保守主義だけでなく、自称進歩派の人たちでさえ、時にある種の文化的悲観論に陥ってしまう。また男女間や異性愛者／同性愛者間の不平等や権力関係は根底的で、何も変わらないという諦念に陥ることもある。しかし三〇年以上にわたってゲイ解放運動の最前線に立ち、セクシュアリティの調査研究に没頭してきたウィークスにとって、「セクシュアリティそれ自体には正解も不正解もない」（本書二〇頁）。さらに、「言葉の正しい意味で、五〇年前より現在に生きることを望まない者がいるだろうか」（三三頁）とまで断言している。これは学者としての単なる立場表明ではなかろう。同性愛が犯罪とされていた第二次世界大戦直後から、シヴィル・パートナーシップ法の成立によって同性婚が事実上認められるにいたる現代までの「大転換」と「終わりなき革命」を生きた、一人のゲイ男性としての実感とみてよい。「すべてが失われた」と嘆くのでも、「何も変わっていない」と悲観するのでもなく、「人間関係の衰退ではなく発展を可能にする生き方を可能にし、輻輳する権力を破壊して、個人の自律、選択の自由、より平等主義的な関係のパタンを促進する」（三六頁）、「われら勝ち得し世界」を正当に、バランスよく評価するのが本書最大の眼目といってよい。

本書の概要については、日本語版のはしがきや序文、第一章「異なる世界」をご参照いただければ、過不足なく理解することができよう。ここではあえて、一九四五年を起点とし、シヴィル・パートナーシップ法が施行された二〇〇五〜六年を終点とする本書の歴史記述が、ジェフリー・ウィークスの人生遍歴と重ね合わされながら論じられている点に注目したい。特に第一章「異なる世界」、第二章「抑制の文化」では、ウィークスの故郷であり、当時世界最大の鉱山地域であった南ウェールズ地方のロンダにおける労働者文化と、その町で同性愛者として生き始めたウィークスの関わりがいきいきと描かれている。

ウィークスは、第二次世界大戦終了直後の一九四五年一一月一日、掃海艇軍曹の父と弾薬工場で働く母の子として生まれた。ロンダは石炭産業を中心とする地域で、親族・近隣・友人の濃密なネットワークが存在していたが、大抵の男性は鉱夫として稼ぎ、女性は家庭を守る主婦として生きた。家庭外で女性が職を得る機会は乏しく、若い女性は都市に出て、同性愛者は「秘密の裏通りで生きるか、故郷を追われる」しかなかった。ウィークスが地元の進学校ポース・カウンティ校へ進学した一九五〇年代には、売買春と同性愛を非犯罪化するウルフェンデン報告が公表され、新たな時代の到来を予感させていた。しかし彼にとっての高校生活は、故郷を離れ、異なる場所で異なる生き方を行うきっかけとなった。

ウィークスは一九六四年、ユニバーシティ・カレッジ・ロンドンに入学し、英国史・米国史・政治理論を専攻する。「性革命の一〇年」と呼ばれる一九六〇年代の個人的な経験について、本書ではあまり触れられていないようにみえるが、第三章「大転換1」の冒頭に登場するフェミニスト、シーラ・ローバサムは、ウィークスの最初の著書の共著者かつ先輩である。またウィークスは大学卒業後の一九六九年、ロンドン・スクール・オヴ・エコノミクス（LSE）に研究員として勤務するが、翌年には設立間もないゲイ解放フロントに参加する。ウィークス自身の回顧によれば、それ以前の三～四年間はロンドンをふらつき、ゲイの友人が何人かおり、政治的には左派だったが、自身が同性愛者であるがゆえに左派の主流からは敬遠されていたと感じていた。しかしゲイ解放フロントへの参加とともに彼の生活は一変し、公と私、性と政治、日常生活と歴史的プロセスをつなげて考えることができるようになったという（Weeks 2006）。

LSE在籍中の一九七三年、ウィークスは二〇世紀初頭の社会主義思想と多元主義に関する論文で修士号を取得する。そして四年後の一九七七年、先にみたローバサムとの共著で、二〇世紀初頭の性科学者ハヴェロック・

エリスの評伝を出版する(『社会主義と新しい生活』)。これが最初の著書である。ウィークスによると、セクシュアリティのようなきわめて論争的な問題を、穏やかで、合理的に、事実に基づいて論じるエリスの執筆作法から多くを学んだという。

ここから一九八〇年代の中盤にかけて、ウィークスは矢継ぎ早に三冊のセクシュアリティの歴史書を書き上げることになる。一九世紀後半から一九七〇年代までの同性愛アイデンティティの発展を跡付けた『カミングアウト』(一九七七)、人口問題、フェミニズム、性心理学、優生学などイギリスにおいて性が社会問題化されるプロセスを描いた『性、政治、社会』(一九八一初版、一九八九第二版)、『セクシュアリティとその不満』(一九八五)である。ウィークスはこの三冊を「私的三部作」と呼んでおり、特に一九八三年にケント大学から博士号を授与された『性、政治、社会』は大きな評判を呼んだ。この時期のウィークスは熟練の歴史家として、地に足の着いた歴史研究を展開してきたといえるだろう。

一九八〇年代は、イギリスには新保守主義のサッチャー政権が登場していた。一九六〇年代における性犯罪法、中絶法、離婚法、路上犯罪法などの法改正は、同性愛という私的行為を非犯罪化したが、大衆文化やポルノグラフィの中で女性はセクシュアル化されていた。一九八〇年代に入ると、その反動として新自由主義的な道徳保守主義が登場するが、イギリスはすでに完全に世俗化された社会であり、原理主義が抬頭し、中絶や同性婚をめぐって激しい対立が生じたアメリカ合衆国とは事情が異なっていた。たとえばサッチャー自身が「働く女性」の一人であり、バリバリの道徳保守主義者とはいえなかった。またＨＩＶ/ＡＩＤＳの世界的流行はゲイ・コミュニティを直撃し、他国では「ゲイの病」として排撃されることもあったが、イギリスの場合、一九七〇年代以降のレズビアン&ゲイ・コミュニティが発達しており、「治療アクティビズム」を実践していた。同性愛の広報や奨励を禁止した一九八八年地方自治体法の悪名高き「第二八条」でさえ、レズビアン&ゲイ・コミュニティが活性化するきっかけになったという。

もっともこの時期、ウィークス自身が研究者としての常勤職を得るには困難が伴った。八一年から八三年まではケント大学の講師、八五年までサザンプトン大学の研究員、九〇年まで英国学士院賞評議会の事務局員として勤めたが、研究者として脂の乗った三〇代を常勤職なしに過ごすのには苦労が伴ったと思われる。他方でこの間エセックス大の社会学者ケン・プラマー、歴史学者のメアリ・マッキントシュ、社会学者のウィリアム・サイモン、ジョン・ガニョン、英国史のランドルフ・トランバッハ、米国史のキャロル・スミス・ローゼンバーグ、ジュディス・ワルコウィッツらと交流を続け、ウィークス自身も同性愛／セクシュアリティの歴史研究者として定評を得ている。そして九〇年一〇月、四五歳にして、新設間もない西イングランド大学・人間関係論の教授となる。

ウィークスの歴史社会学者としてのキャリアは、ここから大きく飛躍していくことになる。特にジェンダーやセクシュアリティが生得的・遺伝的に決定されているとする本質主義に抗して、それらが社会的、歴史的、文化的、言説的に構成されるとする「セクシュアリティの構築主義」を標榜する『セクシュアリティ』（一九八六年）は版を重ねて広く読まれた。本書でもその片鱗は伺え、セクシュアリティやエロスを「形成している複雑な社会の力を紐解いていかねばならない」（本書二〇頁）という方法宣言は、フランスの哲学者ミシェル・フーコーの『性の歴史』と並んで、人文社会系のセクシュアリティ研究を基礎づける戦略的拠点となってきた（ただしウィークスは、遺伝子や「自然」が人びとの生を決定するという極端な生得決定論に対して批判的なだけで、あらゆる生得的要因を否定しているわけではない）。ただしウィークスにとってフーコーからの影響は限定的だったようで、『性の歴史』を読んだのは『カミングアウト』（一九七七年）の出版後であったらしい。その頃までにはウィークスは、同性間の欲望や実践を現実の社会的・歴史的背景から理解する「同性愛の非本質主義的理解」の必要性を確信するようになっていた。

二〇〇七年七月、監訳者がロンドンのウィークスを訪ねたとき、彼は「研究者人生の前半を歴史家として、後半を社会学者として過ごした」と述べた。実際、九〇年代後半からは、アンソニー・ギデンズの『親密性の変容』、ケン・プラマーのセクシュアル・ストーリー論、ウルリッヒ・ベックのリスク社会論、ジグムント・バウマンの「液状化する愛」、ニコラス・ローズの生政治論、アーリー・ホックシールドの感情労働論、ジュディス・バトラーのパフォーマティビティ論、政治哲学のマーサ・ヌスバウム、アンソニー・エリオットの「新しい個人主義」論など、主としてイギリスの社会理論を縦横無尽に取り入れるようになっていく。また二〇〇〇年代初頭にはブライアン・ヒーフィーらとともに、九〇人以上の同性愛者に対する重厚なインタビュー調査も行っている。第五章以降の記述は、ウィークス自身の社会学者としての理論と倫理が全面展開されているといってよい。

ウィークスの歴史・社会記述の特徴といえるのは、性をめぐる事象や争点に関して、きわめてバランスよく、その功罪両面を捉えようとすることである。たとえばかつての『セクシュアリティ』第四章では、一九世紀の性科学はセクシュアリティの種々の逸脱形態を示すカテゴリーを創りだしたが、そうしたカテゴリーが逆に（同性愛を含む）性的マイノリティが新たに自己アイデンティティを創出する言語的資源になったと述べていた。セクシュアル・マイノリティを異端視するような言語が、却って彼らの集合的アイデンティティを支えたというのである。また本書の中でも、アイデンティティを恣意的なものとして疑問を差し挟む現代のクィアでさえ、結局はアイデンティティを再主張せざるをえないというような記述もある（本書一四九頁）。なぜなら「アイデンティティなしに私たちは生きられないという意味で（それは）必要なフィクション」だからである。アイデンティティのフィクション性を認めつつも、その必要性も説いている。更に一九八〇年代のＨＩＶ／ＡＩＤＳ危機の際、政策立案者や行政担当者は、それが「ゲイの病」という印象を持たれないよう最善の努力をしたが、それが却って、ゲイ男性に安全なセックスの方法を指導する団体の活動を難しくしてしまった（本書一七五頁）という指摘も興味深い。リベラル的な善意に満ちた社会政策が逆にゲイを苦しめてしまうというパラドクスや「意図せざる結果」に着目する。社会学者としての面目躍如というべき分析であろう。そうかと思えば、家族の崩壊や社会関係資本の衰退を嘆く保守論客とは対照的に、むしろＬＧＢＴのコミュニティから「ゲイのエートス」や「友情倫理」が登場して、異性愛を基準としない新たな社会関係資本が草の根的に生まれていることを強調する。このあたり熟練の歴史家であり、社会学者でもあるウィークスのバランス感覚を看取することができる。

さらに本書の白眉というべき、同性婚を承認するシヴィル・パートナーシップ法（二〇〇四）の制定に関しても、ウィークスは、保守派は反対、リベラル派は賛成と単純に色分けできないことを指摘している。たとえば急進的なクィアの中には同性婚を異性愛という価値への屈服の象徴とみなす人がいる（本書二八七頁）。逆に保守派の中にも、同性愛者を結婚という伝統的制度につなぎとめる方法として賛成する者もいる。しかしウィークスがインタビューした、ある同性愛者が述べたように、彼らは異性愛者と平等な権利を主張しつつも、彼らの違いが尊重されることを望んでいたし、ブレア政権は「英国的妥協」の精神でシヴィル・パートナーシップ法の制定を粛々と進めた。ＬＧＢＴの人々も政治的立場には拘泥せずに、権利、責任、コミットメント、承認という言語に依拠しながら、シヴィル・パートナーシップ法を受け入れたのである。サリヴァンが同性婚の制定に関して、「保守派の思想は、ゲイであっても人としての責任、家族、軍に従事する機会が大切であると訴え、宗教的かつ神学的な理由から状況の改善を拒もうとする右派の流れを差し止めた。そして、市民の平等と社会統合を打ち出したリベラル派の主張は、同化と規範的な社会風潮に対する左派の不信感に勝った」（Sullivan 1996 = 2015 : 4）と述べているが、これと同様の事態がイギリスでも生じていたようにみえるし、この点をウィークスも正確に捉えている。そして西洋でも、西洋以外の世界でも生じる原理主義的なホモフォビアに対してきっちり対決姿勢を示しつつ、人間を「道徳的（かつ政治的）性格を持つ対話的、偶発的、身体的、普遍的な自己として見る」

ことを奨励する根源的ヒューマニズムに希望をみいだすことで、本書は終わる。これが、六〇年間の「大転換」を生きたウィークスが辿り着いた境地なのであろう。

3　邦訳に至る経緯

監訳者がウィークスの著作に初めて接したのは一九九一年頃のことである。当時、大学院生であった監訳者はミシェル・フーコーに心酔し、セクシュアリティを歴史的、社会学的に分析する方法を模索する過程で、『*Sex, Politics, and Society*』の存在を知った。丸善書店の洋書コーナーから取り寄せた書物をゆっくり読み進めていくうち、「世界にはこんな研究者もいるのか」と、驚嘆を禁じ得なかった記憶がある。

一九九四年頃、当時、東京大学大学院社会学研究科で教鞭を取っておられた上野千鶴子教授から、ウィークスの『セクシュアリティ』を翻訳する企画を紹介され、当時在籍した大学院生を中心に翻訳チームが結成された。二年ほどかけて、数章の翻訳と訳者解説に取り組んだ。当時のウィークスは、セクシュアリティを「生物学的宿命」とし、「自然」が性のあり方を決定するという本質主義に抗して、セクシュアリティやジェンダーが歴史的、社会的、文化的構成の産物であるとする「構成主義」の旗手として期待され、読まれていた。監訳者にとっては、ウィークスが提示する個々の歴史的事実もさることながら、彼の歴史観、特に「セクシュアリティという観念に与えられた意味の負担を軽減する」（Weeks 1989 : 111）という視点が何といっても魅力的であった。この文言は監訳者にとっては座右の銘ともなり、個人的な事柄で恐縮だが、監訳者が一九九九年に刊行した『セクシュアリティの歴史社会学』（勁草書房）の末尾を飾る引用ともなった。

監訳者がウィークスに直接お目にかかったのは、二〇〇七年七月であった。ロンドン・サウスバンク大学の学部長室で小生を迎えてくれたウィークスは、落ち着いた様子で一時間以上、監訳者のたどたどしい英語に真剣に耳を傾け、いくつかの質問に答えてくれた。その優しい物腰は、いまでも忘れがたい。そのときにご本人から直接手渡されたのが、出版されたばかりの本書『The World We Have Won』であった。

長年の憧れの存在に逢えた悦びに満ち溢れた監訳者は、さっそくこの書を読み耽った。ウィークスの個人史と、セクシュアリティの世界に生じた「大転換」（もともとは経済人類学者カール・ポランニーの用語）を重ねあわせながら論じた本書は、かつての構築主義的歴史社会学者の本領を発揮しつつも、ある意味で新たな課題、二一世紀におけるセクシュアリティの倫理を、ＬＧＢＴの日常から生じる「生の実験」に基づいて立ち上げていくことに関心を移しているように思われた。

監訳者が所属する大学院の授業で本書を輪読したのは、二〇〇八年の前半であった。ウィークスの英語は、当世風のわかりやすい英語とは対照的に、ときに技巧的に凝った表現も見受けられる。しかし彼の思想的立場や議論の進め方は首尾一貫しており、決して読みにくくはないと感じた。その後、二〇一〇年に世界思想社から刊行された『社会学ベーシックス８：身体・セクシュアリティ・スポーツ』（井上俊・伊藤公雄編）で、ウィークスの『セクシュアリティ』に対する解説論文を執筆する機会を与えていただいた。また二〇一二年に弘文堂から刊行された『現代社会学事典』でもウィークスを、現代社会学を代表する人物の一人として取り上げていただき、その項目執筆を担当した。本書の翻訳を本格的に検討するに至ったのは、このような機会を通してであった。

とはいえ原書で二四〇ページを超える本書を一人で翻訳することは、監訳者の能力的にも物理的にも困難であった。そこで二〇一三年前半、監訳者が勤務する大学院の演習で再び本書を取り上げ、各章の要約・翻訳を担当してくれた大学院生を中心に、翻訳チームを結成した。一・二章の翻訳は監訳者が担当し、三章以降は一人が一章ずつ分担した。すべての草稿が整った段階で、監訳者がそれぞれの章に目を通し、修正案を提示して、各章担当者とのフィードバックを繰り返しながら、二〇一五年九月頃にほぼ形が整った。それからも出版に向けては訳語や文体の統一、訳注の作成、文献リスト・索引の作成などを協働で行った。本書が完成の陽の目をみるに至ったのは、間違いなく、この翻訳プロジェクトに自発的に参加してくださった社会学の若き俊英たちの尽力の賜物である。なお本書の原著には、訳注は存在しない。本書に記載されているのはすべて、監訳者ならびに翻訳チームによる注である。このうち短いものについては、本文中に［訳注：］の形で記載し、長いものについては偶数ページ毎の脚注の形で表記した。訳文には思わぬ思い違いや生硬な表現があるかもしれない。忌憚のないご批判を頂戴できれば幸いである。

また本書のより早い刊行に向けて、弘文堂の中村憲生さんからは、折に触れて叱咤激励を頂いた。遅々として進まぬ作業を温かく見守っていただき、校正の段階でも様々なアドバイスを頂いた。翻訳上の誤りはもとより監訳者の責任に帰すが、本書を刊行に漕ぎ着けることができたのは、ひとえに中村さんのおかげである。ここに記して感謝したい。

最後に、ジェフリー・ウィークス本人から日本語版はしがきを執筆して頂けたのも、望外の幸運であった。現在は講義や講演で世界中を駆けまわっているそうであるが（その一部はYoutube の動画などでも確認できる）、これからも精力的な発言や活動を続けてくださることを願ってやまない。また彼の志を受け継ぐセクシュアリティの歴史社会学的研究が、ここ日本の地でも、静かに、深く根付いていくことを期待したい。監訳者自身も、その営みにわずかながらでも参画したいと念願している。

二〇一五年一〇月

赤川　学

参考文献

・赤川学　二〇一〇、「構築されたセクシュアリティ：J・ウィークス『セクシュアリティ』」井上俊・伊藤公雄編『社会学ベーシックス８：身体・セクシュアリティ・スポーツ』一〇五―一一四、世界思想社.

・Sullivan, Andrew 1996. *Virtually Normal : An Argument about Homosexuality*, Vintage. =二〇一五、本山哲人・脇田玲子監訳『同性愛と同性婚の政治学』明石書店.

・Weeks, Jeffrey, 2006. 'The social construction of sexuality : Interview with Jeffrey Weeks', Seidman, S. Fischer, N. and Meeks, C. (eds.) *Handbook of the New Sexuality Studies*, Routledge, pp. 14-20.

Sexual Practices and the Paradoxes of Identity in the Era of AIDS', *Journal of Homosexuality* 42(4), 1-14.
· Yep, G.A., Lovanas, K.E. and Elia, J.P. (2003) 'A Critical Appraisal of Assimilationist and Radical Ideologies Underlying Same-sex Marriage in LGBT Communities in the United States', *Journal of Homosexuality* 45 (1), 45-64.
· Yip, A. (2003) 'Sexuality and the Church', *Sexualities* 6(1), February, 60-4.
· Yip, A. (2004a) 'Same-sex Marriage: Contrasting Perspectives among Lesbian, Gay and Bisexual Christians', *Feminism and Psychology* 14 (1), February, 173-80.
· Yip, A. (2004b) 'Negotiating Space with Family and Kin in Identity Construction: The Narratives of British Non-heterosexual Muslims', *The Sociological Review* 52(3) August, 336-50.
· Young, M. and Willmott, P. (1957) *Family and Kinship in East London*, London: Routledge & Kegan Paul.
· Young, M. and Willmott, P. (1973) *The Symmetrical Familly: A Study of Work and Leisure in the London Region*, London: Routledge & Kegan Paul.
· Yuval-Davis, N. (2005) 'Racism, Cosmopolitanism and Contemporary Politics of Belonging', *Soundings: A Journal of Politics and Culture* 30, summer, 166-78.

・Williams, F. (2004) *Rethinking Families*, ESRC CAVA Research Group, London: Calouste Gulbenkian Foundation.
・Williams, F. (2005) 'A Good Enough Life. Developing the Grounds for a Political Ethic of Care', *Soundings: A Journal of Politics and Culture* 30, summer, 17-32.
・Wilson, A. (2006) *Dreams, Questions, Struggles: South Asian Women in Britain*, London, and Ann Arbor. MI: Pluto Press.
・Wilson, E. (1974) 'Gayness and Liberalism', in Allen *et al.* 1974, 110-27.
・Wilson, E. (1977) *Women and the Welfare State*, London: Tavistock.
・Wilson, E. (1980) *Only Halfway to Paradise: Women in Postwar Britain*, London and New York: Tavistock.
・Wilson, E. (1982) *Mirror Writing: An Autobiography*, London: Virago.
・Wilson, E. (1983) *What is to Be Done about Violence Against Women?*, Harmondsworth: Penguin.
・Wilson, E. (1986) *Prisons of Glass*, London: Methuen.
・Wilson, G. and Rahman, Q. (2005) *Born Gay: The Psychobiology of Sex Orientation*, London and Chester Springs: Peter Owen.
・Wilton, T. (2004) *Sexual (Dis)orientation: Gender, Sex, Desire and Self Fashioning*, Basingstoke: Palgrave Macmillan.
・Wintermute, R. (2005) 'From "Sex Rights" to "Love Rights": Partnership Rights as Human Rights', in Bamforth 2005, 186-224.
・Wintermute, R. and Andenaes, M. (eds) (2001) *Legal Recognition of Same-sex Partnerships: A Study of National, European and International Law*, Oxford, and Portland, OR: Hart Publishing.
・Wolfe, A. (2004) 'Dieting for Jesus', *Prospect*, January, 52-7.
・Wolmark, J. (ed.) (1999) *Cybersexualities: A Reader on Feminist Theory, Cyborgs and Cyberspace*, Edinburgh: Edinburgh University Press.
・Woolcock, N. (2006a) 'Figures for Births to Immigrants in Britain reaches Record Level' *The Times*, 5 January, 32.
・Woolcock, N. (2006b) 'Lesbian Partners Fight for Right to be Married', *The Times*, 7 June, 26.
・Woolcock, N. (2006c) 'Lesbians Lose their Battle for Foreign Marriage to be Legalised', *The Times*, 1 August, 12.
・Wouters, C. (1986) 'Formalization and Informalization: Changing Tension Balances in Civilizing Processes', *Theory, Culture and Society* 3(2), 1-18.
・Wouters, C. (1998) 'Balancing Sex and Love since the 1960s Sexual Revolution', *Theory, Culture and Society* 155(3-4), 187-214.
・Wouters, C. (2004) *Sex and Manners: Female Emancipation in the West, 1890-2000*, London, Thousand Oaks, CA, and New Delhi: Sage.
・Yeoman F. and Bannerman, L. (2006) 'Divorce on the Decline as Couples Wait Longer to Tie the Knot', *The Times*, 1 September, 35.
・Yep, G. A., Lovanas, K.E. and Pagonis, A.V. (2002) 'The Case of "Riding Bareback":

· Weeks, J., Heaphy, B. and Donovan, C. (1999a) 'Families of Choice: Autonomy and Mutuality in Non-heterosexual Relationships', in McRae (ed.) 1999, 297-316.
· Weeks, J., Heaphy, B. and Donovan, C. (1999b) 'Partners by Choice: Equality, Power and Commitment in Non-heterosexual Relationships', in Allan (ed.) 1999, 111-28.
· Weeks, J., Heaphy, B. and Donovan, C. (1999c) 'Partnership Rites: Commitment and Ritual in Non-heterosexual Relationships', in Seymour and Bagguley (eds) 1999, 43-63.
· Weeks, J., Heaphy, B. and Donovan, C. (2004) 'The Lesbian and Gay Family', in Scott *et al.* (eds) 2004, 340-55.
· Weeks, J. and Porter, K. (1998) *Between the Acts: Lives of Homosexual Men 1885-1967*, London: Rivers Oram Press.
· Weeks, J., Holland, J. and Waites, M. (eds) (2003) *Sexualities and Society: A Reader*, Cambridge: Polity Press.
· Weeks, J., Taylor-Laybourn, A. and Aggleton, P. (1994) 'An Anatomy of the HIV Voluntary Sector in Britain', in Aggleton *et al.* (eds) 1994,1-19.
· Weinstock, J.S. and Rothblum, E.D. (eds) (1998) *Lesbian Friendships: For Ourselves and Others*, New York and London: New York University Press.
· Wellings, K. (2005) *The Seven Deadly Sins*, Swindon: Economic and Social Research Council.
· Wellings, K., Field, J., Johnson, A. M. and Wadsworth, J. (1994) *Sexual Behaviour in Britain: The National Survey of Sexual Attitudes and Lifestyles*, London and Basingstoke: Macmillan.
· Wellings, K, Collumbien, M., Slaymaker, E., Singh, S., Hodges, Z., Patel, D. and Bajos, N. (2006) 'Sexual Behaviour in Context: A Global Perspective', *The Lancet*, 1 November, online at http://www.thelancet.com?joumals/lancet/ article/PIIS014073606694798/ fulltext, 1-32.
· West, D. (1955) *Homosexuality*, Harmondsworth: Pelican.（= 1977, 村上仁・高橋孝子訳『同性愛』人文書院.）
· Weston, K. (1991) *Families We Choose: Lesbians, Gays, Kinship*, New York: Columbia University Press.
· Westwood, G. (1952) *Society and the Homosexual*, London: Victor Gollancz.
· White, E. (1980) *States of Desire: Travels in Gay America*, New York: E.P. Dutton.(= 1996, 柿沼瑛子訳『アメリカのゲイ社会を行く』勁草書房.)
· Whittle, S. (ed.) (1994) *The Margins of the City: Gay Men's Urban Lives*, Aldershot, and Brookfield, VT: Ashgate.
· Whittle, S. (1999) 'The Becoming Man: The Law's Ass Brays', in More and Whittle (eds) 1999, 15-33.
· Whittle, S. (2002) *Respect and Equality: Transsexual and Transgender Rights*, London, Sydney and Portland, OR: Cavendish Publishing.
· Wildeblood, P. (1957) *Against the Law*, Harmondsworth: Penguin.
· Wilkinson, C. (2002) 'The Net Effect. How to Corrupt and the Changing Definition of Obscenity', *Observer*, 'Sex Uncovered' Supplement, 27 October 37.

Comedia/Methuen.
・Watney, S. (1994) *Practices of Freedom: Selected Writings on HIV/AIDS*, London: Rivers Oram Press.
・Watney, S. (2000) *Imagine Hope: AIDS and Gay Identity*, London and New York: Routledge.
・Watts, J. (2005) 'Sex is China's Latest Boom Industry', *Guardian*, 25 June, 20.
・Weatherbum, P., Reid, D., Hickson, F., Hammond, G. and Stephens, M. (2005) *Risk and Reflexion: Findings from the United Kingdom's Gay Men's Sex Survey 2004*, London: Sigma Research.
・Webb, J. (2002) 'A Date with Hate', *Observer*, 'Sex Uncovered' Supplement, 27 October, 49-53.
・Weeks, J. (1990) *Coming Out: Homosexual Politics in Britain from the Nineteenth Century to the Present* (1st edn 1977), London: Quartet.
・Weeks, J. (1989) *Sex, Politics and Society: The Regulation of sexuality since 1800* (1st edn 1981), Harlow: Longman.
・Weeks, J. (1985) *Sexuality and its Discontents: Meanings, Myths and Modern Sexualities*, London: Routledge & Kegan Paul.
・Weeks, J. (1991) *Against Nature: Essays on History, Sexuality and Identity*, London: Rivers Oram Press.
・Weeks, J. (1993) 'AIDS and the Regulation of Sexuality', in Berridge and Strong (eds) 1993, 17-36.
・Weeks, J. (1995) *Invented Moralities: Sexual Values in an Age of Uncertainty*, Cambridge: Polity Press.
・Weeks, J. (1998) 'The Sexual Citizen', *Theory, Culture and Society* 15 (3-4), 35-52.
・Weeks, J. (1999) 'Supporting Families', *Political Quarterly* 70 (2), April-June, 225-30.
・Weeks, J. (2000) *Making Sexual History*, Cambridge: Polity Press.
・Weeks, J. (2003) *Sexuality* (2nd edn) (first published 1986), London and New York: Routledge.（= 1996, 上野千鶴子監訳『セクシュアリティ』河出書房新社.）
・Weeks, J. (2004a) 'The Rights and Wrongs of Sexuality', in Brooks-Gordon *et al.* (eds) 2004, 19-38.
・Weeks, J. (2004b) 'Labour's Loves Lost? The Legacies of Moral Conservatism and Sex Reform', in Steinberg and Johnson (eds) 2004, 66-80.
・Weeks, J. (2005a) 'Remembering Foucault', *Journal of the History of Sexuality* 14 (1/2), January/April, 186-201.
・Weeks, J. (2005b) 'Fallen Heroes: All About Men', *Irish Journal of Sociology* 14 (2), 53-65.
・Weeks, J. (2011) *The Languages of Sexuality*, London: Routledge.
・Weeks, J. and Holland, J. (eds) (1996) *Sexual Cultures: Communities, Values and Intimacy*, Basingstoke and London: Macmillan.
・Weeks, J., Heaphy, B. and Donovan, C. (2001) *Same Sex Intimacies: Families of Choice and other Life Experiments*, London: Routledge.

Modern and Contemporary France 7(4), 429-42.
· Vernon, M. (2005) *The Philosophy of Friendship*, Basingstoke: Palgrave Macmillan.
· Verrill-Rhys, L. and Beddoe, D. (eds) (1992) *Parachutes and Petticoats: Welsh Women Writing on the Second World War*, Dina Powys: Honno.
· Vincentelli, M. (1994) 'Artefact and Identity: The Welsh Dresser as Domestic Display and Cultural Symbol', in Aaron *et al.* (eds) 1994, 228-41.
· Waaldijk, K (2001a) 'Towards the Recognition of Same-sex Partners in European Union Law: Expectations Based on Trends in National Law', in Wintermute and Andenaes (eds) 2001, 635-52.
· Waaldijk, K. (2001b) 'Small Change: How the Road to Same-sex Marriage Got Paved in the Netherlands', in Wintermute and Andenaes (eds) 2001, 437-64.
· Wainwright, M., Branigan, T., Vasager, J., Taylor, M. and Dodd,V. (2006) 'Dangerous Attack or Fair Point? Straw Veil Row Deepens', *Guardian*, 7 October, 4.
· Waites, M. (2003) 'Equality at Last? Homosexuality, Heterosexuality and the Age of Consent in the United Kingdom', *Sociology* 37 (4), November, 637-55.
· Waites, M. (2004) 'The Age of Consent and Sexual Consent', in Cowling, M. and Reynolds, P. (eds) (2004) *Making Sense of Sexual Consent*, Aldershot: Ashgate.
· Waites, M. (2005a) *The Age of Consent: Young People, Sexuality and Citizenship*, Basingstoke and New York: Palgrave Macmillan.
· Waites, M. (2005b) 'The Fixity of Sexual Identities in the Public Sphere: Biomedical Knowledge, Liberalism and the Heterosexual/Homosexual Binarv in Late Modernity', *Sexualities* 8 (5), 53-69.
· Wajcman, J. (2004) *TechnoFeminism*, Cambridge: Polity Press.
· Wakeford, N. (2002) 'New Technologies and "Cyber-queer" Research', in Richardson and Seidman 2002, 115-144.
· Walkerdine, V. (2005) 'Freedom, Psychology and the Neo-liberal Worker', *Soundings: A Journal of Politics and Culture* 29, 47-61.
· Walter, N. (1999) *The New Feminism*, London: Virago.
· Walter, N. (2005) 'Prejudice and Evolution', *Prospect*, June, 34-9.
· Wandor, M. (ed.) (1972) *The Body Politics: Writings from the Women's Movement 1969-1972*, London: Stage 1.
· Ward, L. (2006) 'More than 15,000 Civil Partnerships Prove Popularity of Legislation', *Guardian*, 5 December, 9.
· Warner, M. (ed.) (1993) *Fear of a Queer Planet: Queer Politics and Social Theory*, Minneapolis and London: University of Minnesota Press.
· Warner, M. (1999) *The Trouble with Normal: Sex, Politics and the Ethics of Queer Life*, New York: The Free Press.
· Waters, C. (1999) 'Disorders of the Mind, Disorders of the Body Social: Peter Wildeblood and the Making of the Modern Homosexual', in Conekin *et al.* (eds) 1999, 134-51.
· Watney, S. (1987) *Policing Desire: Pornography, AIDS and the Media*, London:

・Thomson, R. (2004) '"An Adult Thing"? Young People's Perspectives on the Heterosexual Age of Consent', *Sexualities* 7 (2), May, 133-49.
・Thomson, R. and Holland, J. (2004) *Youth Values and Transitions to Adulthood: An Empirical Investigation*[4], Families and Social Capital ESRC Research Group, Working Paper 4, London: London South Bank University.
・Thomson, R., Bell, R., Holland, J., Henderson, S., McGrellis, S. and Sharpe, S. (2002) 'Critical Moments: Choice, Chance and Opportunity in Young People's Narratives of Transit', *Sociology* 36 (2), 235-54.
・Thomson, R., Holland, J., McGrellis, S., Bell, R., Henderson, S. and Sharpe, S. (2004) Inventing Adulthoods: A Biographical Approach to Understanding Youth Citizenship', *The Sociological Review* 52 (2), May, 218-39.
・Threlfal, M. (ed.) (1996) *Mapping the Women's Movement: Feminist Politics and Social Transformation in the North*, London and New York: Verso.
・Tiefer, L. (1995) *Sex is Not an Unnatural Act, and Other Essays*, Boulder, CO, San Francisco, CA, and Oxford: Westview Press.（= 1998, 河野喜代美・渡辺ひろみ訳『セックスは自然な行為か？』新水社 .）
・Tiefer, L. (2006) 'The Viagra Phenomenon', *Sexualities* 9 (3), July, 273-94.
・Times, The (2006) 'Swinging Pensioners need Sex Education', 19 July, 5.
・Toynbee, P. (2006) 'Only a Fully Secular State can Protect Women's Rights', *Guardian*, 17 October, 33.
・Trezise, R. (2006a) *In and Out of the Goldfish Bowl*, Cardigan: Parthian.
・Trezise, R. (2006b) *Fresh Apples*, Cardigan: Parthian.
・Trumbach, R. (1999) 'London' in Higgs (ed.) 1999.
・Trumbach, R. (2003) 'Sex and the Gender Revolution', in Weeks *et al.* (eds) 2003, 14-21.
・Turkle, S. (1995) *Life on the Screen: Identity in the Age of the Internet*, New York: Simon & Schuster Paperbacks.（= 1998, 日暮雅通訳『接続された心――インターネット時代のアイデンティティ』早川書房 .）
・Turkle, S. (2004) *The Second Self: Computers and the Human Spirit* (2nd edn) (1st edition 1984), Cambridge, MA: MIT Press.
・Turner, M. W. (2003) *Backward Glances: Cruising the Queer Streets of New York and London*, London: Reaktion Books.
・Tutu, D. (2004) 'Foreword', in Baird 2004, 5-6; also published as 'Homophobia is as Unjust as that Crime against Humanity, Apartheid', *The Times*, 1 July, 21.
・Tyler, M. (2004) 'Managing Between the Sheets: Lifestyle Magazines and the Management of Sexuality in Everyday Life', *Sexualities* 7 (1), February, 81-106.
・Valentine, G. (ed.) (2000) *From Nowhere to Everywhere: Lesbian Geographies*, New York, London and Oxford: Harrington Park Press.
・Vance, C. S. (ed.) (1984) *Pleasure and Danger: Exploring Female Sexuality*, London, and Boston, MA: Routledge & Kegan Paul.
・Velu, C. (1999) 'Faut-il "pactiser" avec I'universalisme? A Short History of the PACS',

University Press.
・Storr, M. (1999) 'Postmodern Bisexuality', *Sexualities* 2 (3), August, 309-25.
・Strang, J. and Stimson, G. (1990) *AIDS and Drug Misuse: The Challenge for Policy and Practice in the 1990s*, London and New York: Routledge.
・Strasser, M. (1997) *Legally Wed: Same-sex Marriage and the Constitution*, Ithaca, NY: Cornell University Press.
・Stychin, C. and Herman, D. (eds) (2000) *Sexuality in the Legal Arena*, London: Athlone Press.
・Sullivan, A. (1995) *Virtually Normal: An Argument about Homosexuality*, London: Picador.（= 2015, 本山哲人・脇田玲子・板津木綿子・加藤健太訳『同性愛と同性婚の政治学――ノーマルの虚像』明石書店 .）
・Sullivan, A. (ed.) (1997) *Same-sex Marriage: Pro and Con. A Reader*, New York: Vintage Books.
・Sullivan, A. (1998) *Love Undetectable: Reflections on Friendship, Sex and Survival*, London: Chatto & Windus.
・Sullivan, A. (2004) 'Where the Bible Bashers are Sinful and the Liberals Pure', *Sunday Times*, 28 November, accessed at http://www.timesonline.co.uk/tol/comment/article.396496.ece.
・Sullivan, N. (2003) *A Critical Introduction to Queer Theory*, Edinburgh: Edinburgh University Press.
・Summers, A. (2006) 'Which Women? What Europe? Josephine Butler and the International Abolitionist Federation', *History Workshop Journal* 62, autumn, 214-31.
・Summerskill, B. (ed.) (2006) *The Way We are Now: Gay and Lesbian Lives in the 21st Century*, London and New York: Continuum.
・Szreter, S. (1999) 'Failing Fertilities and Changing Sexualities in Europe Since c.1850: A Comparative Survey of National Demographic Patterns', in Eder *et al.* 1999, 159-94.
・Szreter, S. (2002) *Fertility, Class and Gender in Britain, 1860-1940*, Cambridge: Cambridge University Press.
・Tatchell, P. (2006) 'Watch Out! Left-wing Homophobia is on the March again', *Fyne Times*, April, 7.
・Taylor, C. (1992a) *Multiculturalism and the Politics of Recognition*, edited by Amy Gutmann, Princeton, NJ: Princeton University Press.
・Taylor, C. (1992b) *The Ethics of Authenticity*, Cambridge, MA, and London: Harvard University Press.（= 2004, 田中智彦訳『「ほんもの」という倫理――近代とその不安』産業図書.）
・Thane, P. (1999) 'Population Politics in Post-war British Culture', in Conekin *et al.* (eds) 1999, 114-33.
・Thompson,B. (1994a) *Soft Core: Moral Crusades against Pornography in Britain and America*, London: Cassell.
・Thompson, B. (1994b) *Sadomasochism: Painful Perversion or Pleasurable Play?*. London: Cassell.

・Smart, C. and Neale, B. (1999) *Family Fragments?*, Cambridge: Polity Press.
・Smart, C., Mason, J. and Shipman, B. (2006) *Gay and Lesbian Marriage: An Exploration of the Meanings and Significance of Legitimating Same-sex Relationships*, Manchester: Morgan Centre for the Study of Relationships and Personal Life, University of Manchester.
・Smith, A.M. (1994) *New Right Discourse on Race and Sexuality: Britain, 1968-1990*, Cambridge: Cambridge University Press.
・Smith, B.G. (ed.) (2000) *Global Feminisms Since 1945: Rewriting Histories*, New York and London: Routledge.
・Smith, D. (1980) 'Leaders and Led', in Hopkins (ed.) 1980: 37-65.
・Smith, D. (2006) 'Foreword', in Williams 2006.
・Smith, D (2005) 'Women's Lib Owes it All to the Pill', *Sunday Times*, 17 July, accessed at http://www.timesonline.co.uk/article/0,,2087-1697247,00.html.
・Smith, H. (2005) 'Sex and Fraud Woe for Greek Church', *Guardian*, 19 February, accessed at http://www.guardian.co.uk/international/story/0,,1417874,00.html.
・Snitow, A., Stansell, C. and Thompson, S. (eds) (1984) *Desire: The Politics of Sexuality*, London: Virago.
・Sontag, S. and Hodgkin, H. (1991) *How We Live Now*, with illustrations by Howard Hodgkin, London: Jonathan Cape.
・Soundings (2006) 'Convivial Cultures', edited by Jonathan Rutherford, *Soundings* 33, Summer.
・Spencer, L. and Pahl, R. (2006) *Rethinking Friendship: Hidden Solidarities Today*, Princeton, NJ, and Woodstock: Princeton University Press.
・Stacey, J. (1996) *In the Name of the Family: Rethinking Family Values in the Postmodern Age*, Boston, MA: Beacon Press.
・Stacey, J. (2006) 'Gay Parenthood and the Decline of Paternity as We Knew It', *Sexualities* 9 (1), February, 27-53.
・Stack, C. (1974) *Allow Kin*, New York: Harper & Row.
・Stanley, L. (1995) *Sex Surveyed 1949-1994: From Mass-Observation's 'Little Kinsey' to the National Survey and the Hite Reports*, London and Bristol, PA: Taylor & Francis.
・Steedman, C. (1986) *Landscape for a Good Woman: A Story of Two Lives*, London: Virago.
・Steinberg, D. L. and Johnson, R. (eds) (2004) *Blairism and the War of Persuasion: Labour's Passive Revolution*, London: Lawrence & Wishart.
・Steinberg, D. L. and Kear, A. (eds) (1999) *Mourning Diana: Nation, Culture and the Performance of Grief*, London: Routledge.
・Stephens, M. (ed.) (2001) *Rhys Davies: Decoding the Hare. Critical Essays to Mark the Centenary of the Author's Birth*, Cardiff: University of Wales Press.
・Stoler, A. L. (1995) *Race and the Education of Desire: Foucault's History of Sexuality and the Colonial Order of Things*, Durham, NC, and London: Duke

London: Allen Lane.
· Sevenhuijsen, S. (1998) *Citizenship and the Ethics of Care: Feminist Considerations on Justice, Morality and Politics*, London and New York: Routledge.
· Sexualities (1998) 'Transgender in Latin America', Special Issue edited by D. Kulick, *Sexualities* 1 (3), August.
· Sexualities (2006a) 'Viagra Culture', special issue edited by A. Potts and L. Tiefer, *Sexualities* 9 (3), July.
· Sexualities (2006b) Special Issue on Polyamory, *Sexualities* 9 (5), December.
· Seymour, J. and Bagguley, P. (eds) (1999) *Relating Intimacies: Power and Resistance*, Basingstoke: Macmillan.
· Shakespeare, T. (2003) '"I Haven't Seen that in the Kama Sutra": The Sexual Stories of Disabled People', in Weeks *et al.* (eds) 2003, 143-52.
· Sharrock, D. (2006) 'Outrage of Old Guard Fails to Rain on First "Gay Wedding" Day', *The Times*, 20 December, 14.
· Shaw, A (2004) 'Immigrant Families in the UK', in Scott *et al.* (eds) 2004, 270-86.
· Sherman, J. and Bennett, R. (2006) 'Affluent Suburbs Show Fastest Rise in Teenage Pregnancy', *The Times*, 12 September, 14.
· Sherwin. A. (2006) 'Gay Means Rubbish', *The Times*, 6 June, 5.
· Shipman, B. and Smart, C. (2007) '"It's Made a Huge Difference": Recognition, Rights and the Personal Significance of Civil Partnership', *Sociological Research Online* 12 (1), January, accessed at http://www.socresonline.org.uk/12/1/shipman.html.
· Sieghart, M.A. (2003) 'The Culture War is Over: The Shoulder Shruggers have Won', *The Times*, 4 July, 22.
· Sieghart, M.A. (2005) 'Happily, Everyday is Father's Day for more Families Now', *The Times*, T2, 16 June, 2.
· Sieghart, M.A. (2006) 'Can't Muslim Men Control their Urges', *The Times*, T2, 2 November, 7.
· Shiu-Ki, T.K (2004) 'Queer at your own Risk: Marginality, Community and Hong Kong Gay Male Bodies', *Sexualities* 7 (1), February, 5-30.
· Silva, E.B. and Smart, C. (eds) (1999) *The New Family?*, London: Sage.
· Simon, W. (1996) *Postmodern Sexualities*, London and New York: Routledge.
· Simon, W. (2003) 'The Postmodernization of Sex', in Weeks *et al.* (eds) 2003, 22-32.
· Sinfield, A. (1989) *Literature, Politics and Culture in Postwar Britain*, Oxford: Blackwell.
· Sinfield, A. (2005) 'Rape and Rights: Measure for Measure and the Limits of Cultural Imperialism', in Bamforth 2005, 140-58.
· Skeggs, B. (1997) *Formations of Class and Gender: Becoming Respectable*, London, Thousand Oaks, CA, and New Delhi: Sage.
· Smart, C. (2006) 'Children's Narratives of Post-divorce Family Life: From Individual Experience to an Ethical Disposition', *The Sociological Review* 54 (1), February, 155-70.

・Scott, J. (1998) 'Changing Attitudes to Sexual Morality: A Cross-national Comparison', *Sociology* 32, 815-45.
・Scott, J. (1999) 'Family Change: Revolution or Backlash in Attitudes?', in McRae (ed.) 1999, 68-99.
・Scott, J., Treas, J. and Richards, M. (eds) (2004) *The Blackwell Companion to the Sociology of the Family*, Oxford, and Malden, MA: Blackwell.
・Scott-Clark, C. and Levy, A. (2005) 'Where it's Really Hurting', *Guardian Weekend*, 10 September, 24-33.
・Scruton, R. (2005) *Gentle Regrets: Thoughts from a Life*, London and New York: Continuum.
・Scruton, R. (2006) *England: An Elegy*, London and New York: Continuum.
・Seabrook, J. (1999) *Love in a Different Climate: Men who have Sex with Men in India*, London and New York: Verso.
・Seabrook, J. (2001) *Travels in the Skin Trade: Tourism and the Sex Industry* (2nd edn), London: Pluto Press.
・Sedgwick, E.K. (1990) *Epistemology of the Closet*, Berkeley and Los Angeles: University of California Press.（= 1999，外岡尚美訳『クローゼットの認識論――セクシュアリティの 20 世紀』青土社.）
・Segal, L. (1987) *Is the Future Female? Troubled Thoughts on Contemporary Feminism*, London: Virago.（= 1989，織田元子訳『未来は女のものか』勁草書房.）
・Segal, L. (1990) *Slow Motion: Changing Masculinities, Changing Men*, London: Virago.
・Segal, L. (1999) *Why Feminism?*, Cambridge: Polity Press.
・Segal, L. (2003) 'Only the Literal: The Contradictions of Anti-pornography Feminism', in Weeks *et al.* (eds) 2003, 95-104.
・Segal, L. (2004) 'New Battlegrounds: Genetic Maps and Sexual Politics', in Brooks-Gordon *et al.* (eds) 2004, 65-84.
・Segal, L. (2006) Contribution to 'Seven Ages of Women', *Guardian G2*, 27 March, 18.
・Segal, L. and Mcintosh, M. (eds) (1992) *Sex Exposed: Sexuality and the Pornography Debates*, London: Virago.
・Seidman, S. (ed.) (1999) *Queer Theory/Sociology*, Oxford: Blackwell.
・Seidman, S. (2002) *Beyond the Closet: The Transformation of Gay and Lesbian Life*, London and New York: Routledge.
・Seidman, S. (2005) 'From Outsider to Citizen', in Bernstein and Schaffner (eds) 2005, 225-46.
・Seidman, S., Meeks, C. and Traschen, F. (1999) 'Beyond the Closet? The Changing Social Meanings of Homosexuality in the United States', *Sexualities* 2 (1), February, 9-34.
・Sennett, R. [1977] (1992) *The Fall of Public Man*, New York: W. W. Norton.（=1991，北山克彦・高階悟訳『公共性の喪失』晶文社.）
・Sennett, R. (2003) *Respect: The Formation of Character in a World of Inequality*,

· Rowlingson, K. and McKay, S. (2005) 'Lone Motherhood and Socio-economic Disadvantage: Insights from Quantitative and Qualitative Evidence', *The Sociological Review* 5 (1), February, 30-49.
· Rubin, G. (1984) 'Thinking Sex: Notes for a Radical Theory of the Politics of Sexuality', in Vance (ed.) 1984, 267-319.
· Rubin, H.S. (1999) 'Trans Studies: Between a Metaphysics of Presence and Absence', in More and Whittle (eds) 1999, 174-92.
· Rubin, L. (1985) *Just Friends. The Role of Friendship in Our Lives*, New York: Harper & Row.
· Rutherford, J. (2005) 'How We Live Now', *Soundings: A Journal of Politics and Culture* 30, summer, 9-14.
· Ruthven, M. (2004) *Fundamentalism: The Search for Meaning*, Oxford: Oxford University Press.（= 2006, 中村圭志訳『ファンダメンタリズム』岩波書店.）
· Ryan, A. (2001) 'Feminism and Sexual Freedom in an Age of AIDS', *Sexualities* 4 (1), February, 91-107.
· Ryan-Flood, R. (2005) 'Contested Heteronormativities: Discourses of Fatherhood among Lesbian Parents in Sweden and Ireland', *Sexualities* 8 (2), April, 189-204.
· Saffron, L. (1994) *Challenging Conceptions: Planning a Family by Self-insemination*, London and New York: Cassell.
· Saffron, L. (1996) *What About the Children? Sons and Daughters of Lesbians and Gay Parents Talk about their Lives*, London and New York: Cassell.
· Sanchez Taylor, J. (2006) 'Female Sexual Tourism: A Contradiction in Terms?', *Feminist Review* 83, 42-58.
· Sandbrook, D. (2005) *Never Had It So Good: A History of Britain from Suez to the Beatles*, London: Little, Brown.
· Sandbrook, D. (2006) *White Heat: A History of Britain in the Swinging Sixties*, London: Little, Brown.
· Saunders, P. (2005) 'Identity to Acronym: How "Child Prostitution" became "CSEC"', in Bernstein and Schaffler (eds) 2005, 167-188.
· Savage, J. (2006) 'Meek by Name, Wild by Nature', *Observer Music Monthly* 39, November, 66-74.
· Scheper-Hughes, N. and Devine, J. (2003) 'Priestly Celibacy and Child Sex Abuse', *Sexualities* 6 (1), 15-40.
· Schlichter, A. (2004) 'Queer at Last? Straight Intellectuals and the Desire for Transgression', *GLQ: A Journal of Lesbian and Gay Studies* 10 (4), 543-64.
· Schneider, S.J. (ed.) (2005) *1001 Movies You Must See Before You Die*, London: Cassell Illustrated.
· Schofield, M. (1973) *The Sexual Behaviour of Young Adults*, London: Allen Lane.
· Schuster, L. and Solomos, J. (2004) 'New Directions or "The Same Old Story"? New Labour's Policies on Race Relations, Immigration and Asylum', in Steinberg and Johnson (eds) 2004, 81-95.

in Aaron *et al.* (eds) 1994, 214-27.
· Robinson, K., Taher, A. and Elliott, J. (2006) 'A Veiled Threat?', Sunday Times, 8 October, 13.
· Robinson, P.A. (1972) *The Sexual Radicals: Reich, Roheim, Marcuse*, London: Paladin.
· Robinson, P.A. (2005) *Queer Wars: The New Gay Right and its Critics*, Chicago, IL, and London: University of Chicago Press.
· Rodgerson, G. and Wilson, E. (eds) (1991) *Pornography and Feminism: The Case Against Censorship, by Feminists against Censorship*, London: Lawrence and Wishart.
· Roedy, B. (2005) 'Global Effort to Beat the HIV Pandemic', *Guardian Media*, 5 December, 2.
· Rorty, R. (1989) *Contingency, Irony and Solidarity*, Cambridge: Cambridge University Press.（= 2000, 齋藤純一・山岡龍一・大川正彦訳『偶然性・アイロニー・連帯――リベラル・ユートピアの可能性』岩波書店.）
· Rose, D. (2006) 'Sex with many Partners? No Thanks, we're British', *The Times*, 1 November, 29.
· Rose, H. (1996) 'Gay Brains, Gay Genes, and Feminist Science Theory', in Weeks and Holland (eds) 1996, 53-72.
· Rose, H., Rose, S. and Jencks, C. (eds) (2001) *Alas, Poor Darwin: Escaping Evolutionary Psychology*, New York and London: Vintage Press.
· Rose, N. (1998) *Inventing Our Selves: Psychology, Power and Personhood*, Cambridge: Cambridge University Press.
· Rose, N. (1999) *Governing the Soul: The Shaping of the Private Self* (2nd edn), London and New York: Free Associations Books.
· Roseneil, S. (2000) 'Queer Frameworks and Queer Tendencies: Towards an Understanding of Postmodern Transformations of Sexuality', *Sociological Research Online* 5 (3) at http://www.socresonline.org.uk/5/3/roseneil.html.
· Roseneil, S. (2004) 'Why We Should Care About Friends: An Argument for Queering the Care Imaginary in Social Policy', *Social Policy and Society* 3 (4), 409-19.
· Roseneil, S. (2006) 'On Not Living with a Partner: Unpicking Coupledom and Cohabitation'. *Social Research Online* 11 (3) at http://www.socresonline.org.uk/11/3/roseneil.html.
· Roseneil, S. and Budgeon, S. (2004) 'Beyond the Conventional Family: Intimacy, Care and Community in the 21st Century', Current Sociology 52 (2), 135-59.
· Rothblum, E.D. (2005) 'Same-sex Marriage and Legalized Relationships: I do, or do I?', *Journal of GLBT Family Studies* 1 (1), 21-31.
· Rowbotham, S. (1973) *Women's Consciousness,Man's World*, Harmondsworth: Pelican.
· Rowbotham, S. (2001) *Promise of a Dream: Remembering the Sixties*, London and New York: Verso.

・Reiche, R. (1979) *Sexuality and the Class Struggle*, London: New Left Books.
・Renton, A. (2005) 'Learning the Thai Sex Trade', *Prospect*, May, 56-62.
・Reynolds, R. (1999) 'Postmodernizing the Closet', *Sexualities* 2 (3), August, 346-9.
・Reynolds, R. (2002) *From Camp to Queer: Remaking the Australian Homosexual*, Melbourne: Melbourne University Press.
・Reynolds, T. (2001) 'Caribbean Fathers in Family Lives in Britain', in Goulbourne and Chamberlain (eds) 2001a, 133-54.
・Reynolds, T. (2004) *Caribbean Families, Social Capital and Young People's Diasporic Identities*, Families and Social Capital ESRC Research Group, Working Paper 11, London: London South Bank University.
・Reynolds, T. (2005) *Caribbean Mothers: Identity and Experience in the UK*, London: Tufnell Press.
・Ribbens McCarthy, J., Edwards, R. and Gillies, V. (2003) *Making Families: Moral Tales of Parenting and Step-parenting*, Durham: Sociology Press.
・Rich, A. (1984) 'On Compulsory Heterosexuality and Lesbian Existence', in Snitow *et al.* (eds) 1984, 212-41.
・Richards, M. (2004) 'Assisted Reproduction, Genetic Technologies', in Scott *et al.* (eds) 2004, 478-98.
・Richardson, D. (1987) *Women and the AIDS Crisis*, London: Pandora.（= 1987, 翻訳工房「とも」訳『女性とエイズ』新水社.）
・Richardson, D. (ed.) (1996) *Theorising Heterosexuality: Telling it Straight*, Buckingham, and Philadelphia, PA: Open University Press.
・Richardson, D. (2000a) *Rethinking Sexuality*, London, and Thousand Oaks, CA: Sage.
・Richardson, D. (2000b) 'Claiming Citizenship? Sexuality, Citizenship and Lesbian/Feminist Theory', *Sexualities* 3 (2), May, 255-72.
・Richardson, D. (2004) 'Locating Sexualities: From Here to Normality', *Sexualities* 7 (4), 391-411.
・Richardson, D. and Seidman, S. (2002) *Handbook of Lesbian and Gay Studies*, London, Thousand Oaks, CA, and New Delhi: Sage.
・Riddell, P. (2004) 'On God and Sex there is a Moral Divide between Britain and US', *The Times*, 10 November, 17.
・Ridge, D.T. (2004) '"It was an Incredible Thrill": The Social Meanings and Dynamics of Younger Men's Experiences of Barebacking in Melbourne', *Sexualities* 7 (3), August, 259-79.
・Ridley, M. (2003) *Nature via Nurture*, London: Fourth Estate.（= 2004, 中村桂子・斉藤隆央訳『やわらかな遺伝子』紀伊國屋書店.）
・Rights Of Women Custody Group (1986) *Lesbian Mothers' Legal Handbook*, London: The Women's Press.
・Riley, D. (1988) *'Am I That Name?' Feminism and the Category of 'Women'*, London: Macmillan.
・Roberts, G. (1994) 'The Cost of Community: Women in Raymond Williams's Fiction',

・Plummer, K. (ed.) (1992) *Modern Homosexualities: Fragments of Lesbian and Gay Experience*, London and New York: Routledge.
・Plummer, K. (1995) *Telling Sexual Stories: Power, Change and Social Worlds*, London: Routledge.（= 1998, 桜井厚・好井裕明・小林多寿子訳『セクシュアル・ストーリーの時代——語りのポリティクス』新曜社.）
・Plummer, K. (1999) 'The Lesbian and Gay Movement in Britain: Schism, Solidarities and Social Worlds', in Adam *et al.* (eds) 1999a, 133-57.
・Plummer, K. (2003) *Intimate Citizenship: Private Decisions and Public Dialogues*, Seattle: University of Washington Press.
・Plummer, K. (2004) 'Social Worlds, Social Change and the Rise of the New Sexualities Theories', in Brooks-Gordon *et al.* (eds) 2004, 39-64.
・Porter, R. and Hall, L. (1995) *The Facts of Life: The Creation of Sexual Knowledge in Britain, 1650-1950*, New Haven, CT, and London: Yale University Press.
・Porter, R. and Teich, M. (eds) (1994) *Sexual Knowledge, Sexual Science: The History of Attitudes to Sexuality*, Cambridge: Cambridge University Press.
・Povinelli, E.A. and Chauncey, G. (1999) 'Thinking Sexuality Transnationally: An Introduction', *QLQ: A Journal of Lesbian and Gay Studies* 5 (4), 439-49.
・Power, L. (1995) *No Bath But Plenty of Bubbles: An Oral History of the Gay Liberation Front 1970-73*, London: Cassell.
・Probert, R. (2001) 'From Lack of Status to Contract: Assessing the French Pacte Civil de Soldarite', *Journal of Social Welfare and Family Law* 23 (3), 257-69.
・Prosser, J. (1999) 'Exceptional Locations: Transsexual Travelogues', in More and Whittle (eds) 1999, 83-114.
・Putnam, R.D. (2001) *Bowling Alone: The Collapse and Revival of American Community*, New York, London, Toronto, Sydney and Singapore: A Touchstone Book, Simon & Schuster.（= 2006, 柴内康文訳『孤独なボウリング——米国コミュニティの崩壊と再生』柏書房.）
・Rahman, M. (1998) 'Sexuality and Rights: Problematizing Lesbian and Gay Rights', in Carver and Mottier (eds) 1998, 79-90.
・Rahman, M. (2000) *Sexuality and Democracy*, Edinburgh: Edinburgh University Press.
・Rajan, R. S. (2005) 'Women's Human Rights in the Third World', in Bamforth 2005, 119-36.
・Rajasingham, D. (1995) 'On Mediating Multiple Identities: The Shifting Field of Women's Sexualities within the Community, State and Nation', in Schuler, M.A. (ed.) *From Basic Needs to Basic Rights: Women's Claim to Human Rights*, Washington, DC: Women, Law and Development International, 233-48.
・Raymond, J. (1979) *The Transsexual Empire*, Boston, MA: Beacon Press.
・Reavey, P. and Warner, S. (eds) (2003) *New Feminist Stories of Child Sexual Abuse: Sexual Scripts and Dangerous Dialogues*, London and New York: Routledge.
・Rees, T. (1994) 'Women and Paid Work in Wales', in Aaron *et al.* (eds) 1994, 89-106.

· Parker, R. (1991) *Bodies, Pleasures and Passions: Sexual Culture in Contemporary Brazil*, Boston, MA: Beacon Press.
· Parker, R. (1999) *Beneath the Equator: Cultures of Desire, Male Homosexuality and emerging Gay Communities in Brazil*, London and New York: Routledge.
· Parker, R. and Aggleton, P. (eds) (1999) *Culture, Society and Sexuality: A Reader*, London: UCL Press.
· Parker, R., Barbosa, R.M. and Aggleton, P. (eds) (2000) *Framing the Sexual Subject: The Politics of Gender, Sexuality, and Power*, Berkeley, Los Angeles and London: University of California Press.
· Parnell, M. (1997) *Laughter from the Dark: A Life of Gwyn Thomas*, Bridgend: Seren.
· Patton, C. (2000) 'Migratory Vices', in Patton and Sanchez-Eppler (eds) 2000, 15-37.
· Patton, C. and Sanchez-Eppler, B. (eds) (2000) *Queer Diasporas*, Durham, NC, and London: Duke University Press.
· Petchesky, R. (2000) 'Sexual Rights: Inventing a Concept, Mapping an International Practice', in Parker *et al.* (eds) 2000, 81-103.
· Petchesky, R. (2003) 'Negotiating Reproductive Rights', in Weeks *et al.* (eds) 2003, 227-40.
· Petchesky, R. and Judd, J. (eds) (1998) *Negotiating Reproductive Rights: Women's Perspectives Across Countries and Cultures*, London: Zed Books.
· Phelan, S. (2001) *Sexual Strangers: Gays, Lesbians, and Dilemmas of Citizenship*, Philadelphia, PA: Temple University Press.
· Phillips, C. (2004) 'Kingdom of the Blind', *Guardian Review*, 17 July, 4-6.
· Phillips, M. (1999) *The Sex-change Society: Feminised Britain and Neutered Male*, London: The Social Market Foundation.
· Phillips, M. (2006) *Londonistan: How Britain is Creating a Terror State Within*, London: Gibson Square Books.
· Phillips, O. (2000) 'Constituting the Global Gay: Issues of Individual Subjectivity and Sexuality in Southern Africa', in Stychin and Herman (eds) 2000, 17-34.
· Phillips, O. (2003) 'Zimbabwean Law and the Production of a White Man's Disease', in Weeks *et al.* (eds) 2003, 162-73.
· Phillipson, M. (1989) *In Modernity's Wake: The Ameurunculus Letters*, London: Routledge.
· Pilcher, J. (1994) 'Who Should Do the Dishes? Three Generations of Welsh Women Talking about Men and Housework', in Aaron *et al.* (eds) 1994, 31-47.
· Playdon, Z-J. (2004) 'Intersecting Oppressions: Ending Discrimination Against Lesbians, Gay Men and Trans People in the UK', in Brooks-Gordon *et al.* (eds) 2004, 131-54.
· Plummer, K. (1975) *Sexual Stigma: An Interactionist Account*, London: Routledge & Kegan Paul.
· Plummer, K. (ed.) (1981) *The Making of the Modern Homosexual*, London: Hutchinson.

simultaneously as a special issue of *Journal of Lesbian Studies* 3 (1/2) 1999.
· Nagel, J. (2003) *Race, Ethnicity and Sexuality: Intimate Intersections, Forbidden Frontiers*, New York and Oxford: Oxford University Press.
· Nardi, P. (1992) 'That's What Friends Are For: Friends As Family In The Lesbian And Gay Community', in Plummer (ed.) 1992.
· Nardi, P. (1999) *Gay Men's Friendships: Inuincible Communities*, Chicago, IL: Chicago University Press.
· Neale, P.R. (1998) 'Sexuality and the International Conference on Population and Development. The Catholic Church in International Politics', in Carver and Mottier (eds) 1998, 147-57.
· Nussbaum, M. (1999) *Sex and Social Justice*, New York and Oxford: Oxford University Press.
· Observer (2002) 'The Uncovered Poll', *Observer*, 'Sex Uncovered' Supplement, 27 October, 10-19.
· O'Connell Davidson, J. (1998) *Prostitution, Power and Freedom*, Cambridge: Polity Press.
· O'Connell Davidson, J. (2001) 'The Sex Tourist, the Expatriate, his Ex-wife, and her "Other: The Politics of Loss, Difference and Desire', *Sexualities* 4 (1), 6-24.
· O'Connell Davidson, J. (2003) 'Power, Consent and Freedom', in Weeks *et al.* (eds) 2003, 204-15.
· O'Connell Davidson, J. (2005) *Children in the Global Sex Trade*, Cambridge: Polity Press.
· O'Connell Davidson, J. (2006) 'Will the Real Sex Slave Stand Up?', *Feminist Review* 83, 4-22.
· O'Connell Davidson, J. and Sanchez Taylor, J. (2005) 'Travel and Taboo: Heterosexual Sex Tourism to the Caribbean', in Bernstein and Schaffter (eds) 2005, 83-100.
· Okin, S.M. (2005) 'Women's Human Rights in the Late Twentieth Century: One Step Forward, Two Steps Back', in Bamforth 2005, 83-118.
· O'Leary, P. (2004) 'Masculine Histories: Gender and the Social History of Modern Wales', *Welsh History Review* 22 (2), 252-77.
· ONS (2006) *Social Trends* 36, London: Office of National Statistics/Palgrave.
· Oosterhuis, H. (2000) *Stepchildren of Nature: Krafft-Ebing, Psychiatry and the Making of Sexual Identity*, Chicago, IL, and London: University of Chicago Press.
· O'Riordan, K. (2005) 'From Usenet to Gaydar: A Comment on Queer Online Community', *ACM SIDDROUP Bulletin* 25 (2), 28-32.
· Ortiz-Hernandez, L. and Granados-Cosme, J. A. (2006) 'Violence against Bisexuals, Gays and Lesbians in Mexico City', *Journal of Homosexuality* 50 (4), 113-40.
· Page, J. (2006) 'Gay Pride Takes a Fall amid Fears and Threats', *The Times*, 27May,43.
· Pahl, R. (2000) *On Friendship*, Cambridge: Polity Press.
· Pant, S. (2005) 'Traffiking ofBoys', *Pukaar* 50, July, 5.

· Mendes-Leite, R. and Banens, M. (2006) *Vivre avec le VIH*, Paris: Calman-Levy.
· Mercer,K. (1994) *Welcome to the Jungle : New Positions in Blacll Cultural Studies*, London and New York: Routledge.
· Merin, Y. (2002) *Equality for Same Sex Couples*, Chicago, IL: Chicago University Press.
· Miller, A. M. (2000) 'Sexual but not Reproductive: Exploring the Junctions and Disjunctions of Sexual and Reproductive Rights', *Health and Human Rights* 4 (2), 68-109.
· Mirza, H.S. (1997) *Black British Feminism: A Reader*, London and New York: Routledge.
· Mitchell, J. (1973) *Women's Estate*, Harmondsworth: Penguin.
· Mohanty, C.T., Russo, A. and Torres, L. (eds) (1991) *Third World Women and the Politics of Feminism*, Bloomington: Indiana University Press.
· Moran, L. (1995) 'The Homosexualization of English Law', in Herman and Stychin (eds) 1995, 3-28.
· Moran, L. and Skeggs, B., with Tyrer, P. and Corteen, K. (2004) Sexuality and the Politics of Violence and Safety, London and New York: Routledge.
· More, K. and Whittle, S. (eds) (1999) Reclaiming Genders: Transsexual Grammar at the fin de siecle, London and New York: Cassell.
· Morgan, D. (1999) 'What Does a Transsexual Want? The Encounter between Psychoanalysis and Transsexualism', in More and Whittle (eds) 1999, 219-239.
· Morgan, D.H.J. (1996) *Family Connections*, Cambridge: Polity Press.
· Morgan, D.H.J. (1999) 'Risk and Family Practices: Accounting for Change and Fluidity in Family Life', in Silva and Smart (eds) 1999, 13-30.
· Morgan, D.H.J. (2004a) 'Men in Families and Households', in Scott *et al.* (eds) 2004, 374-94.
· Morgan, D.H.J. (2004b) 'The Sociological Significance of Affairs', in Duncombe *et al.* (eds) 2004, 15-34.
· Morgan, P. (1995) *Farewell to the Family? Public Policy and Family Breakdown in Britain and the USA*, London: Institute of Economic Affairs, Health and Welfare Unit.
· Morgan, P. (2006) 'Where Marriage is a Dirty Word', *Sunday Times*, 'News Review', 19 February, 7.
· Mort, F. (1996) *Cultures of Consumption: Masculinities and Social Space in late Twentieth-century Britain*, London and New York: Routledge.
· Mort, F. (1999) 'Mapping Sexual London: The Wolfenden Committee on Homosexual Offences and Prostitution, 1954-7', *New Formations* 37, 92-113.
· Mowbray, N. (2006) 'Now We can All Play Happy "Framilies"', *Observer*, 9 April,19.
· Muir, H. (2006) '6500 Couples Opt for Civil Partnerships but Ceremony Creates New Problems', *Guardian*, 8 August, 7.
· Munson, M. and Stelboum, J.P. (eds) (1999) *The Lesbian Polyamory Reader: Non-monogamy and Casual Sex*, New York and London: Harrington Park Press. Published

・McGhee, D. (2003) 'Moving to "Our" Common Ground - A Critical Examination of Community Cohesion Discourse in Twenty-first Century Britain', *The Sociological Review* 51 (3), 376-404.
・McGhee, D. (2004) 'Beyond Toleration: Privacy, Citizenship and Sexual Minorities in England and Wales', *The British Journal of Sociology* 55 (3), 357-75.
・McGhee, D. (2005) *Intolerant Britain: Hate, Citizenship and Difference*, Berkshire: Open University Press.
・McIntosh, M. (1981) 'The Homosexual Role', in Plummer (ed.) 1981, 30-49.
・Mackenzie, G.O. (1999) '50 Billion Galaxies of Gender: Transgendering the Millennium', in More and Whittle (eds) 1999, 193-218.
・McKittrick, D. (2002) 'Child Sex Abuse Scandals Risk Meltdown of lrish Church', *Independent*, 9 November, 13.
・McLaren, A. (1999) *Twentieth-century Sexuality: A History*, Oxford: Blackwell.
・McLaughlin, D. (2006) 'Homophobia seeps across new EU', *Observer*, 12 March, 40.
・McRae, S. (ed.) (1999) *Changing Britain:Families and Households in the 1990s*, Oxford: Oxford University Press.
・McWhirter, D. and Mattison, A.M. (1984) *The Male Couple: How Relntinnships Develop*, Princeton, NJ: Prentice Hall.
・Maffesoli, M. (1995) *The Time of Tribes: The Decline of Individualism in Mass Society*, London and New Delhi: Sage.
・Magee, B. (1966) *One in Twenty*, London: Secker & Warburg.
・Mansfield, P. and Collard, J. (1988) *The Beginning of the Rest of Your Life: A Portrait of Newly Wed Marriage*, London: Macmillan.
・Marcuse, H. (1969) *Eros and Civilization*, London: Sphere Books.（= 1958, 南博訳『エロス的文明』紀伊國屋書店.）
・Marcuse, H. (1972) *One-dimensional Man*, London: Abacus.（= 1974, 生松敬三・三沢謙一訳『一次元的人間』河出書房新社.）
・Markwell, K. (2002) 'Mardi Gras Tourism and the Construction of Sydney as an International Gay and Lesbian City', *GLQ: A Journal of Lesbian and Gay Studies* 8 (1-2), 81-100.
・Marshall, T.H. (1950) *Citizenship and Social Class, and Other Essays*, Cambridge: Cambridge University Press.
・Martin, J.l. (2006) 'Transcendence among Gay Men: Implications for HIV Prevention', *Sexualities* 9 (2), April, 214-35.
・Marwick, A. (1998) *The Sixties: Cultural Revolution in Britain, France, Italy, and the United States*, c. 1958-c. 1974, Oxford and New York: Oxford University Press.
・Mason, J. (2004) 'Personal Narratives, Relational Selves: Residential Histories in the Living and Telling', *The Sociological Review* 52 (2), May, 162-79.
・Melucci, A. (1989) *Nomads of the Present: Social Movements and Individual Needs in Contemporary Society*, London: Radius.（= 1997, 山之内靖・貴堂嘉之・宮崎かすみ訳『現在に生きる遊牧民（ノマド）―― 新しい公共空間の創出に向けて』岩波書店.）

of the Construction of Sadomasochistic Identities', *Sexualities* 7(1), February, 31-53.
・Lasch, C. (1985) The Minimal Self: Psychic Suruiual in Troubled Times, NewYork: W.W. Norton.（= 1986, 石川弘義・山根三沙・岩佐祥子訳『ミニマルセルフ――生きにくい時代の精神的サバイバル』時事通信社.）
・Laslett, P. (1965) The World We Have Lost, London: Methuen.（= 1986, 川北稔・指昭博・山本正訳『われら失いし世界――近代イギリス社会史』三嶺書房.）
・Leap, W.L. (ed.) (1999) *Public Sex, Gay Space*, New York: Columbia University Press.
・Lewin, E. (1984) 'Lesbianism and Motherhood: Implications for Child Custody', in Dary, T. and Potter, S. (eds) *Women-identified-women*, Palo Alto, CA: Mayfield Publishing.
・Lewin, E. (1993) *Lesbian Mothers: Accounts of Gender In American Culture*, Ithaca and London: Cornell University Press.
・Lewin, E. (1998) *Recognizing Ourselves: Ceremonies of Lesbian and Gay Commitment*, New York: Columbia University Press.
・Lewis, E.D. (1980) 'Population Changes and Social Life 1860 to 1914', in Hopkins (ed.) 1980, 110-128.
・Lewis, J. (1980) *The Politics of Motherhood: Child and Maternal Welfare in Britain, 1900-1939*, London: Croom Helm.
・Lewis, J. (1982) *Women in England 1870-1950*, Brighton: Harvester Press.
・Lewis, J. (2001) *The End of Marriage? lndividualism and intimate Relations, Cheltenham, and Northampton*, MA: Edward Elgar.
・Lexington (2006) 'Deconstructing the God Squad', *The Economist*, 21 October, 66.
・Liddle, K. and Liddle, B.J. (2004) 'In the Meantime: Same-sex Ceremonies in the Absence of Legal Recognition', *Feminism and Psychology* 14(1), February, 52-6.
・Lister , D. (2006) 'Boy Charged over 11-year-old's Pregnancy', *The Times*, 13 May, 23.
・Loe, M. (2004) *The Rise of Viagra: How the Little Blue Pill Changed Sex in America*, New York and London: New York University Press.（= 2009, 青柳伸子訳『バイアグラ時代――"魔法のひと粒"が引き起こした功罪』作品社.）
・London Gay Liberation Front (1971) *Manifesto*, London: Gay Liberation Front.
・Long, S. (2005) 'A Letter from Scott Long', *Pukaar* 49, April, 13.
・Loseka, D.R. (2003) '"We hold these Truths to be Self-evident": Problems in Pondering the Paedophile Priest Problem', *Sexualities* 6 (1), February, 6-14.
・Luongo, M. (2002) 'Rome's World Pride: Making the Eternal City an International Tourist Destination', *GLQ: A Journal of Lesbian and Gay Studies* 8 (1-2), 167-82.
・Lusher, T. (2006) 'Straight Talk', *Guardian* 2, 7 June, 7.
・Mabry,J.B.and Bengtson,V.L. (2004) 'Generations, the Life Course, and Family Change', in Scott *et al.* (eds) 2004, 87-108.
・McCreery, P. (2004) 'Innocent Pleasures? Children's Sexual Politics', *GLQ: A Journal of Lesbian and Gay Studies* 10 (4), 617-30.
・McGhee, D. (2001) *Homosexuality, Law and Resistance*, London and New York: Routledge.

・Jones, D. (1991) 'Counting the Cost of Coal: Women's Lives in the Rhondda, 1881-1911', in John (ed.) 1991, 109-34.
・Jones, S. (2002) *Y: The Descent of Men*, New York and London: Little, Brown.（= 2004, 岸本紀子・福岡伸一訳『Yの真実――危うい男たちの進化論』化学同人.）
・Journal of Homosexuality (2002) 'The Drag King Anthology', 43 (3/4).
・Journal of Homosexuality (2004) 'The Drag Queen Anthology: The Absolutely Fabulous but Flawlessly Customary World of Female Impersonators', 46 (3/4).
・Jowell, R., Witherspoon, S. and Brook, L. (eds) (1988) *British Social Attitudes: The 5th Report*, Aldershot: Gower.
・Kantsa, V. (2002) '"Certain Places Have Different Energy": Spatial Transformations in Eresos, Lesvos', GLQ: A Journal of Lesbian and Gay Studies 8 (1-2), 35-56.
・Katz, J.N. (1995) *The Invention of Heterosexuality*, New York: Dutton.
・Kaufmann, E. (2006) 'Breeding for God', *Prospect*, November, 26-30.
・Khan, S. (2006) 'Why Muslim Women Should Thank Straw', *The Times*, 9 October, 21.
・King, D. (2003) 'Gender Migration: A Sociological Analysis (or The Leaving of Liverpool)', *Sexualities* 6 (2), May, 173-94.
・King, E. (1993) *Safety in Numbers: Safer Sex and Gay Men*, London and New York: Cassell.
・Kinsey, A, Pomeroy, W.B. and Martin, C. (1948) *Sexual Behavior in the Human Male*, Philadelphia, PA: W.B. Saunders.
・Kinsey, A., Pomeroy, W.B., Martin, C. and Gebhard, P.H. (1953) *Sexual Behavior in the Human Female*, Philadelphia, PA: W.B. Saunders.
・Kitzinger, C. and Wilkinson, S. (2004) 'The Re-branding of Marriage: Why We got Married Instead of Registering a Civil Partnership', *Feminism and Psychology* 14 (1), February, 127-50.
・Kitzinger, C. and Wilkinson, S. (2006) 'Genders, Sexualities and Equal Marriage Rights', *Lesbian and Gay Psychology Review* 7 (2), 174-9.
・Klesse, C. (2005) 'Bisexual Women, Non-monogamy and Differentialist Anti-promiscuity Discourses', *Sexualities* 8 (4), October, 445-64.
・Klesse, C. (2006) 'Heteronormativity, Non-monogamy and the Marriage Debate in the Bisexual Movement', *Lesbian and Gay Psychology Reuiew* 7 (2), 162-73.
・Knowles, C. and Mercer, S. (1992) 'Feminism and Antiracism: An Exploration of Political Possibilities', in Donald and Rattansi (eds) 1992, 104-25.
・Kulick, D. (1998) *Trauesti: Sex, Gender and Culture Among Brazilian Trarisgendered Prostitutes*, Chicago, IL and London: University of Chicago Press.
・Kulick, D. (2005) 'Four Hundred Thousand Swedish Perverts', *GLQ: A Journal of Lesbian and Gay Studies* 11 (2), 205-35.
・Lancaster, R. (2003) *The Trouble with Nature: Sex in Science and Popular Culture*, Berkeley, Los Angeles and London: University of California Press.
・Langdridge, D. and Butt, T. (2004) 'A Hermeneutic Phenomenological Investigation

· Jackson, S. (2000) *Heterosexuality in Question, London, Thousand Oaks*, CA, New Delhi: Sage.
· Jackson, S. and Scott, S. (2004a) 'Sexual Antinomies in Late Modernity', *Sexualities* 7 (2), May, 233-48.
· Jackson, S. and Scott, S. (2004b) 'The Personal is still Political: Hetero-normativity, Feminism and Monogamy', *Feminism and Psychology* 14 (1), February, 151-7.
· Jakobsen, J.R. and Kennedy, E.L. (2005) 'Sex and Freedom', in Bernstein and Schaffner (eds) 2005, 247-70.
· Jamieson, L. (1998) Intimacy: Personal Relationships in Modern Societies, Cambridge: Polity Press.
· Jamieson, L. (1999) 'Intimacy Transformed: A Critical Look at the "Pure Relationship"', *Sociology* 33 (3): 447-94.
· Jamieson, L. (2004) 'Intimacy, Negotiated Monogamy, and the Limits of the Couple', in Duncombe *et al.* (eds) 2004, 35-58.
· Jay, M. (1973) The Dialectical Imagination: A History ofthe Frankfurt School and the Institute of Social Research, London: Hutchinson.（= 1975, 荒川幾男訳『弁証法的想像力――フランクフルト学派と社会研究所の歴史：1923-1950』みすず書房.）
· Jeffreys, S. (1990) Anti-climax: A Feminist Perspective on the Sexual Revolution, London: The Women's Press.
· Jeffreys, S. (1993) *The Lesbian Heresy*, London: The Women's Press.
· Jenkins, P. (1998) *Moral Panic: Changing Concepts of the Child Molester in Modern America*, New Haven, CT: Yale University Press.
· Jennings, R. (2004) 'Lesbian Voices: The Hall Carpenter Oral History Archive and Post-war British Lesbian History', *Sexualities* 7 (4), November, 430-45.
· Jennings, R. (2006) 'The Gateways Club and the Emergence of a post-Second World War Lesbian Subculture', *Social History* 31 (2), May, 206-25.
· John, AV. (ed.) (1991) *Our Mother's Land: Chapters in Welsh Women's History 1830-1939*, Cardiff: University of Wales Press.
· Johnson, AM., Mercer, C.H. and Erens, B. (2001) 'Sexual Behaviour in Britain: Partnerships, Practices, and HIV Risk Behaviours', *The Lancet*, vol. 358 (9296), 1 December, 1835-42.
· Johnson, M. (2003) 'Anomalous Bodies: Transgenderings and Cultural Transformation', in Weeks *et al.* (eds) 2003, 105-18.
· Johnson, M.H. (2004) 'A Biological Perspective on Human Sexuality', in Brooks-Gordon *et al.* (eds) 2004, 155-86.
· Johnson, P. (2004) 'Haunting Heterosexuality: The Homo/Het Binary and Intimate Love', *Sexualities* 7 (2), May, 183-200.
· Johnson, P. (2005) *Love, Heterosexuality and Society*, Abingdon and New York: Taylor & Francis.
· Jones, C. (2005) 'Looking Like a Family: Bio-genetic Continuity in British Lesbian Families using Licensed Donor Insemination', *Sexualities* 8(2), April, 221-38.

(20th Anniversary edn), Berkeley, Los Angeles and London: University of California Press.（= 2000, 石川准・室伏亜希訳『管理される心――感情が商品になるとき』世界思想社.）
・Hochschild, A.R. (2003b) *The Commercialization of Intimate Life: Notes from Home and Work*, Berkeley and Los Angeles: University of California Press.
・Holden, A. (2004) *Makers and Manners: Politics and Morality in Post-war Britain*, London: Politico's.
・Holland, J., Weeks, J. and Gillies, V. (2003) 'Families, Intimacy and Social Capital', *Social Policy and Society* 2 (4), 339-48.
・Holland, J., Ramazanoglu, C., Sharpe, S. and Thomson, R. (1998) *The Male in the Head*, London: The Tufnell Press.
・Holland, J ., Thomson, R., Henderson, S., McGrellis, S. and Sharpe, S. (2000)
・'Catching Up, Wising Up, and Learning from Your Mistakes: Young People's Accounts of Moral Development', *International Journal of Children's Rights* 8: 271-94.
・Holmes, M. (2004) 'An Equal Distance? Individualization, Gender and Intimacy in Distance Relationships', *The Sociological Review* 52(2), May, 180-200.
・Holt, M. (2004) '"Marriage-like" or Married? Lesbian and Gay Marriage, Partnership and Migration', *Feminism and Psychology* 14 (1), February, 30-5.
・Home Office (1998) *Supporting Families: A Consultation Document*, London: HMSO.
・Hooper, J. (2005) 'Pope's Edict Prohibits Gay Priests', *Guardian*, 24 November, 19.
・Hopkins, K.S. (ed.) (1980) *Rhondda Past and Future*, Ferndale: Rhondda Borough Council.
・Houlbrook, M. (2005) *Queer London: Perils and Pleasures in the Sexual Metropolis, 1918-1957*, Chicago, IL and London: University ofChicago Press.
・Hoyle, B. (2006) 'Why Today's Singles are Logging on in the Search for Love at First Byte', *The Times*, 5 January, 6.
・Hubbard, P. (2001) 'Sex Zones: Intimacy, Citizenship and Public Space', *Sexualities* 4 (1), February, 51-71.
・Humphries, S. (1988) *A Secret World of Sex: Forbidden Fruit. The British Experience 1900-1950*, London: Sidgwick & Jackson.
・Inglehart, R. (1997) *Modernization and Postmodernization: Cultural, Economic and Political Change in 43 Countries*, Princeton, NJ: Princeton University Press.
・Irvine, J.M. (2002) *Talk about Sex: The Battles over Sex Education in the United States*, Berkeley: University of California Press.
・Jack, D. (2006) 'Stigma is the Real Assassin', *Guardian*, 3 August, 25.
・Jackman, M. (2006) 'I Was Smitten', *The Times* 2, 25 May, 5.
・Jackson, J. (2006) 'Sex, Politics and Morality in France, 1954-1982', *History Workshop Journal* 61, spring, 77-102.
・Jackson, S. (1998) 'Sexual Politics: Feminist Politics, Gay Politics and the Problem of Heterosexuality', in Carver and Mottier 1998, 68-78.

83, 1-3.
・Henderson, M. (2004) 'So it is Down to mother: Gay Gene Survives Because it Boosts Fertility', *The Times*, 13 October, 5.
・Henderson, M. (2006) 'Drug Companies "Inventing Diseases" to Boost their Profits', *The Times*, 11 April 5.
・Henderson S., Holland, J., McGrellis, S., Sharpe, S. and Thomson, R. (2007) *Inventing Adulthoods: A Biographical Approach to Youth Transitions*, London: Sage.
・Hennessy, P. (2006a) *Never Again: Britain 1945-51*, London: Penguin Books.
・Hennessy, P. (2006b) *Having it so Good: Britain in the Fifties*, London: AllenLane.
・Hennessy, R. (2000) *Profit and Pleasure: Sexual Identities in Late Capitalism*, New York and London: Routledge.
・Hennink, M., Diamond, I. and Cooper, P. (1999) 'Young Asian Women and Relationships: Traditional or Transitional?', *Ethnic and Racial Studies* 22 (5), September, 867-91.
・Herdt, G. (1994) *Guardians of the Flutes, Idioms of Masculinity, Chicago, IL*: Chicago University Press.
・Herman, D. (1997) *The Anti Gay Agenda: Orthodox Vision and the Christian Right, Chicago, IL*: University of Chicago Press.
・Herman, D. and Stychin, C. (eds) (1995) *Legal Inversions: Lesbians, Gay Men and the Politics of Law*, Philadelphia, PA: Temple University Press.
・Heron, L. (ed.) (1985) *Truth, Dare or Promise: Girls Growing Up in the 1950s*, London: Virago.
・Hicks, S. (2005) 'Is Gay Parenting Bad for the Kids? Responding to the "Very idea of Difference" in Research on Lesbian and Gay Parents', *Sexualities* 8(2), April, 153-68.
・Higgins, P. (1996) *The Heterosexual Dictatorship*, London: Fourth Estate.
・Higgs, D. (ed.) (1999) *Queer Sites: Gay Urban Histories Since 1600*, London and New York: Routledge.
・Himmelfarb, G. (1995) *The De-moralization of Society: From Victorian Values to Modern Values*, London: Institute of Economic Affairs.
・Hines, S. (2006) 'Intimate Transitions: Transgender Practices of Partnering and Parenting', *Sociology* 40 (2), April, 353-71.
・Hinsliff, G. and Martin, L. (2006) 'How the Baby Shortage Threatens our Future', *Observer*, 19 February, 8-9.
・Hitchens, P. (2002) *The Abolition of Britain: From Winston Churchill to Princess Diana*, London: Encounter Books.
・HMSO (1957) *Report of the Committee on Homosexual Offences and Prostitution ('The Wolfenden Report')*, Command 147, London: Her Majesty's Stationary Office.
・Hobsbawm, E. (1994) *Age of Extremes: The Short Twentieth Century 1914-1991*, London: Michael Joseph.（＝1996, 河合秀和訳『20世紀の歴史：極端な時代』上・下巻, 三省堂.）
・Hochschild, A.R. (2003a) *The Managed Heart: Commercialization of Human Feeling*

・Haritaworn, J. (2005) *Thai Multiculturalism in Britain and Germany: An Intersectional Study*, Unpublished Ph. D., London South Bank University.
・Harne, L. and Rights of Women (1997) *Valued Families: The Lesbian Mothers' Legal Handbook*, London: The Women's Press.
・Harrison, K. (2004) "The Role of Female Friends in the Management of Affairs', in Duncombe et al. (eds) 1999, 222-245.
・Hawkes, G. (2004) *Sex and Pleasure in Western Culture*, Cambridge: Polity Press.
・Hazleden, R. (2004) "The Pathology of Love in Contemporary Relationship Manuals', *The Sociological Review*, 52 (2), May, 201-17.
・Heaphy, B., Donovan, C. and Weeks, J. (1999) 'Sex, Money and the Kitchen Sink: Power in Same-sex Couple Relationships', in Seymour and Bagguley (eds) 1999, 222-45.
・Heaphy, B., Donovan, C. and Weeks, J. (2004) 'A Different Affair? Openness and Nonmonogamy in Duncombe *et al.* (eds) 2004, 167-184.
・Heaphy, B., Weeks, J. and Donovan, C. (1999) 'Narratives of Love, Care and Commitment: AIDS/HIV and Non-heterosexual Family Formations', in Aggleton, P., Hart, G.and Davies, P. (eds) *Families and Communities Responding to AIDS*, London: UCL Press, 67-82.
・Heaphy, B., Yip, A. and Thompson, D. (2003) *Lesbian, Gay and Bisexual Lives over 50: A Report on the Project "The Social and Policy Implications of Non-heterosexual Ageing*', Nottingham:York House Publications, Nottingham Trent University.
・Heath, J. and Potter, A. (2005) *The Rebel Self: How the Counterculture Became Consumer Culture*, Albany, OR: Capstone Publishing.（＝2014, 栗原百代訳『反逆の神話――カウンターカルチャーはいかにして消費文化になったか』NTT 出版.）
・Heinz, E. (1995) *Sexual Orientation: A Human Right. An Essay on International Human Rights Law*, Dortrecht, Boston, MA, and London: Martinus Nijhoff.
・Hekma, G. (2005) 'How Libertine is the Netherland?: Exploring Contemporary Dutch Sexual Cultures', in Bernstein and Schaffner (eds) 2005, 209-24.
・Held, D. (1987) *Models of Democracy*, Cambridge: Polity Press.（＝1998, 中谷義和訳『民主政の諸類型』御茶の水書房.）
・Held, D. (2000) 'Regulafng Globalization? in Held and McRrew (eds) 2000, 402-430.
・Held, D. and McGrew, A. (eds) (2000) *The Global Tranformations Reader: An Introduction to the Globalization Debate*, Cambridge: Polity Press.（＝2006, 古城利明・臼井久和・滝田賢治・星野智訳『グローバル・トランスフォーメーションズ――政治・経済・文化』中央大学出版部.）
・Held, D., McGrew, A., Goldblatt, D. and Perration, J. (2000) 'Rethinking Globalization', in Held and McGrew (eds) 2000, 54-60.
・Hellen, N. (2005) 'Navy Signals for Help to Recruit Gay Sailors', *Sunday Times*, 20 February, 12.
・Heller, A. and Feher, F. (1988) *The Postmodern Political Condition*, Cambridge: Polity Press.
・Hemmings, C., Gedalof, I. and Bland, L. (2006) 'Sexual Moralities', *Feminist Review*

of Sexuality', *GLQ: A Journal of Lesbian and Gay Studies* 7 (4), 663-79.
· Griffin, K. and Mulholland, L. (eds) (1997) *Lesbian Mothers in Europe*, London; Cassell.
· Gurney, P. (1997) '"Intersex" and "Dirty Girls": Mass Observation and Workingclass Sexuality in England in the 1930s', *Journal of the History of Sexuality* 8 (2), October, 256-90.
· Halberstam, J. (1998) *Female Masculinity*, Durham, NC, and London: Duke University Press.
· Halberstam, J. (2005) *In a Queer Time and Place: Transgender Bodies, Subcultural Lives*, New York and London: New York University Press.
· Hall, L.A. (1991) *Hidden Anxieties: Male Sexuality, 1900-1950*, Cambridge: Polity Press.
· Hall, L.A. (2000) *Sex, Gender and Social Change in Britain since 1880*, Basingstoke and London: Macmillan.
· Hall, R., Ogden, P.E. and Hill, C. (1999) 'Living Alone: Evidence from England and Wales and France for the Last Two Decades', in McRae (ed.) 1999, 265-96.
· Hall Carpenter Archives (1989a) *Walking after Midnight: Gay Men's Life Stories*, Gay Men's Oral History Group, London: Routledge.
· Hall Carpenter Archives (1989b) *Inventing Ourselves: Lesbian Life Stories*, Lesbian Oral History Group, London: Routledge.
· Halley, J. (2001) 'Recognition, Rights, Regulation, Normalisation: Rhetorics of Justification in the Same-sex Marriage Debate', in Wintermute and Andenaes (eds) 2001, 97-112.
· Halperin, D.M. (2003) 'The Normalization of Queer Theory', *Journal of Homosexuality* 45 (2/3/4), 339-43.
· Hamblin, A. (1974) 'The Suppressed Power of Female Sexuality', in Allen et al. 1974, 86-98.
· Hamer, E. (1996) *Britannia's Glory: A History ofTwentieth Century Lesbianism*, London and New York: Cassell.
· Hammersley, B. (2002) 'Porn.com', *Observer*, 'Sex Uncensored' Supplement, 27 October, 34-40.
· Hanscombe, G. and Forster, J. (1983) *Rocking the Cradle: Lesbian Mothers. A Challenge in Family Living*, London: Sheba Feminist Publishers.
· Haour-Knipe, M. and Rector, R. (1996) *Crossing Borders: Migration, Ethnicity and AIDS*, London and Bristol, PA: Taylor & Francis.
· Harding, R. and Peel, L. (2006) '"We Do"? International Perspectives on Equality, Legality and Same-sex Relationships', *Lesbian and Gay Psychology Review* 7 (2), 123-40.
· Harding, S. (1988) "Trends in Permissiveness', In Jowell *et al.* 1988, 35-52.
· Hari, J. (2003) 'At Least the UN Recognises the Need for Gay Rights', *Independent*, 25 April, 17.

・Giddens, A. (1994) 'Living in a Post-traditional Society', in Beck et al. 1994, 56-109.（＝1997, 松尾精文・小幡正敏・叶堂隆訳「ポスト伝統社会に生きること」『再帰的近代化――近現代における政治、伝統、美的原理』而立書房．）
・Gillam, A. (2006) 'Britons put Work and Fun before Babies', Guardian, 2 May, 1.
・Gilles, V. (2005) 'Raising the Meritocracy": Parenting and the Individualization of Social Class, *Sociology* 39 (5), December, 835-53.
・Gilligan C (1982) *In a Different Voice: Psychological Theory and Women's Voice*, Cambridge, MA, and London: Harvard University Press.（＝1986, 岩男寿美子訳『もうひとつの声――男女の道徳観のちがいと女性のアイデンティティ』川島書店．）
・Gilroy, P. (2004) *After Empire: Melancholia or Convivial Culture*, Abingdon: Routledge.
・Giorgi, G. (2002) 'Madrid en Transito: Travelers, Visibility, and Gay Identity', *GLQ: A Journal of Lesbian and Gay Studies* 8 (1-2), 57-80.
・GLQ (1998) Special Issue on "The Transgender Issue', *GLQ: A Journal of Lesbian and Gay Studies* 4 (2).
・OLQ (2002) Special Issue on 'Queer Tourism: Geography of Globalization', edited by J.K. Puar, *GLQ: A Journal of Lesbian and Gay Studies* 8 (1-2)
・Goldstein R. (2003) *Homocons: The Rise of the Gay Right*, London and New York: Verso.
・Gorer, G. (1955) *Exploring English Character*, London: The Cresset Press
・Gorer, G. (1971) *Sex and Marriage in England Today: A Study of the Views and Experiences of the Under-45s*, London: Nelson.
・Gorna, R. (1996) *Vamps, Virgins and Victims: How Women Can Fight AIDS*, London: Cassell.
・Goss, R.E. (1997) 'Queering Procreative Privilege: Coming Out as Families', in Goss and Strongheart (eds) 1997.
・Goss, R.E. and Strongheart, A.S. (eds) (1997) *Our Families, Our Valuesbnapshots of Queer Kinship*, Binghampton, NJ: The Harrington Park Press.
・Goulboume, H. and Chamberlain, M. (eds) (2001a) *Caribbean Families in Britain and the TransAtlantic World*, London and Oxford: Macmillan Education.
・Goulboume, H. and Chamberlain, M. (2001b) 'Caribbean Families in the TransAtlantic World', in Goulboume and Chamberlain (eds) 2001a, 2-11.
・Graupner, H. (2005) 'Sexual Autonomy - A Human Rights Issue', *Pukaar* 48, January, 8-10.
・Graupner, H. and Tahmindjis, P. (eds) (2005) *Sexuality and Human Rights: A Global Overview*, Special Edition of *Journal ofHomosexuality* 48 (3/4), New York: Harrington Park Press.
・Green, R. and West, D.J. (eds) (1997) *Socio-legal Control of Homosexuality*, New York and London: Plenum Press.
・Greer, G. (1970) *The Female Eunuch*, London: MacGibbon & Kee.
・Grewal, I. and Kaplan, C. (2001) 'Global Identities: Theorizing Transnational Studies

· Frearn, A. (2006a) 'Chance to Pick and Choose and Still Remain in Control, *The Times*, 5 January, 6.
· Frearn. A. (2006b) 'Black Girls to be the Targets of Plan to Cut Teen Pregnancy, *The Times*, 21 July 4.
· Fukuyama, F. (1995) *Trust: The New Foundations of Global Prosperity*, New York: The Free Press. (= 1996, 加藤寛訳『「信」無くば立たず――「歴史の終わり」後、何が繁栄の鍵を握るのか』三笠書房 .)
· Fukuyama, F. (1999) *The Great Disruption: Human Nature and the Reconstitution of Social Order*, New York: Free Press. (= 2000, 鈴木主税訳『「大崩壊」の時代――人間の本質と社会秩序の再構築（上・下）』早川書房 .)
· Furedi, F. (2004) *Therapy Culture: Cultivating Vulnerability man Uncertain Age*, London and New York; Routledge.
· Furstenberg, F. F. and Kaplan, S. B. (2004) 'Social Capital and the Family' in Scott et al. (eds) 2004, 218-232.
· Gabb, J. (2004) 'Critical Differentials: Querying the Incongruities within Research on Lesbian Parent Families', *Sexualities* 7(2), May, 167-82
· Gabb, J. (2005) 'Lesbian M/Otherhood: Strategies of Familial-linguistic Management in 'Lesbian Parent Families, *Sociology* 39 (4), October, 585-604.
· Gagnon, J and Simon W. (1974) *Sexual Conduct. The Social Sources of Human Sexuality*, London: Hutchinson. '
· Gardiner, J. (2003) *From the Closet to the Screen: Women at the Gateways Club, 1945-85*, London, Sydney, Chicago, IL: Pandora.
· Garner S. (2006) "The Uses of Whiteness: What Sociologists Working on Europe can Draw from US Research on Whiteness', *Sociology* 40 (2) April 257-75.
· Garton Ash, T, (2006) mat Young British Muslims Say Can be Shocking – Some of it is also True', *Guardian*, 10 August, 25.
· Gavron, K. (1996) 'Du Manage Arrange au Mariage d'Amour: Nouvelle Strategies chez les Bengah d'East London', *Terrain* 27, September, 15-26.
· Geppert, AC.T. (1998) 'Divine Sex, Happy Marriage, Regenerated Marriage: Marie Stopes's Marital Manual *Married Love* and the Making of a Best-seller, 1918-1955', *Journal of the History of Sexuality* 8 (3), January, 389-433.
· Gibson, O. (2006) 'More Likely to Have a Mobile, Use the Net, Listen to Radio, Read Papers: It's the Girls', *Guardian*, 3 May, 3.
· Giddens, A. (1990) *The Consequences of Modernity*, Cambridge: Polity Press (= 1993, 松尾精文・小幡正敏訳『近代とはいかなる時代か――モダニティの帰結』而立書房 .)
· Giddens, A. (1991) *Modernity and Self-identity: Self and Society in the Late Modern Age*, Cambridge: Polity Press (= 2005, 秋吉美都・安藤太郎・筒井淳也訳『モダニティと自己アイデンティティ――後期近代における自己と社会』ハーベスト社 .)
· Giddens, A. (1992) *The Transformation of Intimacy: Sexuality, Love and Eroticism in Modern Societies*, Cambridge: Polity Press. (= 1995, 松尾精文・松川昭子訳『親密性の変容――近代社会におけるセクシュアリティ、愛情、エロティシズム』而立書房 .)

・Fassin, E. (2001) 'Same Sex, Different Politics: "Gay marriage" Debates in France and the United States', *Public Culture* 13(2), 215-32.
・Fassin, E. (2005) *L'Inversion de la Question Homosexuelle*, Pans: Editions Amsterdam.
・Feminist Anthropology Collective (eds) (1981) *No Turning Back: Writings from the Women's Liberation Movement 1975-80*, London; The Women's Press.
・Fenton, K.A., Mercer, C.H., McManus, S., Erens. B., Wellings, K., Macdowall, W., Byron, C.L., Copas, A.J., Nanchahal, K., Field, J. and Johnson, A.M. (2005) 'Ethnic Variations in Sexual Behaviour in Great Britain and Risk of Sexually Transmitted Infections: A Probability Survey, *The Lancet* 365 (9466), 2 April, 1246-55.
・Finch J. (1989) *Family Obligation and Social Change*, London. Polity Press
・Finch, J. and Mason, J. (1993) *Negotiating Family Responsibilities*, London: Routledge.
・Finch, J. and Summerfield. P. (1991) 'Social Reconstruction and the Emergence of Companionate Marriage, 1945-59', in Clark (ed.) 1991, 7-32.
・Firestone, S. (1971) *The Dialectic of Sex: The Case for Feminist Revolution*, London; Paladin.（＝1981, 林弘子訳『性の弁証法――女性解放革命の場合』評論社．）
・Fisher, K. (1999) '"Didn't Stop to Think, I Just Didn't Want Another One": The Culture of Abortion in Inter-war South Wales', in Eder et al. 1999, 213-32.
・Fisher, K. (2006) *Birth Control, Sex and Marriage in Britain 1918-1960*, Oxford and New York: Oxford University Press.
・Florida, R. (2004) *The Rise of the Creative Class: And How It's Transforming Work, Leisure, and Everyday Life*, New York: Basic Books.（＝2008, 井口典夫訳『クリエイティブ資本論――新たな経済階級の台頭』ダイヤモンド社．）
・Ford, R. (2006) 'Curb on Sham Weddings Ruled Illegal', *The Times*, 11 April, 14.
・Ford, R. and Frearn, A. (2004) 'Census Gives First Official Gay Map, *The Times*, 4 February, 3.
・Foucault, M. (1979) *The History of Sexuality: Volume 1: An Introduction*, Harmondsworth; Penguin.（＝1986, 渡辺守章訳『性の歴史Ⅰ――知への意志』新潮社.）
・Foucault, M. (1988) 'The Ethic of Care for the Self as a Practice of Freedom, in Bernauer and Rasmussen(eds) 1988.（＝2002, 廣瀬浩司訳「自由の実践としての自己への配慮」蓮實重彥・渡辺守章 監修／小林康夫・石田英敬・松浦寿輝 編『ミシェル・フーコー思考集成Ⅹ 1984-88 倫理／道徳／啓蒙』筑摩書房．）
・Frankenbere, R. (1993) *White Women. Race Matters: The Social Construction of Whiteness*, London: Routledge; Minneapolis: University of Minnesota Press.
・Frankham, J. (2006) 'Sexual Antinomies and Parent/Child Sex Education: Learning from Foreclosure', *Sexualities* 9 (2), April, 236-54.
・Fraser, N. (1997) *Justice Interrupts: Critical Reflections on the Postsocialist Condition*, London and New York: Routledge.（＝2003, 仲正昌樹監訳『中断された正義――「ポスト社会主義的」条件をめぐる批判的省察』御茶の水書房．）
・Frearn, A. (2005) 'Age of Consent "Confuses Young"', *The Times*, 18 june, 34.

Paper 1, London: London South Bank University.
・Edwards. R Franklin, J. and Holland, J. (eds) (2007) *Assessing Social Capital: Concept, Policy and Practice*, Cambridge: Cambridge Scholars Publication.
・Edwards. R., Hadfield, L., Lucey, H. and Mauthner, M. (2006) *Sibling Identity and Relationships: Sisters and Brothers*, London and New York: Routledge.
・Ekins, R. and King, D. (eds) (1996) *Blending Genders: Social Aspects of Cross dressing and Sex-change*, London and New York: Routledge.
・Ekins R. and King D. (2006) *The Transgender Phenomenon*, London. Thousand Oaks, CA, and New Delhi: Sage.
・Elford, J, (2002) 'Surfing for Sex', *AIDS Focus* 17, 1-3.
・Elias, N. (2000) *The Civilizing Process*, Oxford: Blackwell.（ = 2010, 赤井慧爾・中村元保・吉田正勝訳『文明化の過程〈上〉――ヨーロッパ上流階層の風俗の変遷』『文明化の過程〈下〉――社会の変遷／文明化の理論のための見取図』法政大学出版局 .）
・Elliott, A. (2004) 'Love in the Time of Consumption', *Times Literary Supplement*, 2 January, 24.
・Elliott, Aand Lemert, C. (2006) *The New Individualism: The Emotional Costs of Globalization*, London and New York: Routledge."
・Epstein, D., Johnson. R. and Steinberg, D.L. (2004) 'Thrice Told Tales: Modernising Sexualities in the Age of Consent', in Steinberg and Johnson (eds) 2004, 96-113.
・Epstein, S. (1990) 'Gay Politics. Ethnic Identity: The Limits of Social Constructionism ,in Stein, E. (ed.) (1990) *Forms of Desire: Sexual Orientation and the Social Constructionist Controversy*, New York and London- Garland Publishing.
・Epstein, S. (1998) *Impure Science: AIDS Activism and the Politics of Knowledge*, Berkeley: University of California Press.
・Epstein, S. (1999) 'Gay and Lesbian Movements in the United States: Dilemmas of Identity. Diversity, and Political Strategy', in Adam *et al*. (eds) 1999a 30-90
・Epstein, S. (2003) 'Sexualizing Governance and Medicalizing Identities: The Emergence of "State Centred" LGBT Health Politics in the United States' *Sexuaiities* 6 (2), May, 131-71.
・Ernie, J. N. and Spires, A. J. (2001) 'Glosssy Subjects: G and L Magazines and "Tonghzi" Cultural Visibility in Taiwan', *Sexualities* 4 (1), February, 25-49.
・Escoffier, J. (ed.) (2003) *Sexual Revolution*, New York: Thunder's Mouth Press
・Estlund. D.M and Nussbaum, M.C. (eds) (1997) *Sex. Preference and Family: Essays on Law and Nature*, New York and Oxford: Oxford University Press.
・Etzioni. A. (1995) *The Spirit of Community: Rights. Responsibilities and the Communitarian Agenda*, London: Fontana.
・Evans, H. (2003) 'Sex and the Open Market', in Weeks *et al*. (eds) 2003, 216-26.
・Eves, A. (2004) 'Queer Theory, Butch/Femme Identities and Lesbian Space. *Sexualities*, 7 (4), November, 480-96.
・Farquhar, C. (2000) '"Lesbian" in a Post-lesbian World? Policing Identity, Sex and Image', *Sexualities* 3 (2), 219-36.

・Duncombe, J. and Marsden, D. (1999) 'Love and Intimacy: The Gender Division of Emotion and "Emotion Work"', in Allan (ed.) 1999, 91-110.
・Duncombe, J. and Marsden, D. (2004a) '"From Here to Ephiphany... Power and Identity in the Narratives of an Affair', in Duncombe et al. (eds) 2004, 141-66.
・Duncombe, J. and Marsden, D. (2004b) 'Affairs and Children', in Duncombe *et al.* (eds) 2004, 187-202.
・Duncombe, J., Harrison, K, Allan, G. and Marsden, D. (eds) (2004) *The State of Affairs: Explorations in Infidelity and Commitment*, Mahwah, NJ and London: Lawrence Erlbaum Associates.
・Dunne, G.A. (1997) *Lesbian Lifestyles: Women's Work and the Politics of Sexuality*, London: Macmillan.
・Dunne, G.A. (1999) 'A Passion for Sameness?: Sexuality and Gender Accountability', in Silva, and Smart, (eds) 1999, 66-82.
・Durham, M. (1991) *Sex and Politics: The Family and Morality in the Thatcher Years*, Basingstoke: Macmillan.
・Durham, M.G. (2004) 'Constructing the "New Ethnicities": Media, Sexuality, and Diaspora Identity in the Lives of South Asian Immigrant Girls, *Critical Studies in Media Communication* 21 (2), June, 140-61.
・Dworkin, A. (1981) *Pornography: Men Possessing Women*, London: The Women's Press.（＝1991, 寺沢みづほ訳『ポルノグラフィ――女を所有する男たち』青土社.）
・Dworkin, A. (1989) *Intercourse*, New York: The Free Press.（＝1989, 寺沢みづほ訳『インターコース――性的行為の政治学』青土社.）
・Dyer, C. (2005) Thousands Prepare toTie the Knot', *Guardian*, 5 December, 9.
・Dyer, C. (2006) 'Unmarried Couples to get New Rights', *Guardian*, 31May, 1.
・Dyer, R. (1997) *White: Essays on Race and Culture*, London and New York: Routledge.
・Economist, The (2003) 'A Mixed Prognosis', 29 November, 115-17.
・Economist, The (2004) 'Human Rights Law: The Menace that Wasn't', 13 November, 31-2.
・Economist, The (2005) 'Special Report: America's Religious Right', 25 June
・Economist. The (2006a) 'The Fertility Bust', 11 February 46.
・Economist, The (2006b) 'Cupidity', 18 February, 73.
・Eder. F.X., Hall, L.A. and Hekma. G. (1999) *Sexuality in Europe: Themes in Sexuality*, Manchester; Manchester University Press.
・Edwards. T. (2006) *Cultures of Masculinity*, London and New York: Routledge
・Edwards, R. (2004) 'Present and Absent in Troubling Ways: Families and Capital Debates', *The Sociological Review* 52 (1), February 1-21 Social
・Edwards, R. and Gillies, V. (2004) 'Support in Parenting- Values and Consensus Concerning Who to Turn to'. *Journal of Social Policy* 33 (4) 627-47 '
・Edwards, R., Franklin, J. and Holland, J. (2003) *Families and Social Capital Exploring the Issues*, Families and Social Capital ESRC Research Group, Working

Heinemann.
· Davies, T.A. (1980) 'Impressions of Life in the Rhondda Valley', in Hopkins (ed) 1980, 11-21.
· Davis, M.D.M. (2005) *Treating and Preventing HIV in the Post-crisis Situation: Perspectives from the Personal Experience Accounts of Gay Men with HIV*, unpublished Ph.D. thesis, London: Institute of Education, University of London.
· Declaration of Montreal (2006) International Conference on LGBT Human Rights, Montreal: 1st Outgames.
· Dench, G. (1996) *The Place of Men in Changing Family Attitudes*, London: Institute of Community Studies.
· Dench, G., Gavron, K. and Young. M. (2006) *The New East End: Kinship, Race and Conflict*, London: Profile Books.
· Dennis, N. and Erdos, G. (1993) *Families without Fatherhood*, London: Institute for Economic Affairs, Health and Welfare Unit.
· Dennis, N., Henriques, F. and Slaughter, C. (1956/1969) *Coal is Our Life: An Analysis of a Yorkshire Mining Community* (2nd edn 1969), London: Tavistock Publications.
· Department of Constitutional Affairs (2004) 'Gender Recognition Act 2004', News Release, 2 July.
· Dibbell, 'Let us Spray' (2006) *Observer Magazine*, 23 April, 14-19.
· Dodd, P. (2006) 'Grimethorpe', in Buonfino and Mulgan 2006, 33-6.
· Donald, J. and Rattansi. A. (eds) (1992) *'Race', Cultureand Difference*, London, Newbury Park, CA, and New Delhi: Sage.
· Donovan, C. (2004) 'Why Reach for the Moon? Because the Stars aren't Enough', *Feminism and Psychology* 14 (1), February, 24-9.
· Donovan, C., Heaphy, B. and Weeks, J. (1999) 'Citizenship and Same Sex Relationships', *Journal of Social Policy* 28 (4), 689-709.
· Doward, J. (2006a) 'Sex Scandal that Engulfed Kelly', *Observer*, 15 January, 8-9.
· Doward, J. (2006b) 'Accept it: We're Married, Lesbian Couple tell Judge', *Observer*, 28 May, 12.
· Dnicker, J. (1998) *Families of Value: Gay and Lesbian Parents and Their Children Speak Out*, NewYork: Insight Books, PlenumPress.
· Duggan, L. and Hunter, N.D. (1995) *Sex Wars; Sexual Dissent and Political Culture*, New York and London: Routledge.
· Duncan, S. (2005) *What's the Problem'? Teenage Parents: A Critical Review*, Families and Social Capital ESRC Research Group, Working Paper 15, London: London South Bank University.
· Duncan, S.and Edwards, R.(1999) *Lone Mothers, Paid Work and Gendered Moral Rationalities*, Basingstoke and London: Macmillan.
· Duncan, S. and Smith, D. (2006) 'Individualisation Versus the Geography of "New" Families', *C21st Society: Journal of theAcademy of Social Sciences* 1(2), November, 167-90.

・Connell, R. W. (2002) *Gender*, Cambridge: Polity Press.
・Connell, R.W. (2003) 'The Big Picture: Masculinities in Recent World History', in Weeks *et al.* (eds) 2003, 46-56.
・Connolly, H. and White, A. (2006) 'The Different Experiences of the United Kingdom's Ethnic and Religious Populations', in ONS (Office of National Statistics) 2006, 1-8.
・Connolly, K. (2001) 'Germans Flock to Tie the Knot alter Law Change', *Observer*, 22 July, 19.
・Cook, H. (2005a) *The Long Sexual Revolution: English Women. Sex, and Contraception 1800-1975*, Oxford: Oxford University Press.
・Cook, H. (2005b) 'The English Sexual Revolution: Technology and Social Change', *History Workshop Journal* 59, spring, 109-28.
・Cook, M. (2003) *London and the Culture of Homosexuality, 1885-1914*, Cambridge: Cambridge University Press.
・Cooke, R. (2002) 'There's Gold in Them There Pills ...', *Observer*, 'Sex Uncovered'' Supplement, 27 October, 24-31.
・Cooper, A. (2006) *Identity Work: Negotiating Gay Male Identity in a Changing World, unpublished Ph.D. thesis*, London: London South Bank University
・Cooper, D. (1994) *Sexing the City: Lesbian and Gay Politics within the Activist State*, London: Rivers Oram Press.
・Cooper, D. (2001) 'Like Counting Stars? Re-structuring Equality and the Sociolegal Space of Same-sex Marriage', in Wintermute and Andenaes (eds) 2001, 75-96. '
・Cooper, D. (2004) *Challenging Diversity: Rethinking Equality and the Value of Difference*, Cambridge: Cambridge University Press.
・Copestake, J. (2006) 'Gays Flee Iraq as Shia Death Squads Find a New Target' *Observer*, 6 August, 31. '
・Correa, S. and Petchesky, R.P. (1994) 'Reproductive and Sexual rights- A Feminist Perspective', in Sen, G., Germain, A. and Chen, L.C. (eds) (1994) *Population Policies Reconsidered: Health. Empowerment, and Rights*, Boston MA: Harvard Center for Population and Development Studies, and New York: International Women's Health Coalition. 107-123.
・Cowan, R. (2004) 'Pianist Jailed for Sex Tourism', *Guardian*, 3June, 7.
・Coward, R. (1992) *Our Treacherous Hearts: Why Women let Men get their Way*, London, and Boston, MA: Faber and Faber. '
・Crisp, Q. (1998) *How to Have a Lifestyle*, Boston, MA: Alyson Publications.
・Curtis, P. (2006) 'Twice as Many Men as Women Start Civil Partnerships', *Guardian*, 23 February, 14.
・David, H. (1997) *On Queer Street: A Social History of British Homosexuality 1895-1995*, London: HarperCollins.
・Davies, C. (2006) *The Strange Death of Moral Britain*, New York: Transaction Publishers.
・Davies, R. (1969) *Print of Hare's Foot: An Autobiographical Beginning*, London:

ツ——都市社会運動の比較文化理論』法政大学出版局．）
・Castells, M. (1996) *The Information Age: Economy, Society and Culture. Volume 1: The Rise of Network Society*, Oxford: Blackwell.
・Castells, M. (1997) *The Information Age: Economy, Society and Culture. Volume 2: The Power of Identity*, Oxford: Blackwell.
・Castells, M. (1998) *The Information Age: Economy, Society and Culture. Volume 3: End of Millennium*, Oxford: Blackwell.
・Chamberlain, M. (2005) *Family Love in the Diaspora: Migration and the Anglo Caribbean Experience*, New York and London: Transaction Publishers.
・Charles, N. (1994), 'The Refuge Movement and Domestic Violence', in Aaron *et al.* (eds) 1994, 48-60.
・Charles, N. (2002) *Gender in Modem Britain*, Oxford: Oxford University Press.
・Charles, N. and Aull Davies, C. (2005) 'Studying the Particular, Illuminating the General: Community Studies and Community in Wales', *Sociological Review* 53 (4), November, 672-90.
・Charter, D. (2006) 'Promiscuous Britons "ignoring AIDS"', *The Times*, 3 October, 22.
・Chauncey, G. (1994) *Gay New York: Gender, Urban Culture, and the Making of the Gay Male World, 1890-1940*, New York: Basic Books.
・Clark, D. (ed.) (1991) *Marriage, Domestic Life and Social Change: Writi1lgs for Jacqueline Burgoyne*, London and New York: Routledge.
・Clark, D. and Haldane, D. (1990) *Wedlocked? lntervention and Research in Marriage*, Cambridge: Polity Press.
・Clarke, V. and Kitzinger, C. '"We're not Living on Planet Lesbian": Construction of Male Role Models in Debates about Lesbian Families', *Sexualities* 8 (2), April, 137-52.
・Clarke, V., Burgoyne, C. and Burns, M. (2006) 'Just a Piece of Paper? A Qualitative Exploration of Same Sex Couples' Multiple Conceptions of Civil Partnership and Marriage', *Lesbian and Gay Psychology Review* 7 (2), 141-61.
・Clarkson-Freeman, P.A. (2004) 'The Defense of Marriage Act (DOMA): Its Impact on Those Seeking Same-sex Marriages', *Journal of Homosexuality* 48 (2), 21-44.
・Coates, J. (1997) *Women Talk: Conversations Between Women Friends*, Oxford: Blackwell.
・Cohler, B.T. (2005) 'Life Course Social Science Perspectives on the GLBT Family', *Journal of GLBT Family Studies* 1 (1), 69-95.
・Collins, M. (2003) *Modern Love: An Intimate History of Men and Women in Twentieth-Century Britain*, London: Atlantic Books.
・Collins, M. (2005) *The Likes of Us: A Biography of the White Working Class*, London: Granta.
・Conekin, B., Mort, F. and Waters, C. (eds) (1999) *Moments of Modernity: Reconstructing Britain 1954-1964*, London: Rivers Oram Press.
・Connell, R.W. (1987) *Gender and Power*, Cambridge: Polity Press.
・Connell, R. W. (1995) *Masculinities*, Cambridge: Polity Press.

The Times, 7 October, 6.
・Budgeon, S. (2006) 'Friendship and Formations of Sociality in Late Modernity: The Challenge of "Post Traditional Intimacy"', *Sociological Research Online* (3), at:
・http://www.socresonline.org.uk/11/3/budgeon.html.
・Buonfino, A. and Mulgan, G. (2006) *Porcupines in Winter: The Pleasures and Pains of Living Together in Modern Britain*, London: The Young Foundation.
・Burchill, J. (1998) *Diana*, London: Weidenfeld & Nicolson.
・Butler, J. (1990) *Gender Trouble: Feminism and the Subversion of Identity*, London: Routledge. Routledge.（= 1999, 竹村和子訳『ジェンダー・トラブル――フェミニズムとアイデンティティの攪乱』青土社.）
・Butler, J. (1993) *Bodies that Matter: On the Discursive Limits of Sex*, New York and London: Routledge.
・Butler, J. (2004) *Undoing Gender*, New York and London: Routledge.
・Butler, J. (2005) 'On Being Besides Oneself: On the Limits of Sexual Autonomy', in Bamforth 2005, 48-78.
・Cahill, S. (2005) '"Welfare Moms and the Two Grooms": The Concurrent Promotion and Destruction of Marriage in US Public Policy', *Sexualities* 8(2), April, 169-89.
・Callender, C. (1987) 'Women Seeking Work', in Fineman, S. (ed.) *Unemployment: Personal and Social Consequences*, London and New York: Tavistock Publications, 22-46.
・Campbell, B. (1972) 'Sexuality and Submission', in Allen *et al.* 1974, 99-109.
・Campbell, B. (1998) *Diana, Princess of Wales: How Sexual Politics Shook the Monarchy*, London: The Women's Press.
・Campbell, C., Nair, Y. and Maimane, S. (2006) 'AIDS Stigma, Sexual Moralities and the Policing of Women and Youth in South Africa', *Feminist Review* 83, 132-8.
・Campbell, D. (2006a) 'Sex: Britain's Quiet Revolution', *Observer*, 21 January, 16-17.
・Campbell, D. (2006b) 'What teens really think about sex', *Observer*, 21 May, 16.
・Cant, B. (ed.) (1997) *Invented Identities? Lesbians and Gays Talk about Migration*, London, and Herndon, VA: Cassell.
・Cant, B. and Hemmings, S. (eds) (1988) *Radical Records: Thirty Years of Lesbian and Gay History, 1957-1987*, London and New York: Routledge.
・Carballo-Dieguez, A. and Bauermeister, J. (2004) '"Barebacking": Intentional Condomless Anal Sex in HIV-risk Contexts. Reasons for and Against It', *Journal of Homosexuality* 43 (1), 1-16.
・Carrington, C. (1999) *No Place like Home: Relationships and Family Life among Lesbians and Gay Men*, Chicago, IL and London: The University of Chicago Press.
・Carver, T. and Mottier, V. (eds) (1998) *Politics of Sexuality: Identity, Gender, Citizenship*, London and New York: Routledge.
・Castells, M. (1983) *The City and the Grassroots: A Crass Cultural Theory of Urban Social Movements*, London: University of California Press/Edward Arnold.（= 1997, 石川淳志監訳・吉原直樹・安江孝司・橋本和孝・稲増龍夫・佐藤健二訳『都市とグラスルー

Theories, and their Politics', *Journal of the History of Sexuality* 8 (4), April, 642-74.
・Blumstein, P. and Schwartz, P. (1983) *American Couples*, New York: William Morrow.（＝1985，南博訳『アメリカン・カップルズ』白水社.）
・Bone, J. (2006) 'Leaders Pledge to Double AIDS Cash', *The Times*, 3 June, 51.
・Borrillo, D. (2001) '*The "Facte Civil de Solidarite"*: in France: Midway Between Marriage and Cohabitation', in Wintermute and Andenaes (eds) 2001, 475-92.
・Borrillo, D. and Lascoumes, P. (2002) *Amours egales? Le Pacs, Les homosexuals et la gauche*, Paris: Editions la Decouverte.
・Boseley, S. (2006a) 'Birth Rate at Highest Level for 13 Years, But Still Off Target', *Guardian*, 19 May, 5.
・Baseley, S. (2006b) 'HIV Prevention Policy is Failing', *Guardian*, 7 June, 12.
・Boswell, J. (1994) *Same Sex Unions in Pre-modem Europe*, New York: Villard Books.
・Bourke, J. (2000) *An Intimate History of Killing: Face-to-face Killing in Twentieth Century Warfare*, London: Granta.
・Boyce, P. (2006) 'Moral Ambivalence and lrregular Practices: Contextualizing Male-to-male Sexualities in Calcutta/India', *Feminist Reuiew* 83, 79-98.
・Boyes, R. (2006) 'Cannibalism is Murder - Even if the Victim Requests to be Eaten', *The Times*, 10 May, 3.
・Bozett, F. W. (ed.) (1987) *Gay and Lesbian Parents*, New York: Praeger.
・Brandzel, A. L. (2005) 'Queering Citizenship? Same-sex Marriage and the State', *GLQ: A Journal of Lesbian and Gay Studies* 11 (2), 171-204.
・Brannen, J. and Nilsen, A. (2006) 'From Fatherhood to Fathering: Transmission and Change among British Fathers in Four Generation Families', *Sociology* 40 (2), April, 335-52.
・Braun, V., Gavey, N. and McPhillips, K. (2003) 'The "Fair Deal"? Unpacking Accounts of Reciprocity in Heterosex', *Sexualities* 6 (2), May, 237-61.
・Bray, A. (1981) *Homosexuality in Renaissance England*, London: Gay Men's Press.（＝2013，田口孝夫・山本雅男訳『同性愛の社会史――イギリス・ルネサンス　新版』彩流社.）
・Bredstrom, A. (2005) '"Love in Another Country": "Race", Gender and Sexuality in sexual Education Material Targeting Migrants in Sweden', *Sexualities* 8 (4), October, 517-35.
・Brighton Ourstory Project (1992) *Daring Hearts: Lesbians and Gay lives of 1950s and 1960s Brighton, Brighton*: Brighton Ourstory Project.
・Brooks, D. (2000) *Bobos in Paradise: The New Upper Class and How They Got There*, New York and London: Simon & Schuster.（＝2002，ゼビル楓『アメリカ新上流階級ボボズ――ニューリッチたちの優雅な生き方』光文社.）
・Brooks-Gordon, B., Gelsthorpe, L., Johnson, M. and Bainham, A. (eds) (2004) *Sexuality Repositioned: Diversity and the Law*, Oxford, and Portland, OR: Hart Publishing.
・Browne, A. (2006) 'I Would Prefer Women Not to Wear the Veil at all, Says Straw',

as Critique: Essays on the Politics of Gender in Late Capitalist Societies, Cambridge, MA, and London: MIT Press.
・Benkov, L. (1994) *Reinventing The Family: The Emerging Story of Lesbian and Gay Parents*, New York: Crown.
・Bennett, A. (2000) *Telling Tales*, London: BBC Worldwide.
・Bereket, T. and Adam, B.D. (2006) 'The Emergence of Gay Identities in Contemporary Turkey', *Sexualities* 9 (2), April, 131-51.
・Bernauer, J. and Rasmussen, D. (eds) (1988) *The Final Foucault*, Cambridge, MA, MIT Press.（= 1990, 山本学・滝本往人・藍沢玄太・佐幸信介訳『最後のフーコー』三交社.）
・Bernstein, E. and Schaffner, L. (eds) (2005) *Regulating Sex: The Politics of Intimacy and Identity*, New York and London: Routledge.
・Bernstein, G.L. (2004) *The Myth of Decline: The Rise of Britain since 1945*, London: Pimlico.
・Bernstein, M. (2005) 'Liberalism and Social Movement Success: The Case of United States Sodomy Laws', in Bernstein and Schaffner (eds) 2005, 3-18.
・Berridge, V. (1996) *AIDS in the UK: The Making of Policy, 1981- 1994*, Oxford: Oxford University Press.
・Berridge, V. and Strong, P. (eds) (1993) *AIDS and Contemporary History*, Cambridge: Cambridge University Press.
・Berthoud, R. (1999) *Young Caribbean Men and the Labour Market*, London: Joseph Rowntree Trust.
・Bettinger, M. (2005) 'Polyamory and Gay Men: A Family Systems Approach', *Journal of GLBT Family Studies* 1 (1), 97-116.
・Betts, S. (1994) 'The Changing Family in Wales', in Aaron *et al.* (eds) 1994, 17-30.
・BHAN (Black HIV and AIDS Network) (1991) *AIDS and the Black Communities*, London: Grosvenor.
・Bhatt, C. (1997) *Liberation and Purity: Race, New Religious Movements and the Ethics of Postmodemity*, London: University College London Press.
・Bi-Academic Intervention (ed.) (1997) *The Bisexual Imaginary: Representation, Identity and Desire*, London and Verndon, VA: Cassell.
・Binnie, J. (2004) *The Globalization of Sexuality*, London, Thousand Oaks, CA, New Delhi: Sage.
・Binnie, J. and Skeggs, B. (2004) 'Cosmopolitan Knowledge and the Production and Consumption of Sexualized Space: Manchester's Gay Village', *The Sociological Review* 52 (1), February, 39-61.
・Birch, K. (1988) 'A Community of Interests', in Cant and Hemmings (eds) 1988, 51-59.
・Bland, L. (2001) *Banishing the Beast: Feminism, Sex and Morality*, London: Penguin.
・Blasius, M. (1994) *Gay and Lesbian Politics: Sexuality and the Emergence of a New Ethic*, Philadelphia, PA: Temple University Press.
・Blasius, M. (1998) 'Contemporary Lesbian, Gay, Bisexual, Transgender, Queer

廉・伊藤美登里訳『危険社会――新しい近代への道』法政大学出版局.）
・Beck, U. (1994) 'The Reinvention of Politics: Towards a Theory of Reflexive Modernization', in Beck *et al.* 1994, 1-55.
・Beck, U. (1999) *World Risk Society*, Cambridge: Polity Press.（= 2014, 山本啓訳『世界リスク社会』法政大学出版局.）
・Beck, U. (2002) 'The Cosmopolitan Society and its Enemies', *Theory, Culture and Society* 19 (1-2), 17-44.
・Beck, U. and Beck-Gernsheim, E. (1995) *The Normal Chaos of Laue*, Cambridge: Polity Press.
・Beck, U. and Beck-Gernsheim, E. (2002) *Individualization: Institutionalized Individualism and its Social and Political Consequences*, London, Thousand Oaks and New Delhi: Sage.
・Beck, U. and Beck-Gernsheim, E. (2004) 'Families in a Runaway World', in Scott *et al.* (eds) 2004, 499-514.
・Beck, U., Giddens, A. and Lash, S. (1994) *Reflexive Modernization: Politics, Tradition and Aesthetics in the Modern Social Order*, Cambridge: Polity Press.（= 1997, 松尾精文・小幡正敏・叶堂隆三訳『再帰的近代化――近現代の社会秩序における政治、伝統、美的原理』而立書房.）
・Beck-Gernsheim, E. (1998) 'On the Way to a Post-familial Family: From a Community of Need to Elective Affinities', *Theory, Culture and Society* 15 (3-4), 53-70.
・Beddoe, D. (1991) 'Munitionettes, Maids and Mams: Women in Wales 1914-1939', in John (ed.) 1991, 189-209.
・Beddoe, D. (2000) *Out of the Shadows: A History of Women in Twentieth-century Wales*, Cardiff: University of Wales Press.
・Beddoe, D. (ed.) (2003) *Changing Times: Welsh Women Writing on the 1950s and 1960s*, Dinas Powys: Honno.
・Bell, Daniel (1996) *The Cultural Contradictions of Capitalism* (20th Anniversary edn), New York: Basic Books.（= 1976, 林雄二郎訳『資本主義の文化的矛盾』講談社.）
・Bell, David (2006) 'Bodies, Technologies, Spaces: on "Dogging"', *Sexualities* 9(4) October, 387-408.
・Bell, D. and Binnie, J. (2000) *The Sexual Citizen: Queer Politics and Beyond*, Cambridge: Polity Press.
・Bell, D. and Binnie, J. (2002) 'Sexual Citizenship: Marriage, the Market and the Military', in Richardson and Seidman 2002, 443-458.
・Bell, M. (1998) 'Sexual Orientation and Anti-discrimination Policy: The European Community', in Carver and Mattier (eds) 1998, 58-67.
・Bell, V. (2003) 'The Vigilantt(e) Parent and the Paedophile: The News of the World Campaign 2000 and the Contemporary Governmentality of Child Sex Abuse', in Reavey and Warner (eds) 2003, 108-28.
・Benhabib, S. (1987) 'The Generalized and the Concrete Other: The Kohlberg controversy and *Feminist Theory', in Benhabib, S. and Cornell, D. (eds) Feminism*

treatment of Women, London: Amnesty International.
・Amnesty International (2004) *It's in Our Hands: Stop Violence Against Women*, London; Amnesty International.
・Amos, V. and Parma, P. (1984) 'Challenging Imperial Feminism', *Feminist Review* 17, Autumn, 3-20.
・Amos, V., Lewis, G., Mama, A. and Parmar, P. (1984) 'Editorial', *Feminist Review* 17, autumn, 1-2.
・Anthias, F. and Yuval-Davis, N. (1992) *Racialized Boundaries: Race, Nation, Gender, Colour and Class and the Anti.-racist Struggle*, London: Routledge.
・Attwood, F. (2006) 'Sexed Up: Theorising the Sexualization of Culture', *Sexualities* 9 (1), February, 77-94.
・Bailey-Harris, R. (2001) 'Same Sex Partnership in English Family Law', in Wintermute and Andenaes (eds) 2001, 605-22.
・Bainham, A. and Brooks-Gordon, B. (2004) 'Reforming the Law on Sexual Offences', in Brooks-Gordon *et al.* (eds) 2004, 261-96.
・Baird, V. (2004) *Sex, Laue and Homophobia: Lesbian, Gay, Bisexual and Transgender Lives*, London: Amnesty International.
・Bamforth, N. (2005) *Sex Rights*, Oxford Amnesty Lectures, Oxford and New York: Oxford University Press.
・Barker, M. and Langdridge, D. (2006) 'Editorial', *Lesbian and Gay Psychology Review* 7 (2), 115-19.
・Barney, S. (2005) 'Accessing Medicalized Donor Sperm in the US and Britain: An Historical Narrative', *Sexualities* 8(2), April, 205-20.
・Barrett, M. and McIntosh, M. (1982) *The Anti-social Family*, London: Verso.
・Bates, S. (2004a) *A Church at War: Anglicans and Homosexuality*, London and New York: I.B. Tauris.
・Bates, S. (2004b) 'Vatican Birth Control Policy Spurned', *Guardian*, 30 June, 12.
・Bauman, Z. (1998) 'On Postmodern Uses of Sex', *Theory, Culture and Society* 15 (3-4), 19-33.
・Bauman, Z. (2003) *Liquid Love: On the Frailty of Human Bonds*, Cambridge: Polity Press.
・Bauman, Z. (2005) *Liquid Life*, Cambridge: Polity Press.（= 2008, 長谷川啓介訳『リキッド・ライフ――現代における生の諸相』大月書店.）
・Bech, H. (1992) 'Report from a Rotten State: "Marriage" and "Homosexuality" in "Denmark"', in Plummer (ed.) 1992, 134-50.
・Bech, H. (1997) *When Men Meet: Homosexuality and Modernity*, Cambridge: Polity Press.
・Bech, H. (1998) 'City Sex: Representing Lust in Public', *Theory, Culture and Society* 15 (3-4), 215-41.
・Bech, H. (1999) 'After the Closet', *Sexualities* 2 (3), August, 343-6.
・Beck, U. (1992) *Risk Society: Towards a New Modernity*, London: Sage.（= 1998, 東

・Ali, T. (1996) *We are Family: Testimonies of Lesbian and Gay Parents*, London and New York: Cassell.
・Alibhai-Brown, Y. and Montague, A. (1992) *The Colour of Love: Mixed Race Relationships*, London: Virago.
・Allan, G. (1989) *Friendship: Developing a Sociological Perspective*, Boulder, CO: Westview Press.
・Allan, G. (1996) *Kinship and Friendship in Modern Britain*, Oxford: Oxford University Press.
・Allan, G. (ed.) (1999) *The Sociology of the Family: A Reader*, Oxford: Blackwell.
・Allan, G. (2004) 'Being Unfaithful: His and Hers Affairs', in Duncombe *et al.* (eds) 2004, 121-40.
・Allan, G. and Jones, G. (eds) (2003) *Social Relations and the Life Course*, Basingstoke: Palgrave.
・Allen, L. (2003) 'Girls Want Sex, Boys Want Love: Resisting Dominant Discourses of (Hetero)sexuality', *Sexualities* 6 (2), May, 215-36.
・Allen, S. and Harne, L. (1988) 'Lesbian Mothers - The Fight for Child Custody', in Cant and Hemmings (eds) 1988, 181-94.
・Allen, S., Sanders, L. and Wallis, J. (1974) *Conditions of Illusion: Papers from the Women's Movement*, Leeds: Feminist Books.
・Almarck, K. (2005) 'What's in a Name? The Significance of the Choice of Surname Given to Children Born Within Lesbian parent families', *Sexualities* 8(2), April, 239-54.
・Altman, D. (1979) *Coming Out in the Seventies*, Sydney and Eugene: Wild & Woolley.
・Altman, D. (1982) *The Homosexualization of America, The Americanization of the Homosexual*, New York: St Martin's Press.
・Altman, D. (1989) 'AIDS and the Reconceptualization of Homosexuality', in Van Kooten Niekerk, A. and van der Meer, T. (eds) *Homosexuality? Which Homosexuality?*, Amsterdam: An Dekker/Schorer; London: GMP.
・Altman, D. (1993) *Homosexual: Oppression and Liberation* (1st edn 1971), this edition with a new Introduction by Jeffrey Weeks, New York: New York University Press.（= 2010, 岡島克樹・河口和也・風間孝訳『ゲイ・アイデンティティ――抑圧と解放』岩波書店.）
・Altman, D. (1994) *Power and Community: Organizational and Cultural Responses to AIDS*, London, and Bristol, PA: Taylor & Francis.
・Altman, D. (2001) *Global Sex*, Chicago, IL: University of Chicago Press.（= 2005, 河口和也・風間孝・岡島克樹訳『グローバル・セックス』岩波書店.）
・Amnesty International (1997) *Breaking the Silence: Human Rights Violations Based on Sexual Orientation*, London: Amnesty International.
・Amnesty International (2001a) *Crimes of Hate, Conspiracy of Silence: Torture and Ill-treatment based on Sexual Identity*, London: Amnesty International.
・Amnesty International (2001b) *Broken Bodies, Shattered Minds: Torture and Ill-*

文献リスト

・Aaron, J. (1994) 'Finding a Voice in Two Tongues: Gender and Colonization', in Aaron *et al.* (eds) 1994, 183-98.
・Aaron, J., Rees, T., Betts, S. and Vincentelli, M. (eds) (1994) *Our Sisters' Land: The Changing Identities of Women in Wales*, Cardiff: University of Wales Press.
・Aaronovitch, D. (2006) 'The Paedophile Panic: Why We Have Reached Half Way to Bonkers Island', *The Times*, 12 January, 21.
・Abse, L. (1973) *Private Member*, London: Macdonald.
・Adam, B.D. (1992) 'Sex and Caring Among Men', in Plummer (ed.) 1992.
・Adam, B.D. (1998) 'Theorising Homophobia', *Sexualities* 1 (4), November, 387-404.
・Adam, B.D. (2006) 'Relationship Innovation in Male Couples', *Sexualities* 9 (1), February, 5-26.
・Adam, B.D., Duyvendak, J. W. and Krouwel, A. (eds) (1999a) *The Global Emergence of Gay and Lesbian Politics: National Imprints of a Worldwide Movement*, Philadelphia, PA: Temple University Press.
・Adam, B.D., Duyvendak, J.W. and Krouwel, A. (1999b) 'Gay and Lesbian Movements Beyond Borders? National Imprints of a Worldwide Movement', in Adam *et al.* (eds) 1999a, 344-71.
・Adams, T. (2002) 'What Happened to the Romance?', *The Observer*, 'Sex Uncovered' Supplement, 27 October, 4.
・Adkins, L. (2002) *Revisions: Gender and Sexuality in Late Modernity*, Buckingham: Open University Press.
・AFSC (American Friends Service Committee) (2002) 'AFSC Hawai'i Gay Liberation Program: Activist Materials Addressing Tourism', *GLQ: A Journal of Lesbian and Gay Studies* 8 (1-2), 207-26.
・Aggleton, P., Davies, P. and Hart, G. (eds) (1994) *AIDS: Foundations for the Future*, London, and Bristol, PA: Taylor & Francis.
・Agustin, L.M. (2005a) 'At Home in the Streets: Questioning the Desire to Help and Save', in Bernstein and Schaffler (eds) 2005, 67-82.
・Agustin, L.M. (2005b) 'The Cultural Study of Commercial Sex', *Sexualities* 8 (5), December, 618-31.
・Agustin, L.M. (2007) *Sex at the Margins: Migration, Labour Markets and the Rescue Industry*, London: Zed Books.
・Alexander, M.J. (1991) 'Erotic Autonomy as a Politics of Decolonization: An Anatomy of Feminist and State Practices in the Bahamas Tourist Economy', in Mohanty *et al.* (eds) 1991, 63-100.
・Alexander, M.J. (2003) 'Not Just (Any) Body can be a Citizen: The Politics of Law, Sexuality and Postcoloniality in Trinidad and Tobago and the Bahamas', in Weeks *et al.* (eds) 2003, 174-82.

マ

ヤ

ラ

サ

カ

索引

ア

【監訳者】

赤川　学（あかがわ まなぶ）
1967年生まれ。東京大学大学院人文社会系研究科修了・博士（社会学）。現在、東京大学大学院人文社会系研究科准教授。社会問題の社会学、セクシュアリティ研究。主著：『セクシュアリティの歴史社会学』（勁草書房、1999)、『社会問題の社会学』（弘文堂、2013).

【訳者】

佐藤寿昭（さとう としあき）
1988年生まれ。東京大学文学部卒業。現在、東京大学大学院学際情報学府社会情報学コース博士課程在学。社会問題の社会学。主論文：「児童ポルノ禁止法における実在しない児童の性表現規制論争のレトリック分析」『ソシオロゴス』vol.39, 211-32, 2015.

渡邊　隼（わたなべ しゅん）
1982年生まれ。慶應義塾大学総合政策学部・東京大学文学部卒業。現在、東京大学大学院人文社会系研究科博士課程在学。歴史社会学、コミュニティ論。主論文：「日本社会におけるコミュニティ問題の形成過程」『ソシオロゴス』vol.39, 233-49, 2015.

櫛原克哉（くしはら かつや）
1988年生まれ。早稲田大学第一文学部卒業。現在、東京大学大学院人文社会系研究科博士課程在学。精神医療研究。主論文：「精神医療技術を通じた自己形成に関する社会学的研究」『社会学評論』vol. 65 No. 4, 574-591, 2015.

藤田研二郎（ふじた けんじろう）
1987年生まれ。東京大学文学部卒業。現在、東京大学大学院人文社会系研究科博士課程在学。環境NGO/NPO論。主論文：「生物多様性政策をめぐる国内NGOの長期連携――質的比較分析を用いた参加条件の検討」『AGLOS Special Issue』1-21, 2015.

石島健太郎（いしじま けんたろう）
1988年生まれ。東京大学文学部卒業。現在、東京大学大学院人文社会系研究科博士課程在学。障害学。主論文:「障害者介助におけるコンフリクトの潜在化」『社会学評論』vol.66 No.2, 295-312, 2015.

井口尚樹（いぐち なおき）
1988年生まれ。東京大学文学部卒業。現在、東京大学大学院人文社会系研究科博士課程在学。大卒就職活動。主論文：「就職活動中の学生の限界づけられた主体性――採用基準認識に着目して」『相関社会科学』vol.25, 2016掲載予定.

われら勝ち得し世界——セクシュアリティの歴史と親密性の倫理

2015（平成27）年12月30日　初版 1 刷発行

著　者　ジェフリー・ウィークス
監訳者　赤 川　学
発行者　鯉 渕 友 南
発行所　株式会社　弘 文 堂　101-0062 東京都千代田区神田駿河台1の7
TEL 03(3294)4801　振替 00120-6-53909
http://www.koubundou.co.jp

装　丁　笠 井 亞 子
組　版　スタジオトラミーケ
印　刷　大 盛 印 刷
製　本　牧製本印刷

ISBN978-4-335-55173-4